战国文化艺术史

朱彦民 著

黑龙江人民出版社

图书在版编目（CIP）数据

战国文化艺术史／朱彦民著. — 哈尔滨：黑龙江
人民出版社，2021.1（2023.1重印）
ISBN 978 - 7 - 207 - 12380 - 0

Ⅰ. ①战… Ⅱ. ①朱… Ⅲ. ①文化艺术—文化史—中
国—战国时代 Ⅳ. ①K231.03

中国版本图书馆 CIP 数据核字（2021）第 022232 号

责任编辑：张　薇　孙国志
封面设计：徐　媛　滕文静

战国文化艺术史
ZHANGUO WENHUA YISHU SHI
朱彦民　著

出版发行　黑龙江人民出版社
地　　址　哈尔滨市南岗区宣庆小区 1 号楼
网　　址　www.hljrmcbs.com
印　　刷　北京一鑫印务有限责任公司
开　　本　787×1092　1/16
印　　张　25.75
字　　数　420 千字
版　　次　2021 年 1 月第 1 版
印　　次　2023 年 1 月第 2 次印刷
书　　号　ISBN 978 - 7 - 207 - 12380 - 0
定　　价　88.00 元

目　录

第一章　战国时期的文字 ……………………………… （1）

一、战国文字的异形与同源 ……………………………… （1）

二、战国文字资料简述 …………………………………… （9）

第二章　战国时期的书法 ……………………………… （61）

一、战国时代文字书法的总体概况 ……………………… （61）

二、战国时期书法的分类描述 …………………………… （65）

第三章　战国时期的绘画 ……………………………… （106）

一、有关战国绘画艺术的文献记载 ……………………… （106）

二、战国时期绘画的分类描述 …………………………… （116）

三、战国时代绘画的艺术特征和评价 …………………… （153）

第四章　战国时期的音乐 ……………………………… （155）

一、战国时期音乐发展的趋势 …………………………… （155）

二、战国时期乐器发展的盛况 …………………………… （161）

三、战国时期音乐理论的纯熟 …………………………… （181）

四、战国时期乐律水平的分析 …………………………… （186）

五、战国时期的音乐从业者 ……………………………… （200）

六、战国诸子的音乐思想和美学观念 …………………… （213）

第五章　战国时期的文学 ……………………………… （242）

一、战国时代诗词歌赋等文学形式的发展 ……………… （242）

二、战国时期《楚辞》文学的艺术成就 ………………… （268）

三、史传著作的文学色彩 ………………………………… （280）

四、战国诸子散文的文学意蕴 …………………………… （314）

第六章　战国时期的史学 ……………………………… （327）

一、史官活动与史学传授 ………………………………… （327）

战国文化艺术史

二、诗书整理与礼书编辑 ……………………………（329）

三、战国时期史学著述类型 …………………………（343）

四、战国诸子的历史观 ………………………………（379）

参考文献 …………………………………………（386）

后　记 ……………………………………………（409）

第一章　战国时期的文字

文字发展到战国时代,其状况正好与战国时期的政治格局形势相契合,各自为是,变化纷纭,以至于形体不一,音义变异。于是战国时期的文字就构成了中国文字发展史上第一个纷乱复杂的时代,但它上承两周金文,下启秦汉小篆,又是中国文字史上的重要过渡时期。

一、战国文字的异形与同源

战国文字,是战国时期不同地区使用的汉字的统称。在商周甲骨文和金文之后,汉字的发展到了公元前 5 世纪开始的战国时代,有了一个很大的变化。这主要是由于诸侯国各自为政,互不统属,东周王朝的中央集权差不多丧失殆尽,就连文字,也是各写各的,所以各国的文字在形体结构和书写风格上都有许多差异。

宏观地看,战国文字可以分为“六国文字”和“秦国文字”两大系统。“六国文字”指的是韩、赵、魏、齐、楚、燕六国以及中山、越、滕等小国的文字,与金文相比,其最明显的特点是笔画的随意简化,形体结构极为混乱。“秦国文字”接近正统的西周和春秋金文,比较严谨统一,后世称为“籀文”或“大篆”。

此外,随着经济和文化的发展,文字在这一时期比较普及,铸、刻、写文字的材料和范围有所扩大,除青铜器上的金文外,陶文、简帛文、货币文、玺印文等也大量出现。这就使得不同地区使用的汉字呈现出不同的风貌。

（一）战国文字不同地域之异形

东汉时代的许慎在其《说文解字》序中谈道,战国时代天下“分为七国,田畴异亩,车途异轨,律令异法,衣冠异制,言语异声,文字异形”。“文字异形"可以说是战国文字给我们留下的最深刻的印象。

对战国时代"文字异形"现象进行研究的学者首推王国维。他在 1916 年撰写《史籀篇证序》时就提出了周秦间文字存在东、西土之别的观点。① 此后在《桐乡徐氏印谱序》及《战国时秦用籀文六国用古文说》两文中,王国维再次明确提出,战国文字可分为以秦文字为代表的西土文字和以六国文字为代表的东土文字两系。②

1959 年,《文物》杂志连载了李学勤《战国题铭概述》一文,该文按地域将战国时代的文字资料分为"齐国题铭""燕国题铭""三晋题铭""两周题铭""楚国题铭""秦国题铭"六个范畴。③ 李学勤对战国文字的六分法比起王国维的两分法显然更进一步。

战国时代,除了齐、楚、燕、韩、赵、魏、秦这七个大国之外,还有诸如东周、西周、宋、卫、中山、蔡、曾等小国的存在。《战国题铭概述》按照国家对战国文字进行分类的办法还不能全面涵盖属于这些小国的古文字材料。不过,这些小国在政治上是临近大国的附庸,在文化上深受临近大国的影响,因此其文字风格也往往与邻近大国趋同。针对这一情况,何琳仪在《战国文字通论》一书中采取了按"地区"分类的方法,将战国文字分为"齐系""燕系""晋系""楚系""秦系"五大类。④ 这样一来,战国时代诸小国的文字资料便有所统属了,例如曾国的文字资料可归入"楚系",而中山国的文字则被归入"晋系"。

《战国文字通论》将吴、越两国的文字资料归入"楚系"。考虑到吴、越两国文字材料中较多使用独特的"鸟虫书"⑤体文字,而且在语言上,吴、越两国也有一些不同于其他地区的特点,故吴越文字似应以单列一系为宜。

因此,本章在《通论》的基础上,将战国文字按照地域分为"齐系""燕

---

① 王国维:《史籀篇证序》,《观堂集林》卷五,中华书局 1959 年版,第 251 页。

② 王国维:《桐乡徐氏印谱序》,《观堂集林》卷六,第 298 页,《战国时秦用籀文六国用古文说》,《观堂集林》卷七,第 305 页。

③ 李学勤:《战国题铭概述》(上)(中)(下),《文物》1959 年第 7、8、9 期。

④ 何琳仪:《战国文字通论》(订补本),江苏教育出版社 2003 年版,第 86 页。

⑤ 所谓"鸟虫书",是指在文字构型中改造原有的笔画,使之盘旋、弯曲如鸟虫形,或者加以鸟形或虫形等纹饰的美术字体。此定义依据曹锦炎《鸟虫书通考》,上海书画出版社 1999 年版,第 1 页。

系""晋系""楚系""秦系""吴越系"六个系统。兹分别介绍各系文字的地域所指和字形特点。

1. 齐系文字

包括齐、鲁、邾、滕、薛、莒、杞、纪、祝、倪、任等国。是一种颇具特色的东方文字体系。书写任意,异体字繁多,装饰笔画醒目。

2. 燕系文字

燕系文字主要是北方的燕国使用,特异的北方风格。燕系文字比较稳定。

3. 晋系文字

包括韩、赵、魏、中山、东周、西周、郑、卫等小国。结构修长,笔画细劲。

4. 楚系文字

包括楚、徐、蔡、宋等大国以及汉、淮二水之间星罗棋布的小国。字体颀长,有特殊的形体,风格特殊。

5. 秦系文字

主要指秦国文字。更多地继承了西周文字的遗风,比较稳定。后来发展出规整和潦草两种类型。

6. 吴越系文字

主要是春秋时期吴国、越国等地区。战国时期虽然吴越亡国,但该地区文字仍然保留有春秋时期吴越文字的特色,比如鸟虫书等。

这六个系统的文字间差异究竟有多大? 我们可以举出几个战国文字资料中的常见字,看看它们在不同文字系统中分别作何字形:

表 1-1　战国各地域文字字形比较表

地域 例字	秦	楚	齐	燕	晋	吴越
马						
冶						

续表

地域 例字	秦	楚	齐	燕	晋	吴越
龙	龙	龙			龙	
百	百	百	百			百
亥	亥	亥	亥		亥	亥

从表1-1反映的情况看,战国时代不同地域所使用的文字在字形方面存在着较大的差别。如果不是对汉字从商周甲骨文到西周金文再到春秋、战国文字的发展历程有一个清晰的认识的话,我们几乎想象不到在这些同一文字的不同形体之间究竟存在着怎样的联系。

总结战国时期文字的形体特点,我们似乎可以概括为以下三个方面:

1. 两大系列文字地域色彩鲜明

这主要体现在秦系文字与其他六国文字两大系列文字的区别上:秦系文字,字形保守,保留了西周文字的特点;六国文字则大胆革新,变化复杂。过去王国维先生认为秦用"籀文"不见得正确,但他认为六国用"古文"(即现在指称的战国文字),则有一定道理。

2. 有正俗之分,俗体流行

正体指官方使用的文字形体,由古文字演变而来,书写端庄、形象、规范;俗体是平民大众日常使用的文字形体,由正体省改而来,书写简捷、随性。由于俗体书写较为容易,因此逐渐流行起来。裘锡圭先生在其《文字学概要》中,对战国时期的俗体字状况,以及六国文字和秦系文字在俗体字与正体字之间关系之不同,进行了细致分析,对六国文字和秦系文字的以上特点进行了对比研究,认为六国俗体字变化远离了原来的正体字,已经面目全非,正体字已经溃不成军;而秦系文字的俗体字,与正体字相比变化不大。其中秦系正体字后来发展为小篆,而俗体字发展为隶书。①

3. 字体草率诡异,简体流行

战国文字省改现象非常严重,异体字大量出现。战国时期文字日趋大众化,俗体字普遍流行,而且流行的俗体字,对正体的冲击很大,致使整个战国时期的文字,明显地体现出省改严重、草率怪异的特点。汤余惠先生在《略论战国文字形体研究中的几个问题》一文中,从"笔画、偏旁的省略""形体的分合""字形讹误""辅助性笔画""地域性特点"和"战国文字异形的成因及与商周古文的辩证关系"六个方面,探讨、总结了战国文字构形变化方面的一些规律。② 何琳仪先生则在《战国文字通论》和《战国文字通论补订》两书中,总结了战国文字形体演变的五种规律,即简化、繁化、异化、同化、特殊符号等。由此可见,战国文字发展变化的复杂性。

总之,战国文字的地域差别是地方文化独立发展的产物,而战国时代政治上的分裂局面则加剧了这一差别。及至秦始皇在军事和政治上统一全国后,各地域间文字的差别对于秦王朝各级政府间行政命令的上传和下达肯定是一个不小的障碍。③ 因此,秦始皇采纳了李斯的建议,把秦文字作为全国通行的标准文字,同时废止战国时代东土六国曾经使用过的文字,"罢其不与秦文合者"。秦始皇统一文字的举措对中国历史、文化的发展产生了深远的影响。卜德曾说:"如果没有秦的改革,可以想象,几种地区性的不同文字可能会长期存在下去。如果出现这种情况,不能设想中国的政治统一能够长期维持。在造成政治统一和文化统一的一切文化力量中,文字的一致

---

① 裘锡圭:《文字学概要》,商务印书馆 1996 年版,第 52、56 页。

② 汤余惠:《略论战国文字形体研究中的几个问题》,《古文字研究》第 15 辑,中华书局 1986 年版。

③ 秦王朝各级政府使用的行政文书是相当繁缛和严谨的,有时候,长篇累牍的文字只为了说明一些看似无足轻重的小事。如果读者想得到对于秦代行政文书更为直观的印象,可以参阅湖南省文物考古研究所等编写的《湖南龙山里耶战国——秦代古城一号井发掘简报》(《文物》2003 年第 1 期),以及湖南省文物考古研究所等编写的《湘西里耶秦代简牍选释》(《中国历史文物》,2003 年第 1 期)两文,其中发表了湖南龙山里耶古城中出土的秦代简牍中的一小部分,其内容主要是秦始皇二十六年(前 221 年)至三十五年(前 212 年)秦代迁陵县的官府文书档案。

性(与方言的多样性正好形成对比)几乎肯定是最有影响的因素。"①我想以此来评价秦始皇统一文字的功绩似乎并不为过。

(二)神秘的巴蜀文字

以上,我们将战国文字按照地域分为"齐系""燕系""晋系""楚系""秦系""吴越系"六个系统。这只是就作为现代汉字前身的战国古文字而论的。战国时代,还存在着一种与现代汉字的历史发展序列没有多大关系的文字,由于这种文字主要出现在战国时巴、蜀两国的青铜兵器及玺印之上,故又被学者称为巴蜀文字。②

巴蜀文字可以分为两类:一类由若干几何及象形符号组成,为叙述方便,我们暂称之为巴蜀文字甲类;另一类则与汉字的古文字形体相似,我们暂称之为巴蜀文字乙类(图1-1)。李学勤在综合考察巴蜀文字甲类的材料后指出,其中的符号可分两种,"一种是常见的,重复出现的,在同一铭文或印文里可以出现不止一次。这种符号大多是简化的,不易看出象形,如 ⚡、Σ、⌣、↑、↟、↲、委、王 等等。也有一些是象形的,如手形、星形、四瓣花形……另一种是不常重复出现的,一件铭文或印文中有时没有,有时存在一个。这种符号大多比较复杂而象形,如鱼形、兽形、鸟形、蠕虫形、人兽形、特定的人形、建鼓形、一个或两个戈头的戈形、三角援的戈头形等等。"李学勤推测,"前一种符号用以表音,后一种符号用以表意"。③

到目前为止,由于尚未发现可以同汉字古文字对读的巴蜀文字材料,学术界对于巴蜀文字的释读还处在探索阶段。④ 我们相信,随着新材料的不断发现以及学者们的不懈努力,巴蜀文字的神秘面纱终有被揭开的一天。

---

① [英]崔瑞德、鲁惟一主编:《剑桥中国秦汉史》(中译本),中国社会科学出版社2007年版,第54页。

② 巴、蜀两国是战国时代西南地区的重要诸侯国。巴国的政治中心一度位于今重庆附近,战国中期以后,因楚国势力不断进逼,巴国退居北方的阆中。蜀国的政治中心位于今四川成都一带。公元前316年,巴、蜀两国被秦国攻灭。

③ 李学勤:《论新都出土的蜀国青铜器》,《文物》1982年第1期。

④ 有关巴蜀文字研究的近况,读者可参阅冯广宏《巴蜀文字的破译途径》,《文史杂志》2000年第2期;及冯氏著《巴蜀文字的期待》(一)至(十),《文史杂志》2004年第1期至2005年第4期。

1　　　　　　　　　　　2　　　　　　　　　　　　　3

1-2　巴蜀甲类文字印章　　　　　　3　巴蜀乙类文字铜戈

图 1-1　巴蜀文字举例

(三)战国文字同源举例

在《韩非子·外储说左上》中记载了一则有趣的故事：

> 郢人有遗燕相国书者，夜书，火不明，因谓持烛者曰："举烛！"云而过书"举烛"，"举烛"非书意也。燕相受书而说之，曰："举烛者，尚明也。尚明也者，举贤而任之。"燕相白王，大说，国以治。

此言一位楚国人写信给燕国的相国。因为写信的时间是晚上，而当时烛火不够亮，所以这个楚国人就对侍者喊了声"举烛"。结果，他下意识地把刚刚喊过的"举烛"两个字也误写在信中。燕相国看到书信后很高兴，他说："举烛的意思就是崇尚光明，崇尚光明的意思就是要我举任贤明呀！"于是相国又把这个想法跟燕王说了一遍，燕王也很高兴。最终，燕国因推行举贤任能的政策而强大了起来。

引述这个故事，我只想说明，尽管战国时各个地域的文字在形体结构方面存在着较大的差别，但不同地域间人们的文字交流并非完全因此而隔断。就像这个故事中，楚人给燕相国写了封亲笔信，而燕相国在读信时并不需要翻译的帮助。导致这种情况存在的原因正是由于战国时各个地域的文字其实具有共同的发展源头。这个源头可以追溯到西周金文和商代甲骨文那里。我们试举几字以为例证(表 1-2)：

表 1-2

	百	龙	亥	马
商代甲骨文				
西周金文				
战国文字	（秦系） （楚系） （晋系）	（秦系） （楚系） （晋系）	（楚系） （晋系） （齐系） （吴越系）	（秦系） （齐系） （燕系） （晋系）

先说"百"字。甲骨文中的"百"字由"白"字孳乳分化而来。西周金文中的"百"字是在甲骨文字形的顶端加一横笔。战国秦系文字中的"百"字与西周金文字形结构略同。楚系"百"字与西周金文相较,则在顶端及字框内各加一横作为饰笔。晋系"百"字可能直接由甲骨文中的"白"字演化而来。[1]

再说"龙"字。甲骨文中的"龙"字像一张口垂首、身体屈曲、头戴三角形冠饰的动物。西周金文中的"龙"字基本承袭甲骨文的字形,只是龙首已演化为"月"字。秦系"龙"字与西周金文略同,只是在龙身上又多加了三撇作为饰笔。楚系"龙"字的龙首部位与西周金文略同,龙身部位则已讹变为"巳"字。晋系"龙"字的大体结构与楚系相同,只是在由龙身讹变而来的"巳"字上又加了两撇作为饰笔。

---

① 何琳仪:《战国古文字典》,中华书局 2004 年版,第 604 页。

次说"亥"字。西周金文中的"亥"字与甲骨文构形略同,只是竖笔变为曲笔。如果将甲骨文"亥"字左下角的一撇延长,使之与正中部位的竖笔相交,再在顶端加一横笔,就演化为楚系"亥"字。若把甲骨文"亥"字左下角的一撇延长后再曲折封闭,就演化为晋系"亥"字。若在西周金文"亥"字的顶端加一个三角形饰件,就演化为齐系"亥"字。吴越系中的"亥"字与齐系字形结构略同,只是笔道细长迂曲,是典型的鸟虫书风格。

最后说"马"字。甲骨文与西周金文中的"马"字是典型的象形字,首、身、尾、鬃俱全。秦系"马"字全部保存了这些象形构件,只是其笔道方折、规整,不仔细体会,几乎看不出有什么象形的意味。齐系"马"字保存了象形构件中的首、鬃、尾三部分,省却了马身。燕系"马"字只保留了首、鬃两部分,马身、马尾则省作两道横笔。晋系"马"字则最接近其初形。

综上所述,战国时各个地域的文字其实有着共同的发展源头。以此源头为基础,经历了简省、繁化、讹变等过程,战国时代文字异形的局面最终形成。现代的古文字学者在面对异形纷繁的战国文字时,还能对它们进行科学的释读,正是因为作为汉字发展序列中的一个环节,战国文字仍然遵循着汉字构形和演化的普遍规律。

从现有出土文字材料来看,秦始皇在颁布了"书同文"法令后不久,战国时其他地域系统的文字便被全面废止,秦文字以超乎我们想象的速度在帝国的辖境内普及开来。因战国时各地域系统文字的同源性而产生的各国间对于彼此文字系统的认同感,正是导致这种形势产生的真正根源。

二、战国文字资料简述

战国文字按其书写载体可分为铜器、兵器、玺印、货币、陶文、石器、简牍、缣帛八类。本节将按照书写载体的不同对各地域系统内重要的战国文字资料进行简要介绍。之所以选择书写载体这个分类标准,是因为不同的书写载体,其书写人、阅读者各不相同,由此而形成的文字风格也不一样。例如,青铜礼器铭文的阅读者是有着较高文化修养的达官显贵,故其文字风格庄重娴雅,往往具有美术化的倾向。而兵器铭文的书写者是普通工匠,其阅读者不过是管理这些兵器的低级小吏,故其文字风格常显草率,异形、讹体字较多。本节按照书写载体这个标准,将具有相近风格的战国文字汇集一处,希望借此使读者对于战国文字获得更为清晰的感性认识。

（一）战国铜器文字

铜器文字是指铸刻在殷周青铜器上的铭文，也称金文。战国时代的铜器铭文主要是"物勒工名"的形式，其内容包括器物铸造者的姓名、身份，器物的置用地，以及器物的重量、容积或相关校量情况等。西周、春秋时期那种歌功颂德式的长篇铭文已经很少见了。而一些颇具时代特征的新的铭文类别，如量器铭文、符节铭文等，却大量地出现了。

1. 齐系铜器文字

西周时始封齐国的国君本是吕尚（姜尚、姜子牙）的后人。公元前672年，陈国发生内乱，陈公子完逃到齐国避难，齐君任命他为工正，此后公子完的家族便在齐国扎下了根，并逐渐发展壮大起来。在古文字中，陈、田二字音近，可以互相通假，故陈公子完的家族又被称为田氏。公元前481年，公子完的后人田常杀死齐简公，另立齐平公，从此，"齐国之政归田常"①。公元前386年，田和接受周王的任命成为诸侯，从此正式取代了姜姓的齐国，史称"田氏代齐"。

田齐建国后，有明确纪年的青铜礼器可举陈曼簠（《集成》4596②）、十四年陈侯午镦（《集成》4646）及陈侯因𬀩镦（《集成》4649）为代表。

陈曼簠，又名馂簠、齐陈曼乍皇考献叔簠，是战国早期的齐器，制作精致无与伦比。出土不详。③ 现藏上海博物馆。铭4行，计22字。

陈侯因𬀩（资）镦，也称陈侯敦、陈侯因𬀩錞，是最早记载有黄帝名字的齐威王时的青铜器物。出土不详。铭8行，计79字。"因𬀩"读为"因齐"，即齐

图1-2 陈曼簠铭文

---

① 《史记·田敬仲完世家》。

② 中国社科院考古研究所编：《殷周金文集成》，中华书局1984—1994年版。以下简称《集成》。

③ 郭沫若：《两周金文辞大系图录考释》，上海书店出版社1999年版。

威王因齐。① 齐威王二十三年（前 334 年），魏惠王于徐州朝见齐威王，尊齐为王。陈侯因資镦自称“陈侯”，大概是因齐称王前所作。

陈侯午镦共两件。十年陈侯午镦原为容庚所藏，现藏华南师范大学，《商周金文录遗》著录。十四年陈侯午镦，《攗古录金文》著录，现藏中国国家博物馆。陈侯午即齐桓公田午，陈侯午十四年即公元前 361 年。《史记·田敬仲完世家》称桓公午六年卒，《古本纪年》谓十八年卒。据上述两器，可知《纪年》为是，《史记》“六”字可能是古文“十八”二字的形误。

子禾子釜、陈纯釜和左关铆是三件有名的齐国量器，清咸丰七年（1857年）出土于山东省胶县灵山卫古城。其中陈纯釜，又称陈猷区（瓯）、齐釜、陈猷釜、齐陈猷左关釜、左关釜、齐陈猷釜。铭 7 行，计 34 字。现藏上海博物馆。根据上海博物馆的校量结果，一釜的容积正好等于十铆。② 据《左传·昭公三年》记载，春秋时齐国的旧量制是“豆、区、釜、钟，四升为豆，各自其四，以登于釜，釜十则钟”，这是一种四进位与十进位混杂的量制。相较而言，灵山卫三器的十进位量制显然更为进步。

齐国的符节铭文也有若干见于著录者。如节大夫马节（《集成》12086）、辟大夫虎节（《集成》12090）等。战国时齐国设有一级被称作“都”的地方行政单位，其性质大概相当于别国的“县”。据史料记载，齐“都”的最高行政长官称“都大夫”③，或在“大夫”前缀以该都之名而称“某大夫”④。上举两件符节当分属齐国节都与辟都两地的都大夫所有。

2. 燕系铜器文字

燕国青铜礼器铭文较为罕见。传世的燕侯载簋（《集成》10583）应该是燕成公“载”在位期间（前 454—前 439 年）所作。虽然铭文的整体风格还属于春秋体系，但其中已出现若干战国燕系文字的形体。如“休”字作，“马”字作等。

燕国的符节形制多样，以鹰节、燕节之类为主。《集成》12106 著录的一

① 徐中舒：《陈侯四器考释》，《中央研究院历史语言研究所集刊》，第二本四分册，1933 年。

② 上海博物馆编：《齐量》“引言”，上海博物馆 1959 年版。

③ 银雀山汉墓竹简整理小组：《银雀山汉墓竹简》，《孙膑兵法·擒庞涓》篇释文，文物出版社 1985 年版。

④ 如《孟子·公孙丑下》记有“平陆大夫”，《史记·田敬仲完世家》中提到“即墨大夫”“阿大夫”。

件鹰节可为代表,其铭曰:"传遽,鄩戊邮铸,右契,不拘留。"①大意是说此符节为驿传所用,由"鄩戊邮"这个机构铸造,守关吏员见到此物不得扣留。

3. 晋系铜器文字

晋系青铜礼器铭文同样很少见。1928 年河南洛阳金村出土的韩国驫羌钟铭文(《集成》157)是比较有代表性的晋系礼器铭文。郭沫若《两周金文辞大系图录考释》、文物出版社《商周青铜器铭文选(四)》均有著录。韩国驫羌钟传世共有 14 种。除第五、第十四钟藏加拿大皇家安大略博物馆外,其余均藏日本泉屋博古馆。

钟铭内容记"廿又再祀",韩宗彻(即韩景子虔)"征秦、迮齐、入长城、先会于平阴"事迹,故此钟当属韩国之器,作于周威烈王二十二年即公元前 404年,所记韩、赵、魏三国通力伐齐的史实,与《水经·汶水注》所引古本《竹书纪年》的记载"晋烈公十三年王命韩景子、赵烈子、翟员伐齐入长城"相合。②也就是《吕氏春秋·下贤》所说:"魏文侯东胜齐于长城,虏齐侯献诸天子,天子赏文侯以上闻。"这年三晋伐齐大胜而入齐长城,迫使齐侯一同朝见周威烈王,请求"王命"于次年立三晋为诸侯。

图 1 - 3 驫羌钟铭文

魏惠王时期铸造的梁十九年鼎,则是有明确纪年的魏国青铜礼器,③是战国晚期大约魏安釐王时之魏国重器,出土信息不详。李学勤《论梁十九年

① 铭文释读依据李家浩:《传遽鹰节铭文考释》,《著名中年语言学家自选集——李家浩卷》,安徽教育出版社 2002 年版,第 82—100 页。

② 温庭敬:《驫羌钟铭释》,《中山大学研究院史学专刊》一卷一期,1935 年。

③ 李学勤:《论梁十九年鼎及有关青铜器》,《考古与文物》丛刊第 2 号,《古文字论集》一。又收入《新出青铜器研究》,文物出版社 1990 年版,第 206—210 页。

鼎及有关青铜器》、文物出版社《商周青铜器铭文选 2（四）》等著录，现藏上海博物馆。

4.中山国铜器文字

中山国是战国时期一个偏处于北方的少数民族小国，虽夹杂在燕、赵、齐等强国之间，但与中原诸侯长期隔绝，中途曾被灭国五十年余，但也曾存在二三百年时间。所以中山国历来不受史籍的关注。不过战国时期中山国铜器铭文则是独具特色，丝毫不低于中原诸侯国的文字水平。

中山国金文作品并不算多，代表性作品是 1977 年出土于河北平山中山王墓中的"平山三器"[包括中山王䂮（错）鼎与中山王䂮（错）方壶，舒蚉圆壶]之刻铭，另有兆域图铜版铭文等，其中大鼎铭文 496 字，方壶 450 字，圆壶 204 字，共有铭文一千五百多字，堪称战国铜器铭文中的皇皇巨制。这些中山国青铜器，现均藏河北省博物馆。文物出版社《商周青铜器铭文选（四）》著录，又被收入《中山王䂮器文字编》①之中。

图 1-4　中山舒蚉圆壶铭文

中山王䂮（错）鼎与中山王䂮（错）方壶铭文内容相似，主要记载了中山国趁燕王哙末年子之内乱、齐国进军占领燕都之机，中山国相邦䎍（周）趁势率师进攻燕国，终于建立功勋："辟启封疆，方数百里，列城数十"，取得了不小的胜利；并谴责燕王哙让王位于燕相子之，因为"臣主易位，逆天违人，故身死国亡"。由此可知，大鼎及方壶铭中的中山王䂮"十四年"应该在齐宣王五年（前 315 年）齐国破燕后不久。鼎、壶的铸造时间也当在此时。平山三器铭文记载的中山伐燕的史实，以及从文王、武王、桓王、王䂮再到舒蚉的中山国王世系统均可补史籍之阙。

---

① 张守中撰集：《中山王䂮器文字编》，中华书局 1981 年版。以下简称《中山》。

5. 楚系铜器文字

楚系金文也就是春秋战国时期南方列国金文。这里所谓南方列国,春秋时代主要是指当时江淮流域或邻近江淮流域的诸国,包括蔡、许、徐、楚、吴、越、宋等国。到了战国时期,这些南方列国大都被楚国所灭,此时主要是指南方大国楚国和其附庸国曾(随)国、宋国等。

1978 年湖北随县曾侯乙墓中出土一件"畬章作曾侯乙"镈(《集成》85),畬章即楚惠王熊章,镈铭中的"唯王五十又六祀"即楚惠王五十六年(前 433 年)。这是研究楚系文字少有的几件具有明确纪年的标准器之一。同墓出土了大批曾国的文字资料,其中包括大量有铭青铜礼乐器、兵器,以及简牍、漆器文字等。曾国作为战国时楚国的附庸,其文字风格也属楚系。曾侯乙墓中出土有铭编钟 64 件,其内容均与古音律有关,是研究古代音乐史的重要材料。

曾姬无卹壶与鄂君启节同出土于安徽寿县,前者是战国早期楚惠王时代曾(随)国的作品。现藏台北故宫博物院。铭 5 行,计 39 字。郭沫若《两周金文辞大系图录考释》、文物出版社《商周青铜器铭文选(四)》等收录。

鄂君启节系战国中期楚怀王颁发给受封于鄂(今湖北鄂州市)地的小国鄂国君启的经商免税水陆通行凭证。1957 年和 1960 年分两次在安徽寿县城东丘家花园出土。因其形状如剖竹之节,故名。节由青铜制成,共 5 枚。其中舟节 2 枚,有错金铭文 9 行,计 164 字;车节 3 枚,有错金铭文 9 行,计 147 字。是目前所见符节铭文中最长的。郭沫若、于省吾、商承祚等多有研究之论。铭文开头所记的铸造时间是"大司马昭阳败晋师于襄陵之岁",由此推知,鄂君启节铸造的绝对时间在公元前 322 年。[①] 其铭文内容为战国历史地理学的研究提供了丰富而重要的材料。现分藏于中国国家博物馆和安徽省博物馆。

1984 年在长沙征集到一件楚国的铜量。该器为桶形,腹壁有一环耳,铭文铸于外壁一处方框内,共计 59 字。由铭文内容可知,负责监造这件铜量的官吏包括罗县的莫敖、连敖、工尹、工佐、少工佐、集尹、少集尹,共七名。由此可见当时对于量器制造工作的重视。

---

① 刘彬徽:《楚系青铜器研究》,湖北教育出版社 1995 年版,第 345 页。

楚王酓忎鼎（《集成》2794）、楚王酓忎盘（《集成》10158）是楚幽王熊悍（前237—前228年在位）时代的青铜器物。1933年同时出土于安徽寿县朱家集楚王墓。罗振玉、郭沫若等先辈学者均曾有著述考论，多有高见。据鼎铭记载，此鼎由楚王酓忎在战争中掠获的青铜兵器熔铸而成，是一件记功之作。

图1－5　鄂君启节铭文

6. 吴越系铜器文字

吴越系铜器文字以乐器铭文为主。可举者汈钟（《吴越文字汇编》①103—115）、者旨於赐钟（《吴越》98—101）、能原镈（《吴越》94）为代表。

据郭沫若先生考订，者汈钟铭中的者汈即史籍所载的越王诸咎。② 铭文中的"唯越十有九年"是者汈之父越王翳在位的第十九年，故该钟铸造的绝对年代为公元前392年。③ 者旨於赐钟铭仅存摹本，器主者旨於赐即文献记载的越王句践之子鼫与，"者旨"疾读为"鼫"，"於赐"疾读为"与"。能原镈传出今江西清江县，铭文奇谲难识，名之为"能原镈"只是承袭旧说，并无根据。

7. 秦系青铜器文字

战国时秦国基本不见有青铜礼器的铸造。秦系铜器铭文以量器和符节铭文最具代表性。

（1）秦国度量衡器铭文

量器铭文可举秦孝公十八年铸造的商鞅方升为例。商鞅铜方升又名商

---

① 施谢捷编著：《吴越文字汇编》，江苏教育出版社1998年版。以下简称《吴越》。

② 郭沫若：《者汈钟铭考释》，《考古学报》1958年第1期。

③ 何琳仪：《者汈钟铭校注》，《古文字研究》第十七辑，中华书局1989年版。

鞅量,系秦孝公十八年(前344年)商鞅任"大良造"时颁发的标准量器,出土信息不详。现藏上海博物馆。文物出版社《商周青铜器铭文选》(四)著录。铭刻器壁三面和底部,共10行,计75字。铭文记载了方升的铸造时间、监造者、器物容积及置用地。其中作为监造者的"大良造鞅"就是曾在秦国主持变法事宜的商鞅,大良造是他的职位。

高奴禾石铜权,因自称重量单位为禾石(禾石:战国至秦代的秦衡制标准单位。系主要供称粮草用的大型权器。秦的衡制为:1石=4钧=120斤;1斤=16两;1两=4锱=24铢),故又称高奴石铜权、高奴权。1946年出土于陕西西安市高窑村。现藏陕西省博物馆。正面铭6行,计16字。首行中的"三年",当为秦王嬴政三年(前244年)。另一面加刻秦始皇二十六年(前221年)诏书和"高奴石"三字,还加刻有秦二世元年(前209年)诏书。①

战国时各国的量器铭文都很发达,一些鸿篇巨制的量器铭文更是前所未见。究其原因,当与战国时各国税收制度的改革有直接关系。战国时各国的税收制度普遍由西周、春秋时期的劳役地租转变为收取粮食、布帛之类的实物地租形式,所以各国对于度量衡制度的控制都很严格,由此导致量器铭文内容的日趋详细。

(2)秦国虎符铭文

春秋战国时期,诸侯用作调动军队的符信多呈卧虎之形,一般长为7—10厘米,高约3厘米,背侧刻铭,分为左右两半。使用时君主和将军各执一半,以为凭信。

阳陵虎符和新郪虎符都是战国末期秦国之物。阳陵虎符相传出土于山东临城一带。原为罗振玉所藏,现藏中国国家博物馆。铭2行,计24字。

新郪虎符相传出土于山东,铭4行,计40字。郭沫若《两周金文辞大系图录考释》、文物出版社《商周青铜器铭文选》(四)等均有收录。

"杜虎符"铭文:"兵甲之符,右在君,左在杜。"秦国国君称"君"者只有秦惠文君,公元前324年秦惠文君更号称王,故杜虎符应铸于秦惠文君称王前,即公元前337年至前325年这段时间里。

---

① 高奴,战国至秦代的秦置县名,治今陕西延安市东北延河北岸。高奴石,当为颁发给高奴县的衡权。秦统一度量衡后,仍执行战国时期秦制标准,故又加刻始皇、二世之诏书。

（二）战国兵器文字

兵器文字是指古人铸刻在兵器上的文字。战国
兵器铭文按性质可分两大类：一类是物勒主名，即记
录兵器所有者的信息；一类是物勒工名，即记录兵器
铸造者的信息。

1. 齐系兵器文字

战国齐系兵器铭文以其简明扼要为特点，不作
"物勒工名"形式，不记监造者与工匠名。内容主要
有两类：一类是标明铸造兵器地点之地名，作"某地
戈"之形式，地名如"平陉（阴）""郓""阿武""平阿"
等。地名下有的注明里名，如"平阳高马里戈""城阳
辛城里戈"。也有在地名下加"造戈"二字的，如"高
密造戈"。或在地名下加"左戈""右戈"（亦有简化为

图1-6 新郪虎符铭文

"左""右"的）如"平阿左戈"。此类铭文为我们研究
齐国地方基层居民组织的情况提供了宝贵史料。

第二类是标明兵器之器主，实亦即使用兵器之军事武装的统帅者。多
为陈侯（即田齐国君）及诸卿大夫贵族，言"某某戈""某某造戈"，戈名或称
"徒戈"或"散戈""车戈"。如"陈侯因脊戈"，陈侯因脊即齐威王因齐；又如
"陈子翼告（造）戈""陈子翼徒戈"等。

2. 燕系兵器文字

战国以后，随着燕国势力大增，南下同诸侯争夺天下，尤其与齐国有兵
戎交汇，兵器大量增加。所以战国时期燕国金文除了极少数的礼器（比如郾
侯载簋，《集成》10583）铭文等以外，多为长矛大戟的兵器刻铭。目前所见的
战国燕国兵器金文，相对来说作品最多。

燕国兵器铭文非常丰富，更多的是铸铭，按其督造者可分为三类。

第一类由王室督造，不记一般监造者与工名，仅标明燕国君之名，此兵
器类只有戟、戈、矛。这类铭文中载有燕侯或燕王之名，如"郾（燕）侯载戈"
（《集成》11220）、"郾（燕）王职戈"（《集成》11227）、"郾（燕）王喜戈"（《集
成》11248）、"郾（燕）王戎人戈"（《集成》11238）、"郾（燕）侯脮戈"（《集成》
11272）、"郾（燕）王詈戈"（《集成》11305）等。其中，"燕侯载""燕王职""燕

王喜"三人分别与传世文献记载的燕成公(前454—439年)、燕昭王(前311—前279年)、燕王喜(前254—前222年)相对应。而"燕王戎人""燕侯脮""燕王詈"三者的身份学界还有争论。其中,"郾(燕)侯载戈"是战国初期燕成公时的燕国兵器,现藏辽宁旅顺博物馆。

第二类燕国兵器可能由地方或府库机构督造,如二年岙贯府戈(《集成》11292)。

第三类燕国兵器则有少数器铭记监造者为将军或其他官吏。旧有"子之戈"拓本流传,已有学者指出其实为赝品。除以上形式外,燕兵器铭文中亦有仅署明兵器所属军事部门名称的,如"左军戈""右军矛",都很有特点,为他国兵器所未见。

在燕国兵器铭文中,有少数可见刻有三级或三级督造者名,三级为郾(燕)王某、攻(工)君(尹)、攻(工)。多见二级督造者名,二级仅有攻(工)君(尹)与攻(工)。即以国君为器主的兵器为例,铭文形式为"侯某"或"王某""造(或'作')某器"。

3. 晋系兵器文字

韩、赵、魏三国兵器铭文的文字风格雷同,单从字形角度无法对之进行分国研究。黄盛璋曾对三晋兵器的国别、年代、铸造制度等问题做过详细讨论,[①]进而总结出魏、赵、韩三国兵器各自独有的铭文辞例,为后来学者判断三晋兵器之国别奠定了方法论方面的基础。

比如,此时三晋兵器文字中的"工师"多数作合文,写作"帀"。"工师"前所加之"某库",如韩器中所见之国都与地方之"左库""右库",国都之"址(襄)库""武库",赵器中所见国都之"邦左库""邦右库"与地方"左库""右库""上库""下库",魏国的"上库"(可能仅设于国都)、"右库""左库",这些库均是当时各国制造与存储兵器的处所。纪年用"王立事",冶尹或冶名后有"执齐(剂)"(即执掌青铜之合金成分)字样者多属赵器。冶尹或冶名后有"艁(造)"字者为韩器。

(1)韩国兵器铭文

韩国兵器铭文的辞例大体可分为繁、简两式。简式者仅记库名(《集成》10990)。繁式辞例如"卅三年,郑令郭涽,司寇赵它,往库工师皮耴,冶尹启

---

①　黄盛璋:《试论三晋兵器的国别和年代及其相关问题》,《考古学报》1974年第1期。

造"(《集成》11693),兼记年代、监造者(包括县令、司寇)、主办者(工师)、制造者(冶尹)四项内容。

(2)赵国兵器铭文

赵国兵器铭文辞例亦可分繁、简两式。简式者仅载地名、库名(《集成》10920、11053)。繁式者如"十五年,守相杢波,邦右库工师韩亥,冶巡调剂。大工尹公孙桴"(《集成》11701),兼记年代、监造者(守相)、主办者(大工尹、工师)、制造者(冶)四项内容。上举繁式铍铭中的"守相杢波"很可能就是大名鼎鼎的廉颇,如此则铭文中的"十五年"当指赵孝成王十五年(前251年)。

(3)魏国兵器铭文

魏国兵器铭文也分繁、简两式。简式者或仅载地名、库名(《集成》10922,10988)。繁式者如"卅三年,邺令狄,左库工师臣,冶山"(《集成》11312),兼记年代、监造者(邺令)、主办者(左库工师)、制造者(冶)四项内容。

4.楚系兵器文字

战国时的楚系兵器铭文较少见。流行于春秋中晚期的两种兵器铭文字体,仍存在于战国早期楚系兵器文字中。

其一是战国早期楚系兵器铭文中仍有鸟虫书字体。其二是铸铭文字,内容主要是标明器主之名,采用"某"之器,或"某"之郜(造)的形式,如江陵雨台山三期墓(战国早期墓)M100出土戈(M100:15)所铭"周濒之戈"。

至战国中晚期,楚系兵器铭文在内容上没有大的变化,惟或在铭前加上纪年词句,常作"XX之岁"的形式,即是大事纪年,但此时已由铸铭转向以刻铭为主,

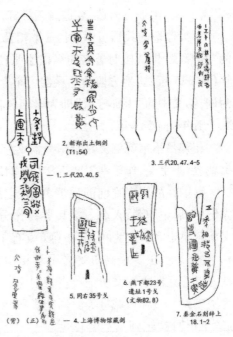

1.三代20.40.5

2.新郑出土铜剑(T1:54)

3.三代20,47.4-5

4.上海博物馆藏剑

5.同右35号戈

6.燕下都23号遗址1号戈(文物82.8)

7.秦金石刻辞上18.1-2

图1-7 战国兵器文字

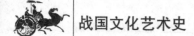

且结构松散、字迹草率。这种字体上的变化与整个楚器铭文的演变过程是相符的。

5.吴越系兵器文字

兵器铭文是吴越系文字资料中的大宗。铭文中记载的越王姓名多可与传世文献对应。如越王句践剑(《吴越》123)、越王州句剑(《吴越》146—161)等。

越王句践剑于1965年出土于江陵望山一号楚墓。此剑虽已沉埋地下两千余年,出土时犹若新发于硎,锋利无比,堪称稀世国宝。越王州句剑传世颇多,器主州句即史籍中记载的越王朱句。① 句践剑与州句剑铭文均属典型的鸟虫书风格。春秋战国时期吴越系兵器往往用金、银丝在兵器上镶嵌艺术色彩很浓的鸟形篆字叫"鸟虫书",也叫"鸟书""虫书"等。

6.秦系兵器文字

秦系兵器按监造者可分为两类。一类由中央监造,监造者为"相邦""丞相"等;一类由地方监造,监造者为郡守。

中央监造的兵器可举"十三年相邦仪"戈为例(《集成》11394),铭文中的"相邦仪"即战国时著名的纵横家张仪,戈铭"十三年"当为秦惠文王十三年(前325年)。地方监造的兵器可举"廿五年上郡守厝"戈(《集成》11406)为例,铭文中的"上郡守厝"即为秦国名将司马错,戈铭"廿五年"当是秦昭王二十五年(前282年)。

相邦吕不韦戟铭文是秦国兵器文字中的代表。相邦吕不韦戟又名吕不韦戟、吕不韦戈,作于秦王政五年(前242年)。铭2行,计15字。

秦国在战国中晚期的兵器刻铭,记载上下几级铸造负责者职名、人名,先纪年,后记职名、人名。秦兵器铸作分中央与地方两类,中央铸作兵器铭文所记负责者依次为相邦、工师(或有工大人)、工,相邦、诏事、丞、工,或相邦、寺工、丞、工。最高负责者由丞相担任,作丞相、师、工,丞相、丞、库、工。地方铸造兵器之铭文所记负责者则为守(郡守)、工师、丞、工(工的身份亦有为工鬼薪、工隶臣、城旦等类刑徒者)。秦兵器铭文中的"工师"不作合文,写成"工帀"或"工师",后者较晚。

---

① 容庚:《鸟书考》,《中山大学学报》1964年第1期。

（三）战国玺印文字

玺印文字是指古人刻铸在官印以及私印上的汉字。玺印，是古代人们作为昭明信用的凭证。玺，是春秋战国时代印章的通称，一般从金或从土写作"鉩""鉢"或"坿"，表现出其工具和材料的特征。一开始还没有"印"这一名称，凡印章不论公私尊卑贵贱皆称玺。秦统一六国后，才规定天子的印章专称"玺"，臣民的印章皆称"印"。

中国现存的最古玺印，是殷商时代的青铜印章。《左传·襄公二十九年》已有关于使用玺印的记载，《周礼·地官·掌节》也有"货贿用玺节"等记载。对于古典文献中出现过的"玺书""玺节"等名词，郑玄注为："玺节者，今之印章也。"刘熙《释名》"释书契"："玺，徙也，封物使可转徙，而不可发也。""印，信也，所以封物为信验也。"可见玺印最初是在货物转徙、存放和文书、简牍及物品的封存过程中，起安全、保密和防伪的保险作用的。这些足以证明早在春秋中期，印章已应用于社会活动中。但是，西周至春秋这数百年的时间中至今尚无可靠的玺印实物或没有充足的资料发现，我们现在所能看到的最早的印章大多是战国古玺。

目前见于著录的春秋战国古玺达6000余方，它们大多数属于战国时期，只有少数属于春秋时期。战国时期已广泛使用的印章，其质地、形状、纽式乃至用字多寡、玺文排列形式等均无固定的模式。

战国时期的玺印文字，大致归纳起来，有以下几方面的特征：其一，逐渐形成了适合于玺印印面的文字体系；其二，阴文玺大量出现，这显然也是实用方便所致；其三，印面形式变化极为丰富，充分地展现了当时崇尚个性与形式的审美取向；其四，由于文字的演变、分化及诸侯割据等，玺印文字的风格呈现出明显的区域色彩。

1.战国玺印文字的分类

根据印面文字内容和性质的不同，我们可以将战国玺印分为如下几类：官印、私印、吉语印、单字印、肖形印、巴蜀文字印、烙马印、印纹陶等几种。

（1）战国官玺印文

所谓官印是指官吏佩带和使用的印章。战国时期已有拜官授印、辞官交印、罢官收印的制度，每个官吏都有其相应的官印，以作为其身份等级及行使权力的凭证。官府的各种命令、公文，必须盖有玺印，若丢失了玺印，也就丢了官。因此,战国时期形成了一种佩印制度,大小官吏必须随身佩带玺印。

现在遗存至今的战国官印数量较多,约占战国玺印总数的80%。印材有铜、玉、银、陶等质地,以青铜质为多。形状以正方形居多,一般为2.5至3厘米见方,也有圆形、长条形或折矩形。印背有带孔的纽,以便穿系印绶。纽式以鼻纽为最常见。今存官印中还有形制特异的,如:楚国的白文"大傮"玺,纽高可握,形作瓜蒂状;白文"易都邑堅嶜悗之鉢",一边中部突起;燕国"单佑都□王□鍴"等长条形朱文玺,有纽,上部有环可穿带。这类印体硕大、形制特殊的官印,多属工官印或特殊专用玺,而非一般武吏或行政官员所佩。

战国官印以凿制为主,形成白文(阴文)印,印面多加边栏或加有竖界格用以装饰,偶尔用"十"字或者"田"字界格,其宽窄和印文笔画差不多。另有一种尺寸较小的铸制的朱文(阳文)印。白文多刻凿,朱文多铸出。玉质和陶质官印均白文,铜玺则白、朱文并见。

官印印面多镌刻官职名称,比如见于文献的有"王""君""司徒""司马""司工""司寇""大府""行府""莫嚣(敖)""连尹""大傮""行傮""职岁""大夫""丞""工师""啬夫"等官职名称,也有不少官名为文献所无。印面有的仅刻官名,如"左司徒""右司马",有的官名下加"鉢"或"之鉢",如"行士鉢""司寇之鉢";有的官名下镌刻品位较低的官名,如"余子啬夫",这种镌刻形式表示后者对前者的从属关系;有的地名下刻官名,如"沟城都丞",这类官印均为县、邑等各级地方行政官吏所佩。以上官印镌刻形式,多数为后世所承继,唯仅刻官名的形式除秦及西汉仍在低级别的官吏范畴中沿用外,东汉以后已不多见。

战国官印中也有两类不镌官名的:其一,邑、县以下低级地方机构中最高官吏佩印。这类玺印有的镌地名和机构名,如"安昌里鉢",有的仅镌地名,如"平阿"。其二,特殊专用玺印,如关税用印等。

(2)战国私玺印文

私印是指私人使用的姓名印章,战国时期私印姓名章较多,约占战国玺印总数的17%。

目前遗存的战国私印以铜质居多,其次为玉质、银质、骨质、琉璃等材料。

在形制上,战国私印与官印没有多大区别,只是大多数私印形状较小一些而已。战国私印形状较官印小,以1—2厘米见方,适宜佩带。

战国私印由于不像官印那样用于官方场合,故无定制,大小不等,形状各异,除常见的方形、长方形、圆形、椭圆形、半圆形、月牙形等规则形状外,还有腰子形、凸形、凹形、心形、盾形、三角形、菱形及其他不规则的形状。私印印纽有鼻、亭、坛、覆斗、蛇、鸟、兽、人、戒指、带勾等式,雕镂均较精致。最常见的为方形鼻纽小玺,印背有的隆起呈坡状,有的起台呈坛状,制作极为精致。银质玺亦多此形制。

战国私印有朱文和白文两种。朱文多作宽边细文,这种文字,细如毫发,却十分坚挺,俗称"绵里针",质地多数为铜,间有为银的,均出自铸造,有的印文纤如毫发而清晰异常,刚柔相兼,劲丽自然,有很高的艺术欣赏价值,反映了这一时期青铜冶铸工艺的高水平。白文玺印铸造、凿刻均有,一般以玉石类质料为多。白文印面也多加边栏,少数有田字格形式的。私印中的姓名印开始有两面开印的,吉语印面也有了五面的。

战国私印在字体选用、字形结构上,均比官印更加灵活多样,章法布白上参差错落、疏密对应、俯仰欹斜,更具艺术性意趣。即便是一些小玺,文字布白仍然那么舒展自如,颇得天工造化之美。

战国私印中的白文同官印一样,线条厚重实在,平稳中多变化,典雅中寓奇巧。朱文则坚挺有力,整洁流畅,灵动之气充满印面。由于铸制的整体效果,使纤细的印文气势贯通,浑然有致。字形虽奇诡多姿,但总体以自然平实为本,字中的挪让、省略、欹斜、错落,如乱石铺路,最终均能服从整体效果,达到和谐统一的艺术境界。有些战国私印长期埋藏地下,经过腐蚀,斑驳破损,更是别有一番古朴苍茂的残缺之美,显现出深穆古拙、天然去雕饰之意趣,充分表现出战国私印的多彩多姿和自发的艺术审美情趣。

如果按内容来分,战国私印主要有三类:其一,姓名印,即玺印持有者的姓名文字。这其中又包括:单姓人名:如"王喜""李康""乔工"等。复姓人名:"东方""司马""令狐"等。单字人名:"李""章""蒙"等。其二,吉语玺,也叫成语玺,详见下文。其三,肖形印,也叫图像玺,详见下文。其四,少数民族玺,如巴蜀文字玺印,四川各地常有出土。印为方形或圆形,背面也有纽。唯印文为战国巴蜀人的图画文字。

（3）战国吉语印印文

战国时期，有些私印印面所镌刻的不是持有者的姓名字号，而是一些常见的吉语、成语、祝词或箴言，比如"吉""昌""公""敬上""忠信""富贵""千岁""正行""得志""行吉""有千金""宜有千万""大吉昌内"等，文辞生动可人，多取吉祥之意，这是后世所谓闲章的前身。

此种印归属于私印，主要是寻常百姓受当时社会上层人士佩印成风之气的影响，用以表明身份。这些吉语的内容象征着吉祥、美德，佩戴者以取祥瑞，加以避邪，同时追逐时尚。

在章法构图等形式上，吉语印也丰富多彩，有长方形、菱形、圆形、双环形、心形等等。如"千秋万世昌"为多字印，是由五个单印组成的群体印。原印本为一体的五面印，五印之一，均可单个使用，亦可组为一印。五个单体大小不一，其中"昌"较大，为正方；另四印略小，均为扁桃状，呈上、左、右、下、中顺序排列。此印因年久腐蚀，字画及边框断损较重，整体看来，结字各具神态，生动而率真。

（4）战国肖形印图像

肖形印是私印的一个种类，因为印面没有文字，只有模仿鸟兽动物、车马人物等图像，故称肖形印，又称形肖印、生肖印、象形印或图案印、画印、封蜡印、封泥印。这些有别于文字印的玺印反映的内容十分广泛，有描绘当时人们狩猎、搏兽、战骑、饲禽、牛耕等情景以及鼓瑟弹琴、歌舞伎乐、车马出行、乘龙跨虎等生动场面。但最常见的是虎、马、鹿、羊、熊、龙、兔、驼、鹊、鹭、鸡、鱼、龟等动物，少数如鸵鸟、犀牛等罕见的外来珍禽异兽也时有所见。这些图案，既可作为文字印的装饰，也可以单独以图案作为印面内容，这就是肖形印。

肖形印起源于春秋时期，盛行于战国时期。肖形印很少见于秦玺，说明到了秦代已渐式微，到汉末已趋衰落，六朝时期几乎绝迹。早期肖形印有些图纹与商周铜器中最常见的纹饰或族徽铭文相同，主要是受到商周时期发达的青铜文化的影响，也有当时创制的图案，逐渐发展成为一种独立的印玺形式。

对于肖形印的功能，有人认为，这与当时的社会文化状况有关。当时私印中的文字印多是贵族或其他有身份的人表明身份之用，而百姓识字之人较少，故多用"肖形印"表明其身份。但我们认为战国时代，能够用得起印章的人,自然是有身份和地位的人,也自然是能够认识印章文字的人。所以肖形印的功能除了用作封识木竹制牍函的凭信之外,还是避邪祈福、象征吉祥的信物。战国肖形印的功能同文字印一样,都有印信封缄的作用。1986年湖北荆门包山二号战国墓出土有肖形印封泥,而且还保留在陶罐颈部,可以证明当时有肖形印章的使用。

战国肖形印图案以动物居多,飞潜动静,各不相同,是我国印章艺术的一个重要组成部分,有着相当高的艺术价值和观赏价值。肖形印的制作者们调动惊人的艺术手段,以古朴典雅的造型,凝练含蓄的手法,肖形传神的笔触,严谨的构图,朴劲的线条,粗犷的形态,强烈的装饰性以及沉郁浑厚的风格,于方寸之内,创造出一个深沉雄强、丰富多彩、貌在似与不似之间而又神采毕现的缩微图案。这些刻画得栩栩如生、形象简洁却活灵活现的图案形象,与铜器、漆器等花纹中的同类物形相似,情调瑰丽,令人产生无穷的艺术遐想。

(5)战国烙马印文字

烙马玺印是我国古代官方用于烙马的专用玺印,属于官印的一类。是指在马身上或木材上打烙印之,称之为烙马印。

这种形制很大的朱文印为铁质,印纽的上部有方孔可纳入木柄,乃为烙火方便之作。烙马玺印特征鲜明,风格独具,在我国印章艺术中占有一席之地。

据文物考证和文献记载,自战国以来,各代都有烙马用印。如《北史·魏孝文帝纪》:"延兴二年(472年)五月,诏军警给玺印传符,次给马印。"在《唐六典》卷十一中也有:"凡外牧进良马,印以三花飞凤之字为志焉。细次马送尚乘局者,于尾侧依左右间印以三花;其余乘马送尚乘者,以凤字印印右髀。"这些记载,证明战国以来各代都有烙马印。罗福颐《近百年来对古玺印研究之发展》中云:"传世古印中,有烙马用印,在1930年《贞松堂集古遗文》始发表汉代'灵丘骑马'烙印,于是古烙马印初次见于著录,由此推之,前人印谱所载'驻'及'常骑'(此殆是'太常骑马'之省文),皆是古人烙马用印也。"

战国时期最著名的烙马印就是《日庚都萃车马》。这件烙马印,出自燕国,边长超过7厘米,朱文巨玺,为战国古玺中之最大者。从尺寸上讲,要比当时一般使用的印章作品大出很多。1892年出土于河北易县,后被晚清著名学者王懿荣以150两白银购得(另说为王氏于1896年以600两白银购于易州裴某处)。可惜在战乱中流落到了日本,现藏于日本京都"有邻馆"。据说现在一方印蜕就标价1万日元。此玺纽部中空,可安装木柄。文中"日庚都"为战国时燕国地名,"萃车"即副车,即指所烙之马为日庚都官署副车所用的马匹。马身烙此印,表示此为日庚都官署副车所用之马。马字上部是马头的象形,下边两横表示将马身省略,是燕文字独特的写法。

图1-8 战国烙马印文字

这类印因其形状巨大,而印面布局舒展开阔,跌宕多姿,挪让变化极富神韵。字体笔画苍浑古朴,体势奇特恣肆,具有很高的艺术审美价值,常为后世篆刻家所借鉴。

(6)战国时期的印文陶文字

印文陶也是印章的一种,是指供陶工在陶器湿坯上钤压打印的印章。在《礼记·月令》中有所谓"物勒工名",其中主要指在烧制日用陶器之前,趁着黏土柔软时捺盖在上面的印章,包括制造的地名、场所、官署、工匠的姓名、吉语祷词等内容,个别还有制造年份。陶器虽容易损坏,常被抛弃,但不会腐烂,加之种类繁多,因此,陶文残片较之其他文物能够大量留传。

远在仰韶和龙山文化时期,彩陶钵上就开始使用刻画符号,西周时出现了印陶,春秋战国时代则蔚然成风。我国山东、河北等处出土的战国时代陶器中钤压有玺印文字者最多。陈介祺《簠斋藏陶》、刘鹗《铁云藏陶》等书著录的战国遗物较多。到了秦代印文陶更为丰富,像陶量上的诏版铭文,以山东出土最多。

关于战国时代的印文陶文字书法,详见下文专题论述。

2.战国玺印的分区分系

战国玺印所用的必然是战国时代的文字,不同地域所制者使用的也当然是不同地域体系的文字。为此,以战国时代玺印所用文字的面貌不同,我们可以对战国时代的玺印文字进行分区分系的处理。研究战国玺印文字的分区分系,近年来有不少学者注重于此,并达成了一定的共识。大致说来,战国玺印文字可以划分为燕系、齐系、楚系、晋系、秦系五大体系。

（1）齐系玺印文字

齐国是东方大国，所谓齐系除了齐国以外，还包括齐附近的鲁、任、薛、滕、邾、莒等小国和附庸国。齐系玺印的名称有"钵""鉨"，"鉨"字见于齐国官玺。

齐系战国玺印，铜质官印以白文鼻纽方玺为主，也有少量白文圆玺。白文方玺背多呈斜坡状，无台。

齐系官玺的玺面形状大多是方形的，边长 2.3—2.5 厘米，坛纽，白文为主。长方形和圆形的较少见。个别玺的印面呈不规则形状，如曲尺形（《古玺汇编①0328），或上下边中间突出一块（《玺汇》0198）。

齐系朱文官玺的布局，不论方圆，玺面都加边框，框和文字笔画在粗细方面的比例不完全相同，有的框和文字笔画等粗，有的框比文字笔画粗，玺文的字间和行间都不用栏格。齐系白文官玺的布局，不用边框的非常少见，多数在玺文外的近玺面边缘处加边框，也有在玺文间加一到两条竖栏的，根据字数加格的为数就较少了。齐白文官玺所用的边框和栏格，在粗细方面一般与玺文笔画近同。齐玺文字笔画匀称，但其布局的随意性较大，不如燕玺整饬。②

齐系私玺的玺面形状虽然并不很复杂，但是比齐系官玺丰富，一般多为方形，少数为圆形，长方、椭圆形的很少见。齐系朱文私玺都有边框，边框有粗的也有细的，细的与文字笔画相近，粗的是文字笔画的几倍。有些圆形玺还用复式框，在圆形的外框内再添加四角与外框相连的方框，两框之间的空间用单根的短线装饰，玺文被布排在方框之中。齐系白文私玺，一般多加框。框主要分为两类，一类是单线框，一类是双线框。用单线框的多为方形玺，用双线框的有方形玺和圆形玺两种。

用双线框的方形白文玺，如"陈彊""陈仕""郫赍"等，两个框一里一外平行而置。圆形的白文玺，如"王齐""郤昉"等，也像有些齐系圆形玺一样用复式框，外用圆框，内用四角与圆框相抵的方框，玺文布排在方框中。用框的方形白文私玺，在文字的行间还常加竖栏。用框的椭圆形白文私玺，有在上下两个玺文间加横栏的。

---

① 罗福颐主编：《古玺汇编》，文物出版社 1981 年版。以下简称《玺汇》。

② 曹锦炎：《古代玺印》，文物出版社 2002 年版，第 40 页。

利用一个玺体制作两面玺,在齐系玺印中也有发现,尽管只有"王□信玺""□□吉玺·鸟肖形"两例,但是这两玺在战国玺中有较重要的地位。这两枚玺在内容安排方面并不相同,一玺是一面姓名、一面"信玺"两字,另一玺是一面姓名、一面作禽鸟肖形。在中国的玺印史上,一面文字另一面肖形的两面玺印,目前以此齐系两面私玺的年代为最早。

齐官玺记载的若干特殊的地方行政区划名称也是我们鉴定其国别的可靠依据。如《玺汇》0196 著录一枚"右殹辖▨▨"玺,"殹"当读作"轨",①《国语·齐语》:"管子于是制国,五家为轨,轨为之长;十轨为里,里有司;四里为连,连为之长;十连为乡,乡有良人焉。"由此可知,轨是齐国特有的基层居民组织,只是其组成情况是否与《国语·齐语》及《管子·小匡》所述相同,现在还有待证实。"▨▨"字或释"鄙",不确。此字与《说文解字》所载"襄"字的古文形体略同,故知当释为"襄",读作"乡"。② 上引《国语·齐语》之文置乡于轨上,由此推测,《玺汇》0196 号玺的玺文或许当按左上、左下、右上、右下的顺序来读,即"殹辖右▨▨"。凡此,皆待进一步的考证。

(2)燕系玺印文字

燕是战国之时偏安于北方的比较弱小的国家。与其相匹配,燕国玺印,尤其是燕国官印,同类玺形式往往十分相近,缺少变化,篆文亦失于呆板拘谨。燕国私印也远不如楚系玺印、齐系玺印那么灵动、奇妙。

但燕印依然有其自己的特色,文字辛辣,多阳刚之美,制作形式自成体系。燕系玺印的名称,目前所见的有"钵""鍴"(瑞)、"卩"三种,都出现在官玺中,在私玺中还没有发现。"鍴"和"卩"这两种称法,在战国时仅见于燕国玺印。

燕国官玺形制规范,常见者有方形白文小玺,方形朱文大玺,以及长条形朱文玺三种。

①方形白文小玺,一般为坛状纽,印台与纽座之间有明显的过渡台阶,为他国所不见,这种方形官玺边长为 2.1—2.4 厘米。③ 铭文为边框围绕,布局严整。玺文官称多作"某都某""某都司徒玺""某都司马玺"或"某都司工

---

① 孙敬明:《齐陶新探》,《古文字研究》第十四辑,中华书局 1986 年版。
② 何琳仪:《战国古文字典》,中华书局 2004 年版,第 692 页。
③ 曹锦炎:《古代玺印》,第 43 页。

玺"等格式,如"平阴都司徒""徒□都丞""文安都司徒玺"(《玺汇》0012)等,可为此类的代表。"都"前地名当是燕国的县邑名称。方形白文小玺,大多也只用边框,"尨佑左司马"在两行竖排的玺文间添一条竖栏当属个别现象。

　　燕国的方形小型官玺,大多数使用这种白文(阴文)形式。但也有个别的方形燕国官玺使用朱文。朱文官玺,一般都只用边框,河北唐山地区出土的"武城□皇"加饰田字格为仅见之例。

　　②方形朱文大玺,印面甚大,笔势苍劲。著名的"日庚都萃车马玺",边长 6.7 厘米,形制硕大堪称战国古玺之冠,应是烙马之印。① 详见上文。

　　③长条形柄纽朱文玺,印面呈长条形,印台上有细柄。《玺汇》0361 著录的"单佑都市王勹(符)鍴"玺可为其代表。此类玺印虽然少见,却极富燕玺特色,他国不见,如"大司徒长伏符乘"。这类长条朱文玺可能就是《周礼》所说的"玺节"。

　　燕国私玺的玺面形状丰富多彩,有方、长、圆、鸡心、新月、觽等形,不像官玺那样受专门制度的约束。在布局方面,燕国一般的朱文私玺都用边框,边框粗细不一,细的与玺文笔画相类,粗的为文字线条的数倍。圆形朱文玺,"公孙马""王裒"之类的较为特别,在圆形外框内再加四角与外框相抵连的方框,前者在圆形与方形的两框间添加有装饰作用的短直线,玺文均被安排在方框中。燕国的白文私玺,一般都带边框,框线基本和玺文笔画等粗,个别的在两行玺文间还加隔一条竖栏。

　　燕国私玺的文字布排,有一类非常特别,将其中的某一玺文倒置。"栗师剄""叔剄"就是这样的两方燕私玺,一方朱文,一方白文,两玺中被倒置的字都是"剄"。将玺文中的某一文字倒置,在众多的战国玺中极其罕见。

　　另外燕玺文字还有一些特殊的写法,如"马""都""丞"等字写法即仅见于燕。燕国白文官玺的文字,在战国玺印中最有特色,横笔画都方头方尾,竖笔画和斜笔画一般作方头尖尾状,具有犀利之感。这种形态的笔画,在燕国的白文和朱文私玺中也有反映。文字做这样的处理,不只是燕国的玺印文字,有些用于其他方面的文字也是如此,这正是燕国文字的一个重要特点。

---

① 　罗福颐:《近百年对古玺研究之发展》,西泠印社 1982 年版,第 31 页。

(3)晋系玺印文字

战国时期晋系玺印，是指三晋国家韩、赵、魏及其周围的东周、西周、卫、中山诸国的玺印。晋系文字的主体面貌源于春秋晚期的晋国文字。晋系玺印自称为“玺”。但一般都不直接将“玺”字用入玺面，带有“玺”字的晋系玺印罕见。

晋系官玺的玺面形状多为方形，长方形和圆形的为数较少。如“肖轨器容一斗”“右宫”“平陆”“司工”等数方。

晋系官玺可分为白文和朱文两类。白文的晋系官玺都是用玉制作的，内容都为极高的官职，如“郲襄君”“春安君”“匈奴相邦”。玺面比同系的朱文铜质官玺大得多，这可能与因官职尊卑而用玺有所区别的三晋玺印制度有关。

晋系官玺多为朱文小玺，朱文的晋系官玺都是用青铜铸造的，玺面明显小于白文官玺，一般边长在 1.5 厘米左右，印文秀劲，以宽边细文为主体形式；少数玺面较大的，如“肖轨器容一斗”“阳城冢”等，是专用于印陶或烙印方面的。

依据玺文中的地名可以对韩、赵、魏三国的官玺略加区分。《玺汇》0302 号著录的“修武县史”玺及 0109 号著录的“左邑余子啬夫”玺均为魏国官玺。《玺汇》4047 号著录的“阳城掾”玺及 2227 号著录的“折司工”玺均为韩国官玺。《玺汇》0092 号著录的“平陶宗正”玺及 0125 号著录的“襄平右尉”①玺均为赵国官玺。

晋系私玺，玺面形状较为丰富，分为方、长方、圆、椭圆、心形等多种。其中，方形占了绝大多数，其次为圆形，其他形状都比较稀少。

在晋系私玺中，白文私玺占量非常少。白文晋系私玺，布局时都用框，框线与玺文笔画基本上粗细相等。框线的位置离玺面边口的距离就不尽相同了，有的离玺面边口不近，有的则贴近玺面边口，边框与玺面边口间的留空也就出现了宽狭之分，宽者玺面多厚重感，狭者玺面多清秀气。朱文晋系私玺，占据了晋系私玺的绝大多数。在布局中均用边框。方形朱文私玺最常用的形式为细文宽边，边的宽度往往是文字笔画的好多倍，对比很强烈。宽边的方形朱文玺，有些四条边的宽度并不完全一样，有三宽一狭的，如“陈

① 按，或将此玺中的“[illegible]”字释为“丞”字，不确。此字当释为危，读作尉。

身",也有二宽二狭的,如"长黄"。也有部分方形朱文私玺采用边与文等粗的形式,如"书""司马逵疾"就是这方面典型的例子。圆形的朱文私玺多用外圆内方套叠式的复合边,圆边和方边之间的空处,有的还用线装饰,有的就不加装饰了。

(4)楚系玺印文字

楚国是战国时期南方强国,国力强盛,民风浪漫,文化发达。其玺印文字也同其漆器、简帛、铜器等其他载体文字一样,古雅雍容、奇伟多姿。楚系玺印自称"玺",官玺和私玺都相同。

楚系玺印,使用的都是以楚国文字为主体的楚系文字,使用区域在楚、越、蔡、曾等国。今天所见的楚系玺印,九成以上是楚国玺印。楚系印章的文字,很多字在结构方面有独特之处,笔势也有其他体系文字没有的独特风采。一般的文字,除了纵、横和斜向的主要几笔是直线外,其他笔画大多是弧线,较长的弧形笔画往往按笔画的走向被顺势一挥而就,动静结合,圆中有逸,劲中带秀,非常活泼优美。印文以白文为主,笔法酣畅,结体散逸。

楚系官玺的玺面形状,以方形为主,圆形、长方形、扁方形和椭圆形的较少见。纽式以坛纽为主,印面有作十字界格者。白文楚官玺在布局中都带边框,如"大賨"中加竖栏的情况为数较少,如"计官之玺""右巽政玺"用田字格的那些玺也只占少数,大多数只饰边框。朱文楚官玺在布局中也用边框,框线粗细不一,有比玺文笔画粗的,也有与玺文笔画相近的。

楚官玺的玺面大小不一,很是悬殊,大的达6厘米见方,小的仅1.2厘米见方,其中有些因仅作明器而不必严格按官玺的尺寸制度制作。制作精致的"区夫相钵"当为典型的明器。此玺,玺面尺寸过小,边侧还制有一"敬"字玺面,在制作方面与其他楚官玺迥异。

楚系官玺中常见一些楚地特有的职官名称,这是我们鉴定其国别的重要依据之一。如《玺汇》0164号著录的"湘陵莫嚣"玺,0318号著录的"连嚣之四"玺,0145号著录的"连尹之玺"等。

楚系私玺玺面形状比同系的官玺丰富,有方、圆、长方、扁方、棱等不同图案之形,方形是其中最常见的。

朱文楚系私玺,在布局中一般都加边框,用粗框细文的形式居多数。圆形的朱文楚私玺,有些还用内方外圆两框套叠而成的复合式边框,"中""计坪"便是这方面的典型例子。

白文楚私玺也都带有边框,少数方形玺还在玺文之间加栏或格。在用单线框的方形玺中,"敬"所用的"亞"形框,在战国时的其他系玺印中都没有发现过,为楚私玺所独有。方形白文玺所用的复合框,一般由内外两方形框紧贴着套叠而成,如"五阳"。仅见于楚私玺"絑虞"所用的复合框,由三框套叠而成,框与框之间还添加装饰物。方形白文楚私玺中还出现了一种具有华贵之气的复合式花边框,如"登塙"。棱形白文楚私玺"敬"所用的花边式框,与齐系白文私玺"羊这"的边框有异曲同工之妙,也崇尚装饰之美。图案形白文楚私玺"士君子"所用的框极有奇趣,"士"和"君"用两框边相切的圆框,"子"所用的框一边借用部分"士"和"君"的框线,整体似有联珠感。白文楚私玺的边框,在战国玺中最富变化,最具有创造性,显示了楚文化又一种非凡的魅力。

楚系玺印也使用了两面玺的制作方法。楚系玺印的两面玺,有两种制作类型,一种为相背的两个方面或长方面都铸制玺文,如"圖曲·敬""场训·训玺""敬·信";另一种,玺体为可穿带的鼻玺,在与纽相反方向的一般为方形的底面铸制一面玺文,与玺文相邻的多为扁方形的玺体侧面铸制另一面玺文,如"区夫相玺·敬""佝□·敬"。

楚系私玺的玺面中有一类,把文字和动物形象布排在同一玺面中,图文并茂,美观有趣。这类楚私玺,如"陈管""苛训""蔡□""□玺"四方。其布局方法,或作上半部布文字,下半部布一动物;或作上部布两个文字,下部布两个动物,四者之间用田字格分隔。"蔡□"玺面中央满布一动物,玺文布在动物身上,动物为阴式,玺文为阳式,极尽将阴与阳两种铸制方法相结合之能事。

(5)秦系玺印文字

战国时的秦国文字有两种情况,其一,秦国后期的官体文字,就是小篆的前身;其二,秦国的民间文字,有些字和部首的写法极为隶化简率,简于后来的小篆。秦系印章,是用秦系文字制作的印章,自称为"印",官私印相同,与战国时期其他系的玺印称呼都不相同。

秦系官印的印面形状,有方形、长方形、棱形三种,方形居多,长方形次之,棱形罕见。有一种长方形秦官印,尺寸是方形的一半,被称为"半边印",是官职等级较低的官印。

战国时期的秦系官印,有朱文的,也有白文的,如今所见的大多是白文官印。秦系白文官印不用边框布局的方形印，只发现"工师之印"一例。秦方形的白文官印，印文一般为四字，布局时多用田字格装饰，官职名称不足四字的加"印"字补足。半通秦官印，印文都为二字，布局时用日字格装饰。白文的秦官印，凿制而成，所成的笔画朴茂劲健，活泼而多天趣。战国时期的朱文秦官印，虽为数不多，但布局多变，有的只用边框，框与文粗细相近。

战国时秦国的官玺与统一后秦王朝的官玺风格雷同，要区分二者几乎是不可能的。根据王人聪的研究，战国时秦官玺的纽式以坛纽为主；印面多有田字或日字界格；印文多为凿款，字体整齐，风格类似于秦权、诏版。① 兹举《战国玺印分域编》②中著录的四枚秦官玺以为例证：《分域》2812 号"昌武君印"，此为秦封君之玺；《分域》2814 号"宜阳津印"，此印文当按对角次序阅读；《分域》2828 号"发弩"半通印；《分域》2829 号"丧尉"半通印。

秦系私印的印面形状多样，其中方形和长方形所占的比例数最大。秦系私印也分白文和朱文两类，朱文的数量远远少于白文。

朱文秦系私印，都铸制而成。朱文秦私印在布局上和战国时期其他系的玺印一样，很讲究边框和栏格的装饰作用，有些印用细文粗框，如"李康""忠仁"；有些印文与边等粗，如"王穿"；有的两字方形印在字间用竖栏，如"郭尼"；有的两字长方形印在字间用横栏，如"成庚"；有的四字方形印用田字格。朱文秦私印中的"成庚"是目前仅见的半通式朱文秦印，在战国玺印史上有重要地位。

白文秦私印，在战国时期的玺印布局中最流行使用栏格装饰。方形印，除了单用边框的之外，有些二字、三字和四字的在字与字或行与行之间使用竖栏，如"救治""郭异人""间枝长左""思言敬事"；有些三字的用格把三个字分隔在大小不同的区域中，如"吕得之"；有些四字的用田字格分隔印文，如"日敬毋治""忠仁思士"；还有的四字印用美术化的格分割印文。私印仅用边框的很少，如"和众"；大多用日字格布局，如"得之""韩窑"；有一种三字印文的，印文分上下两区，也巧妙地用格将印文隔开，如"司马戎"。圆形私印，有不用边框的，二字印仅在字间加一竖栏，如"郸易"；有用边框不用栏

① 王人聪、叶其峰：《秦汉魏晋南北朝官印研究》，香港中文大学文物馆专刊之四，1990 年版，第 9—10 页。

② 庄新兴编著：《战国玺印分域编》，上海书店出版社 2001 年版。以下简称《分域》。

的,如"戴糇";更多的是边框和竖栏并用,如"冯士"。扁方形印,印文一般为两个字,在布局时多使用边框和竖栏。

在秦私印中也已出现两面印,如"江去疾·江达疾"。值得注意的是,战国秦私印也和楚国私玺一样,把文字和肖形结合在一起了。这种秦私印目前只发现一方。它用日字格布局,上格中置一"遗"字,下格中布一马的肖形。此印出于凿制,文字笔画挺拔,肖形的轮廓线圆劲,殊有异趣。

(四)战国货币文字

货币文字是指货币上铸写的汉字。先秦货币种类有刀、布、圜钱、蚁鼻钱等等,不同地区使用的货币种类不同。先秦货币文字的总体风格是草率、苟简。例如,"莆"字作"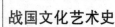"①,"桡"字作"　"②,几成别字。"中"字作"　"③,"即"字作"　"④,几不成字。加之货币铭文辞例简单,不易推断,故其释读实为战国文字研究中一大难题。

1. 战国流通货币的概况

战国时期,是先秦历史中改革开放的年代,政治、经济、文化迅猛发展,在商品经济方面,最显著的特点是商业大城市的涌现和金属铸币的大量发行并流通使用。已发现的先秦铸币绝大部分是战国时代的青铜货币。战国各国都有自己的钱币,其形状和铭文都各不相同,如铲形金属布币、刀币、方孔圜钱、"鬼脸钱"等等。布主要行用于三晋和燕,刀主要行用于齐、燕、赵。圜钱出现得比较晚,三晋、齐、燕似乎都使用过。蚁鼻钱只行用于楚国。此外楚国还流行一种版状金币。

刀币应当与先民狩猎文明相关,刀为仿自刀削一类的青铜工具,在割食猎物时须用小型刀具,逐渐形成人们日常生活的必备品。据《晏子春秋》记载:"晏子使楚,楚王进橘,置削(削即刀)。"当然这是用于剖割橘子的真刀,正因为是人们日常生活的必备品,才能成为人们交易认可的信用物品,之后逐渐统一型制,成为交易的货币。

---

① 吴良宝编著:《先秦货币文字编》卷一,福建人民出版社2006年版,第15页。
② 吴良宝编著:《先秦货币文字编》卷六,第88页。
③ 吴良宝编著:《先秦货币文字编》卷一,第12页。
④ 吴良宝编著:《先秦货币文字编》卷五,第78页。

齐国是战国时期靠近大海得渔盐之利的东方经济大国,齐国的刀币由一般等价物刀转化而来,从而大量铸造刀币。齐国刀币厚重而精致。战国后期,齐国还铸造了圜钱。据说,"圜钱"象征着古人天圆地方的宇宙观念。

燕国受齐国影响,也流行刀币,称明刀。博山刀或齐明刀,是燕军攻占齐国后在齐地铸造的刀币。战国后期的燕国也大量铸造了圜钱。燕国还铸造有自己的布币,燕布耸肩,束腰,长足。

三晋布币的产生应当是古代农耕文明的产物,布仿自铲子一类的生产工具,最早的布币——空首布没有文字,而且布首中空,应该是插入手柄的地方,上有小孔,用于固定,最具生产工具的特色。之后衍生出尖足、方足、圆足;耸肩、削肩、方肩、圆肩等各种形状。目前最早的货币文字是出土于晋国侯马故城的春秋晚期空首布,布币上铸有篆书文字9字,字体显得草率随意。但是布币也是最早退出历史舞台的货币之一,继之而流行的是形形色色的刀币。

赵国作为三晋之地,仍然流行布币,比过去的空首布轻小得多。一般为平首、平肩、平裆、方足体薄的布币,简称为方足布。另外还有一种体型更小的刀币。

韩国布币奇特,首部多两个锐角,人称锐角布,也叫异形布。魏国通行的布币,平首、圆肩、平足、弧裆,因其裆部如一桥拱,又称桥形布。魏国是战国中最早铸行圜钱的国家。

战国时期秦国货币较为单纯,主要行用圆形方孔钱。圜币出于玉器饰品。古人重玉,在人们的日常生活中,用玉做成各种型制的饰品,其中环形的玉佩逐渐成为一种流行的饰品。春秋战国时期秦国方孔圆钱有三种。第一种是一两钱;第二种是"两留"钱,第三种是"半两"钱,秦统一中国统一货币后,就通行半两钱了。

楚国货币最为奇特,流通最广的是青铜贝,即面部有字、形似海贝的货币,俗称"蚁鼻钱(像海贝形)""鬼脸钱",最大者长1.9厘米,最小者长1.3厘米,重0.6—4.1克。属于"鬼脸钱"范畴内的还有猿头币、骷髅牌、瓜子金、拉拉子等,均指小钱之意。楚国还铸有独特的布币,一种是大布,另外一种是两个小布对足相连。楚国的金币极为有名,古称"印子金",它是在已铸造好的圆饼形金版上用铜印加盖上表明地址和分量的字样。

2.战国货币文字分区介绍

如前所述,在战国货币文字中有地名、国名或货币单位名称,为后世留下了珍贵的社会经济史料。同时,这些文字有其独特的结构造型和章法安排形式,也是考察战国文字书法艺术的一个重要方面。

到了战国时代,货币铭文发展成为一种与玺印文字一样的、颇具特色的文字书法艺术形式,且形成了不同的地方风格类型。

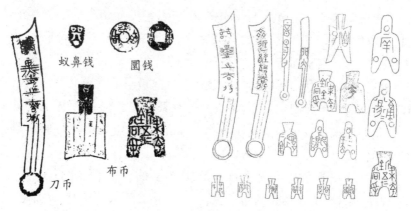

图 1-9　战国货币文字

(1)晋系货币文字

晋系货币以布币为主,但布币的早、晚形制有所不同。早期三国所流行布币各不相同。到了晚期,韩、赵、魏三国均流行方足小布,布币形制及铭文风格雷同,主要靠币文所记地名来区分其国别。

韩国早期流行锐角布,铭文多有"涅"字,如"百涅"(《中国历代货币大系》①1226)、"卢氏百涅"(《货系》1220)等。

赵国早期流行耸肩尖足布,铭文均为赵国地名,以"安阳"布发现最多。战国中期,铸造圆首圆足布,有大小两种形式,上有"蔺"(《货系》713)、"兹氏"(《货系》732)和"离石"等字;后来又铸造了平首方足小布。赵国晚期铸造的三孔布,分为二等,一等为一两,一等为十二铢。

三孔布币旧以为是秦国铸造。现在看来,它应该是赵国最晚铸造的布

---

①　汪庆正主编:《中国历代货币大系·先秦货币》,上海人民出版社 1988 年版。以下简称《货系》。

币。① 其铭文为地名，如"上曲阳"（《货系》2465）、"余亡"（《货系》2482）等。赵国还有一种圆肩圆足圆裆布，如"蔺"（《货系》2346）、"离石"（《货系》2428），从类型学的角度考虑，它大概是三孔布的雏形。

赵国还曾铸行过圜钱，铭文为地名，如"蔺"（《货系》4065）、"离石"（《货系》4074）等。赵国铸行小直刀的形制与齐、燕刀币有别，铭文亦为地名，如"邯郸"（《货系》3803）、"蔺"（《货系》4003）等。

魏国早期流行桥形布，平首、圆肩、平足、弧裆，因其裆部如一桥拱，故名。铭文多为地名加计量单位"釿"字，如"安邑二釿"（《货系》1245）、"安邑一釿""安邑半釿""蒲坂一釿"（《货系》1425）等。战国晚期，魏国同样铸行过圜钱，如"共屯赤金"（《货系》4044）、"漆垣一釿"（《货系》4055）等。"釿"《说文》解释为"剂断也"，在战国器物铭文中均用为记重单位，不作动词用。战国时期一釿之重不等，据货币测算，早期约12—17克，晚期约10—13克。

兹举魏国一枚平首圆肩圆裆布为例，说明三晋货币文字特征。"梁（原形不从'水'）正币百尚（当）锊"。由"梁"字可以判定这是一枚魏国铸币。"币"字原形就是"敝"的左半"淅"。"敝"字从"淅"得声，"币"（繁体字作"幣"）又从"敝"得声，所以可以用"淅"表示钱币的币。过去长期把此字误释为"尚"，文意难以讲通。而且只要与下文真正的"尚"字比较，可以发现它们的字形也并不完全相同。"百"字原形与"金"字相似，这种写法的百字还见于很多战国成语玺，过去长期误释为"金"。直到20世纪70年代河北平山出土中山王诸器，其铭文为此字当释为"百"提供了确证之后，它才被正确释读出来。但其字形究竟应当如何分析解释，也还没有哪种说法能获得大家的公认。"正币"的"正"，一般认为就是"正规的""正常的"之意，同地所铸有"梁半币二百当锊"布，与此币相对而言，重量适为此布的一半。也有人认为"正"当读为完整的"整"，"完整"与"一半"相对。百当锊，意思是一百枚正币的重量为一锊。据实测，此布一枚重10.82—16.00克，百枚重1080—1600克之间。综合其他有关记重铭文材料，有人估计战国时期一锊的平均值在1280克左右。《说文解字》谓锊重"十铢二十五分之十三"，《周礼·考工记·冶氏》谓重"六两大半两"，均与战国实际锊重相差甚远。有人主张古有两种大小不同的锊，是否可信尚有待于进一步的研究。

---

① 何琳仪：《三孔布币考》，《中国钱币》1993年第4期。

（2）齐系货币文字

齐系货币以刀币为主要形制。币文辞例多作"某地之夻砡"。"夻砡"二字当读为"大刀"。如"齐之大刀"（《货系》2497）、"即墨之大刀""安阳之大刀"（《货系》2507）等。齐国货币文字无论其种类、形式，还是铭文内容，较之秦、燕、楚和三晋，都显得数量少而文字简要，文字多者6字，少者仅3字。

战国晚期，齐国开始铸行圜钱（即圆形方孔钱）。铭文有"賹刀""賹四刀"（《货系》4103）、"賹六刀"（《货系》4110）等，"賹"字见于《广韵》，释曰："记人、物也。"有的学者认为"一化"（刀）即为一枚刀币，故知此"賹四刀""賹六刀"之意为记载四枚或六枚刀币的价值。①

齐国货币文字的特征，兹举一例说明之。这是一枚齐国刀币，面文五字："安阳之大刀"。"安"字从"厂"（音ān）表示建筑物，与从"宀"同意。下半所从的"女"字也多一笔。"阳"字原形作"昜"不从"阝"。"安阳"地名，表示此币的铸行地点。战国时期以"安阳"为名的不止一地，齐国的安阳在今山东省曹县东。"大刀"二字旧多释为"去（法）化（货）"，长期为古币收藏家和古币研究者普遍接受，其实是靠不住的。据古文字学家的研究，所谓"去"字应分析为"大"字赘加"口"形，古文字尤其是战国文字从口不从口往往没有区别，例证举不胜举。所谓"化"字左所从实为"刀"而非"人"，右所从为"乇"。"刀"与"乇"古音相近，此字是在"刀"字上加注"乇"声构成的"刀"的繁体"砡"。齐国的刀币一般长18厘米左右，较燕、赵两国的都要大，故自称"大刀"。此类刀币多有单字背文，含义不明。这枚的背文是"日"字。

（3）燕系货币文字

燕国受齐国影响，也是流行刀币的国家。燕刀面文多有"明"字，故又称"明刀""明字刀"。燕刀背文多为数字、干支、吉语或"上""下""左""右""中""外"诸字，大概表示铸造的炉次（《货系》2881，《货系》2929）。

燕国故地曾出土几种罕见的方足小布，铭文中的地名多为燕地，故知燕国亦曾使用方足小布。② 如"安阳"（《货系》2290）、"襄平"（《货系》2316）等。

战国晚期，燕国也曾铸行过圜钱，铭文作"一刀""明刀"（《货系》4124）、

---

① 何琳仪：《战国文字通论》，第93页。
② 何琳仪：《燕国布币考》，《中国钱币》1992年第2期。

"明四"(《货系》4127)等。

（4）楚系货币文字

楚系货币以铜贝形状的"蚁鼻钱"为大宗。其上铸造有形式古拙的文字,如有"巽"(一般读为"钱")(《货系》)、"朱"(《货系》4154)等。

楚系布币形体狭长、束腰,大型者尾部成燕尾状,面文如"桡币当钌"(《货系》4176),小型者面文为"四币"(《货系》4185),亦有两个小布对脚相连者,称为连布。

金版币是楚地特有的一种货币类型。币文是用铜印戳上去的,故称"印子钱",常见的面纹有"郢再"(《货系》4198)、"陈再"(《货系》4261)、"卢金"等。"郢"是楚国国都名。"再"字原形下部增加"又",旧释"爰",或"寽",实际上是误读。[1] 安志敏先生改"再"读为"称",表示这种金币在使用时需临时切割称量,[2]其说可从。

楚国还有一种铜钱牌。其铭作"视金一铢"(《中国钱币》1993 年 3 期)、"视金二铢"(《中国钱币》1990 年 3 期)、"视金四铢"(《中国钱币》1990 年 3 期),其意为"比照或视同黄金一铢、二铢或四铢"[3]。

（5）秦系货币文字

据《史记·秦始皇本纪》记载,秦惠文王"立二年,初行钱",因此,公元前336 年是秦国铸行钱币的始年。

战国时秦国主要铸行圜钱,铭文内容仅为货币单位,不记铸造地,有三种类型。第一种是一两钱,一两钱有三种面文:"一珠重一两十二"(《货系》4069)、"一珠重一两十三""一珠重一两十四"。第二种是"两留"钱。第三种是"半两"钱,秦统一中国统一货币后,就通行法定货币"半两"钱了。秦"半两"重十二铢(秦代二十四铢为一两),直径十二分(3.2 厘米),穿孔的边长各为六分(1.2 厘米)。"半两"钱外圆内方,无内外廓,背平无文;篆书"半两"二字分别列于穿孔两侧,钱文凸起。钱圆中有方,方外有圆,刚柔并济,静动结合,达到了匀称均衡之美的最高境界。它集实用性、艺术性、思想性于一身,成为划时代的钱币形制,至此秦"半两"奠定"圆形方孔"钱币造型。

---

① 罗运环:《楚金币"再"字新考》,《于省吾教授百年诞辰纪念文集》,吉林大学出版社 1996 年版,第 194—197 页。

② 安志敏:《金版与金饼》,《考古学报》1973 年第 2 期。

③ 黄锡全:《古币札记二则》,《安徽钱币》1998 年第 3 期。

另外,秦圜钱中还有一品币文作"文信"者(《中国钱币大辞典·先秦编》①610),学者或疑为文信侯吕不韦所造。另有一品币文作"长信"(《先秦编》613),学者推测是由秦始皇的宠弟长安君铸造。这两种圜钱是秦国圜钱中的特例,值得进一步研究。

秦国附近的东周公和西周公铸造的圜钱上面只铸有自己的国名"东周""西周",此外也铸造有"安"字的圜钱。

(五)战国玉石器文字

与西方文明古国相比,中国古代青铜文明时期,很少有文字石刻的遗存。究其原因,抛开技术层面(中国青铜文明时期的技术足以产生相应的石雕文化)的原因,我们推测,这与我国古代建筑以土木质料为主、较少采用石料(除柱础基石外)有关,这可能影响了建筑石刻乃至文字石刻的产生和发展。

玉石器文字是指刻写在石头或玉器上的汉字。依照不同地域划分,目前主要的战国玉石文字有:秦系玉石器文字(石鼓文、诅楚文),中山国玉石器文字(守丘刻石文字、玉刻行气铭文字),晋系玉石器文字(盟书文字),吴越系玉石器文字,曾国石棺铭文(包括木器刻文),"岣嵝碑"文等等。

1. 秦系玉石器文字

(1)石鼓文

战国时期最著名的石刻文字,就是秦国的石鼓文。石鼓文共有10件,都是环刻在上圆底平、像馒头一样的天然石块上。这些石鼓高约90厘米,直径约60厘米。其内容描写秦国君的狩猎活动,采用四言诗体,每石一篇,十篇合为一什,与《诗经》中的大小雅相似,每件上刻一首与《诗经》格律风格相近的四言诗。这种形制的石刻应当称为碣。明代郭宗昌曾将它正名为"石碣",因为其文字内容是关于田游打猎,所以又被称之为"猎碣"。因为它的形状有些像鼓,又被首先介绍它的唐代文人称作"石鼓",所以至今仍习称为"石鼓文"。

石鼓的出土时间现在未可确知,但《元和郡县图志》卷二天兴县条下即

---

① 《中国钱币大辞典》编纂委员会编:《中国钱币大辞典·先秦编》,中华书局1995年版。以下简称《先秦编》。

记载："石鼓文在县南二十里许，……贞观中，吏部侍郎苏勖记其事。"它在唐代初年发现于天兴县(今陕西省凤翔)三畤原。后来中唐时期著名文人韦应物、韩愈分别作《石鼓歌》以宣传，才使它声名大显于世。唐贞元年间，郑余庆将石鼓移置凤翔夫子庙中保存。五代时期多年战乱不止，石鼓又失散在民间，有的甚至被凿成石臼。北宋时司马池就任凤翔府尹，才设法收回9件，重新移置府学中。皇祐四年，向传师找到缺少的最后1件，补足10石。由于北宋皇室酷爱金石收藏，下令将石鼓送至汴梁(东京)。大观年间移入汴梁国子辟雍。后又移入保和殿。宋徽宗又用金字填入字中，表示不复再拓。但是金国破宋入汴后，将石鼓和其他宫中珍宝一起移到燕京(今北京)，并剔走金子，致使文字残损。以后，石鼓除在抗日战争中被运往西南保管之外，一直没有离开北京，现存故宫博物院。

石鼓文的产生年代是近千年来学者聚讼不下的一个问题。唐代学者多将它说成西周器物，如韦应物《石鼓歌》云："周宣大猎兮岐之阳，刻石表功兮炜煌煌。"①关于其制作年代，唐宋时代人认为是周宣王时期，将其书写者归于传说中籀文的创造者太史籀，所以石鼓文又被称为籀文。南宋郑樵开始推断为战国秦的遗物。金代的马定国又认为它是北周时的刻石。清代俞正燮根据《魏书》中李彪上表有"礼田岐阳，先皇之义"一语，认为它是北魏太平真君七年西征盖吴时的刻石。

近代以来的学者们，基本倾向判定石鼓为秦统一以前的器物。但具体意见不一，马衡、郭沫若、马叙伦等主张春秋时期，提出秦文公、秦穆公及秦襄公八年等看法；唐兰则主张战国时期，提出秦献公十一年等说。但任何一个判断都未得到学术界的一致认可。当代学者普遍认为，石鼓文是战国时代秦国的刻石文字。

石鼓文原有700字以上，由于年代久远，历代捶拓，兼以风化，字多残损，存世的宋代拓本最多的尚存491字，今日石鼓文字已经残泐十分严重，第八鼓已无字可寻。据统计现在10鼓上仅存连合文、重文312字，实存272字。

所以，要了解石鼓文原貌必须依靠原石拓本。其中最完善的是明代安国所藏北宋拓本三种，分别称为"先锋""中权""后劲"。互相补充，总计可见到501字。北宋欧阳修撰《集古录》时所据拓本上仅可见465字。至元代

---

① 《全唐诗》卷九四，中华书局1960年版。

潘迪《石鼓文音训》中则仅有386字了。安国所藏三种宋拓被日本人三井购去,不知下落。

郭沫若于30年代中据所见照片撰写成《石鼓文研究》一书,保存了原拓影像。郭氏所见照片为用刘体智甲骨拓本与三井的学术顾问河井氏交换阅读时拍摄,河井氏原照片可能已毁于二次世界大战中的东京大轰炸。

石鼓文的文字与西周金文近似,即以前金石书法家习称的"籀文",被公认为是由周代金文向秦代小篆过渡的中介形态。王国维将春秋战国时的文字分别为东方六国的"古文"与西方秦国的"籀文"即源于此。它表现出秦国使用的文字变化较少,不如东方六国文字在形体上变化迅速。秦统一后,仍在此基础上统一文字,即"小篆"。

石鼓文字体直接上承商周金文的文字传统,下启秦代小篆的书法风格,但是石鼓文既不同于此前金文的呆板,又不遵循其后小篆的规范,而是自具特色,它是秦始皇统一文字前秦国的官书字体,在中国书法史上应该归于大篆一类。

(2)诅楚文

《诅楚文》相传为秦石刻文字,是刻在石板上的告神册文,是向神灵昭告宣誓的宗教礼仪用品。战国后期秦楚争霸激烈,秦王使宗祝在巫咸、大沈厥湫等神前,诅咒楚王,请神加祸于楚王从而"克剂楚师",祈求保佑秦国获胜,故称《诅楚文》。宗祝这个官,是宗庙的巫祝,具有巫师性质。巫咸是巫师的祖师,据说能沟通人间和天堂而上通于天神的。大沈厥湫是湫渊的水神,据说如同河伯一样,能作祟而为地宫的主宰。

《诅楚文》最早于北宋嘉祐、治平年间发现,共有三块,根据所祈神名分别命名为"巫咸""大沈厥湫""亚驼"。其一"巫咸"文,宋嘉祐年间在凤翔开元寺附近出土。苏轼在嘉祐六年作有《凤翔八观诗》记录此事。宋徽宗时归御府。共有326字,其中34字已漫灭不存。其二为"大沈厥湫"文,宋治平年间当地农民得之于朝那湫旁(在今甘肃泾川内)。厥湫,系指湫渊,《史记·封禅书》载秦代祭祠天地名山大川鬼神时记录"湫渊,祠朝那"。集解注云:"苏林曰:'湫渊在安定朝那县,方四十里'。"存318字。其三为"亚驼"文,有325字,原藏洛阳刘忱家。原石和原拓南宋已不见,现在只有南宋的《绛帖》和《汝帖》所载以及"元至正中吴刊本",近人容庚曾依据《绛帖》和《汝帖》编入《古石刻零拾》,并做了考释。郭沫若又依据"元至正中吴刊本",另作《诅楚文考释》(收入《郭沫若全集》第九卷《考古编》)。

《诅楚文》有较高的文学、史料和书法价值。但由于史书没有记载《诅楚文》刊刻于什么时代,因而造成后世学者的争论。自宋代发现《诅楚文》之后,对于其制作年代,究竟是作于秦惠文王时代,还是作于秦昭王时代,就存在着激烈的论争。

北宋欧阳修《集古录》根据《巫咸文》提到的楚王熊相,又根据《史记》记载战国后期秦、楚两国相争的情

图1-10　诅楚文

况,提出《诅楚文》不是作于秦惠文王时,便是作于秦昭王时,所诅咒的楚王不是楚怀王熊槐,便是楚顷襄王熊横。按《诅楚文》最早叙述的是楚成王与秦穆公时代的事,又有"十八世"的记载,再考楚成王至顷襄王正是十八世,故欧阳修更倾向于《诅楚文》作于秦昭王时代,所诅之楚王为顷襄王。后来,他作《真迹跋尾》,又倾向于《诅楚文》作于秦惠文王时代。王厚之也主张作于秦惠文王之时,并提出十八世当以秦为本位,从穆公算起,至惠文王恰好十八世。董逌《广川书跋》则主张作于秦昭王时代。王柏《诅楚文考释》还力主秦惠文王说,主要理由是《诅楚文》中有称"嗣王"。秦称王自惠文王始,秦惠文王不可能自称"嗣王",自称"嗣王"者必定为秦昭王,并明确提出《诅楚文》作于秦昭王九年,楚顷襄王元年(前298)。近世郭沫若作《诅楚文考释》,则主张《诅楚文》作于秦惠文王更元十三年、楚怀王十七年(前312)。其主要理由是,这年楚怀王因受张仪欺骗,发兵攻秦,战于丹阳,兵败后"乃悉国兵复袭秦,战于蓝田"。正是在这种严重的形势下,秦王才向神祈求保佑,而诅咒楚王。至于楚怀王名熊槐,而《诅楚文》作熊相,郭沫若认为是一名一字的矛盾;所谓"嗣王"也应理解为"承继先人"之意。

今按,《诅楚文》中称楚王之名为熊相,楚顷襄王名横,相、横叠韵可以通假,而楚怀王名槐,声韵与之悬隔。有学者为了弥缝这一点,称槐是讹体,或谓楚怀王名槐而字相。① 比较而言,定《诅楚文》为秦昭襄王诅咒楚顷襄王熊

---

① 杨宽:《战国史料编年辑证》,上海人民出版社2001年版,第536页。

横之文似乎更稳妥一些。《诅楚文》共计三百余字,其中保存了若干形体较早的秦篆,是研究秦国文字变迁的重要材料。当然,《诅楚文》究竟作于何时,还有待专家们继续探讨。但是不管是作于秦惠文王时还是作于秦昭王时,属于战国时代则是无疑的。

对于《诅楚文》真伪的争论,也是颇为关键的问题。《诅楚文》被发现后,经过苏东坡题诗、欧阳修考证年代,之后又经过欧阳费(袖子)、黄庭坚、张先、叶适、范成大、赵明诚、董卣、方勾、姚宽、陈思、张樵等一些文人学者的题咏、著录、注释、考证,鲜有提出异议者。自元代开始,元代吾丘衍在《学古编》、明代都穆在《金薤琳琅》、欧阳辅在《集古求真续编》中,陆续对《诅楚文》提出了质疑和辨伪的观点,后者直认《诅楚文》是"唐人所作而宋人刻之"的伪作。从而,对于《诅楚文》的真假,有了两种不同的意见和态度。对《诅楚文》之真伪另有说法,郭沫若在《诅楚文考释》中云:其中巫咸文和大沈厥湫文两块为战国时期秦、楚两国交战时秦国诅咒楚国的檄文,另一块则为宋人仿照巫咸文和大沈厥湫文伪造。[①]《诅楚文》追叙了秦穆公与楚成王的友好关系,历数楚王熊相之罪状,表明秦国被迫反击,同仇敌忾的决心,请求神灵显示力量,祐护秦国战胜楚军。有人认为它记录了楚顷襄王时与秦国的战争。郭沫若则根据文义与史载认为是楚怀王时之事。但楚怀王名熊槐,与文中作熊相不同。郭沫若的解释是一名一字。陈炜湛先生《诅楚文献疑》一文"从文字、情理、史实、词语四个方面论其可疑",在郭沫若观点的启发下,认为不仅"亚驼"文为伪,而且"巫咸"文和"大沈厥湫"文也是后人作伪的赝品。[②] 继陈文之后,陈昭容和杨宽分别针对陈文发表论作,认为唐宋时人的古文字水平较低,也限于当时人们的思想认识,是造不出像《诅楚文》这样具有特殊内容和文字的古文的,认为《诅楚文》真实无疑。[③]

对于以上诸说,我们相信《诅楚文》可信无疑,虽然其文字多经后世翻刻有所失真,但不能完全否认其真实性。

① 郭沫若:《石鼓文研究·诅楚文考释》,《郭沫若全集》考古编第九卷,科学出版社 1982 年版。
② 陈炜湛:《诅楚文献疑》,《古文字研究》第十四辑,中华书局 1986 年版。
③ 陈昭容:《从秦系文字演变的观点论〈诅楚文〉的真伪及其相关问题》,《中央研究院历史语言研究所集刊》第六十二本第四分,1993 年版;杨宽:《秦〈诅楚文〉所表现的"诅"的巫术》,《文学遗产》1995 年第 5 期。

（3）秦骃玉版文字

近年来公布的一套秦骃玉版堪称秦系石器文字中的精品。玉版共两件，皆用墨玉制成。两版同文，若取以互校，可得 299 字。铭文大意是说骃旧病不愈，于是祭祀天地、四极、三光、山川、神祇、五祀、先祖，但无济于事。于是又谨以诸般贡品祭告华山神，求神释罪。次年八月果然康复。于是骃又用众多祭品报答华山神，然后将祭品埋于华山。后世子孙当以此为法。

李学勤认为，骃应该就是史籍记载的秦惠文王嬴骃，骃是骃之讹。[①] 这两件玉版为我们研究战国时代的宗教史、思想史以及风俗史提供了珍贵而丰富的材料。

2. 晋系玉石器文字

晋系战国玉石文字材料，现在发现的主要有赵国的侯马盟书和韩国的温县盟书文字。这是春秋战国之际发现最早、最为丰富和完整的墨迹文字。

盟誓是春秋战国时期盛行的一种政治活动，诸侯国或公卿大夫之间通过庄严而神圣的盟誓仪式，来缔结具有一定制约作用的联盟。记录盟誓时的盟辞，就是现在流传下来的盟书。举行盟誓时要先掘地为坎，再奉置玉币（祭祀用的礼玉），杀牲，宣读盟书文字，礼仪后将盟书与玉币、牺牲掩埋于坎中。仅《左传》所记，春秋时期诸侯国之间举行的盟誓就达 200 次之多。

"盟书"，也叫"载书"，是记载盟誓约信的专门文书；一般一式多份，一份收藏在盟府，一份埋藏在地下，另一些则分由与盟者保管。

（1）侯马盟书文字

侯马盟书，1965—1966 年出土于山西侯马秦村以西战国初年盟誓遗址，一共出土玉质圭形盟书 5000 余片，有 600 余件字迹清晰可辨，这是有关三家分晋时期的重要出土文献材料，为研究中国春秋战国之交晋国的历史提供了极其可贵的实物资料，而且对历史学、考古学、古文字学的研究也具有非常重要的意义和价值。

郭沫若研究认为，侯马盟书大约书写于战国中期公元前 386 年左右。但现在一般学者认为没有那么晚，盟书大约写于春秋末年和战国初期。主盟者就是后来赵国的开国先祖赵鞅（即赵简子），参加盟誓者包括赵氏宗族与其族人和依附者。盟书内分"宗盟""委质""反纳室""诅咒""卜筮"等，内容

---

① 李学勤：《秦骃祷病玉版研究》，《故宫博物院院刊》2000 年第 2 期。

主要有发誓效忠宗主，盟誓纪律，表示不纳室、不夺他人资产等等，反映了晋国赵氏家族内部争权夺利的斗争。[①]

侯马盟书的书写材料以石片为主，间用少量玉器碎片，是用毛笔蘸朱红颜料所写。石片和玉片有的似圭形，上尖下平，也有长方形、圆形及不规则形的。最大的长 32 厘米，宽约 4 厘米；小的长 18 厘米，宽不足 2 厘米。每片上的字数不等，少者 10 余字，最多的一片达 220 余字。它是目前发现时代较早而数量最多的玉石书写文字。

图 1-11　侯马盟书

（2）温县盟书文字

温县盟书，又称"沁阳盟书"，又被称为"沁阳玉简"或"沁阳载书"（"盟书"亦称"载书"）。

1930 年、1935 年和 1942 年，河南省温县武德镇西张计村农民在挖河修渠或打井时，曾在此地多次出土写有盟辞的圭形石片。这就是温县盟书。出土之后，大多数盟书流失散佚了。中国社会科学院考古研究所现藏 11 件。盟书多为圭形石片，仅极少数为璋形。多在圭形石片上用毛笔黑墨写成。1980 年起，河南省博物馆等对盟址遗址进行了发掘，又出土石圭、石简、石璋 10000 余件。其中 1 号坑出土盟书 4588 片，包括科学发掘获得的 2703 片，已被扰动而仍在原地的 1395 片，自村民手中征集的 490 片。一号坑石圭大致可分为短体弧腰、长体直腰和等腰三角形三种类型。标本中最长的长 27.1 厘米，底残宽 3.2 厘米；最短的长 9.6 厘米，底宽 3.7 厘米。1 号坑盟书的誓辞内容是：一定要"忠心事主"，决不"与贼为徒"，否则将受到晋国先公在天之灵最严厉的惩罚，夷灭氏族，绝子绝孙。[②]

该地春秋时期为"州邑"。赵、魏、韩三家势力发展后，此地属于韩氏领有。因此，发掘者认为，温县盟书的主盟人应为韩氏宗主。盟书中有"十五年十二月乙未朔辛酉"的纪年，初步研究推定为春秋末期晋定公十五年十二月二十七日（公元前 497 年 1 月 16 日）。当时的韩氏宗主是韩简子（韩不

①　郭沫若：《出土文物二三事》一书所附图版 7、图版 13。
②　郝本性、赵世纲：《河南温县东周盟誓遗址一号坑发掘简报》，《文物》1983 年第 3 期。

信),温县盟书是春秋晚期晋国卿大夫韩简子与人举行盟誓时记载誓辞的文书。但也有人认为这批盟书是战国初期的。

温县盟书的内容与侯马盟书相似,而数量是侯马盟书的一倍以上,全部资料整理发表后将进一步推动对古代盟誓制度及三晋历史的研究。

3. 中山国玉石器文字

(1)玉刻行气铭

玉刻行气铭是20世纪20年代前(约在1921年前后)发现的玉器铭文,但发现地点不详。不久拓印于《艺术丛编》,并被误名为"玉刀珌"等,又见录于罗振玉《三代吉金文存》卷二〇第49页。原玉旧藏合肥李木公家(李鸿章后代),今归天津市文物管理处,珍藏在天津博物馆中。

"玉刻行气铭",又称"剑柲""刀柲""玉刀珌""行气玉佩铭""玉铭"和"行气铭"等,是指镌刻在一个玉质器首上的一段行气修炼内容的文字,是一件堪称国宝的古代玉器。气功学界多称其为"行气玉佩铭",但是我们认为,就其形状而言,它不是佩在腰间的玉器,而是手杖把头上的装饰,所以称之为"玉刻行气铭"或"行气铭玉杖饰"。

此器为一杖首之形。属于青玉材质,有灰黑色晕斑。外形呈十二面圆棱柱体,重118克,通高5.2厘米,柱径为3.4厘米。下部有直径2.4厘米的中空内孔,顶端未穿透,用来套在杖上,顶部为圆形平面。一面下部在古文"死"字上面有一个直径0.3厘米的穿孔与中空内腹相通。中空内壁凿痕明显,壁面十分粗糙。外部则通体抛光,晶莹光滑。除古文字外,没有刻任何花纹装饰图案。

在玉器外表的12棱面,每棱面自上而下用阴文书刻1行,每行三字,但因为有重文符号(共有九字重文,其中八处有重文符号,一处重文符号漏刻——字下侧理应有重文符号,而古人没有刻),所以每行实际文字3—5个不等,单字36字,共计44字。古玉如此多字者仅此一件,可谓有独无偶,十分珍贵。

根据郭沫若的释文,玉刻行气铭文全文如下:"行气,深则蓄,蓄则伸,伸则下,下则定,定则固,固则萌,萌则长,长则退,退则天。天几春在上;地几春在下。顺则生;逆则死。"郭沫若《奴隶制时代》释其文为:"这是深呼吸的一个回合。吸气深入则多其量,使它往下伸,往下伸则定而固;然后呼出,如草木之萌芽,往上长,与深入时的径路相反而退进,退到绝顶。这样天机便朝上动,地机便朝下动。顺此行之则生,逆此行之则死。"

根据《玉铭》全文内容,我们可以看出,它讲的是柔气功,或称为内养功,类似大、小周天的功夫。《玉铭》记述了"行气"的要领,阐述关于气功运行的路径和总结出的行气规律,言简意赅,寥寥数语,把练气功,运行真气的全过程表达得清清楚楚。这表明当时的气功水平达到了相当高的境界。

这是我国目前发现的有关气功的最早记录,也是中国古代医学理论较早的文献记载,对后代气功及中医理论的发展有一定的影响。

战国玉刻行气铭发现之后,许多专家学者,如罗振玉、闻一多、王璧、郭沫若、于省吾、陈邦怀、何琳仪等先生,都存怀极大的兴趣,对它的各方面进行了广泛深入的研究。英国李约瑟的《中国古代科学思想史》、中国台湾学者那志良的《玉器通释》也对它有所探讨。但是说法不一,各持己见。历来对其年代、国属等基本性质问题,都还考论不定。诸家的分歧主要集中在铭文考释上。[①]

对于玉刻行气铭的年代问题,于省吾、郭沫若、陈邦怀等多位学者在考释文字的基础之上皆有研究:一是定名"行气铭"或"行气玉文";二是考定内容为我国现存最早的一篇讲道家习静运气之原理,即与气功有关的"每四句皆为两韵相协"的韵文,故其称。郭沫若指出,有些语词与《老子》相同;三是在其刻制年代上,三人各有其说:于省吾执晚周说,郭沫若执战国初期说,陈邦怀执战国后期说。但对其书体系统和国属问题尚无考论,尤其是对其国属至今没有定论。

我们认为,玉刻行气铭可能属于中山国文字体系。从其不少字的形体已略做简化的情况分析,依据战国时期书体发展演变的阶段划分,当认为,

①　王季星:《行气剑珌铭文考释》第二卷,第46—52页,北京学原社编辑、商务印书馆总经销,民国三十七年七月(1948年7月)。陈世辉:《玉饰铭和气功疗法》,载《光明日报》1961年11月21日。张光裕:《玉刀珌铭补说》,《中国文字》第十二期,第5743—5752页,台湾大学文学院中国文学系编印。陈邦怀:《战国〈行气玉铭〉考释》,《古文字研究》第七辑,第187—192页,中华书局1982年版。许国经:《〈行气铭〉铭文新探》,《湖北大学学报》1989年第1期。郭沫若:《郭沫若全集·考古编》第十卷,科学出版社1992年版,第167—171页。饶宗颐:《剑珌行气铭与汉简〈引书〉》,《中华文史论丛》第51辑,上海古籍出版社1993年版。汤余惠:《行气玉铭》,《战国铭文选》,吉林大学出版社1993年版,第193—195页。孙启明:《〈行气铭〉古文字研究》,《医古文知识》2001年第4期。何琳仪:《战国古文字典——战国文字声系》,北京中华书局1998年版,第1118页。于省吾:《双剑誃吉金文选》,中华书局1998年版,第385—386页。赵松飞:《〈行气玉佩铭〉新解》,《中国气功科学》1999年第8期。何琳仪:《战国文字通论》(订补),江苏教育出版社2003年版,第221页。

行气铭刻制的年代在中山鼎、壶稍后的战国中、晚期之际,即约公元前 313 年
至中山国被亡前夕的公元前 297 年之间。即玉刻行气铭为战国中后期的
作品。

（2）守丘刻石文字

守丘刻石又称"河光刻石",于新中国成
立前（大约在 1935 年）出土于河北省平山县
三汲镇七汲村西南,后来在这里正式发掘了战
国中山国大型王陵墓葬区。1974 年该刻石被
河北省文物考古工作人员征集,现存河北省文
物研究所。原石为一块大河光石,未做任何外
形加工。石长 90、宽 50、厚 40 厘米,上刻文字
2 行,共 19 字。字体为战国古文,阴刻。该石
铭文词句奇特,或许只是一篇铭文的局部。

其中提到了"守丘"之事,故学者多推测
此石是看守中山王墓的官员所立。这件刻铭
曾由多位学者加以考释。李学勤先生释文为:"监罟囿臣公乘得,守丘其旧
将曼敢谒后俶贤者。"①黄盛璋先生则将"曼"字释作"败",认为是"其旧（柩）
将败"。② 它主要记录了这里守护监管园陵丘墓的官员"监罟之臣"公乘得及
旧将对后人的告示。

图 1 - 12　公乘守丘刻石

总之,刻石大约刻写于战国时期中山王错死后至中山国灭亡前的十几
年间（前 310—前 296 年）,具有一定的史料价值与文字学价值。

另外,中山国王墓出土了 350 件精美玉器,其中 26 件玉片上有墨书字
迹。中山王墓出土的玉器主要有玉璜、玉虎、玉玠、玉饰、玉片等,往往有几
个墨书文字。李学勤先生考证,其书写年代大约在公元前 308 年后不久。③

这些书迹虽系摹本,但却真实而明晰地表现了中山书法的风格。其字
形有似三晋蝌蚪文,用笔以侧锋取势,线条头重尾细,书写率意,构形多变,
可谓受三晋书风影响之迹物,总体上说,与中山侯钺、兆域图铜版等文字一

① 李学勤:《东周与秦代文明》,文物出版社 1991 年版;《河北省出土文物选集》,《文物》1979
年第 1 期;何琳仪:《战国文字通论》等均有著述。各家对其内容都做过考释,大同小异。
② 黄盛璋:《平山战国中山石刻初步研究》,《古文字研究》第八辑,中华书局 1983 年版。
③ 李学勤:《东周与秦代文明》,文物出版社 1991 年版。

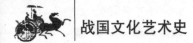

脉相承。

4.楚系玉石器文字

楚系玉石器文字包括楚国和吴越地区南方诸国的玉石器文字。

（1）岣嵝碑刻石文字

岣嵝刻石原在湖南省衡阳市北衡山岣嵝峰（碧云峰），共77字。原石在唐宋间已不存世。后世所传拓本多出于宋人何致子在长沙岳麓书院的摹刻，亦即岣嵝刻石的明拓祖本，现藏浙江省图书馆。字口清晰，拓工较精，堪称善本。宋明以降，摹刻者遍及各地，现在西安碑林、浙江绍兴、开封禹王台、汤阴羑里城以及云南、四川、江苏、湖南、安徽、湖北、山东、甘肃、福建等省多处有摹刻的岣嵝碑刻石。

岣嵝碑宋代《金石录》《集古录》等书目均无著录。但韩愈、刘禹锡等众多文人骚客皆有诗题文赞。如韩愈诗云："岣嵝山尖神禹碑，字青石赤形模奇。"[①]首倡夏禹治水时所刻观点，故世人又称神禹碑或禹碑。但他又说："道人独上偶见之，我来咨嗟涕涟洏，千搜万索何处有？森森绿树猿猱悲。"可见他并未亲见。

自明人杨慎开始对其进行研究，朗瑛、沈溢等人做有释文传录，说它是大禹的刻铭。夏禹刻石一说，出自唐代诗人韩愈等人的诗句附会，实际上释文毫无根据。叶昌炽《语石》中已提出该碑"实道家之秘文"。从现有摹刻来看，它上面的文字形状极像图画变形，也有些像唐宋道家的符篆。根据近年发现的崖画和巴蜀兵器、铜器上的巴蜀文字符号对照，它的文字图形很像是古代的崖画遗存或巴蜀人留下的文字刻记。众说纷纭，莫衷一是。

今人曹锦炎先生《岣嵝碑研究》谨细考证，隶定书体，考释文句，确定此碑为越国刻石，当时越国势力曾扩展到湖南境内，它是越王朱勾为王太子时，即战国早期越王朱句不寿二年（前456年）刻写在衡山碧云峰的，其内容为祭祀南岳衡山的刻辞。[②] 岣嵝碑文的风格接近于我们前面谈到的越国铜器"能原镈"及"之利残器"铭文，文字如同天书，释读非常困难。目前对该碑文做过完整通读的只有曹锦炎一家，学者多从其说。

① 《全唐诗》卷三三八。

② 曹锦炎：《岣嵝碑研究》，《文物研究》第五辑，1989年。又载曹氏著《鸟虫书通考》，第217—212页。

（2）曾国石磬文字及竹木文字

曾国石磬,1978 年出土于湖北随州市西郊擂鼓墩曾侯乙墓。战国时期的曾(随)国,是强大楚国的附庸国。曾国石磬作为当时旋律乐器编磬,是与青铜编钟组合起来演奏音乐的。该组石磬中,铭文共有 696 字。其中之一上刻有两行铭文为:"新钟之大羽曾,浊兽钟之下角,浊穆钟之商,浊姑洗之宫""坪皇之壴文王之终"。据同墓出土的竹简、编钟等考证,作于公元前 433 年以前,系战国早期楚系石编磬刻书。从石磬上铭刻编号与有关铭文看,全套编磬共 41 枚,分上下两层悬挂。磬架上层悬挂十六枚石磬,下层悬挂十六枚石磬,每磬各发一音,另有九枚作为"间音"可随时调用。

与曾国石磬铭文伴同出土的,还有曾侯乙墓的木器文字,即曾侯乙墓衣箱漆书文字。在绘有天文图像的衣箱上有二十字漆书,曰:"民祀唯房,日辰于维,兴岁之驷,所尚若陈,经天常和。"衣箱盖上,正中以朱漆书写一个粗大的"斗"字,周围写有二十八星宿的全部名称,两侧绘有苍龙、白虎,这是迄今发现最早的记录二十八星宿图。这是我们可以见到的两千多年前木器书迹文字形态。从其率意粗放的线条、或欹或正的结字以及大小错落的章法等等特征上,可对楚系书法的多样性窥一知概;从其"狄匿""紫锦之衣"等字的内容上,也可领略到衣箱主及曾国制衣工匠的一些生活滋味,以致当时的社会生活风貌。

（六）战国陶器文字

陶器文字是指打印或刻划在陶器(豆、釜、盆等日常用具)上的汉字。

战国时代是制陶业发展的高峰期,当时各大诸侯国的重要城市,都有陶器作坊存在。因此战国陶器文字也大量出土,络绎不绝。据已发现的资料,概括地讲:东方的齐国,西方的秦国,北方的燕国,南方的楚国,中原地区的韩、赵、魏,所谓的"战国七雄",在他们当时活动的都城遗址,都有陶铭发现。战国陶文出土数量以齐、秦、燕三地为最,多出土于齐国故都临淄、秦国故都咸阳、燕国城址易县下都。其次是三晋地带,目前发现的晋系陶文主要属于韩国,诸如河南洛阳、郑州、荥阳、登封,属于赵国的,诸如山西翼县、侯马、河北邢台。唯楚国陶文出土最少。①

---

① 高明:《战国陶铭·序言》,上海书画出版社 2000 年版。

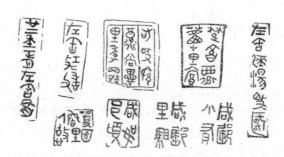

图1-13　战国陶器文字

1. 齐系陶文文字

　　齐国陶器刻铭风俗之盛行,端肇于春秋时期齐系陶器文字。如在山东邹县出土的邾国陶器,就有一些陶器刻铭。到战国时期,齐系陶器刻铭作风越加明显,也颇具一定特色。但与此时大量出现的齐系印文陶器相比,仍然不可同日而语,无论数量还是规模,都比印文陶相差甚远。

　　战国时期齐系陶器铭刻文字,大多数为一两个字,都是在山东临淄出土。中华书局1990年出版的高明《古陶文汇编》中多有著录。

　　而齐系陶文大多由玺印钤制而成。齐国是战国时期印文陶发现最多的国家。除齐国之外,齐国南境滕、薛、邾国故城也都有印文陶出土。其形式、内容与临淄所出者大同小异。[①]

　　印文陶一般是在陶器成形,晾至半干,即在器壁上按印而成。印文内容主要是"物勒工名",以籍贯地名、工匠姓氏或管理者名字、特殊纪年用语"立事岁"等为主,简繁互见。大多数为简式,只记"某里某人"或"某里陶者某",少数繁式者兼记乡名,如"鬵乡大陶里犬"(《古陶文汇编》[②]3·65)。主要为人名,或者是地名,官名少见。

　　此外,齐陶文中还有一类量器文字,陶文内容包括器物的监造者、置用地、计量单位等,如"王孙陈棱立事岁,左里轨,亳区"(《陶汇》3·13),文中"立事"即"莅事",有主持事务的意思。

①　孙敬明:《齐陶新探》,《古文字研究》第十四辑,中华书局1986年版;《益都藏陶》,《古文字研究》第十九辑,中华书局1986年版;《齐国陶文分期刍议》,《古文字研究》第十九辑,中华书局1992年版;《从陶文看战国时期齐都近郊之制陶手工业》,《古文字研究》第二十一辑,中华书局2001年版;《齐国陶文史料研究例说》,《齐文化纵论》,华龄出版社1993年版;《齐国陶文化比较研究》,《管子学刊》1994年第3、4期;《齐都陶文丛考》,载孙氏《考古发现与齐史类征》,齐鲁书社2006年版。

②　高明编著:《古陶文汇编》,中华书局1990年版。以下简称《陶汇》。

印文的形式多依内容而变化。印文的形式不下方（长方、正方）、圆（圆、椭圆）、凹、凸、曲尺和三角形 8 种。通常官营陶文多长方而大，亦有作正方形者。私营的则各种形式互见。字数多者逾十，少者仅一。行款以纵横左右间行者为多，横竖交错跳跃而行者偶见。

2. 燕系陶文文字

燕系陶文受齐国影响，一般也用玺印钤成。燕国印文陶所见，集中在易水河畔燕下都遗址出土。燕都及其近郊只有官营作坊实行"物勒工名"制度，其所制器物专供国家、王公贵族使用。其印文内容与齐国的最相近。

燕国印文陶按其形制可分为两类。一类为正方形，内容多是官、私玺印的印文，如"汤都司徒玺"（《陶汇》4·130）等。一类由长方形玺印钤成，按其内容又可分为繁、简两式，简式多作"陶工某"，如"陶工昌"（《陶汇》4·78），繁式如"廿一年八月，右陶尹，俟疾，轨赐，右陶工汤"（《陶汇》4·2），铭文由多个长条玺印联打而成，兼记时间、监造者（右陶尹、俟疾、轨赐）、制造者（右陶工汤）等内容。官营制陶组织自上而下为"左右陶尹、倕、轨和陶工"。其组织多仿齐国"里轨"之制，其"工师"亦称为"轨"，由此可见，齐对燕文化的影响。

3. 晋系陶文文字

战国时期的三晋地区，以刻文铭陶的现象并不普遍，这与其他地区的情况明显不同。材料显示，现有的陶器铭刻文字主要是韩国的遗物。其中河南登封阳城遗址发现的韩国刻陶铭文，主要刻划于陶盆。这些陶文大多是一个字。其文字内容多为地名、人名等。

同样，三晋地区的印文陶数量也很少，远不及齐、秦、燕三者为多，见者主要是出土于郑韩故城和登封阳城遗址的韩国印文陶。[①] 赵国的陶文，其国都邯郸少见，主要在武安午汲故城和邢邑即今之邢台市出土。[②] 魏国陶文极少见，此暂从略。

其中 1977 年考古工作者在河南登封阳城遗址发现的韩国印文陶铭，是中原地区发现较为集中的战国印文陶。这些印文陶主要钤印于豆盘或豆柄

---

① 李先登：《河南登封阳城遗址出土陶文简释》，《古文字研究》第七辑，中华书局 1982 年版。

② 河北省文物管理委员会：《河北武安县午汲古城中的窑址》，《考古》1959 年第 7 期；河北省文物管理委员会：《邢台曹演庄遗址发掘报告》，《考古学刊》1958 年第 4 期。

上。有的陶器上既有印文陶铭,也有刻字陶铭。在同一件陶器上,可能是钤印一次不大清楚,在旁边又重新钤印了一次,结果一件器物上有了两个相同的印文陶铭。也有的是在原地又钤印了一次,于是形成了叠印文字。

阳城韩国战国印文陶,有官印,也有私印。印文边框呈正方形或长方形,长宽约在1.8—2厘米之间,还有一些印框作圆形,直径在1.2—1.3厘米之间。这些陶文大多是一个字,最多者也仅有4字,不如齐国、燕国印文陶字多。有的印文陶字无印框。其印文内容为地名、仓廪名称、器物名、工匠私名等,如陶量上的印文陶"阳城""阳城掾"(《陶汇》6·25)"阳城仓器""左仓""朱器""朱""寄""沱"等。其中"阳城掾"陶文可与《玺汇》4047号著录的"阳城掾"玺互证。

4. 秦国陶器文字

秦国陶文主要发现于咸阳遗址与始皇陵,其年代为战国中期至秦始皇时期。秦国陶文按内容可分为三类。一类是陶甀文字,往往在陶工名前缀以"宫"字,如"宫颊"(《秦代陶文》①253)。一类是墓志瓦文,记载了死者的姓名、籍贯和身份,如"东武居赀上造庆忌"(《秦陶》479)。一类是由中央或市亭监造的陶器,如"左司空"(《秦陶》616)、"大匠"(《秦陶》783)、"咸蒲里奇"(《陶汇》5·39)等。其中,"咸蒲里奇"即咸阳亭蒲里奇的简称。

再如秦都栎阳遗址出土的陶器上印文"栎市""栎",湖北云梦睡虎地秦墓出土陶罐上的印文"安陆市亭",内蒙古赤峰出土陶量上的刻文"秦始皇二十六年诏书"文字等。②

战国秦封宗邑瓦铭文是秦陶文中一件独特的器物。1948年出土于陕西眉县,原藏西安段绍嘉,现藏陕西师范大学图书馆。首先由陈直做简要考释。③中华书局《古文字研究》第十四辑著录。

瓦背刻铭,共9行,计121字。瓦铭系制坯稍干后直接刻写,再经高温窑烧成,并字口填朱,瓦面光滑。该铭文作于秦惠文王四年(前334年),内容主要记载右庶长触接受封邑的经过,瓦书则是作为封邑的界标而被埋入土

---

① 袁仲一编:《秦代陶文》,三秦出版社1987年版。以下简称《秦陶》。

② 袁仲一:《秦代陶文》中《秦代陶文出土概况》一节;湖北孝感地区第二期亦工亦农文物考古训练班:《湖北云梦睡虎地十一号秦墓发掘简报》,《文物》1976年第6期;中国社会科学院考古研究所内蒙古工作队:《赤峰蜘蛛山遗址的发掘》,《考古学报》1979年第2期。

③ 《西北大学学报》1957年第1期。

中的,有似后世的土地凭证。瓦书载"四年周天子使卿大夫辰来致文武之酢",即《秦本纪》所记秦惠文君"四年天子致文武胙",与《六国年表》同。这件瓦书文字风格有别于标准的秦篆,丰富了我们对秦文字的认识。瓦书记载的内容则是我们研究战国分封制度的重要史料。

(七)战国简牍文字

简牍文字是指古人刻或写在竹片、木片上的文字。尽管以《竹书纪年》等古书为代表的战国晋系简牍材料早在西晋时期就已经被当时的学者发现,但到今天,我们所能见到的战国简牍实物仅仅是秦、楚两系的文字资料。

1.楚系简牍文字

自1949年以来,在楚国旧地的湖北(江陵、随县、荆门)、湖南(长沙、临澧、常德、慈利)、河南(信阳、新蔡)三省发现了二十多批简牍材料。这里我们择要介绍几种在学术界引起巨大轰动的楚简材料。

(1)包山楚简

1987年,湖北荆门包山二号楚墓中出土了278枚竹简,总字数12472字。根据简文中的纪年材料我们可以推知,这批竹简的写定时间当在公元前323年至公元前316年之间。[①] 包山竹简中除了一批同样见于其他批次楚简的卜筮祭祷简及遣策简之外,更重要的是包括一批司法文书简。在这196支文书简中,有篇题的共计四种:一、《集箸》;二、《集箸言》;三、《受期》;四、《疋狱》。虽无篇题,而内容相似可以系联的有三种:一、贷金籴种简;二、重大案例简;三、所诬简。这批文书类简是目前仅有的关于楚国司法方面的原始记录,弥足珍贵。其具体内容涉及战国晚期楚国的土地所有制、户籍制度、职官体系等内容,可补史籍之阙。简文中记载的大量楚国地名为我们探讨楚国的疆域变迁提供了考古学方面的证据。不过,由于包山楚简中记载的制度往往不见于史籍记述,所以,学者间对于简文中一些专业术语的理解还存在分歧,对这批文书简的进一步认识还有待于新材料的出现。

(2)郭店楚墓竹简

郭店楚简,又称郭店楚墓竹简,是1993年10月出土于湖北省荆门市沙

---

① 刘彬徽:《从包山楚简记时材料论及楚国记年与楚历》,《包山楚简》"附录",文物出版社1991年版。

洋县纪山镇郭店一号楚墓内的竹简。该墓年代估计为战国中期偏晚。郭店楚简共 804 枚,其中有字的竹简有 726 枚,字有 13000 余个。

图 1－14　战国简牍文字(郭店简)

　　竹简内容全部为先秦时期的儒家和道家典籍,共 18 篇。儒家典籍有《缁衣》《鲁穆公问子思》《穷达以时》《五行》《唐虞之道》《忠信之道》《成之闻之》《尊德义》《性自命出》《六德》《语丛》(四篇);其中郭店简中的《缁衣篇》亦见于《礼记》,二者内容基本相同,分章次序却很不一样,二者相校,简本有许多优于今本的地方。《五行》篇曾见于马王堆汉墓帛书,此次重新发现,再次显示了战国中后期思、孟学派的影响力。由于是科学发掘所得,所以郭店楚简简支保存较为完整,文字非常清晰,便于学者阅读。① 道家著作三种,有《老子》(甲、乙、丙)三篇、《太一生水》和《语丛》四篇。《老子》篇章的发现使我们对于《老子》成书的时代,以及今本《老子》的形成过程都有了一个全新的认识。

　　郭店楚简中的多数内容都可与传世文献相对照,因此许多旧所不识或误释的字得以涣然冰释,极大提高了学界释读战国文字的水平。秦始皇在焚书坑儒中将大量先秦书籍焚毁,而郭店楚简则幸免于难,提供了很珍贵的历史资料。

---

①　荆门市博物馆:《郭店楚墓竹简》,文物出版社 1998 年版。

（3）上博楚简

1995 年，上海博物馆从香港文物市场购回 1200 多支竹简，总计 35000 字左右。这批竹简的内容均为典籍，涉及先秦儒家、道家、兵家、杂家等多个学派的文献。其中，上博简《易经》是迄今为止发现的最早版本，简上标注的红、黑符号可能暗示了各卦之间不同于今本的排列次序。上博简《缁衣》与郭店简《缁衣》篇，上博简《性命论》与郭店简《性自命出》篇均可对读，这为我们正确理解简文内容很有帮助，同时也显示了这两批竹简材料之间密切的关系。截至 2008 年 12 月底，上博简以《上海博物馆藏战国楚竹书》为题已经整理发表了七册。每册上博简的公开出版都会在学术界引起巨大的轰动。我们期待着这批材料能早日全部公之于众。

（4）清华简

清华大学于 2008 年 7 月收藏的一批战国竹简，被人们称为清华简。经碳 14 测定证实，这批竹简的年代是战国中晚期之际，文字风格主要是楚国的，简的数量一共有 2388 枚（包括少数残断简），在迄今发现的战国竹简中为数较多。

据清理，清华简中整简的比例很大，而且简上一般都有文字。简的形制多种多样，最长的 46 厘米，最短的 10 厘米左右。简上的墨书文字出于不同书手，风格不尽一致，大多精整清晰。有少数简上还有红色的格线，即所谓"朱丝栏"。从内容上来看，不光有《尚书》，《诗》《礼》《乐》的材料都有。其中《尚书》是主要的，篇目有 9 篇，包括《尹至》《尹诰》《程寤》《保训》《耆夜》《金縢》《皇门》《祭公》和《楚居》。其中，《尹至》《尹诰》两篇述夏末商初之事，《程寤》《保训》《耆夜》三篇内容属商朝末期，《金縢》《皇门》《祭公》为周朝史事，而《楚居》讲述了楚国历史。这些《尚书》诸篇作为"清华简"第一辑，已经出版发行。①

除《尚书》外，"清华简"中还包含有类似《竹书纪年》的编年体史书，所记历史上起西周初，下至战国前期，记载了很多《左传》《春秋》《史记》等未有的史事。有学者指出，清华简中的古文原本《尚书》与编年体史书等重要典籍的发现整理，将有可能重写中国上古史。

---

① 清华大学出土文献研究与保护中心编，李学勤主编：《清华大学藏战国竹简》（壹），上海文艺出版集团、中西书局 2010 年版。目前，"清华简"已经出版到第八辑。

2. 秦系简牍文字

(1)睡虎地秦简

秦系简牍文字的首次发现当推睡虎地秦简。睡虎地秦简是 1975 年 12 月于湖北云梦县睡虎地 11 号秦墓出土的战国晚期至秦嬴政三十年(前 217 年)期间的简牍墨迹。共出土竹质简册 1155 枚,大部分保存完好,内容多为秦国史官喜等人抄录的律令等文书,分别为编年历书、语书、秦律、为吏之道等。这批简按内容可分为七大类:一、墓主《编年记》;二、《语书》,内容是秦始皇二十年(前 227 年)南郡太守腾向其辖县颁布的文告;三、《秦律十八种》《效律》《秦律杂抄》;四、《法律答问》,对 187 条刑法的条文加以解释;五、《封诊式》,是为官吏处理案件准备的格式化公文;六、《为吏之道》,可能是学吏的课本;七、日书两种,内容有关宜凶禁忌,属数术类的文献。

这批秦简内容涉及当时政治、经济、文化、军事等各个方面,尤其对法制史的研究具有非常重要的史料价值。《云梦睡虎地秦简》《书法丛刊》第 11 辑等均有收录。

(2)青川木牍

青川木牍也称郝家坪木牍,1980 年出土于四川青川县城郊郝家坪战国墓葬群(《文物》1982 年 1 期)。现藏青川县文化馆。木牍墨迹多有著录。青川原为蜀地。秦惠文王更元九年(前 316 年)秦军伐灭巴蜀后成为秦之领地。牍共 2 枚,一枚完好无损,另一枚业已残损,正面有古隶书迹 3 行 121 字,背面书 4 行 33 字,尚清晰可辨。

木牍内容系秦武王二年(前 309 年)武王命左相甘茂及内史匽修订《为田律》及有关记事,即战国秦更修田地法律的木牍。木牍载"二年十一月己酉朔王命丞相戊、内史匽□□更修为田律",戊即甘茂,"戊"与"茂"通,《韩策一》和《说苑·杂言》正作甘戊。据《秦本纪》,此年"初置丞相",甘茂为右丞相,正与木牍相合。这是具体说明秦的田亩制度的重要史料。

(3)天水秦简

天水秦简于 1986 年 4 月在甘肃天水市放马滩 1 号秦墓出土。竹简,计 460 枚。现藏天水市北道区文化馆。简成册于战国将末的秦王政八年(前 239 年)。根据书写时间和书写风格的不同,大致可分为《日书简》前本、后本及墓主记辞。前本 73 枚,内容为《月建》等八章;后本 379 枚,内容除与前本中《月建》等七章相同外,尚有有关禁忌诸文,计有 20 章;墓主记 8 枚,系纪年文书(邾呈向御史的"谒书")。各简文字多在 25—40 字不等,最多者 43 字。

(八)战国缣帛文字

缣帛文字是指古人写在丝织品上的文字,也叫"帛书""缯书"。目前发现的战国楚系帛书,有湖南长沙子弹库帛书和湖北江陵马山绢书。

1942 年 9 月(一说是在 1943 年或 1946 年),在湖南长沙东郊子弹库纸源冲(又称王家祖山)楚墓出土了一批楚帛书,这是目前所知唯一一批完整的战国缣帛文字材料。可惜的是,帛书被盗掘后不久于 1946 年流入美国,几经易手,现藏美国华盛顿赛克勒美术馆。1944 年,蔡季襄摹书帛文并印行《晚周缯书考证》,首次公布楚帛书,遂有楚缯书之称。1966 年美国大都会博物馆用航空摄影的红外线胶片摄制照片,使许多模糊字迹重新显现。许多学者对此做了考释。

帛书共计五种,其间关系尚未理清,最为世人熟知的那篇帛书,学者或称之为"第一帛书"。① 这件帛书略成方形,长约 33 厘米,宽 41 厘米,图文并茂。整个帛书共 900 多字,内圆外方,修饰紧密。该帛书由三部分组成:一是中央的书迹部分,共计 684 字。共书有方向相反的两段文字段 13 行,分三章,通常称为甲篇;另一段 8 行,也分三章,通常称为乙篇。抄写者以填朱的栏框做划分章次的标记,将两段文字各分为三章。二是围绕着这两段文字四周,有 12 种神的彩绘图形,依次旋转排列,每三图居于一方,四方角用青、赤、白、黑四木相隔,各神像旁题记神名并附一段题款;而 12 个图形,每种大约象征一个月份。通常称为丙编。三是四角各绘置一种植物枝叶之类的图形,大致代表一年中的春、夏、秋、冬四个季节。可知这是一种简

图 1-15　战国楚帛书文字

---

① 李零:《楚帛书的再认识》,《中国文化》1994 年第 10 期。

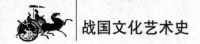

单的月历和月令,主张按阴阳五行家"天人感应"之说来行事的。

帛书墨迹的内容,甲篇第一章叙述了月行当按其固有轨道,否则就会变乱天时,第二章强调了"岁"之"德、慝",第三章要求民人恭敬神祇。乙篇第一章叙述四时如何形成,第二章叙述日月诞生后天地不宁,炎帝命祝融帅四时之神恢复宇宙的秩序,第三章叙述了共工在旬、时等现象形成时的作用。丙篇分述了十二月的月名及每月之宜忌,其月名体系与《尔雅》所记月名体系一致,而其每月宜忌则与《礼记·月令》《吕氏春秋·十二纪》诸篇十分相似。

子弹库帛书为学者们研究楚民族乃至中国古代神话的形成提供了一批宝贵的材料。其内容是我们研讨战国时代楚国思想史、宗教史、文化史的重要史料。

第二章　战国时期的书法

一、战国时代文字书法的总体概况

随着社会的变化,经济的发展,文化的转型,战国时代文字的应用日益频繁而且广泛起来。在文字使用基础上的文字书写艺术,即不自觉的原始的书法艺术,在这一时期也开始了其筚路蓝缕的早期发展历程。郭沫若称:"有意识地把文字作为艺术品,或者使文字本身艺术化和装饰化,是从春秋时期开始的。"[1]我们基本同意这样一个观点,春秋时期是实用文字的艺术化阶段,而战国时期则是文字书法艺术呈现其初态形状的重要时期。

战国时代文字书法的总体面貌,可以从以下六个方面来概括说明:

第一,传统的青铜器铭刻金文,不管在文字制作工艺上还是在文字结构形态上都有了崭新的变化。

自春秋以来的礼崩乐坏,至此时已达到了无以复加的程度。此时周王室势力消亡,诸侯列国的青铜器使用大多有僭越现象发生,青铜器铭刻的金文也在这样的局面下与从前大不相同。如果说春秋初期金文尚与西周晚期接近,甚至有时从书法风格上难判二者之异同,列国间的金文风格也相去不远;那么到了战国时期,列国间的金文风格差别明显拉大。战国金文字体呈现鲜明的地域色彩,其具体表现为:继承春秋晚期以来的战国早中期的美化修饰化与战国中晚期的便捷化,在不同的地域呈现出不同的特点。除秦国还保持着传统金文的西周作风以外,齐、楚、燕、三晋(韩、赵、魏)、中山等国的金文,带有浓厚的地方色彩。尤其是南方以楚国为代表的楚系金文,笔画多曲折,或以鸟虫书作为附饰,多见于兵器之上。战国时期的错金工艺比春秋时代进一步发展,像《鄂君启节》、曾侯乙墓编钟及楚国的一些兵器上,都

---

① 郭沫若:《古代文字之辩证的发展》,《考古学报》1972 年第 1 期。

有错金铭文。这些铭文圆润秀劲,端庄华丽,在金文中独树一帜。战国中晚期,青铜器崇尚素面,错金铭文都布局在器物的主要位置,与以前铭文铸在器物内腹不同,从而起到了装饰作用。在金文制作方法上,除了铸造和错金镶嵌以外,由于此时铁的发明和铁器的广泛运用,在青铜器上也大量出现了镂刻的铭文。这些刻铭金文不同于铸铭金文,其笔画纤细、匀称、劲健,在一些兵器上刻铭金文多有草率的风气。总之,战国时代的金文失去了西周以来金文凝重端严、雄奇浑穆的风格,而变得清新秀丽与风格多样。文字的形体走向纵式,行笔很长,笔法全用粗细一律的线条,时称"玉箸",风格圆润柔和。

第二,文字书写的工具材料发生很大变化,毛笔和铁笔的出现及运用,使文字书写从技术到艺术发生一场革命,为文字书写的原始书法艺术之形成奠定了物质基础。

到了战国时代,作为文字载体的书写材料陆续增多,传统的金文、陶文之外,竹、木、丝帛、玉石等质料,纷纷加入文字书写载体的行列。尤其是这一时期,文字的书写工具中有了毛笔和墨汁,并且成为此时文字书写的主要工具,从而使文字书法在形式上发生根本性的革命,即由传统的金文铸造和金石铭刻等文字书写手段,逐渐向以笔墨为媒介的文字书写手段过渡,这一转变一直影响到后世今天。虽然战国时代仍然有铸造的金文和铭刻的玉石文字、陶器文字、兵器文字、玺印文字等,但不论从数量规模上还是从对社会层面的真正影响力来讲,笔墨文字的书写恐怕是这一时期最主要的文字书法形成模式。正如《墨子·非命下》所言:"书之竹帛,镂之金石,琢之盘盂,传遗后世子孙。"可见这一时期,竹、木、缯帛等成为文字书写载体的第一位材质。中国南方地区近年来发现的大量战国时期楚国、秦国简帛文字材料,就是这一时期极富时代特色的文字书法的典型代表。

第三,战国时代各国文字字形不一,结构各异,使得这一时期的文字书法风格多样,异彩纷呈。

东周以来,随着诸侯割据局面的形成,由于地理因素和文化传统的不同,各诸侯国语言文字的地方色彩越发浓厚。从春秋中晚期开始,各国就出现了文字异形的现象,即同一文字各国的写法不一,这种情况到了战国时期尤甚。同一个汉字的写法,往往齐、楚有异,秦、燕不同,地方差别非常明显。尤其在竹帛、货币、玺印、陶器、漆木器等带有浓厚列国痕迹的器物上,出现了各种形式多变、纷繁复杂、异国之人难以辨认的字体。这就是东汉许慎所谓七国"文字异形"的现象。① 战国时期的国际交往之中,为了更好地了解对方和表达己意,往往需要文字翻译,有时甚至需要"重译",以至于秦始皇统一天下之后,首要大事之一就是"书同文"。王国维在《史籀篇疏证序》中说"秦用籀文,六国用古文",说明了秦国与东方诸国的文字差异,而实际上东方诸国之间的文字也各不相同。一般以六国文字代指战国文字,实际上,战国文字应该是八国文字,战国七雄之外,北方鲜虞种姓的中山国虽然是兵力上的小国,但是在战国文字上的确是名副其实的大国,其文字使用和书法水平与中原诸国相比,毫不逊色。

战国时期地域性文字书法风格,大致可以总结成如下派别:秦系书法(包括秦篆和秦隶两种文字风格和发展趋势),书体稳中有变,书风浑厚雄强,继承了金文书法的历史传统并有所发展,可视为中国文字发展的正朔所在;楚系书风趋向于多样化发展,显示了楚人浪漫性情和开放性格,以及抒情造美的历史风尚;齐系书法劲挺峭拔,方中寓圆,颇见齐人豪爽俊迈之风范;燕系书法整饬、方正,一派朴实粗犷的北方气度;三晋书法灵活多变,善于交融,不拘一格,表现出多种思想和追求多种风格特征;中山书法以其工整雅丽、线条精绝、诡奇神秘、个性强烈而独树一帜,令人叹为观止。

总之,战国时期各系书风特色是十分鲜明的,而最值得称道的,当是秦、齐、楚和中山四系书法。正因为战国文字字形各异、风格多样,才造就了这一时期文字书写艺术的丰富多彩,其装饰性和艺术性都是空前之高的。

第四,在战国文字中出现了大量随意、简衰的俗体字、异体字,这也是此时文字书法的一个重要特点。

战国时期的文字,因为在民间广泛应用的缘故,自然就讲求快捷书写,因而在各国的正统、贵族化文字的金文等文字书体之外,在民间出现了大量的简化、草写文字流行于世,这种简略急就的字体,往往广泛地应用于简牍、帛书、兵器、玺印、陶器、货币等文字载体之上,也就是一般日用器物之上。当然,不同质料的文字载体上,文字的俗写和简化程度也是不一样的,这要分别而论。

这些因简化、讹变而自由创造的俗体字、异体字,其文字字形的歧异现象更是前所未有的严重,奇诡怪诞,写法率然潦草,随意、简率,连偏旁也有

---

① 《说文解字叙》。

不同,完全打破了前代文字的严谨厚重的书风传统。这种简化的俗体字、异体字,不但在字形上有很大变化,而且还广泛出现了在不同地区之间文字书写的异形现象,即同一文字,在不同地区出现了多种不同的字形写法。尽管这种民间的"俗体字"和异体字,难认难解,在当时国际交往中有一定的麻烦,但它们代表了文字发展的一种自然趋势,极富生命力,具有革命性的活力,它们将促使原来贵族化的文字走下舞台,并取而代之。

第五,一些国家的文字使用,由金文发展成了后世的小篆;而另外一些国家的文字使用,由简牍帛书发展成为早期隶书。

战国时代还没有关于字体的专有名称,但是正如前述,当时的文字在实际使用中已形成工整和草率两种字体。古文字形体学研究表明,工整的一种文字就是篆书的起源;草率的一种可以称为"草篆",也可称为"古隶",它正是从篆书到隶书的过渡。

大体上讲,当时重要青铜器上铸刻的铭文即金文,基本上仍保持工整严谨的风格,不管是字形笔画还是文字结构,都还沿袭着西周以来传统的写法。但是在青铜铭刻的长期制作过程中,金文的形体自然也比以前有了较大的变化,由浑穆方整而变为婀娜颀长,去繁就简,整饬大篆书体的形体结构,使之更加规整、严谨、对称化,一些国度比如齐国、秦国等的一些金文字体颇具篆意,可视作秦代小篆的前身和祖型。战国时期金文字体中美化修饰类字体的集中出现,代表了篆体艺术化倾向及其特点与水平,标志着篆书字体的渐趋成熟。

而早期隶书的出现,主要是在大量的简牍帛书等笔墨文字书写过程中,由于书写工具的限制和急就的特点,文字书法形式顿时为之一变而形成的。这为后来的隶书和方块汉字打下了深厚的社会基础。在战国文字的一些草率急就的字体中,特别在一些秦牍和秦简中,已经流行了早期隶书。由于它产生于秦朝小篆和汉隶问世之前,从而被称为秦隶。

我们以秦国文字使用为例说明。在秦国主流文字的使用过程中,就有这样所谓的两种趋向。"新郪虎符"铭文,"商鞅方升"铭文,都写得非常工整,是西周以来传统的金文书写方法,这就是后来小篆书体的先驱。而"大良造镦"刻款,就很草率,是属于草篆的字体。战国后期秦"高奴禾石铜权"的铭文,已是隶书字体,"奴"字的"女"旁和"造"字的"辶"旁都已同于隶书。再比如说,湖北云梦睡虎地出土帛书《为吏之道》则近于隶书。这两种文字趋向,有时在同一个器物上就能表现出来。比如秦昭王时的两颗玉印(江陵凤凰山秦墓出土),都作"泠贤"两字,一个是小篆,另一个是草篆,近于隶书,"泠"字的偏旁已不从"水"而作"三点水"。也就是说,在秦始皇完成统一以前,实际上小篆和隶书两种字体都早已存在。隶书和小篆最大的区别,就是变圆笔为方笔,变弧线为直线,这样书写的速度就加快了。

从篆书的线条转化为隶书的点画,是随着书法的工具材料从金石转化为笔墨竹帛而引发的书法形式的革命。它所带来的新体势和新风格,对以后汉字和书法的发展产生着极其积极而深远的影响。后来秦始皇统一全国文字,就是顺应了这个历史潮流,更广泛地把隶书加以推广。秦代庄重的石刻之类采用小篆,小篆可以说是象形文字的结束。同时大量官文书采用隶书,隶书可以说是改象形为笔画化的新文字的开始。

第六,战国文字可分区分系,在文字书法上也明显存在着南北两种不同的风格。

后世书法史中,有所谓南北分宗一说。其实这种南北风格的不同,早在战国时代就已经显露出端倪了。从战国时期的出土文物看,青铜器铭文、古玺文字南北方均有,而简牍、帛书则仅见于南方;盟书、石刻文字则仅见于北方。从战国文字的书写材料看,南方文字书法多与竹帛有关,北方文字书法多与玉石有关。这种文字载体质料的不同,也就决定了形成文字书法的审美风格之不同:"南文尚华藻,字多秀丽;北文重事实,字多浑厚。"①古文字书体"分为二派,北方以齐为中心,南方以楚为中心","齐书整齐而楚书流丽,整齐者流为精严,而流丽者则至于奇诡不可复识","齐楚不特书体有别,其用韵亦异"。②

二、战国时期书法的分类描述

(一)战国时期金文书法

战国时期的文字书法,虽然随着文字载体的多样而繁复化,但在当时,能够受到人们重视的文字形式,恐怕还是具有庙堂之气、刻铸于青铜重器之

---

① 郭沫若:《两周金文辞大系考释·初序》,科学出版社1957年版。
② 胡小石:《古文变迁论》,《胡小石论文集》,上海古籍出版社1982年版,第171页。

上的金文。这是因为，铸造于青铜器上的文字，必须顾及文字的社会通行性，更多地体现了整齐、严谨、正统规整的因素，反映的是当时上层社会的实际用字情况。从这个方面来看，金文字体是社会通行的正统规范的正体字。它是规范与便捷的合体，是实用与美观的合体。与同时期的其他载体形式相比，金文字体使用时间长，流行区域广。由于铸刻过程的影响，使得古老汉字的面貌具有明显的铸刻痕迹，因而金文字体具有独特面貌与书法价值。

但是战国金文与春秋时代金文相比，也有很大的不同。经过春秋中晚期长时间的动荡、分化，至战国之时，社会政治、经济形态、文化模式的演化均发生飞跃，呈现出一种新面貌。这反映到铜器铭文上，不仅有礼器制度的变化，铜器铭文的内涵相对春秋时期也有很大的改革，并且在铜器铭文的制作方法和文字形态上也大有不同。

比如在铭文的内容上，春秋时期在青铜容器上仍铭有颂扬先祖、祝愿家族团结、昌盛之类的套语，而到了战国早期就已经少了很多。现在所见到的此类铭文仅在田齐铜器中延续了较长时间，其他列国此类器物发现得不多，一般青铜容器上只简单地记明铸器之事由与器主。战国中期以后，随着集权政治的进一步发展，政府对与兵器、度量衡相关联的手工业加强了控制，使铭文载体大为扩展，同时在铭文中出现"物勒工名"①的内容，记载负责监制青铜器者的官职名号、工长姓名与直接铸作器物的工匠名讳，而且字数愈来愈少，且多见于兵器、量器等。虽然也有像湖北省曾侯乙墓曾国铜器铭文、河北省平山县的中山国铜器铭文、陕西省宝鸡市杨家沟发现的秦国铜器铭文等铸勒长篇铭文的形式，但这些已经十分罕见，并不普遍。战国时期金文书写方式的明显特点是，战国中期以后多为镌刻，且一些题铭十分草率，不像以前绝大多数是铸于器物。

总之，由于战国时期各个时段、各个地区和国家的政治、经济、文化的差异，再加上青铜器制作条件的不同，金文字体的性质与种类也在发生变化，字体面貌纷繁复杂，具有其他载体形式无法比拟的丰富性。

在此，仅对战国时期金文，分几个国家（或地区）做概括的介绍。

1. 秦国金文书法

战国时期秦国金文，基本上来说，还是继承了西周、春秋以来的传统金

---

① 《礼记·月令》。

文风格。秦国金文书法渐向工整发展,字体方正,笔画瘦劲,其书风的主要特点是结体开张宽博,浑厚雄健。在这一点上,它与当时东方及南方诸国金文在字形结构与书体上均有比较明显的差别。

这种风格的形成,实际上从春秋中期之秦公簋铭文就能看出端倪。秦公簋铭文较多地承继着西周晚期金文的遗风。文字在结构上较为谨严、方正,在字形上更加规整,且在笔法上改圆转为圆折之笔。这说明秦国金文字体是在春秋中期开始得到进一步改造,从而更规范化、渐接近于小篆。

战国时期的秦国金文,则在这种基础之上有所分化。战国初期的秦国金文,如秦王钟、商鞅戟等,构形、结体上基本是秦公簋的风格延续,但同时也沾染了楚系金文纤细劲利的风气。战国中期以后,特别是战国晚期的秦国金文,随着文字书法的进一步发展,在书体上有所谓二分倾向,即一部分更多趋向小篆,而另一部分呈现出古隶书体的特征。也就是说,秦国金文实际上包括了古隶和小篆两种不同的书体。

在此,就秦国金文的篆、隶两个体系,分述如下:

(1)篆系金文书法

从现有资料来看,此类作品主要有商鞅铜方升铭、阳陵虎符和新郪虎符铭等。

①商鞅铜方升铭

商鞅铜方升铭文,从书体看,系两次书刻,其中两壁铭书系第一次,即秦孝公十八年所刻;器底诏书和另壁"临"字系秦始皇二十六年(前221年)第二次补刻。第一次的刻铭,字体呈长方形,大小相对匀称,笔画纤细工稳,线条流畅婉转,已经十分接近秦代小篆。而第二次加刻铭书的风格,则与前者有着较大不同。字体呈长纵形,大小参差错落,笔法上多见方势,线条颇带率意,文字风格介于秦代小篆与秦始皇诏版铭文之间,别具特色。

②阳陵虎符、新郪虎符铭

阳陵虎符和新郪虎铭文,书体系秦始皇"书同文"之前的小篆,构形长方齐整,结体严谨对称,笔画平直婉转,线条饱满厚润。王国维先生称赞道:"文字谨严宽博,骨劲肉丰……此符乃秦重器,必相斯所书……当为秦书之冠。"①

---

① 王国维:《秦阳陵虎符跋》,《观堂集林》卷十八,中华书局1959年版,第904页。

新郪虎符字形与阳陵虎符相似,但书写风格略有不同。结体相对自由,具有长方、正方和大小之变化,不像阳陵虎符那样齐整谨方;章法亦行间错落,活泼自然;线条厚重并有涩拙之感。就书法艺术而言,新郪虎符之价值当在阳陵虎符之上。

图2-1 商鞅铜方升铭文

（2）隶系金文书法

战国时期秦国金文中的古隶作品,比较典型的是高奴禾石铜权铭和相邦吕不韦戟铭文。

①高奴禾石铜权铭

在秦系所有金文中,高奴权铭文字书法独具一格。权铭一些文字虽存篆形,但多数文字的结体、用笔、线条都趋于隶法。字体构形趋方,大小不等,用笔方圆并重,朴厚随拙;线条灵动;富有正斜、肥瘦、劲婉、疾涩等变化,对小篆的矜持有矫枉过正之趋向。如"奴"字,女旁已非篆形,改为隶构,等等。加之制模时人为刻凿,平添一种金石意味,率意自然,十分生动,可谓秦系金文书法中隶意书风的代表之作。

②相邦吕不韦戟铭文

相邦吕不韦戟铭文是秦国兵器文字中的代表。系战国末期出自秦国民间铸造工匠之手的草篆刻款。文物出版社《商周青铜器铭文选（四）》收入。铭文以篆之书体加隶之笔法草草刻划而成。其特点是,构形、用笔、线条及布白上的熟练与随意,文字书法风格自然洒脱、天真烂漫,从其草率、简易的线条中,可以看出秦系金文由篆而隶的文字演变轨迹。

2. 楚系金文书法

战国楚系铜器铭文可分为前后两期。战国早期楚国的金文字体,仍在一定程度上保留了春秋时期南方金文那种颀长的形体特征而较为宽阔,结体颀长,书写华丽流畅,笔画迂曲、夸张、多变和绮丽,字形工整,线条流美,如曾侯乙墓出土楚王酓章镈、王子午鼎、王子申盏等,与同时期的北方金文大相径庭。至战国晚期,在春秋楚系金文基础之上又有所发展,此时金文形体多已变得结体扁平欹斜,笔画较短多弧笔,书写萎靡粗率,显得松散、无力,楚王酓忎鼎可为其代表,同早、中期楚国金文已形成明显反差。而鄂君启节铭文则是前后两期的过渡形态。①

纵观战国时期的楚系金文,就其文字书法风格而言,又大致可以分为婀娜流美、瘦硬圆劲、率然随意等三种类型。

(1)瘦硬圆劲、端庄秀美风格的金文书法

这一系列风格的金文,是战国时期楚系金文书法的代表形式。其代表作有:鄂君启节铭、曾姬无卹壶铭等。

鄂君启节铭集中体现了战国时期"文字异形"的现象,有许多字的结构都不同其他处写法。书体长纵清秀,结构严谨疏朗,用笔圆熟自然,线条遒劲流畅,既庄严肃穆,又秀俊典雅,可谓战国时期楚系金文书法中的优秀之作。从文字结构来说,鄂君启节铭文结构方整,笔画省简,比较接近楚系简牍文字的风格。②

曾姬无卹壶铭文结体开阔豁然,略取斜势,既有粗犷雄强的大篆结构,更有楚系文字回环蜿蜒的意象。用笔巧中有拙,拙中孕巧,矜持而不做作,率意而存其理,古厚精美,个性独出。同样也是战国楚系金文书法的佼佼者。该铭金文风格上属于周秦和楚系文字兼收并蓄、糅合发展的典型结果。这与曾国(随国)本来是"汉阳诸姬",战国时沦落为楚国附庸的历史际遇,是有很大关系的。

(2)率然随意、简陋粗犷风格的金文书法

到了战国后半期,楚国的政治军事形势渐不如以前,大有江河日下的趋势。反映在青铜器铭文的金文书法上,也表现为率然随意、简陋粗犷的风格。像楚王酓忎鼎铭文、王后六室簠铭文、郮陵君豆铭文等,无不是这种金文书法风格的典型作品。兹以楚王酓忎鼎盘铭文、郮陵君豆铭文等为代表说明这种风格的金文书法特征。

楚王酓忎鼎、楚王酓忎盘是楚幽王熊悍时代的青铜器物。鼎、盘两篇铭文,文字结体横圆,一破大篆文字结构的长纵之体,大小正斜因势赋形,而且右肩稍微耸起,字口由单刀刻就,刀法率朴自然,线条疾徐流动,圆柔中见遒

① 何琳仪:《战国文字通论》(订补本),江苏教育出版社 2003 年版,第 152 页。
② 何琳仪:《战国文字通论》(订补本),江苏教育出版社 2003 年版,第 149 页。

丽,楚人诡思奇想的艺术特征尽在其中。酓忎鼎虽是楚王自作的礼器,但其铭文字体略显草率,笔画简省,已是战国晚期楚系文字的风格。

郏陵君豆出土于江苏无锡。郏陵君豆铭文,笔势展促俯仰,线条恣意横出。与楚王酓忎鼎盘铭文相比,该豆铭文更为潦草怪诞,书风奇特。

(3)工细华丽、婀娜流美风格的金文书法

除了以上两种不同风格的金文书法以外,在春秋晚期至战国早期的楚系金文中,还盛行一种华丽精美、婀娜多姿的特殊图案装饰性风格金文书法。这种金文书法风格,颇似今日之美术字体。宋公得戈铭文、曾侯乙钟铭文,都可以视作这类风格金文书法的作品之一。

"酓章作曾侯乙"镈,字形体态颀长,造型夸张,笔道屈曲,风格与春秋战国时期流行于江南吴越地区的"鸟虫书"接近。在许慎《说文解字叙》中,鸟虫书还被列为"秦书八体"之

图2-2 楚王酓忎鼎铭文

一,可见在战国之后这种书体亦行于秦代。① 所谓鸟虫书,常以错金形式出现,高贵而华丽,富有装饰效果。

此类书体可细分为虫书、鸟书两种,但有时兼用于同一铭文中。鸟书亦称鸟篆,笔画作鸟形,即文字与鸟形融为一体,或在字旁与字的上下附加鸟形作装饰。虫书笔画故作蜿蜒盘曲之状,中部鼓起,首尾出尖,长脚下垂,犹如虫类身体之弯曲。这种文字主要出现在兵器铭文之中,讲究结构对称,笔画等细,线条柔韧,精神飞动。这是一种有意识的装饰化、美术化倾向,虽然达到了极美的境界,但其制作痕迹明显,如后世之美术字体,并非具有真正意义上文字书法的写情表意的意义。

与此相类似,在地域上也可以归为战国楚系文字范畴的是吴越系铜器

① 关于鸟虫书的发展变化情况,可参见容庚《鸟书考》,《中山大学学报》1964年第1期;马承源《鸟虫书论稿》,《古文字研究》第10辑,中华书局1983年版。

文字。此时吴越系铜器文字,也分为三个类型:一类以者刃钟、姑冯句鑃
(《吴越》117)为代表,其文字结构顸长,笔画秀整,属典型的战国南方文字,
与楚国早期青铜礼器铭文差别不大。一类以者旨於赐钟为代表,多附加鸟
虫形装饰笔画,笔道屈曲,是典型的鸟虫书。一类以能原镈、之利器残片
(《吴越》120)为代表,其文字宛若天书,至今尚无令人满意的释读,也许属于
古汉字之外的另一套文字系统。

(4)楚系兵器文字书法

楚系兵器铭文按时代可分为前后两期。

前期铭文多采用笔画回环、结体繁缛的鸟虫书体,如"齐象造"戈(《集
成》10989)。再如江陵雨台山战国墓出土"周嵍之戈",字体沿袭春秋晚期之
顸长艺术体,但笔画变短,迂曲笔道不多。随县曾侯乙墓出土的析君墨启
戈,字体虽仍近于春秋晚期南方流行的俗体形式,显得较瘦长,但笔画拉长
已不明显,风格简略而随意。

后期铭文均为刻款,结构松散,字迹潦草,风格有似晋系兵器铭文,如
"梁惄之岁"戈(《集成》11285)。楚系兵器铭文风格的这种前后变化的趋势
与其铜器铭文一致。

3.齐系金文书法

和楚国一样,作为战国时期大国的齐国,也有一些附近小国作为其附庸
存在。所以齐系金文书法,除了齐国青铜器铭文以外,还包括那些受其文化
影响较深的一些附庸国,比如莒国等。齐系金文书法,可以其时代先后和书
风的变化,分作两个不同的时期:

(1)早期齐系金文书法

齐系金文书法在战国早期时尚保留着春秋中晚期的某些文字特征,字
形瘦长而工整,峻拔横平竖直,但是春秋时期齐国金文那种故意拖长、迂曲
婉挺的笔画已经少见,且行笔多有方折,线条刚劲,以见其方刚遒劲、挺拔简
练、不崇尚繁饰的书法作风。

齐系早期的陈曼簠铭文、陈侯午敦铭文、陈纯釜铭文、子禾子釜铭文等,
都可以看作是战国早期齐系金文书法的典型代表。

陈曼簠铭文书法历来被誉为战国齐金篆书的代表作,可谓齐系书法的
典型风格。其文字结体特点,既有齐系金文崇尚方势的书风,也不乏遒秀整
方、精光内敛而骨气嶙峋的风格个性。其用笔、布白,都比较随意自然,比如

铭文下端的逸、作、廄三字,参差不羁,相背而安,又相呼应。这些都显示出一种骨力雄强的齐国大气作风与强悍精神。

陈纯釜铭文书法在战国齐系金文中也是颇具特色的作品。其字形方纵,开合大度,于端正肃然中寓雄呈强;线条强破直截,棱角遒劲,于瘦健的方笔中蓄傲扬崛;章法井然,稍显错落,犹如凛凛军阵,可谓战国早期齐系书法中颇具个性的硬派作品的代表。

图2-3 陈侯午敦铭文

(2)中晚期齐系金文书法

至战国中期后,齐系金文在书体上已较此前有了较大改观,文字排列规整,字体作长方形,不过一些文字书写近于手写的俗体字,笔画厚重而简约,且不少文字在字形上已带有此一时期浓厚的地方色彩。

齐威王时的陈侯因眘(资)敦、齐平公时的陈逆簋(又名陈逆作往且大宗敦)等,则可以视作是战国中晚期齐系金文书法的风格例证。

齐系金文书法以字形方正、用笔方刚、线条硬直、方折棱角为其特点。陈侯因眘(资)敦铭文书法一变此路作品风格。其字形长方,凡"口"形结构的字折转处多是上方下圆,可谓方圆并用,其线条、笔势显然流露出一种以刚为主、刚中带柔、刚柔相济的中和意味。加之铜器千百年的自然锈蚀和残泐,从而增强了线条粗细、劲秀等变化上的美感。此铭与陈肪簋盖铭文、陈侯午敦铭文等同一特征,可谓战国齐系金文书法中一种新的风格。

(3)战国齐系兵器文字书法

齐国兵器文字中的一些结字颇具特点,比如"戈"常写成"鈛","造"写成"艁"或"䜻",这是不见于其他国兵器文字的独特之处。再如"陈"字皆作"墜",即史书所见之齐田氏。另外"高""陵""平"等字均从"土"作,如城从土作"墉",共同构成明显的地域和时代特色。

齐国兵器文字主要是铸铭,这亦是齐之特点,故显得结体宽博,运笔粗犷。并且铭范上的文字不少是用玺印钤制的,这只要细察原器和拓本都不难看出。因此,与刻铭兵器文字不同的是,齐国兵器文字线条厚重,风格粗犷。总体而言,物勒主名的铭文一般较为规整,而物勒工名的铭文大多数显得潦草粗率。

4. 燕国金文书法

燕国青铜器,在春秋时多为礼器,如杕氏壶、郾公匜等。春秋燕国金文笔势流畅,行款疏朗,用笔率意天真,线条妩媚自然。

战国时期燕国金文多为兵器文字。王室督造兵器的铭文多为铸款,往往是先用玺印(或为单字印,或为多字印)钤在范上,然后铸成。此种铭文外具方框,文字棱角突出,方整遒劲。① 地方或府库督造兵器的铭文多为刻款,字体潦草,不易辨识。

战国时期燕国兵器铭文在其书法本身的发展中,由于和中原诸国文化的交互影响,也产生了相对不同的书法风格。通读战国时期的燕国金文,文字书体总见齐国书风的影子,但又有所不同。比如,燕王喜剑铭文用笔多显浑厚,法度蕴寓其内,但也有一些文字中,颇见齐国陈曼簠铭文之尖出垂笔。这些,无疑都是齐、燕长期交往带来的影响。如果从书法风格的不同和变化来看,又可将战国时期燕国金文书法分为早、中、晚期。

（1）早期燕国金文书法

早期燕国金文多制作草率,书体多处已见破篆之法,有些地方已经显露出颇具野逸之气的古隶书体端倪。比如郾侯载戟铭文,就是这种书体的代表作品。

郾侯载戟是战国初期燕成公时的燕国兵器。该戟铭文字形构异,一破篆书用笔法度,布局上大小、正斜、长扁不拘,随意而为;刻划更显简率,铿锵有力,雄强质朴,直来直去犹似甲骨文字,且器面多如近代一些印章边款,奏刀浅入深出,形成钝角之形,折角处毫无圆转,且分几刀为之,时见断笔。这些特征,完全不同于战国其他书法之风格,真可谓独一无二。

（2）中期燕国金文书法

战国中期以后,特别是燕昭王时期的兵器书迹,风格上发生了由原来瘦劲直线的组合而成谨端厚重等的变化。昭王中兴,国之富强,使书法亦显得富足强厚并严谨起来。比如燕王职戟铭文,不仅线条浑厚强直,具有变化,

---

① 何琳仪:《战国文字通论》(订补本),第105页。

而且用笔,特别是横画用笔上,已明显地透出一些隶变的信息。

(3)晚期燕国金文书法

晚期燕国金文制作则趋于规整,文字笔画已较省简,刻款风格更趋方整,在结构上已接近小篆书体。

如郾王戎人戟、郾王詈矛、燕王喜剑等兵器铭文,大体上都是字形方正,线条浑厚。但戟与矛、剑则有不同之处:一是横画多瘦,而竖画多肥,似有古宋体之意味;二是折笔精方,如"郾"字之竖折,"戎"字之斜钩,相比之下,在战国书法中显得十分简直。矛和剑则风格基本相同,只是前者更显厚重,而后者则表现出一些精巧。就形体结构言,二者均具小篆之构,用笔敦厚圆转,笔画省简,可谓小异大同。如果说前者略显草率,后者则偏向工稳,且单行构式,大小、疏密搭配自如,笔法颇见老辣。

5. 韩、赵、魏三晋地区金文书法

战国时期的三晋金文,因为包括韩赵魏三国青铜器铭文,所以其作品丰富且风格多样。总的说来,战国时代三晋书法具有一定的流动性和交融性,不仅受诸多外来书风影响,同时也影响着周边其他一些小国,比如郑国的书风。

(1)战国早期的三晋金文书法

以时代发展的不同和书风的变化,战国时代三晋金文书法也可分为早晚两个时期。战国早期的三晋金文书法,以韩国的骉羌钟铭文为代表。

骉羌钟第三钟铭文,有界格,每格一字,4 行,计 32 字。铭书线条纤秀劲挺,结构匀停,具有一定装饰性质,书体方圆并重,与钟身庄重典雅、精致细腻的纹饰协调相配,形成雄伟奇丽的造型美。郭沫若曾谓之"规旋矩折,而逼近小篆",是有道理的。就书法风格而言,遒劲秀美,书体异形而繁缛,甚少简化,当是对春秋大篆的继承,不失为战国时期三晋金文中的精绝之制。

(2)战国后期的三晋金文书法

战国后期的三晋金文书法,草篆刻款尤多,以五年司马成公权铭文和梁十九年鼎铭文、魏国梁上官鼎盖铭文、韩国的韩氏喑鼎盖铭文、赵国六年安平守剑铭文等为代表。

五年司马成公权,又称五年司马成公禾石铜权、司马禾石铜权。出土信息不详。当是战国后期魏国之物。从铭文书法来看,不少字已呈略带草意的小篆体,与秦国商鞅铜方升略近,又有齐国篆书之方刚书风。铭文刻写颇为草率,且杂乱无章;但又不失纯朴自然,不失其法度,堪为超时绝俗的上乘之作。

梁十九年鼎,系战国晚期魏国重器,该鼎铭虽与五年司马成公权时代接近,但文字风格截然不同。该器铭文笔道纤细,布局疏朗,与中山王墓所出"平山三器"的铭文风格接近。适正显示

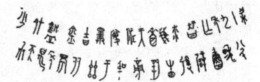

图2-4　梁十九年鼎铭文

晋之三国书法风格的多样性和复杂性。该鼎铭文颇受中山国文字的影响,字呈纵形,线条柔细;同时又有齐国金文书法的某些风格,结体方刚,骨力劲健。识者以为有"齐之骨而中山之表",信然。该鼎铭文初具简化性的隶意,可见战国书法的隶变之迹。

相比较而言,韩国兵器文字较为厚重,赵国兵器文字较为纤细,而魏国兵器文字则介于二者之间。要之,三国兵器文字大致风格接近,都是由东周金文字体结合了当时流行的战国古文,而趋向于向小篆体的过渡。

6.战国中山金文书法

中山国虽是战国小国,但是中山国在文化上受中原文化的影响,尤其留下的精美的文字书法作品,足以光耀千秋,传扬后世。

中山国金文作品并不算多,代表性作品以"平山三器"[包括中山王礜(错)鼎与中山王礜(错)方壶,舒蚉壶]刻铭为主,另有兆域图铜版铭文等,共有铭文一千五百多字。这些铭文是战国时期青铜器上铭文篇幅最长的书法作品。

中山国金文文字方正平直,线条简捷,而且特讲究章法,特别给人以整齐、匀称、潇洒之感。但是就其风格而言,还可以分为两种格调类型:一种是精丽纤巧,具有装饰意味的风格,极富特色;另一种是遒劲峭拔的作品。

(1)精丽纤巧一类的金文书法

中山国金文书法具有代表性的一类,是精丽纤巧,具有装饰意味风格的金文书法,文字秀丽,极富特色,以中山王礜(错)鼎铭文、中山王礜(错)方壶铭文、舒蚉壶铭文等为典型代表。

中山王礜鼎与中山王礜壶铭文,最突出的特征是具有十足的中山国贵族气息。文字形体颀长修美,而且每多异构,结构上密下疏而匀称齐整,方折

冷峻清爽,环曲精婉遒柔,细劲而又潇洒,竖画直挺,流弧劲畅,特别是笔笔中锋又笔笔露锋的垂直之用笔,点画之间或具修饰性的点缀,在先秦金文书法中独出一辙。在战国金文刻款作品以粗率为尚的整个大环境下,此处刻铭却细腻精巧,极其纤丽秀美,个性鲜明,可谓是工丽精巧一路金文书法之完美代表,堪称战国青铜礼器铭文中最具艺术性的美术体。其中方壶铭文长达四百五十字,也是战国时期最长最美的金文。

（2）遒雄峭拔一类的金文书法

与前一种的精丽纤巧、能够代表中山国文字最高水平和美学理念的金文书法相比,另一种中山国金文书法风格是遒劲雄健,明显是受到了附近他国金文书风的影响。这类作品以中山侯钺铭文、舒盗壶圈足铭文、七述鼎铭文和兆域图铜版铭文等为代表。

中山复国时铸作的象征着周天子授予国君征伐权力的中山侯钺铭文、壶圈足铭文等作品,文字风格颇似齐国金文书风,只是形体方整凝重,不似齐国金文势呈长纵。用笔精巧圆劲,线条遒健畅达。其形体、用笔与线条、结构等,有齐国、三晋乃至燕系文字的某些特征和风韵,这当是中山国与其他国家军事战争、文化交往所受到的影响所致。

图2－5　中山王𰀁壶铭文

（二）战国时期简帛文字书法

简帛文字包括简牍文字和帛书文字。简帛是战国时期文字的主要载体,它同陶器、甲骨、玉石、青铜器等一样,是在纸张尚未产生或难以满足需要时代用作记录文字(也是书法)的主要材料。

1.战国简帛文字的发现与书写工具

仔细分来,简牍分为简和牍。简牍用竹片或木片做成,长条形的竹片为简,长方版形的木片为牍,合称为简牍。其他形式的竹木质的书写载体,尚有觚、检、楬等。这些简牍在古代都有一定的尺寸和要求。在甲骨文、金文中已有"典""册"等字,又据《尚书·多士》"惟殷先人,有册有典"可知,至少在商代已经开始使用简牍书写文字了。简牍自春秋战国时代开始流行,直到纸张被普遍采用后才逐渐废弃。但是由于材质的原因,迄今为止所出土的简牍皆为战国时期至魏晋时代之物。而且发现的地点多为南方,大多数是楚简,其次为灭楚后楚故地的秦简。这可能与自古南方多产竹及南方土质易于保存木质遗物不无关系。《后汉书·隗嚣传》:"楚越之竹,不足以书其恶。"可见,南方的楚越是竹的主要产地。战国时期写有书迹的竹木简牍,是已发现的世界上时代最早的简牍。

春秋战国时代的竹简早在汉晋时期就有成批发现:一次是西汉在孔子旧宅中发现的古文经书,一次是在西晋太康元年(281年)发现的战国魏之史书《竹书纪年》等汲冢竹书。它们对于中国历史的研究起着巨大的作用。近现代以来,发现的战国竹简多出土于南方楚地,尤其在湖南、湖北、河南等省发现多批楚简。

战国简帛文字,是用毛笔蘸着墨汁书写在简牍和绢帛之上的。考古发现表明,最早的毛笔实物是在距今2500年左右的战国中期楚墓中发现的。其中发现最早毛笔的墓葬是河南省信阳长台关一号楚墓和湖南省长沙左家公山楚墓。出土毛笔与现在通用的毛笔相似,而笔杆细长,笔锋均为2.5厘米,略长于现代小楷毛笔的笔锋。其制作方法是将笔毛围在笔杆的一端,以丝线束紧。长沙毛笔采用上好的兔箭毛,相当于后世的紫毫,刚锐而富于弹性,正如唐诗形容的那样:"紫毫笔,尖如锥兮利如刀。"(白居易诗)正是这种毛笔的使用,使我们看到楚国竹简上的字体笔画劲挺、落笔起笔锋芒毕露的文字形态。长台关一号楚墓的毛笔装在一个文具匣里,中间还装有小铜锯、小铜凿、小铜刀。可以想象,这些铜器是对简牍进行削改加工并在编绳处刻三角形契口使用的工具。湖北省云梦睡虎地战国秦墓也出土了毛笔,但它与上述毛笔不同,笔毫是插入竿腔中的,与今天的制笔方法相似。同时该墓还伴出了墨、砚等书写工具,它们与笔、简帛(简牍、绢帛)等合起来构成了战国时期的"文房四宝"。

战国时期的简牍、帛书都是用毛笔书写的,所以这些文字的笔画具有弹性,起止处较尖锐,中间和偏前的部分略粗,充分表现了毛笔的特点。正因为如此,战国简牍帛书文字笔势由原来金文的迟重而变为流美,笔画和体式也较金文更为简略。所以毛笔、简帛等书写工具的出现,不仅是文字发展史上的一场技术革命,更是文字书法艺术发展变化的直接动因。

战国时期各国简牍和帛书文字，展示了汉字书体发展史中由大篆向隶书递变的过渡时期的墨书古隶形态。简牍帛书文字的结构简化，文字造型由颀长趋于方正，用笔率意，线条柔美流畅，与春秋之盟书文字及同时期之金文文字相比，其隶化的倾向更加明显。与此同时，在战国简帛文字中，民间手写体"俗体字"的广泛应用与流衍，也成为古隶形成进而走向成熟的重要因素。

2. 秦系简牍文字书法

战国时期的秦系文字是中国汉字史上的重要文字体系。如同它在由西周以来钟鼎金文发展成为秦代小篆一样，秦系简牍文字也保留了由篆到隶发展轨迹的样本。秦系简牍文字是战国简牍文字的重要部分。就目前发现来看，主要有青川木牍、天水日书简、云梦竹简等作品。秦系简牍文字中的一些作品，比如青川木牍，虽在结构上还保留有篆书成分，但书体、用笔及线条等已具有较大变化，其中点画中显现出的起伏和波势，证明它已是古隶书体的作品，因此这些简牍成为研究文字书法由篆系书体而隶书化的典型材料。

下面就出土于战国时代秦国各地的简牍材料，来描述秦国简牍文字书法。

（1）青川木牍文字书法

青川木牍文字为古隶，这是我们目前所能见到的最早的古隶材料，对研究隶书的形成时间提供了可信的考古材料。

青川木牍文字的主要特征是文字构形大量简化，省去了篆书的盘曲回绕，将繁就简，使圆而方，一变原来篆书的狭长之形，虽然有些文字仍存篆构，但多已趋向隶书或与隶书接近。在用笔上，有轻重徐疾变化，显得活泼自然。文字线条平直劲挺，已初具起伏变化和隶书波势，尽管尚无比它稍晚的云梦秦简那样明显的波势和挑法，但已具备了隶书的笔顺、笔势与线条结构方式等基本特征。由于青川东与楚国相邻，青川木牍在书风上也略有楚书风韵，书风与睡虎地秦简有相通之处。但在结体、用笔等方面，与楚系书法有着根本的不同。细而读之，该木牍文字笔力沉静，结体严谨，篆书成分较重，属秦隶之前的篆隶体。但在章法上已破篆书之板滞，显示出清丽劲秀的书风与气格，为后世隶书的形成奠定了基础。

（2）睡虎地秦简文字书法

云梦睡虎地秦简写作上限不会超过秦昭王五十一年（前256年），下限为秦始皇三十年（前217年），墨迹多为单面书写，少量的为两面书写，简文基本上都是战国末期的古隶书迹，即所谓"秦隶"，与汉初银雀山竹简和马王堆帛书上的墨书隶书基本一致。这无疑是研究战国末期秦国文字变迁的重要材料。

从书法史的角度来说，战国云梦秦简文字的书法特色在于，虽有篆书结构，已具古隶形态。但是由于云梦秦简数量众多，时间跨度较大，文书出自多人之手，所以书写风格有着明显的不同。这里试举数例加以分析：

《为吏之道简》是云梦秦简中颇具特色的代表性作品，文字特点是，构形方正略扁，右肩稍微上耸，笔画浑厚端庄，笔法平稳沉着，字势古朴雄劲；转折圆中带方，线条富有弹性。虽然隶书的捺画尚不稳定，但波势与一些挑法十分明确，于从容大度之中显现出谨严而练达，不失体统。其字形有存篆构，用笔却极少篆法，同西汉《马王堆帛书·老子甲本》颇为近似。

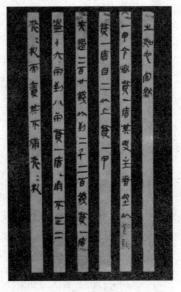

图2-6 睡虎地秦简文字书法

《语书简》又称《南郡守腾文书》，系秦王政二十一年（前226年）南郡郡守腾颁行的公文，为史官喜所抄录。简书用笔遒稳，笔势拗翘，且熟练有力；撇捺线条左轻右重，疾行迅出，生动自然。特别是横画已显波势，颇见隶法。其书同《为吏之道简》相比，显得英武方刚，虽为简书，却不乏金石意味。

《法律答问简》可谓云梦竹简中很有个性的作品。此简文字形体已由以往的长方而改扁状，且呈耸斜之势，与上述诸简相比，这一点尤为突出。其次是，虽以扁笔而行，横瘦竖肥，但仍多以中锋使转，显得圆润饱满，字势浑厚；笔法略显率意，提按轻微，使线条平添一种自由的抒情性。尤其用笔的简约特征、笔画中的引带与掠笔特征等，显示出较强的书法个性。

《秦律十八种简》则是另一种风格独特之作。此简文字构形略长，结体紧凑谨严，用笔中锋，兼之侧锋，笔势飞扬，纵横开阖，雄健有力，用笔自如，节奏明快;线条变化,粗细、方圆、轻重、疾涩皆一寓变中。尤其竖画末端往往左弧而出,略呈草篆笔意。通读该简文字,线条的蚕头燕尾之中,具有一种内在运动之感,意气潇洒,风度倜傥,不失为云梦秦简文字的佳构杰作。

(3)天水秦简文字书法

天水《日书简·前本》,字形略扁,间架疏朗,结体严谨,变化多端,每见草意,显示出草篆超逸流畅和古意盎然之态。用笔上往往起之重注,收之轻提,行笔随意又不失度;线条乍见分书之蚕头燕尾,时显短画迅挑,画尾疾延,比青川木牍更有古隶形态。

天水《日书简·后本》和墓主记是秦王嬴政八年的抄本,书体风格酷似云梦秦简。间架略显紧促,结构宽博疏朗;用笔厚重拙朴,行笔时见方意;结构上承大篆,下启隶书,笔画省简,线条干练,颇具特色,已显相对规整的古隶形态与风格。

3.楚系简牍文字书法

如果说战国时期秦系书法主要以金文所体现的篆系书法为代表,而秦系简牍文字书法只是其辅助和陪衬的话,那么战国楚系书法则主要以简帛文字为主,其金文书法不仅在数量上还是在文字书法的影响方面,都居于次要地位了。不仅如此,楚系简帛文字书法以其强势的主蘸坛身份,在整个战国时期文字书法历史上也是一支生力军和领导力量。

战国时期楚系文字的书体变异性和书法风格的多样性,除了楚系金文的诸多书体样式和书法风格之外,更有近年来大量出土的战国楚简、帛书等文字材料,使我们进一步了解和认识这个领导战国书法新潮流的真实面目和流美精神。

与秦系简牍文字的字形结构不断简化,虽存篆意但线条变曲为直,用笔上出现蚕头燕尾、一波三折写法等等隶化趋势特点相比,楚系简帛文字似乎是走了另外一条路子。其文字书法特点是,书体多为古意浓厚的蝌蚪书,取势横向,以求宽博而欹斜;布局疏宕,追求空灵而虚静;用笔率意,圆转奇肆,起止露锋,线条坚挺流畅,呈现出刚劲而飘逸的神采,流转圆润,倍感秀丽而流美。所不同的是,形构有的趋扁,有的颀长,有的呈方,还有的大小斜正不拘等。

先秦时期楚国地区,竹木茂盛,较之北方诸国,以竹简作书可谓得天独厚。与秦国兼用竹木而为简牍不同,楚系文字多书写于竹简之上。这使得楚系简牍书,具有诡异奇特之造型,浪漫恣肆之布局,率意洒脱之墨色,疏宕空灵之神韵。

在此,我们就一些著名的楚系简帛墨迹文字,比如战国早期的曾侯乙墓竹简、信阳楚简,战国中期的仰天湖楚简、望山楚简、包山楚简、子弹库帛书等等,略述楚系简帛文字书法的独特风格。

(1)曾侯乙墓竹简文字

曾侯乙墓竹简,1978 年出土于湖北随州市西郊擂鼓墩附近。系战国早期曾国用于葬仪的车马兵器为记载内容的作品。因为战国时期曾(随)国是楚国的附庸,所以此墓竹简是楚系简帛文字的重要且具代表性的一部分。共出土竹简逾 240 枚。现藏湖北省博物馆。《文物》1979 年第 7 期著录。

其中在文字书法上较有代表性的是《车载兵器简》,此简内容为记录某车上所载车马器和兵器装备。文字墨迹属于由大篆向古隶过渡中的楚系简、帛书法之典型。构形与笔法近似侯马盟书,但风格颇不相同,较之盟书更显恣肆浪漫,结构上已有较多的简化和异形。简书用笔呈上拱右耸之势,线条直、斜、圆、弧交相辉映,尤其横画落笔沉着重注,弧形线条潇洒优美,竖画挺直悬针,而撇捺往往露锋掠出,呈坚挺之状。此简字形多见长纵,从中可以感觉到书写时振迅快捷的跳动笔意与强烈的节奏感。

(2)信阳楚简文字

信阳楚简也系战国早期的楚系简牍墨迹。1956 年初出土于河南信阳市长台关西北小刘庄,故又称长台关楚简。出土竹简共计 148 枚。内容为已佚古书与遣策。现藏河南省文物研究所。文物出版社《信阳楚简》著录。

图 2-7　曾侯乙墓竹简
文字书法

其中无论在内容上还是在文字书法上,较为重要的是《墨子残简》。信阳楚简的内容,因简文残缺,诸家解释各异。根据李学勤的说法,这是《墨

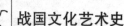
子》佚篇。① 在战国楚简中,《墨子残简》可谓风格独出的作品。其文字书法的最大特点是,构形匀趋扁方,完全打破了金文大篆之对称、工稳、端庄的格调;用笔上同曾侯乙墓竹简大体相类,全用篆书笔法,横画由右上斜耸又转为向下弯曲,以求整字的平衡,方框字上宽下狭多作圆弧;结体相对紧密,而字距拉大又无规矩;章法显得空灵大度,疏宕潇洒,一开战国楚系书法妩媚恣肆的书风,与秦系书法形成鲜明的对照。

(3)仰天湖楚简文字

仰天湖楚简,1953 年 7 月出土于湖南长沙市南门外仰天湖楚墓。共计43 枚。系战国中期的作品。《文物参考资料》1957 年第二期著录。战国中晚期长沙一带是出土战国竹简最集中的地区,除了仰天湖楚简外,还有 1951年长沙五里牌出遣册 38 件,1953 年长沙杨家湾出土竹简 38 件。

其中在文字书法上较有代表性的是《遣册》部分。此简文字,在结体上较多地保留了同期篆系金文的特点,形体长扁不一,字多呈扁平状,呈尖形造型,诡谲神秘,而落笔处有顿笔,抽笔时较疾,用笔则明显地呈横向上耸运动,其中兼有了金文和帛书的一些笔画特征,隶书笔法已具,可称为篆书,或草篆。线条瘦劲圆转,提按明确,具有强烈的流动感和节奏变化。由于简面的狭长与书体的左右撑满、用笔的圆转与线条的律动等彼此矛盾而又和谐统一的特点,造成了一种虽狂肆而不失其度的书法精神。

(4)包山楚简文字

包山楚简,于 1986 年 11 月在距楚都纪南城不远的今湖北荆门市十里铺镇王场村出土。共计出土竹简 448 枚,其中有字书简 278 枚,计有单字12400 个。内容主要为司法文书、遣册、卜签祷文等,当为战国中期(前 316年前夕)的简书墨迹。文物出版社《包山楚墓》及《文物》1988 年第五期著录。

包山楚简文字,由于出自多人之手,各部分内容不同,书风也明显呈现不同风神。总之,从形体结构的简化、用笔的提按、线条的走向等方面来看,都或明或暗地表现出了些许隶意,比如有学者举出"己""九""司""子""六""八""小""少"等字为例,从文字结体和笔法分析,认为包山楚简中出现了

---

① 李学勤:《东周与秦代文明》,文物出版社 1991 年版

隶书的萌芽。^①仅此而言,毫不逊色于侯马盟书及其他楚简,可谓极具风格特色且见隶变律动的作品。其实,不仅包山楚简如此,在湖南、湖北境内发现的战国楚简文字,比如江陵楚简、擂鼓墩曾侯乙墓竹简等,其文字也都有"隶变"的趋势。^②

包山楚简中的《包山简遣册》,文字特点是用笔率意洒脱,富于提按变化,劲健多姿,具有较大的灵活性和变动性。除个别笔画仍具有明显的篆书笔法外,笔势多为重起疾出,且由于线条的张力使字形略显欹侧,并自然形成一种自左向右再转左顺势写弧的惯性与弹性。特别是一些横画的线条,虽未能笔见蚕头、势呈燕尾,但其上斜带拱的态势已见隶意。而《包山简受期文书》可谓"行草"篆书,不少笔画出现了连

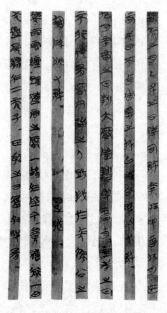

图2-8 包山楚简文字书法

笔现象,动感很强。用笔以侧锋,篆中带隶,重按轻提,迅疾弹掠,顺势旋转;线条恣肆劲挺,又行又草,纵横驰骋,酣畅痛快,颇能体现楚人浪漫气质和绮丽作风。

(5)郭店楚简文字

郭店楚简不仅内容丰富,具有极高的史料价值,而且从书法艺术的角度来看,文字保存完整、字迹墨痕清晰、文字造型优美、篆法运笔遒劲、结构变化多端、章法疏密有致、书写风格多样、艺术气息浓厚,其书法意蕴也是非常浓厚的,是这一时期简帛文字书法艺术的典型代表。

比如说,在篆书结构上,楚简的字体有竖长形的,有横扁形的,有方形的,有不规则的,其中的一部分,具有繁化装饰的意味,它对人们认识自然反映自然有一定的启示作用。郭店楚简中的文字,同篇当中同一个字如果多次出现,古楚书手会作不同的艺术处理。郭店楚简中的简化字形,比其他六国文字出现的要早一些,它为现今人们澄清繁简字并用问题提供了可以研

---

① 新井光风:《包山楚简书法的考察》,《书法丛刊》1993年第3辑。

② 吴聿明:《春秋战国书法论略》,《东南文化》2000年第5期。

究的例证。在一些通假字的利用上,也有一定的特色,这为当今人们使用篆字创作新的作品拓展了思路。在用笔和笔法上,郭店楚简也有很多特色。它的用笔有方有圆,有辅毫有侧锋,有悬针有垂露,有提按有转折,还有连笔现象,楚文字率先有了草意和隶意。过去书家认为篆隶不能连笔,但现在发现,在2000多年前的郭店楚简中早就有了连笔,这更正了人们认识上的偏差。

4. 战国楚系帛书文字

古代文字书写载体,除了金石、竹木之外,复有绢帛。其上所书文字称为"帛书",古时称"缯书",或称"缣书"。"帛书"与"简书"合称"简帛"或"竹帛"。目前发现的战国楚系帛书,有湖南长沙子弹库帛书和湖北江陵马山绢书。帛书当系楚国贵族的遗物,又是具有浓郁楚风色彩和文化内涵的楚系书法作品。

从书法角度来看,长沙子弹库帛书文字,行款整齐,疏密匀称,在规范整齐之中又现自然恣放之色。帛书文字构形多作扁状椭圆,均衡而对称,端正而严肃。从天、下、丙、可等字的写法上看,其与同一时代的楚简书体的构形完全一致。用笔介于篆隶之间,笔法圆转流畅,直有波折,曲有挑势,落笔多作重注,线条头粗尾细,横画有意取圆弧之态,却挺劲秀爽,活泼多变,于粗细变化之中显其秀美,在点画顿挫中展其清韵,可谓富有隶意及楚风特色的典型之作。

郭沫若曾如此评道:"在这里想提醒人们重视的不是文书的内容,而是抄录这些文书的字体,……抄录和作画的人,无疑是当时民间的巫觋,字体虽是篆书,但和青铜器上的铭文字体有别。体势简略,形态扁平,接近于后世的隶书。它们和简书、陶文等比较接近,是所谓民间的'俗书'。但历史昭示我们,它们是富有生命力的,它们将促使贵族化了的文字,走下舞台,并取而代之。"①

(三)战国印玺文字书法

无论什么样的玺印,都是人们压印出文字图形以为凭信的实用之物,所以玺印的重要价值根本上在于印面的文字。战国时期玺印文字为战国古

---

① 郭沫若:《古代文字之辩证的发展》,《考古学报》1972年第1期。

文,玺印文字结构大多紧密,笔画圆转多姿,印面布局错落有致,和谐自然,并依据构图美观的需要,或减笔,或增笔,或挪动偏旁,甚至合文。因为国别不同,个别玺文的笔画结构也有一定的区别。

战国时代是中国印章篆刻艺术发轫阶段,形成了中国文字书法上的特殊形式——古玺文字书法。战国玺印文字字形简化、讹变,相比于"秦书八种"之一的摹印篆来说,战国玺印中的许多文字较难辨识。但是,战国玺印文字不论在汉字发展史上,还是在书法篆刻艺术史上,都是非常重要的一环,因此有必要对其进行研究和总结。

战国玺印文字的书法艺术因素,我们也可以从玺印文字的结构造型、用笔(刀)特点、布局章法等几个方面来看。

1. 战国玺印文字的时代特征

战国玺印文字过去也有称为六国古籀文字,属于大篆体系,是在当时六国古文的基础上,经过艺术加工提炼的产物。古篆笔画圆曲婉转,区别于钟鼎文的严谨刻板,力求以顺畅的笔画表现其中的象形意味,富有动感和节奏感。正因为如此,才形成了战国时代玺印文字书法的艺术个性,精美典雅、疏放有度,就一国而言是独具一格,就总的来说又丰富多彩。

战国玺印文字的结字效果奇丽无比,富于变化,富于精巧生动的造型和多姿多彩的体势,有些文字的结构特征虽有悖于文字的统一,但从艺术角度而言,却令人爱不释手,产生许多美的遐思。

战国时期的文字因地域相异,其差异程度随着历史的发展而逐步加深,不同地域的风格面貌越到后来差异越大。战国时期不同地域文字的相异之处,不只在于文字的笔画书写方面,关键还在于文字的结构方面。

在此,赏析一方战国时代玺印文字书法作品——《日庚都萃车马》印文,以见战国时期玺印书法艺术之一斑。该玺印作品整体境界空灵和隽永,文字布局开张,线条流畅而富于韵律,字形结构优美动人。虽然其制作者可能只是当时的一个制印工匠而已,但其自然生动之韵,基于创造者不是刻意追求,而是在一种无待的心境条件下的信手发挥而已;再加上铜质印材的自然风化给人以沧桑的基调,使得我们从作品中似乎感受到了两千多年前那幅车马出行,在旌旗陪伴中滚滚而来的抽象图画。也许正是这个原因,对于现代的篆刻欣赏者来讲,似乎感受到更多的是反映在作品身上的"现代气息"以及豪放与浪漫情怀。我们现在欣赏这幅作品的这些感受,恐怕是当时的

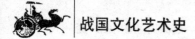

创作者始料未及的。

2. 战国玺印文字的字形变化

表现在战国玺印中的文字,除了正常的文字形体结构之外,文字结构的变异和笔画的增减,有如下几个方面的趋势:

(1)简化法

战国玺印文字简化的方式,多种多样。省略笔画,如吉语玺"宜有千万"的"宜",省略了"且"部腹中的一画。省略部首,如齐系官玺"右攻师玺"的"师",省略了"自"部。省略部首的方式,还被用于合文,如晋系玺"掀司工"中的"司工",上下合文,"司"的"口"部被省略。简缩文字的某一部分,用某一符号替代,如单字吉语玺"昌",上部的"曰"缩减为一短横画。简缩文字某一部首的相同构件,如晋系私玺"高欧"的"欧",将"区"部的三个"口"简缩成了一个"口"。借用平行的相邻笔画,如齐系官玺"平阳司司马玺"的前一个"司"的上横画借用了相邻的在它上面的一横画,不只减少了笔画数,也使前后两个"司"字在写法上有所变化。借用多为平行的相邻笔画的简化方式,如晋系私玺"马师休"的"马师","马"字最下方的横画被"师"字借用。

(2)繁化法

在汉字发展史上,春秋战国时期曾经出现过繁化文字的高潮,这就是所谓的文字学上"籀文"阶段。战国玺印文字中一些字也使用了繁化法,形成原因固然有其社会历史的原因,也使得文字书写和释读增加了相应的难度,但其中有些则是在客观上起到了美化文字结构的作用。

战国玺印文字的繁化方式,大致可以分为三类:其一,在原来文字构造的基础上进行重复构件,在战国玺印文字中可见到整体重复和部首重复两种。如楚官玺"童其□玺"的"其"、燕私玺"文疾"的"文",都用了整体重复的繁化方式。私玺"彊泪"的"泪""□骨臣"的"骨",都用了部首重复的方式,前者重复"目"部,后者重复"骨"之上部。其二,增添部首,比如有些文字增"邑"部,齐系私玺"秦冬"中的"秦"(鄵)、齐系私玺"朱邦信玺"的"朱"(邾)、燕私玺"齐君水"的"齐"(鄼)、晋系私玺"鲁安"的"鲁"(鄯)。其三,增加笔画,主要是用于装饰目的,这方面的可举之例,不胜枚举,有的只加一画,有的加两画,所加部位不尽相同。

(3)部首混用

在古文字中,一些形体结构接近的往往可以相互替代。战国文字中这种情况也大量存在,此时的部首混用,不但存在着固定搭配,而且不同地域有着不同的搭配,已经约定俗成。这种情况,在战国玺印文字中可以清楚地看到。

比如部首"日"与"口"被配对混用。楚私玺"下田喜"的"喜"字以"日"代"口";燕私玺"高共"的"高"字以也以"日"替"口"。部首"木"与"禾"可以混用,多见于三晋地区的玺印文字中。部首"人"和"弓"可以配对混用,流行于燕和三晋地区。例不再举。

(4)结构变形

结构变形是指通过移动汉字部首位置等方法,使文字的结构发生变化,从而导致字的形貌也相应变化。战国文字极尽结构变形之能事,玺印文字所表现的情况尤其如此。

部首横向右移,即把通常置于字左侧的部首移置在字的右侧,在战国玺印文字中最为常见。如晋系私玺"吴佗"的"佗"字的"人"部。部首横向左移,如燕私玺"刑章"的"刑"字的"刀"部。部首竖向上移的方式,如齐系官玺"右攻师玺"的"攻"字的"工"部。部首竖向下移的方式,如楚系私玺"恒"的"心"部。此外,文字结构变形的方法,还包括偏旁部首的转向、文字整体转向、部首的穿插移位、偏旁构件的转向和整个文字的转向等。兹不一一举例。

(5)合文

在早期汉字的书写过程中,有一种将两个字或三个字组合成一体的现象,就是合文。合文早在殷商甲骨文中就开始出现。战国玺印文字中的合文数量很多,大致可以被归纳为三类:两个字上下相合为一体,两个字左右相合为一体,两个字嵌合成为一体。

战国玺印文字合文的表示方式可以分为两大类。第一类,在相合的文字下不用任何指示性的标记,如"上官黑""明上"等。第二类,在相合文字的下方、右侧、中腹部、右下侧或左下侧的某一处,加上一个"＝"形的符号,进行专门提示。如"乘马余子"在"乘马"和"余子"合文的右下侧均加"＝"形提示符号。

战国玺印文字合文不但被战国印人用在不同的私印中,有时还被用在同一方官印中。比如晋系官玺"左邑发弩"中的合文,"左邑"两字左右相合,右下用"＝"形符号加以提示,"发弩"两字上下嵌合,就不用"＝"形符号提

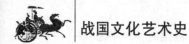

示了。

3. 战国玺印文字的章法安排

玺印文字的章法安排,主要是指其文字布白和款式设计等,这涉及印面形状、置字布排、框格装饰等方面的形式,布字、虚实方面的风格,字与字之间、字与边之间的处理情况。各方面不同的变化,经不同的组合,能使印面产生不同的面貌。

战国时代玺印作为一种篆刻艺术的最早形式,在章法布局上非常讲究,有许多范式和法则,但又都比较自由,既空灵奇异,又变

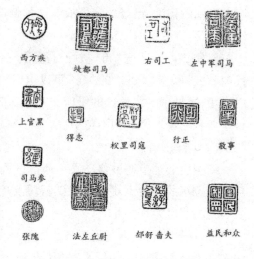

图 2 - 9　战国玺印文字书法

化多端,既古朴典雅,又情趣盎然,不像后来的秦玺汉印那样有严格的规矩和整齐的框架,有着特殊风貌,与秦汉印章各有情趣,有极高的艺术审美价值。

(1)战国玺印的印面形状

印面形状是玺印布局的一个重要部分。在通常情况下,印面的形状使印语只能按设定之形进行布排,使印语的布排形式被限制在一定的范围之内。印面形状有方形印面、长方形印面、圆形印面、扁圆形印面、椭圆形印面、棱形印面、觯形印面、凸字形印面、心形印面、联珠形印面、八角形印面等,还有一些不规则形状的印面等。

(2)战国玺印的布字形式

布字就是布排印面文字,在印面中为每一个玺印文字安排位置。两个字以上的印语,用同一种形状的印面分行布排,可布排出多种形式。一般来讲,字多分行是有两种方法:一种是按文字内容顺序断行,一种是按章法疏密之需断行。这两种方法,在战国时期早已完全成熟,在官私玺印中广泛使用。

字际形式,即字与字之间在纵向和横向的排列位置关系,即相当于后世书法的字与字之间的映带关系。战国玺印大多字数很少,然而在字际方面

却有多种形式,计有:整齐式、错综式、疏朗式、紧凑式、挪让式、伸缩式、镶合式、穿插式、求异式等。

字边形式,即玺印文字与边框在布局方面的位置关系,相当于后世书法的行际关系。文字与边框之间,在布排上有了不同的形式,玺印整体布局的面貌和美感也就随之变化和不同。在战国玺印的布局中,文字与边框之间的布排,计有疏朗式、紧凑式、互相独立式、连边式、粘边式、借边式等。

虚实关系,即印面有文字的实处和没有文字处的空白之间的位置关系。虚与实在玺印布局中的变化,表现为印面黑白(实际上是"朱白")密度比例方面的变化,这种合理而有意味的变化,能使玺印章法布局产生美感。虚和实相互依存,相互衬托,相互制约,相辅相成,具有同样重要的地位。战国玺印虚实变化,可归纳为匀称、对比、对称和呼应四种形式。

(3)战国玺印的装饰形式

书法艺术有所谓外表装饰,而在战国玺印艺术中也有这样的美化装饰。这包括对玺印文字的外围、字里行间和一角或底面进行美化装饰,这在战国玺印中有充分的反映和成熟的套路。

战国玺印的装饰形式包括:一、素边,即不做任何花纹修饰的玺印边框就是素边,包括单边和复边两类,边框的粗细也有不同变化。二、纹边,即有花纹装饰的玺印边框,也包括单边和复边。单边类纹边,只用一个边框,边框较粗,花纹被嵌在边框中,非常罕见。如阳文圆形单字玺"生",粗边,阳式边框中镶嵌了一颗颗阴式的小圆珠。棱形边框,内用方形边框,内边框的四角与外边框的线条相抵,两边框间呈三角形的空处嵌饰花纹。如阴文玺"羊这"即是如此。三、栏格,是在玺印文字之中用布排竖行的界线,限制文字的延伸范围和方向,限制竖行的宽度,使每一竖行的字能排直,使行与行之间的距离能相等。使用栏布局的战国玺印多为阴文形式。在战国玺印中,栏格的使用形式不限于一栏一格,也有使用两栏的。有所谓"日字格""田字格"等。使用了栏格布局之后,印面的整体有整齐、庄重、稳实等效果。四、饰图像,即印面中既有文字又有肖形图像,尽管为数很少,却形成了特别的一类。这类战国玺印多是姓名玺,所用的肖形图像,有麟、龙、虎、马、朱雀等数种,有用一种图像的,有用两种图像的。

(4)玺印文字的阴阳相间

战国玺印中有将阴文和阳文合用于同一玺面的情况。玺面皆被分为左右两半,一半布排阴文,另一半布排阳文。阴文区的近玺边处使用阴式边框,阳文区使用阳式边框。如"王章倚""公孙生□"。战国时期玺文作阴阳相间形式的玺印,数量非常少,都是姓名玺,且都出自燕国印人之手。

阴文和阳文被共同使用时,阴衬托着阳,阳衬托着阴,阴阳之间就形成了强烈的对比,产生了浓重的装饰效果。阴文和阳文被结合使用,无疑也就成了一种装饰之法。

4.战国玺印文字的笔法特征

因为玺印文字是镌刻或熔铸等方法制造出来的,所以其文字的笔法特征,主要取决于这些文字的制作方法,即其刀法和铸法。

在制作玺印时,战国印人根据不同材料的不同特性,采用了不同的制法,计有刻、铸、凿、琢等不同的技法。用不同技法制作的玺印,其文字笔画线条就有不同的艺术效果。

(1)刻制玺印文字的刀法

刻制是一种直接用刀具镌刻出玺印文字或其他内容的方法,一般是在玉石材质的玺印质料上使用,包括刻阴文法和刻阳文法。以刀为笔,行刀如写。如用冲刀法运刀的技巧有两种。其一,刀刃面紧贴笔画的边口行刀,刻出的线条非常光洁;其二,刀刃面在笔画的中间行刀,刻出的线条斑驳古莽。刻制玺印文字的笔画,直线劲挺,曲线逸肆,笔笔痛快,无不蕴藏着一股灵气;线条粗细相间,真率有韵,潇洒飞动,活泼自然,充满生气,毫不牵强滞板,刀笔间散露出些许天趣。

(2)铸制玺印文字的刀法

铸制玺印所用的模具,都是直接用刀具刻出的,所以铸制玺印文字也能间接反映刀法。模具中用刀的细微之处在质地的转换中即使微有遁失,却不会明显地走样,不伤大局,更无碍于我们对战国印人用刀技巧的探索。凡是战国的铸制玺印,都是用冲刀法刻成的。不同区域使用冲刀法时侧重角度是有所不同的,各有特点和长处。燕国玺印用刀,工放俱重;齐系玺印用刀,尤擅写意,粗细相间,于拙重朴实中寻天趣;楚印小玺用刀,字如粟粒运刀尚能稳健活泼,曲直自如,精细之处毫厘不爽,如出鬼斧神工,其用刀之精与稳无出其右者;晋系印人,偏好阳文形式,于阳文玺的用刀也就颇见功夫;秦国地区玺印,用刀技法也入上乘,精彩之处多见。

（3）凿制玺印文字的刀法

凿制，是制作金属玺印的一种方法，即直接用锋利的薄刃刀具在预制的金属印坯上击凿出文字。战国凿制玺印都是阴文形式。

战国时期不同地区凿制手法有些差异，燕国凿制玺文，果断率真，笔画任其粗细相间，不加修饰，直线方丽而坚挺，曲线圆秀而强劲，所成颇多辛辣明快之趣。齐系地区凿制玺文，有的瘦硬清寒，有的苍遒简率。楚印最擅侧锋削凿，所成线条流美遒逸，文字笔笔有飞动之势，形神俱佳，堪称战国时期这一领域中的执牛耳者。秦国官私印阴文文字也以凿制法为主，注重篆意，文字质朴，凿法多取朴茂一路，线条活泼自然，平中寓奇，静中蕴动，直勿滞板，曲不油滑，欹正之间时见天趣，代表了战国时期该治印领域的最高水平，还被后之印人取法。

（4）琢制玺印文字的刀法

琢制的方法，是用钝错等非刀具性工具琢磨整治。琢制玺印印材，一般为玉印，盖玉印材质硬脆，只能使用琢制之法。战国的玉玺印，大多制作得很精美。

玉质玺印文字，笔画不论挺直、婀娜、粗细，都以琢磨而成。玉玺琢制文字，多为阴文样式。不同地域的玉玺印，文字皆作瘦劲之态，笔画首尾多略带尖状，颇具爽利明快之感，因文字各具地域特点而风貌相异。其中楚国玉玺，数量最多，小而精整，婉丽遒媚、活泼可人的程度绝非当时其他区域的玉玺可及。

（四）战国货币文字书法

1. 战国货币文字的形体特征

战国货币文字是中国文字发展演变过程中的一环，与同时代的玺印、陶文、石刻、盟书、竹简等文字一样，具有较浓的时代特色。又因其与玺印等一样，受到某些条件的影响和限制，文字构形又具有某些自身的特点。如因受书写范围的局限，难以记述较多的文字内容；同种文字的货币，因铸行量大，铸地不一，出现种种不同的写法，千姿百态；甚至同一地名（同名异地）分属不同国家（如"安阳""平阳"等），或本只一地而先后归属不同（如秦与三晋及三晋之间相互争夺的地带）。种种复杂交错的情况更增加了研究战国货币的困难。

在此,根据学术界的研究成果,对战国货币文字中的某些现象进行总结或归纳整理,或许对进一步认识战国货币文字结构的时代特征有其积极意义。①

形体简省。这包括:省单笔复笔例,比如"京"字,帚(《货系》387)、帚(《货系》388);省声符例,比如"阴"字,阹(《货系》824)、阝(《货系》875);省形符例,比如"城"字,早(《货系》1079)、罕、宇、早、由(《货系》1086、1090、1091、《三晋货币》55)。

文字变形。这包括:1. 变凵、▽、日、θ等为△、O形例,比如"向"字,帛(《古钱大辞典》649)、帛(《货系》366、《古钱大辞典》650、651);变斜笔弯笔为直笔例,比如"坪"字,罕(郑韩故城出土铜戈)、垞(《货系》2331);偏旁移位例,比如"郢"字,郢(《货系》1495)、郢、郢(《货系》1514、1519);改变形体结构例,比如"安"字,閂(《货系》2138)、俞、俞、宫(《货系》2139、2144、2145、《货系》664)。

借笔。这包括:公用笔画例,比如"都"字,都(《货系》1554)、都、都、都(《货系》1562、1561、《古钱新典》54);借用货币边线、中线、裆线例,比如"块安","块"字上部借用右边边线;又如"安阳","阳"字借用了左边边线;齐圜钱"贝地","地"字土旁竖笔借用中线;齐刀背文"昌",其形左部借用刀之背线;等等。

笔画穿出与收缩。这包括:穿出例,比如"王"字,王(《三晋货币》124)、丰(《货系》847);收缩例,比如"土"字,土(《古币文编》12)、工(《古币文编》13)。

增笔、重形、合书。比如"大"字,木(《货系》862)、木(《货系》874);等等。

另外,在战国货币文字中,还有少数异体、声化及较多倒书例,兹不一一赘述。

2. 战国货币文字的书法特征

战国时期布币上的文字简单,往往是一到两个字,如"商""鬲""安阳""东周""离石"等地域名,文字一般多直笔少圆笔,质朴雄浑。之后文字逐渐

---

① 黄锡全:《先秦货币文字形体特征举例》,《于省吾教授百年诞辰纪念文集》,吉林大学出版社1996年版,第198—204页。

增多至五六个字,如"梁正尚金尚爰",圆笔增加了文字和构图的生气,意趣盎然,让人看后更加爱不释手。

它们都是先阴刻在钱范上,再阳文铸现于布的表面,无论目验手触,异常鲜明,与当时部分阴凹下的铜器铭文不相类,具有自身的风格,往往是刀锋刻镌文字的反向凸现,爽利干脆,也有小部分修为圆弧笔画。

特别是几种布币,已经是书法艺术的觉醒,主要表现在两个方面:一是文字结构更加完美,具有结字构架之美;二是在有限的空间内,安排的错落有致,具有空间章法之美。表明古人不仅有平面构图的扩张力,而且上升到空间的想象力,已经有了整体审美意识,具有划时代的意义。

3.战国货币文字的地域书风

三晋布币文字书法,总的文字书法风格较为统一,但也各有一些特点。韩国布币面文主要有地名或地名加币值等内容,文字瘦劲,笔画增损现象严重,章法比较随意。赵国布币面文风格与韩布相类似,笔画多弯曲,有的三孔布字体似受秦地文字影响,章法既有比较任意者,也有比较严整者。魏国布币文字笔画较粗,增损现象严重,直、弧笔画结构不很自然,铭文多达六七个字,章法除有的类似韩、赵布币外,魏布币有自己明显的特色,文字大小、繁简不一,随布就形,穿插挪让,显得稚拙。

从书法角度看,齐莒刀币的文字特征是字体开张,笔画瘦硬,结字质朴明快雄浑,体势开阔,特别是它的横画平直得近乎夸张,细细品味,有大气、大度韵味。虽文字大小、疏密不同,但章法严谨。一般地说,齐早期刀以厚大精美著称,晚期则大多趋于粗简,铭文亦由华美趋于粗简质朴。其他如尖首刀、明字刀、钝首刀的文字都较少,从书法角度看特色较少。从总体上说,由于刀币形制的制约,空间想象力受阻,因此此刀币文字书法表现较后期布币稍逊一筹。燕国刀币文字,尖刀币面文主要为纪数或干支等,背文或正、或横、或倒,笔画弯曲,文字古拙;明刀币文字圆浑,小而整饬,章法宽博裕如,与三晋布币文字风格不相类。

战国时期圜钱文字,皆属篆书,随范刻就,不刻意追求艺术效果,显得明快质朴。从书法角度看,圜币的单个文字特征是结构趋于规范,多个文字的特征是围绕圆心,随范变化,表现了古人在图形分布上的智慧。具体到秦"半两"钱,据说是丞相李斯所创,使用秦国统一的小篆文字,布局严谨,笔画方折,雅卓刚健,一扫书法上的繁复冗赘之气,结体凝重,端庄飘逸,骨气丰匀,方圆绝妙。

楚国货币文字中的蚁鼻钱铭文,是战国货币文字中少有的铸出的阴文字,风格与当时较整饬的金文相类似。楚金版多钤有方形的阴文印记,文字排列整齐,字口清晰,深度均匀。金版背面或有记重刻划,字体疾浅,章法零乱。楚国也有布币,有大小两种,字体修长,皆悬针篆,文字竖列,字距大,列距小,章法很规整。

4.战国货币文字的南北分派

在此基础上,战国时期的货币可据文化体系不同而大致分为以楚国为代表的长江流域和以北方诸国为代表的黄河流域两个体系,而货币文字是其中的基本元素符号与重要表征。楚国与黄河流域诸国金属币上的文字,在字体结构与制作方法两方面均有自己的特色。

首先在制作方法上的不同,表现为"阴""阳"文的各异。楚系货币上有许多文字,其中以"巽""郢爯""陈爯"等字为最多。金币上的文字是用印钤打上去的,因此文字呈阴文。贝币上的文字是与币身一起范铸而成的,因此也是阴文。

而黄河流域的北方各国铜币上的文字是使用铸造法制成的,所以皆作阳文。楚国特种铜币,如镈(铲、钱)形"当斩"币,币文是阳文,显然受黄河流域币制的影响。

其次,是受到了两地传统文字风格不同的影响。据学者研究,战国文字在形体上"分为二派,北方以齐为中心,南方以楚为中心"。"齐书整齐而楚书流丽,整齐者流为精严,而流丽者则至于奇诡而不可复识。"①也有学者认为,楚国货币文字与黄河流域各国货币文字分别属于战国时期汉字的两个体系。战国时期的篆文分为虫篆与鸟篆。楚国文字属鸟篆,黄河流域各国文字属虫篆。②

这种整齐精严与流丽奇诡,正是齐、韩等黄河流域国家货币文字与长江流域的楚系货币文字字形结构的不同风格。整齐精严的北方战国货币文字,大都容易释读;而流丽奇诡的楚国货币文字则非常难识。正因为如此,

---

① 胡小石:《古文变迁论》,《胡小石论文集》,上海古籍出版社1982年版,第171页。
② 荆璞:《神将化合,变出无方——楚国的书法艺术》;李倩:《楚国的语言与文字》,《理论月刊》1992年第5期。

在先秦时期的金属货币文字中,楚币上的字最难辨识,未能隶定的字最多,争论最多,且时间最长。

楚国货币文字与黄河流域各国货币文字的不同,不仅表现在其制作方法的不同,同时也有两地对历史文化继承方面的差异。楚国货币文字,在很大程度上继承了楚系青铜器铭文的传统风格而多有改造,即与东周以来的南系金文风格相承。尤其是楚国的布币文字,其造型颀长秀美,飘逸洒脱,颇得南系金文中玉柱体风格和鸟虫书韵味,有刻意求工的倾向。

而北方货币文字的特点,则是在继承了北方青铜器铭文的传统风格之同时,也吸收了大量的北方战国文字的一些文字特征。

但是细分起来,北方货币文字也因地域和国度的不同,而有了各自相对独立的风格和发展趋向。例如,相比而言,三晋之国韩、赵、魏的战国货币文字,颇能代表与楚系货币文字相对的典型风格,即整齐精严。而其他各国的情况则稍有差异,比如,东、西周的圜钱,字形潦草粗犷,反映了东周王室小朝廷在大国林立、战争频仍的局势下一厥不振的颓风;秦国圆角布币,造型简括,字形端正清爽,则体现了秦国明快古朴、唯实尚用的民族作风;齐国的刀币,字形呈扁平状,于平淡无奇中显示着经济强国的繁荣;等等。

总之,战国货币文字的构图和书体的形式,与战国玺印文字一样,手法同出一辙,也有阴阳之分,也有铸刻之别,构成了独具特色的战国货币文字书法样式。战国货币文字的造型艺术,对后世的工艺美术构图和印章篆刻创作都深具影响。

(五)战国玉石文字书法

将文字镌刻于石,大约兴盛于秦始皇刻石纪功之后,从此大开树碑立传、勒名铭功的风气,有了一定的碑碣制度。而在先秦时代,在坚硬的玉石上刻划文字,比在其他质地的器物上要困难得多。商周金文的盛行,有赖于制范的质材都是泥木质的坯胎,既便于书写,也便于镌刻,也易得墨书的神韵。石刻文字则不然。然而到了战国时期,高超的刻工技艺和此时铁工具的广泛运用,则保证了玉石文字书法的可能。

战国玉石文书,是指战国时期镌刻或书写在玉石质料载体上的文书,其中包括盟书文字、刻石文字、玉器铭文等文字。战国玉石文字虽然数量不多,但也颇具特色,其独特的文字造型和艺术风韵为后世书法留下了珍贵的法书真迹。

1.石鼓文的书法艺术

(1)石鼓文的书法艺术价值

战国时期石刻文字书法艺术的最高成就,莫过于石鼓文。石鼓文被发现后,一直受到学术界和书法界的高度重视。唐代大文学家韩愈在《石鼓歌》中称颂其书体、笔画、结构之美:"鸾翔凤翥众仙下,珊瑚碧树交枝柯。"唐代大书论家张怀瓘在《书断》中激赏:"体象卓然,殊今异古;落落珠玉,飘飘缨组;苍颉之嗣,小篆之祖;以名称书,遗迹石鼓。""楷隶高曾,字书渊薮。"杜甫、韦应物、苏轼、赵宦先、康有为均盛赞《石鼓文》的高妙。唐宋以下学篆者,无不推崇,近代吴昌硕更从《石鼓文》获益良多,终成一代大师。

(2)石鼓文的书法艺术特征

由于石鼓文是先在相对平整的鼓形石面上书写,然后再刻,比起钟鼎铭文的范铸来得简单,避免了钟鼎器形多面弧度的局限性,更能真实地保存书写笔意,故《石鼓文》显得分布均匀,结体严谨,笔意浓厚,笔力遒劲。加之由于刻石完成以后长期置于荒野,风吹日晒,部分剥落,更使《石鼓文》显得气息醇古,朴茂自然。

石鼓文字在字势上略取长方,结构上多取平行线,排列装饰,线条圆润,的确是秦代小篆的前身特征。文字结构在对称为美的大原则下,又常

图2-10 石鼓文书法

将右边偏旁靠下,而将左边笔画上提。这种参差之美,正是作者有意在总体的稳重格局中,造成一种打破呆板、平衡的动势,赋予字形一种活力。这一点,很早就被唐代书法理论家张怀瓘敏锐地注意到,他在其《书断》中这样评价石鼓文的审美特色:"乃开阖古文,畅其戚锐。但折直劲迅,有如镂铁;而端姿旁逸,又婉润焉。"可谓深得石鼓文字美质所在。

总之,石鼓文的书法艺术,文字形体端庄,笔画均匀凝重,体势沉静含蓄,内美不掩外妍,富于古雅秀韵。

2.《诅楚文》的书法艺术

(1)《诅楚文》的文字特征

今存"绛帖本"《诅楚文》拓本,是经过历代辗转翻刻的翻拓本,即使这样的一个原味尽失的翻拓本,至今也不可能全部看到了。《中国书法全集》中选有三个本子,既然翻刻纷纷,那么无疑真假难辨。

《诅楚文》作为战国时期秦楚交战时秦国诅咒楚国的一篇檄文,应该说其文字与石鼓文一样,同样是由金文向小篆的过渡性书体,在书法史上有着承前启后的作用。《诅楚文》字体结构也与石鼓文一样,文字结构方正,笔画安排匀称,线条光洁劲挺,当是石鼓文书体的承续。

(2)《诅楚文》的书法艺术特征

但与石鼓文相比,《诅楚文》在风格上更接近于秦始皇统一书体之小篆。二者不同的是:从结体上看,石鼓文方正匀称,舒展大方,尚属篆系文字由大篆而小篆之过渡中书体;而《诅楚文》则端庄平稳,匀停之至,已初具小篆风范。从用笔上看,石鼓文笔意厚重饱满,《诅楚文》则圆劲匀称。从线条上看,前者古茂凝朴;后者则宛转流畅。《诅楚文》有些笔画有明显粗细变化,收锋处颇见尖细,比石鼓文更多了书写文字的痕迹。凡此种种,都说明了诅楚文在文字书体的发展史上,要晚于石鼓文,或者说在文字书体演进史上要比石鼓文后来居上。

《诅楚文》文字的基本特征宣告世人,这是汉字书体形态由大篆向小篆渐进的一个重要标志,它标志着一种新时代的书体——小篆的即将诞生。因此,我们可以从《诅楚文》中看出秦系字体从金文演变到小篆的过程和它们的变化规律,《诅楚文》对于研究秦系文字书法以及古文字演变轨迹,都有其较高参考价值。

3.晋系战国玉石文字书法

(1)三晋盟书文字的字形特征

以往的书法史研究中,忽视对东周盟书文字书法的探究。侯马盟书和温县盟书,不仅是反映三晋历史的地下出土文献材料,也是中国早期盟书类文献的典型代表,更是我国目前所发现的古代文字中,用毛笔书写而篇章完整的古人手书真迹。其文字书法艺术价值,自当无与伦比。

盟书文字的时代,晚于甲骨文,与晚周金文时代大体相同,盟书文字书法与同时代的金文等文字书体明显不同,东周盟书由于新载体、新工具的使用,没有了范铸铭文的呆板,而书写感很强,增加墨笔文字书写的风韵,其点画形态更为真切,已有竖、撇、捺等多种笔画。毛笔书写在甲骨文中已见端倪,后来的青铜铭文也多为毛笔写好制范铸造或契刻的。但契刻和铸造的再加工使毛笔笔意受到了影响,盟书则保留了先秦书法完整的笔墨文字书写的原本面貌。

盟书的字形与《魏正始三体石经》上的古文、宋代郭忠恕《汉简》一书集录的字形相似。其字体即所谓"蝌蚪文",亦即王国维所说"东方古文"。它是对商周手写体墨迹的继承和发展,是春秋时期一个重要的书法现象,是中国书法史上与甲骨文、金文这一发展线索并存,并互有影响的手写体发展体系。

盟书文字的一个重要特征即是易篆书的纵势为隶书的横势,这一点在侯马盟书、温县盟书中即已现端倪,至后来的秦、楚简帛书中,这一趋势性的变化尤为明显。盟书已出现了"前所未有的藏头露尾、有轻有重、有肥有瘦的新型笔画,例如撇、捺笔画的出现,大大简化了篆引缠绕的笔法,改变了笔画的基本走向,由上下运转变成左右舒展,从而使篆书的扭结得以解放,使字势由二维向着四维空间扩张,形成八面来风之势"。所以有学者明确指出:"东周盟书宜为隶变之滥觞。"①

（2）晋系盟书文字的书法艺术

与简牍文字相同,此时的晋系盟书也用毛笔书写而成,不过文字载体是玉片或石片,玉石片大多呈圭形即上尖下平形状,也有长方形、圆形及不规则形的。盟书文字所用笔墨有的呈朱红色,可能用血写成,少数为墨色。

盟书文字另一个重要特点,就是多异体字。文字形态多变,一字多形,随意增减笔画或偏旁,并有大量简化字和合写字。如侯马盟书中一个"嘉"字就有上百种写法,"敢"字写法有90余种。仅晋国一家即如此,六国文字之乱可以想见。但乱也有乱的好处,在审美构成上显示了多样性和丰富性。

盟书上的文字,从运笔上看,它是用一种弹性很强的毛笔写成,起笔凝重,行笔迅疾,收笔出锋,呈提挑之势,估计写字的速度较快;笔画起笔见方,中肥末锐,笔锋显露;用笔粗细有致,有轻有重,劲利爽快,率意自然;文字结体方圆,保持圆势,内部舒展,着意润饰,多有趣味;整篇章法安排,行款整齐,大小参差,气韵高古,生动流畅。因书法的方式是用有弹性的毛笔写在硬质的石料上,所以线条富有力度和动势美。这些盟书文字均出自当时的诅祝人们之手,而不是一个人的手笔。甚至同一玉片上的文字行次比较规整而大小很不一致,比较自由。其书法风格或严谨,或纵放,或静穆,或飞动,风格多样,又兼文字异体众多,既熟练奔放,又古意盎然,给人以轻快、自由的感觉,显示了书者雄厚的笔力功底。

其中侯马盟书的盟誓文辞用血书写成,诅咒和卜筮用墨书就。文字风格、结构与春秋时期晋国铜器《栾书缶》《晋公镈》铭文有相似之处,而其笔法与战国楚之帛书、信阳简书亦有相通之理,但是略具浑厚风格,较少雕琢之气,用笔熟练,有的纤巧,字迹小到0.2厘米,但是笔锋仍然非常清晰,颇似后世的蝇头小楷;有的洒脱,自然天成。

温县盟书文字与侯马盟书文字,在书写风格和用字习惯上大抵相似。其中有两片正面书写未完、在背面继续书写者。不同玉石上的盟书文字书写风格也颇不相同,或大而雄奇,或纤细工整。

总之,温县盟书与侯马盟书年代相近,盟书内容和盟书形制相似或相同,盟书所反映的历史背景相同,它们之间具有密切的关系。侯马盟书、温县盟书的书法,是古代先民创造的精美艺术品,是晋文化发展到一定阶段的必然产物,也是中国古代书法艺术中的一枝奇葩。

4. 中山国玉石文字书法

正像中山国的青铜器铭文与众不同一样,中山国文字体系在玉石材质上也充分体现了与他国不同的书法美质。在这里,主要介绍一下属于战国时期中山国文字体系的玉刻行气铭文和守丘刻石铭文。

(1)玉刻行气铭文书法

玉刻行气铭因为是刻在玉器上,内容极为重要,是战国玉石文字最重要的资料之一。铭文字数虽少,其文字学、书法学价值却不可忽视。例如铭文中的古文奇字,丰富了人们对战国时期古文字的认识。

关于玉刻行气铭虽然还有许多未解之谜,但这并不妨碍我们就其文字形构来进行书法因素的讨论。

玉刻行气铭中最值得注意的是有11个重复的"则"字,而大量的先秦篆系金文、刻石以至秦代刻石中,大多都是将其贝字旁作"鼎"(小篆形体),只有古隶简牍中与行气铭近同,作"贝"(小篆形体)。由此可见,行气铭可能受简牍书法的影响,对不少字形已作简化。

但其文字构形规旋矩折,同秦、楚、齐、晋、燕等书体皆存差异,惟韩国䣄羌钟、平山三器中山鼎、壶铭文除构形修长之外,与它基本类同或略异,铭文风格接近。[①] 经过仔细审析比较,发现它们之中字形相同、略见小异的有"明、长、天、地"等字;完全相同或与鼎、壶其一完全相同的,有"行、下、其、在、逆、死"等字。这就是说,行气铭36个单字,除过11个重复的"则"字外,其余25

图2-11　行气玉铭书法

个字中,就有将近一半与中山鼎、壶铭文完全相同或存小异。仅此而论,行气铭可能属于中山国书迹。

这件玉刻行气铭文字,就其书法艺术而言,虽非重要作品,但就其风格特色论,却有着与众不同的风范。它结体"规旋矩折",整饬工丽,疏朗坦荡,具有变化;用笔上以方呈强,方圆并用;线条瘦细刚健,气通神达,微见蝌蚪笔意,诸此种种,当为其特点所在。尤其对书体较大程度的简化和它兼蓄中山、楚、齐多系书风的特色,不愧是战国晚期的不朽杰作。

(2)中山国守丘刻石及玉片文字书法

中山国刻石文字书法除了行气铭之外,还应该提到中山王陵的守丘刻石。

很显然,刻石字体古朴简约,非王室史官所书,系下层能书者的手迹。石铭文字结体宽博,欹侧随意,有欠工整,且有简化;线条平直,直率质朴,略带草意;书刻率意自然,不加修饰夸张,章法也较随意。这可能就是当时中山国的通俗书法,与中山王鼎、壶上的金文书体迥异,可见书法史上确实存在"一国两制"的现象。与上文所述擂鼓墩曾侯乙墓出现的书法现象有异曲同工之妙,实在耐人寻味。从该刻石显得古拙凝稚的线条运行中,也完全能够揣测出当时中山国不同阶层文化的结构和中山文字书法两条发展递变的轨迹。

5. 楚系石刻文字书法

在楚系文字材料中,目前发现的属于战国刻石书迹,一是出土于曾侯乙

---

① 何琳仪:《战国文字通论》,第141页。

墓的曾国石磬铭文,二是传世的岣嵝碑刻石。这些石刻文字作品,为我们展现了战国时期楚系书法的别种样式。

(1)曾国石磬铭文字书法

曾国石磬铭文,字体大小不一,大者雄强宽博,小者秀丽端庄,分具朴拙、散逸、恣肆、端正等多种风格。这种情况表明,铭义并非出自一人之手,而是多个下层知识分子的手笔,故而了无贵族化痕迹。石磬铭文的书体与楚国竹简、帛书相似,是一种简易的实用体,但它比"急就书"刻得小心认真,字体秀美,线条纤细。文字构形略斜耸并具变化,虽为大篆,却一反常态,往往左低右高又几近分离。结构疏朗跌宕,无规无矩,且单行刻写,大小、方扁、正斜、粗细随遇而安;用笔自如潇洒,笔意迭出。

从其书法之义上讲,曾国石磬铭文犹如一派颇显"过正"的商代帝乙帝辛时期的草写甲骨之相,线条朴拙浑涩,瘦挺劲爽。尤其横画,表现出略上斜拱起之态,微见隶笔之势;而方框则又呈现为楚简帛书之形,可谓古意盎然、新风颇出的"行书"风格,不失为十分有特色之作。

(2)岣嵝碑刻石文字书法

岣嵝碑刻石,颇具诡奇神秘色彩。刻石文字书体当属"蝌蚪书"一类,奇谲诡异,扑朔迷离。曹锦炎引容庚所论,言为春秋战国期间南方流行的特殊书体,多有鸟虫装饰和饰笔羡画,故作盘曲、神秘之态,为东周时期诸侯王室文人所书的供贵族欣赏的美术字书体,亦即《汉书·扬雄列传》《说文》及颜师古等所释"古文之异者"的奇书。

(六)战国陶器文字书法

战国时期的陶器文字,主要分为两种形式,一种是刻陶文字,一种是印陶文字。虽然都属于陶器文字,或简称陶文,但这是两种不同制作方法的文字,因此表现出来的文字效果和书法风格也大不一样。故而在此,我们将分别述论。

1.战国刻陶文字书法

在陶器上刻画一文字,据现有资料证明,时代很早,绝对年代早于河南安阳殷墟出土的甲骨文。譬如像河北藁城台西村商代遗址与江西清江吴城商代遗址出土的陶文,时代均早于殷墟出土的甲骨刻辞,属于商代早期遗存。

但出现刻字陶文字料最多的时代,则是进入了把陶器当作商品进行制作的战国时代。这一时期,由于各国文字不一,风格各异,也影响到了陶书文字的地域性差别。

(1)秦国瓦铭陶书文字书法

秦系书法中有不少瓦铭陶书文字,具有代表性的当属封宗邑瓦铭和陕西咸阳秦都遗址、临潼等地出土的一些陶片残铭。这些秦国瓦铭陶书文字,同样也可以见证秦系文字由大篆向小篆书体演变过渡的痕迹。

秦系书法发展到战国中期时,小篆书体已基本成熟。瓦铭陶书文字直接刻书于载体之上,直线方折,特征突出,促成并造就了小篆书体走向另一种风格化——秦诏版式文字的直线方折,并为汉字隶变寓于秦系文字之中埋下了伏笔。这一特点,发展到战国晚期更为普遍。

能够代表这一趋势的秦国陶器文字,非封宗邑瓦铭莫属。从瓦铭文字构形特征等方面来看,当系民间书手所刻,其浓郁的风格化小篆书体,当视为秦代诏版书体的祖型。书体风格大致与商鞅方升相近,而构形、布白更显自由,欹正横斜,错落有致。泥坯刻书较铜材便易,因而折转处在使刀过程中的强直方势较少,线条圆转流畅,动而多变。这一点,与商鞅方升补刻的秦始皇诏书相似,可谓商鞅方升与诏书之间小篆书体的另一样式。

战国时期的秦国陶片残铭,时有所见。文字构形多介于篆隶之间。如陶片残铭"咸衣"二字,线条质朴,笔画劲挺,直率自然,具有恣肆豪放之态,一见秦系书体风范。残铭系在陶范、陶坯上直接刻写,一任笔(刀)意之性发挥,颇见书刻特色。虽断砖残瓦,人不为意,却可以小见大,颇能窥见战国时期秦系书法演变轨迹之一斑。

(2)齐国陶器刻铭文字书法

战国时期齐系陶器刻铭作风明显,具一定特色。但与此时大量出现的齐系印文陶器相比,数量和规模都远不如齐国印文陶。

战国时期齐系陶器铭刻文字,大多数为一两个字。齐国刻陶文字,分干、湿刻两种,以湿刻为多。官营的刻字较多,内容与署印者相同,其字体颐硕,一气呵成,可谓书法珍品。私营所刻者较少,仅见干刻一种,其有仿刻玺印者,先刻出边栏,再依次刻字,通常字数少而形体小。

其中"齐公"二字堪称代表,文字书刻率意,线条细直,恣肆劲爽,而在左下钤一印文精工、布局规整的3行10字印陶,与刻划书迹形成强烈的对比,造成一种对立统一的风格。另一带框而刻的"公"字,率意自然而不失其度,率动变化而构形合理,书意盎然,气韵生动。

齐国陶器刻文,从字迹观察,线条凝重,字口宽狭适度,运刀圆滑流畅,故笔态遒劲,体势宽博,怒肆狂放,字体秀美。这些齐系陶器铭刻文字,无疑是出自下层陶器工匠之手,但它们却为我们提供了真实的战国时期齐国民间书法的珍贵名迹。

(3)三晋陶器刻铭文字书法

战国时期的三晋地区陶器铭刻文字主要是韩国的遗物。文字数量少,而且内容多为地名、人名等,故其文字书法风格较为简单。

如河南登封阳城遗址发现的韩国刻陶铭文,"中宫""俾""詹宫"等刻陶文字,其字体结构和刻写风格,都与同一时代的青铜器铭文相同。其中"中宫"二字,构形略呈欹斜之势,但又不失结构齐整,用笔(刀)浑劲质朴,线条挺拔犀利,一派古意盎然的三晋遗风。"俾"字多取篆书圆弧线条,但十分恣肆开放,颇见气势;尤其是其中单立人旁的写法,全破篆意,明显是一楷书笔意,自然是文字隶变发生的痕迹。"詹宫"二字,1964 年于河南新郑县郑韩故城发现,刻于陶碗内底,文字形体属于篆构,但又突破篆法,线条遒瘦圆转,字势劲挺开张,既矩且肆,稳中有变。

这些三晋刻陶文字,当是该地区战国初期甚或更早些民间文字使用的痕迹,虽然数量不多,但也足以窥见战国三晋民间书法发展演变的大貌。

2. 战国印陶文字书法

相对于那种使用尖状工具在陶坯上刻划字迹的刻陶文字来说,战国陶文中绝大多数还是印陶文字。所谓印陶文字,是用陶质或青铜质的玺印在陶坯上钤印而成的陶文戳记。由于印陶文字是用事先制好的印玺钤印的戳记,而且考古发现中的许多玺印恰好与陶文析符相合,所以有些学者也把战国印陶文字当作玺印文字的一种来看待。

战国时代各诸侯国印文陶铭也是异彩纷呈,各有特色。不同地区出土的印文陶铭风格虽有不同,但取任何一件战国印文陶铭观察,无不凝聚着古代中国纯朴丰厚的文化传统与当时制造者奇巧秀雅的创新技艺,纯为二者结合的新产物,它与先秦古玺有诸多相同之处,彼此同功而异曲。

(1)齐国印文陶文字书法

齐国印陶文字比较繁盛,在文字形体、笔画形态、雕刻技艺、戳记形式、行款排列、边框配置等各个方面,无不要求完美而别有情趣。

从外观形式分析,印面多呈正方形、长方形、圆形,个别有做多边形或三角形者。行款多属竖行,或向左,或向右,也有作横行或回环布列的。

印文陶文字形体与金文玺印的风格一致,大都是丰硕修美,这在东周文字分域中,是典型东方齐系文字的风采。齐国印文陶中多异体字,有的变化得与原型几乎面目全非。如"马"字或简省笔画,或作符号化,有的只见马头还看得出其祖型的影子,其余则完全失去了象形的意味。字体或正,或侧,或卧,各逞其态,不拘一格。分阴文和阳文,以阴文居多。戳记字数不一,多者有十数字,一般属四至八字,最少者仅一字。

戳记边框虽属配置,但却是战国印文陶铭之一大特色。由于是压印在陶胚上,所以其文字效果又迥然不同于玺印文字书法艺术,线条粗细不一,润涩杂错,或断或续,虚实相济,尤其是对角呼应,布列和谐,整个印文陶铭精巧自然,美不胜收。

(2)燕国印文陶文字书法

燕国与齐国在战国时代地域接近,文化交流比较频繁,所以两国文化上有许多共性。这种情况也表现在印文陶上,其内容、性质与反映的制度,大略相似。

燕国印文陶文字,印文形式主要有长条和正方形两种,此种长条形的印面颇具特色,其为燕国所仅有,独具特色。比如在辽宁建平县水泉遗址战国文化层中,出土的一块陶片的长条形印文"阳安都王勹鍴"。燕国印文陶铭,豪放自然而少拘谨,笔画粗犷,字体润泽宏放。

(3)秦国印文陶文字书法

秦国印文陶以官营为主,集中于其国都雍城和咸阳及附近地区出土。陶器器类主要为建筑瓦件和随葬陶器。因之而产生出许多形式和内容,则是七国之中,惟秦最显,亦是其突出的特点。

秦国的陶俑、陶马因其用于随葬,其文印所在的位置,俑者在臂或胸或腹或颈或腿部,马则在臀或颈或尾等部位,这样文字既便于观览、校验,亦不致影响雕刻效果,从此角度着眼,其与齐国陶器上陶文所在的位置与器用功能相适应协调的做法是相似的。

秦国印文陶铭以阴文为主,字数较少。以单位为主,主要为人名或地名。秦居西周故土,直接承袭了东周以来的青铜器铭文体系,故秦国印文陶铭也颇具金文余韵,笔画浑厚整饬,布列和谐有致,字迹规范而纯真,与石鼓文、秦公镈相似,同属后来秦篆之母体。

（4）三晋地区印文陶文字书法

属于三晋的韩国印文陶铭文字的体系,与商周以来的金文风格较为接近,而与秦代小篆体系相距较远。文字结构特征明显,大量出现异体字,比如"左"字不从"工"而从"土",有的"仓"字从"广"有的不从"广","廪"字作"亩",偏旁位置比较自由,可以左右或上下互换,甚至有些字体呈倒书状等等。

从文字所表现的流美神韵和书法特征来看,韩国战国印文陶铭文字,总体上比齐国印文陶为精,笔画瘦劲有力,而齐国印文陶则失之肥厚。文字大小不一,错落有致,章法生动活泼,足以代表三晋地区战国印文陶的书法韵致。

图 2 - 12　战国秦印文陶文字书法

总体而言,战国陶文的风格草率,异体、讹体字都比较多,这正是由其书写者及阅读者的身份决定的。

第三章　战国时期的绘画

　　战国时代是中国早期历史上一个重要的社会转型时期。各国相继变法，改革弊政，大大促进了生产力的发展，形成了中国历史上一个空前的经济繁荣、思想争鸣、文化发达的社会局面。在此基础上，绘画艺术也取得了全面而长足的进展。战国时代的绘画艺术已达到相当的高度，这一点不仅文献记载可供查考，而且还有不少绝妙佳品——考古发掘所获的帛画、铜器装饰绘画，以及大量精美的漆画彩绘等展现在我们的眼前。

　　战国绘画的应用范围，较之商、西周时期已有所扩大。战国时代的绘画大致可以分为以下几个门类：帛画、漆画、壁画、青铜器装饰绘画（附金银错、镶嵌及铜镜）、各种器物装饰图案等。除了器物之上的装饰性绘画与纹样之外，还出现了不依附于器物的独幅主题性绘画。绘画的题材也更加广泛，除传统的装饰纹样外，现实生活题材也大量进入绘画。表现手法也更趋成熟，更加多样化，从现存战国绘画实物可以看出，以线条为主要造型手段的中国绘画传统，此时已经形成并达到了很高的水平。绘画艺术风格愈趋丰富多彩，并显现出地域性特点。从文献记载来看，这一时期人们对于绘画艺术自身的一些性质特点也有了较为深入的认识。

一、有关战国绘画艺术的文献记载

　　在中国古代画史和画论之中，关于战国时代的绘画记载，寥若晨星，与这样一个在美术史上极其重要的时代是极不相称的。不过在战国诸子百家的著作里，多多少少也还有一些这方面的记录，虽非专就美术史或绘画技法而言，但在客观上为这一时期的美术史研究提供了极其有利的珍贵资料。

　　其一，《庄子·外篇·田子方》中记载的著名的解衣般礴的故事：

　　宋元君将画图，众史皆至，受揖而立，舐笔和墨，在外者半。有一史后至者,僵僵然不趋,受揖不立,因之舍。公使人视之,则解衣般礴,裸。
君曰:"可矣,是真图画者也。"

这则寓言,记述了宋元君的画史们应召而画的情景,"众史皆至,受揖而立,
舐笔和墨",所有的画史都早早地来了,准备好纸笔,毕恭毕敬地候着传唤。
其中一位画史,"僵僵然不趋",虽然姗姗来迟,但大摇大摆不急不忙;他不像
那些画史一样,态度恭敬,而是"受揖不立";而且他并不与众史一起等候,还
不等召唤,就"因之舍",直接闯入一间供人画画的屋子。此人的特立独行,
自然引起了宋元君的注意,于是"公使人视之",即国王派人悄悄地去看看他
究竟在搞什么名堂,结果看到的一幕令来人大吃一惊,原来这位画师"解衣
般礴,裸",宽衣解带以至于赤身裸体,并且舒展两足,般礴箕坐。听到汇报,
宋元君赞叹道:"这才是真正的艺术家啊!"

可见这是一位性情极其旷达超然的画师,他表现出来的是一种极其放
松无视他人的纯任自然状态,表现出他高度入神忘形的心态,因此被宋元君
称许为真正的画家。这是绘画理论中不厌其烦反复列举的一个经典故事,
常常是为了说明在作画的时候应该保持的一种不受世俗束缚,打破清规戒
律的精神状态。可见当时人们已经能够认识到,绘画创作只有不受拘束,自
然放松,方能进入最佳的绘画状态。

从制度上来说,这一寓言表明了当时宋国或者其他国家已经有了专为
统治者服务的画史,有了所谓后世的宫廷画院的雏形,宫廷画院的画师们被
称之为"史",即有一定职衔和地位的文职官员,而且宫廷画院的画师数量不
在少数,平时由朝廷供养,需要时为国君或朝廷画画。

同时,这则寓言故事也反映出当时画师所处的生活环境和所具的精神
状态。一方面,表明画师地位卑下,作为国君个人或公家朝廷豢养的御用工
具,随时受到最高统治者的差遣和利用。另一方面,又反映出画师希望摆脱
低下的处境和精神上的压抑,但只能采取消极的行为狂诞的办法,以发泄情
绪,显示渴望自由创作的不切实际的奢望。

其二,《韩非子·外储说左上》记载客有为周君画荚的故事:

客有为周君画荚者,三年而成。君观之,与髹荚者同状。周君大
怒。画荚者曰:"筑十版之墙,凿八尺之牖,而以日始出时加之其上而

观。"周君为之,望见其状,尽成龙蛇、禽兽、车马,万物之状备具。周君
大悦。此荚之功非不微难也,然其用与素髹荚同。

这里需要一些注解,此画师为周君所画之"荚",就是豆荚、榆荚之"荚",即豆
荚、榆荚上面那层可供绘画的薄膜,在这么小的画材上进行绘画创作,这应
该说是一种原始的微画艺术,相当于后世的鼻烟壶内画一类的微画艺术。
"髹荚"就是用桐油等油漆过的豆荚、榆荚,这种"髹荚"应是当时人们日常使
用的一种常见东西,但具体做什么用,现在我们已经不能知道了。

　　画荚者一共画了三年,才完成了一幅荚画。"君观之,与髹荚者同状",
周君看不出画的是什么,看不出与别的"髹荚者"有什么不同的独特之处,因
此发了震怒。但这位画家胸有成竹,对周君说:"这需要版筑一道很高的墙
(构筑一个暗室),在上面开凿一个八寸见方的小窗口,等到清晨太阳刚出来
的时候,把荚画放在窗户上看,(就能看出不同的映像来)。"周君就按照他的
说法去做了,果然就能看到映像出来了,其中包括龙蛇、禽兽、车马等等,万
物之状齐备于小小的荚画之上,令人惊奇。周君看了之后,非常高兴。

　　讲究实用和功利而反对装饰艺术的韩非子,在这段文字之后还说了"此
荚之功非不微难也,然其用与素髹荚同",即他认为虽然这种荚画是用了很
大的功力,非常不易,也精微绝伦,但其用途却与平素所见到的油漆豆荚、榆
荚没有什么两样。他是从反对浪费精力和时间的(艺术的)角度来说这件事
的。不过,他所讲的这一现象,还是给我们透露了当时的绘画艺术所达到的
极高水平。除了画师的精绝的微画艺术之外,当时画家已经懂得放映幻灯
片的原理,把图画放在透光的薄膜上,当阳光射到小窗口时,把所画的荚放
上去,利用阳光将画在荚上的微画放映成各式各样、生动逼真的彩色大幅
画面。

　　通过这一故事,我们还是能够解读到战国时代的一些绘画状况,比如这
时的绘画门类,除了日常的壁画、漆画、帛画之外,还有了像"荚画"这样的微
画艺术。当时的画家们已经在掌握了线条、构图、色彩、比例等绘画技法之
外,还懂得了利用自然界的光和影等条件对绘画作品进行处理和展示。

　　从制度层面来讲,也可以看出当时的画师是由国君或朝廷供养的,不然
的话,他不可能利用三年的时间去创作一幅画。但是这也不能说明他们的
身份和地位有多么高级,虽然客观上来讲,他还是创作了艺术作品,不过他

们的聪明才智只能纳入为统治者服务的轨道,甚至花费多年心血去创作一些取悦于王侯的东西。

其三,《韩非子·外储说左上》同时还记载了一个齐王与画师论画的故事:

> 客有为齐王画者。齐王问曰:"画孰最难者?"曰:"犬马最难。""孰易者?"曰:"鬼魅最易。夫犬马,人所知也,旦暮罄于前,不可类之,故难。鬼魅,无形者,不罄于前,故易之也。"

这也是一段在美术史上经常被人引用的著名对白,齐王与客(画师)讨论的是画题材对象"孰难孰易"的问题。画师称画"狗马最难",因为狗马是人所熟悉的,每天从早到晚,都暴露在每个人的眼前,所以要完全准确地描绘它们,是最不容易的;而认为画"鬼魅最易",因为鬼魅是无形的,是人们所未见过的东西,画成什么样子就是什么样子,人们无法判断你画得准确与否,无法说你画得像与不像,所以画鬼最易。

虽然这一记载是韩非子阐述其哲学思想时所编撰的寓言故事,尤其在引述了这个故事后,韩非子所发的议论是:"论有迂深闳大非用也,故畏震瞻车状皆鬼魅也。"即谓道家言行怪异,直斥其为鬼魅,希望君主不听信这种人的言论。但是我们认为,作为战国时代思想家的韩非子杜撰不出来超越他那个时代的东西,其中也显然反映出当时绘画艺术发展的水平。这与其说是韩非子斥责道家的论据,毋宁说是当时画家在绘画实践中的深刻体会,他们对于绘画所要表现的对象,有着较为深刻的观察和认识。从务实的角度,明确指出不同描绘题材相对的"难"和"易",强调了肖像写实的重要性,肯定了造型艺术中写实技法比虚拟想象要难得多。这实际上是将绘画区分为两种创作方法,即画家们对于不同绘画题材的两种艺术创作方法:对于写实的东西,必须注意观察事物的外部形貌,注意抓住事物的形体特征进行描写,这样才能做到形神肖似;而对于世间本不存在的神化动物,如鬼魅龙凤等虚幻神物,则可以发挥画家的想象,可以自由驰骋其画笔。

《韩非子》这段绘画"孰难孰易"的论述,是中国古籍中时代最早的触及绘画创作方法的理论阐述,因此极为引人注意,对后世颇有影响。东汉时张衡曾在上疏反对图纬时写过:"譬犹画工,恶图犬马而好作鬼魅,诚以实事难形,而虚伪不穷也。"①直到唐张彦远《历代名画记》,仍引述韩非子狗马难、鬼神易的论述。

但是据我们所知,就韩非子当时的绘画实际情况而言,并未真正出现过明确遵循其中一种方法去创作的画师,实际情况正如战国帛画反映出的那样,将虚构的天上幻象与真实人间的摹写交织在一起,是战国时代绘画创作的主流。原因是当时绘画艺术一方面没有脱离实用的古老传统,另一方面又与宗教信仰或巫术紧密地联系在一起,还缺乏纯粹从审美动机出发的美术创作。不过随着社会制度的变革,反映当时支配艺术创作的上层统治者现实生活情景的作品日趋增多,特别是在漆画和青铜器装饰的镶嵌及针刻图像中所占比重较大。②

其四,《战国策·齐策二》中引述了一则"画蛇添足"的故事:

> 楚有祠者,赐其舍人卮酒。舍人相谓曰:"数人饮之不足,一人饮之有余。请画地为蛇,先成者饮酒。"一人蛇先成,引酒且饮之,乃左手持卮,右手画蛇,曰:"吾能为之足。"未成,一人之蛇成,夺其卮,曰:"蛇固无足,子安能为之足?"遂饮其酒。为蛇足者,终亡其酒。

这是一则令人忍俊不禁的寓言故事,虽然出自战国策士之口,是为了说明自己主张并达到游说目的的纵横家言论的论据,但此故事也表明了战国之时绘画的一些信息。其一,人们以绘画速度来决胜负,以为酒筹,说明当时人们对于绘画知识非常稔熟,并且非常普及;其二,绘画一物当肖似其状,必须根据所画事物的外貌特征进行仔细观察,认真描绘,少了一些笔画固然失败,但多出了一些无用的笔画,同样也被人引为笑谈。

其五,汉刘向《说苑》中也讲了一个关于战国画家的故事:

> 齐敬君者,善画。齐王起九重台,召敬君画之,敬君久不得归,思其妻,乃画妻对之。齐王知其妻美,与钱百万,纳其妻。

---

① 《后汉书·张衡传》。
② 杨泓:《战国绘画初探》,《文物》1989 年第 10 期。

同样题材的故事，我们也可以在先秦其他文献中找到不同的版本：

> 齐王起九重之台，募国中有能画者，则赐之钱。有敬君，居常饥寒，其妻妙色。敬君工画，贪赐画台。去家日久，思忆其妻，遂画其像，向之喜笑。旁人瞻见之以白王。王召问之。对曰："有妻如此。去家日久，心常念之，窃画其像，以慰离心，不悟上闻。"王即设酒与敬君相乐，谓敬君曰："国中献女无好者，以钱百万，请妻可乎？ 不者杀汝。"敬君伟惶听许。

这一版本见于《艺文类聚》卷三十三，还见于《太平御览》卷三八一和卷七五〇，二书都说是引自《说苑》，但不见于今本《说苑》，所以严可均《全汉文》辑入《说苑》佚文。《说苑》这部书，是刘向校书时根据皇家藏书和民间流行的资料加以选择、整理的颇具故事性的杂著，其中保存了大量先秦时期或传自先秦的文献资料。

故事讲的是齐国国君修建九重台时，曾用巨资招募国内的绘画高手为之作画。有一个名叫敬君的人，家境很贫寒，但却工于绘画，得到齐王招募画工的消息就去了。敬君到九重台作画后，很久没能回家，很想念自己的妻子，于是他就在自己前面画了一幅妻子笑眯眯的像。画中美人巧笑嫣然，美目流转。敬君对着自己妻子画像嬉笑，暂慰离情。旁人见了后报告了齐王。齐王一见敬君妻子的画像，艳羡其美貌姿色，顿时起了淫心。齐王心襟动荡，朝思暮想，于是摆设酒宴招待敬君，敬君自然是诚惶诚恐，受宠若惊。然而，开怀畅饮之时，齐王吐露本意，对敬君说，国中献的美女没有令自己中意的，后宫佳丽无颜色，都不如敬君妻子美貌，愿以百万巨资换他的妻子，如果同意就好说，否则要杀掉敬君。敬君尽管心中有百般不情愿，但摄于齐王的淫威，只好屈服应允了。

这个故事的讲述者，多是在说明当时的各国统治者王公贵族生活的荒淫无耻。同时，我们从中还可以看到当时绘画状况的一些信息。

首先，说明当时已经有了像敬君这样的画家，他们有相当高的绘画水平，不仅可以画建筑壁画，而且还可以画惟妙惟肖的人物肖像画，其绘画的技巧高超，一专多能，手艺齐全。其二，战国时代已经有了专职画家，在社会上专门以绘画的手艺谋生，虽然生活的来源没有保证，但总有一些发挥其特长的机会。这种画工的工作属于临时招聘性质的,是一种短期的雇佣关系,招募画工作画,完工后付与相应的报酬便遣散。这当是后世魏晋南北朝时期流行的"佣画"的前身。其三,这种社会上的专职画家不同于宫廷画院的画师,其地位和待遇明显低于后者,没有"画史"那样的朝廷供奉和生活保证,其服务对象可能是宫廷之外的贵族家庭,像敬君这样能为齐王崇台作画的机会,是非常偶然的事情。

其六,《水经注》记载鲁班用脚画忖留水神像的故事:

> 旧有忖留神像,此神尝与鲁班语,班令其神出。忖留曰:"我貌狞丑,卿善图物容,我不能出。"班于是拱手与言,曰:"出头见我。"忖留乃出首,班于是以足画地。忖留觉之,便还没水。故置其像于水,惟首以上立水上。①

《风俗通义》《括地志》《太平御览》等也都记载了这一故事:

> 《百家书》云:公输班之水,见蠡,曰:"见汝形"。蠡及出头,班以足画图之。②

> 高陵故城在雍州高陵县西南一里,本名横桥,架渭水上。三辅旧事云秦于渭南有兴乐宫,渭北有咸阳宫。秦昭王欲通二宫之间,造横桥,长三百八十步,桥北石水中,旧有忖留神象。此神曾与鲁班语,班令其出,留曰"我貌丑,卿善图物容,不出"。班于是拱手与语曰"出头见我"。留乃出首。班以脚画地,忖留觉之,便没水。故置其像于水上,惟有腰以上。魏太祖马见而惊,命移下之。③

> 《水经注》曰:渭水中旧有忖留神相。此神尝与鲁班语,班令其人出,忖留曰:"我貌丑,卿善图物容,我不能出。"班于是拱手与言曰:"出头见我。"忖留乃出首,班于是以脚画地,忖留觉之,便还没水。故置其象于水中,惟背以上立水上。④

---

① 郦道元《水经注·渭水》。
② 见应劭《风俗通义》。
③ 《史记·孝文帝本纪》《正义》引《括地志》。
④ 《太平御览》卷六十二《地部》二十七"渭"。

后来这个故事被安在了东汉张衡身上，当是后人对鲁班故事的抄袭：

建州浦城县，山有兽，名骇神，豕身人首，好出水边石上，平子往写之，兽入潭中不出。或曰："此兽畏人画，故不出也，可去纸笔。"兽果出，平子拱手不动，潜以足指画兽云。①

这些不同的版本虽然在文字上略有出入，但他们所讲的应该都是一个故事。是说有一个名叫"忖留"的水神，一日与鲁班对话。鲁班对他说，你最好出来，以方便讲话。忖留神不肯出来，说："我的相貌丑陋，我知道您非常善于绘画，害怕您将我的丑容画出来，那是非常难为情的事，所以我还是不出来。"鲁班于是向水神拱手作揖，说："你只将头伸出来吧，这样就不会暴露你的身子了。"忖留神于是将脑袋伸了出来。鲁班于是偷偷地用脚画地，把忖留神头部画了出来。忖留神还是觉察出来了，就赶紧将头沉没到水下去了，再也不肯出来。从此，在水边就有忖留水神的画像，但是只有其头部以上的画像立于水面之上。

鲁班是战国初年的能工巧匠，建筑大师，也是著名的发明家，因为要经常绘制图纸，所以鲁班也非常善于绘画。所以这个故事讲的确实有其真实性。鲁班不仅是"善图物容"的画家，而且还会用脚绘画，可见其画艺水平的高超。

其七，《天问》等所反映的战国宫廷壁画故事。

前面讲了刘向《说苑》记载画工敬君为齐王九重台作画的故事。为宏大建筑而作画，应该是壁画。而敬君穷年累月都不能完工，因此不能见到年轻美貌的妻子，也说明这一壁画工程的规模相当之大。

这种高台建筑壁画，实际上就是后世所谓界画的前身。界画是以建筑为题材，以界笔、直尺为工具的中国传统绘画的一个门类。界画的一个重要的特点是将建筑与山水融合在一起，这个特点自隋唐一直沿袭至今。界画不仅展示了中国古代建筑样式和建筑环境生态，也体现出古人的建筑环境生态观。徐沁在《明画录》中说："画宫室者，胸中先有一卷《木经》，始堪落

---

① 《异物记》。

笔。昔人谓屋木折算无亏,笔墨均壮深远,一点一划皆有规矩准绳,非若他画可以草率意会也。"历史上的界画画法本出于工匠,其作画的"规矩准绳"也是源于对建筑形制的写实性考虑。这种实用的建筑装饰绘画,实际肇源于战国时代。

其实不仅齐国如此,战国时代众多国家的王宫庭院,都以宏丽壮阔的壁画作为装饰。比如伟大爱国诗人屈原生活的楚国,在当时的宫殿、寝室、庙堂,以及梁柱上都有图案,墙壁上有绘画,各种陈设器物也都有装饰图案。东汉王逸在《楚辞·天问章句》序中讲:"屈原放逐,忧心愁悴,彷徨山泽,经历陵陆,嗟号昊旻,仰天叹息。见楚有先王之庙及公卿祠堂,图画天地、山川、神灵,琦玮谲诡,及古贤圣、怪物行事,周流罢倦,休息其下,仰见图画,因书其壁,呵而问之,以渫愤懑,舒泻愁思。"

这是讲在楚国的先王庙和公卿祠堂里,都画有"山川神灵,琦玮谲诡,及古圣贤、怪物行事"。为王公贵族们作画的,应当就是当时的著名画家。屈原名篇《天问》,就是诗人参观楚先王宗庙壁画后所作。据王逸《楚辞章句》讲,屈原读了这些壁画,"因书其壁,呵而问之,以渫愤懑,舒泻愁思"。我们由此可以想象出那些壁画艺术形象的感人魅力。

可惜的是这些满壁飞动、精美绝伦的楚宫壁画早已不存在了,我们无法对其画面内容及其绘画技法进行深入的判断和理性的评价。所幸的是,画有天地、山川、神灵、怪异及古圣贤等壁画,引发了屈原的极大兴趣,创作了瑰丽动人的诗歌名篇《天问》。而由《天问》的诗句铺陈,我们也可约略地了解一些这些壁画的相关信息。

从《天问》中反映出来的内容来看,楚国宗庙壁画所表现的题材极为丰富。计有天象图及天上神怪,包括九层天图、群星图、日月图(日中有乌、月中有蟾蜍)、嫦娥奔月、王子乔死后化鸟、雨师屏翳、风神飞廉等内容;有大地的图像,包括鲧、禹治水、昆仑山图、烛龙图、雄虺九首及鲮鱼、鬿雀等内容;有远古传说及历史人物,包括女娲、尧、舜、禹、伯益、启、后羿、寒浞、敖、桀、简狄、王亥、王恒、商汤、伊尹、商纣、姜嫄、周文王、姜太公、武王伐纣、周公辅成王直至春秋时期的齐桓公、晋太子申生、楚令尹子文、楚成王、吴王阖庐、楚吴战争等内容。这些历史画均按时代排列。另外还有四幅独立壁画形象:彭祖像、厉王奔彘图、伯夷叔齐采薇图、秦祖非子与弟争犬丘图,等等,林林总总,包罗万象,题材广泛,内容充沛,令人目不暇接。

由此可知,壁画内容人神杂糅、光怪陆离,是战国壁画的一大特色,这对后来的汉画像石和壁画有着极大的影响。战国时代这种宫殿庙堂的鬼神壁画,是和当时宗教风俗的变化密切相关的。由于当时文化的进步,人们对于生死、鬼神观念发生转变,对鬼神可以降附人身的宗教信仰逐渐淡薄,废除了用活人为"尸"来祭祀的礼仪,于是就改用画像来祭祀。应当说,这是历史的进步在绘画史上的反映。

宋玉《招魂》篇里有"仰观刻桷,画龙蛇些"的描写,也反映了当时建筑物施以彩绘的情况。从楚先王宗庙壁画的宏大规模和丰富内容,我们也可推见当时其他各国宫室殿堂及宗庙壁画的一般情况。

集战国建筑艺术之大成的秦代阿房宫,尽管毁于秦末兵火,我们无法再去审视那建筑的本来面目和壁画的艺术风貌,但是,近年来考古工作者在阿房宫一号宫殿基址和三号宫殿基址,发现了壁画残片,为我们提供的一些蛛丝马迹,足以证明"木衣绨绣,土披朱紫"的记载并非虚言。从残存的壁画如《车马出行图》《仪仗图》《麦穗图》等来看,内容多为歌颂秦王朝的文治武功的,其表现形式,以圆润、豪放自由的线描为主。色彩有黑、蓝、红、黄等,以黑彩为主,具有瑰丽肃穆的风格。这反映了一个时代独特的"秦人尚黑"审美观,因为秦始皇接受了战国流行的"五行相胜"学说,认为秦王朝以水德克胜了周代的火德而得天下,水德呈黑色,因此黑色成为象征秦王朝政权的颜色标志。

其八,关于绘画的社会功能等问题,战国时代的思想家们也纷纷提出自己的见解。虽然这些看法并不是站在美术史的角度而论,也不足以反映这个时代的绘画艺术真实状况,但完全可以由此窥见战国时代人们对于绘画的认识水平。

比如儒家后期代表人物荀子认为:"雕琢刻镂黼黻文章,所以养目也。"[1]但同时又把绘画看作是维护统治的重要手段,认为:"知夫为人主上者,不美不饰之不足以一民也","故为之雕琢刻镂,黼黻文章,使足以辨贵贱而已,不求其观"[2]。荀子认为美术与装饰是有用的,有利于"一民"和"辨贵贱",这虽然有其阶级性的局限,但也道出了当时绘画美术所处的实际地位和真实

---

[1] 《荀子·礼论》。

[2] 《荀子·富国》。

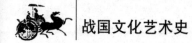

境况。

法家重要人物韩非子认为："和氏之璧,不饰以五彩,隋侯之珠,不饰以银黄。其质至美,物不足以饰之。夫物之待饰而后行者,其质不美也。"①这显然是本着老子的崇尚自然的思想,认为装饰与美术无用,与荀子的观点明显对立。

墨家鼻祖墨子则从庶民阶级的立场出发,也提出了反对装饰与美术的观点:"非以刻镂文章之色,以为不美也……然上考之不中圣王之事,下度之不中万民之利。"又说:"女子废纺织而修文彩,故民寒;男子离其耕稼而修刻镂,故民饥。"这是针对当时统治阶级为满足其享乐生活的需要,而动用大量人力、物力、财力进行绘画装饰活动的社会现象而言的。

道家则从另一方面否定上层统治阶级崇尚"错采镂金、雕缋满眼"的审美趣味,主张"绝圣弃智",纯任自然。庄周认为:"纯朴不残,孰为牺尊?白玉不毁,孰为珪璋?……五色不乱,孰为文采?……夫残朴以为器,工匠之罪也;毁道德以为仁义,圣人之过也。"②

由此可知,当时的绘画艺术发展处于一种非常艰难的地步,众多的社会精英人士对美术事业并不看好,甚至反对,即使有些思想家认识到了它的某些方面的社会功能,但其发展的空间仍极其有限。如此环境,宜其此时的绘画美术等艺术仍然处于一种不自觉的发展状态。这也是我们观察这个时期绘画实际情况的一个重要的出发点。

二、战国时期绘画的分类描述

(一)战国时代的帛画艺术

从上述所引述的战国绘画之文献记载来看,似乎宫室壁画是这一时期绘画的大宗。但是战国时代的宫室壁画,随着建筑物的消失而早已荡然无存。而墓室壁画已发现的,有湖北江陵天星观1号楚墓壁画,但只是画成田字形结构的门,其上描绘有菱形、卷云形和三角形花瓣状纹饰,还不足以体现本期绘画的发展水平。

---

① 《韩非子·解老》。
② 《庄子·马蹄》。

所幸的是,在已经发现的战国墓葬里面,出土了一些战国帛画、大量彩绘漆器、丝织品,以及青铜器、陶器、玉石器上的装饰纹样,从中可以窥见战国绘画已经具有的辉煌面貌。尤其是其中的战国帛画,虽然发现的也并不太多,但以其绝对真实的绘画实物,成为我们今天观察战国绘画水平、欣赏战国绘画成就的重要依据。

在目前发现的战国帛画中,有三幅最有代表性,也最为有名:一幅是《人物龙凤帛画》,一幅是《人物御龙帛画》,另一幅则是《帛书图像绘画》。以上三幅帛画均为战国时代的作品,它们代表着战国绘画艺术的高超水平,标志着中国绘画艺术的独特风格早在战国时代就已经形成,是中国绘画史上的重要里程碑。

1.《人物龙凤帛画》

1949 年在湖南省长沙市东南近郊五里的陈家大山,发现了一座战国时代的楚墓,在这个楚墓里曾出土一张帛画《人物龙凤帛画》,该画也曾被称为《夔凤人物帛画》或《妇女凤鸟图》《龙凤妇女图》。该画长 30 厘米,宽 22.5 厘米,为平纹素绢帛画。① 这是我国目前发现最早的一幅战国帛画。

画上有一个侧面的成年妇人,腰细而修长。妇人面向左而立。头后挽着一个垂髻,发上有冠,冠上有纹饰。长裙曳地,下摆像倒垂的牵牛花,向前后分张。腰带很宽,衣袖很大。袖上有些繁复的绣纹,袖口较小。袖口和领襟都有黑白相间的斜条纹,衣裳也是黑白两色。在下裳的白色部分有些简单的旋纹。妇人的两手向前伸出,弯曲向上,合掌敬礼,神态虔敬。妇人头上,在左前面飞翔着一只凤鸟。这只凤鸟面向左,头向上,两翅上张,尾上有两只长翎,向前弯曲,几乎和头部相接触。两只脚一只向前曲着,一只向后伸着,都露出了有力的脚爪。凤鸟的前面有一条一只脚的龙样的动物,头向上,和凤鸟正对着,头部左右有两只角,身子略做蜿蜒而竖垂。龙身有环纹六节,形态矫健且富有极强的动势,似乎正向天空飞升。整个画面呈现出一种风发昂扬的勃勃生机。

---

① 这个墓葬的发现经过,湖南长沙文物管理委员会蔡季襄有记录,见其"晚周帛画冢的报告"稿本,郭沫若《关于晚周帛画的考察》(《人民文学》1953 年第 11 期;《文史论集》,人民出版社,1957年版)一文,对此稿本报告有所引列。

从绘画技法来看,虽然画面的笔调显得古拙,但该画以墨线勾描,线条有力,顿挫曲折富于节奏的起伏变化,用黑白组合,使画面具有一定的装饰趣味。在人物的唇和衣袖上,还可以看出施点过朱色的痕迹。那妇女侧影姿态的优美,显然是很引人注意的。据文献记载,由于"楚王好细腰",所以在楚国就有了妇女流行细腰的风俗和传统。这幅画中妇女的装束,非常符合当时楚国的风尚。从绘画艺术的角度看,这幅画既有丰富的艺术想象,发挥想象描写神话动物龙凤的妙笔,又有严格的人物写实的因素,人体部位比例把握得很准确。构思比较巧妙,想象力丰富,现实与幻想交织,体现了积极进取的战国时代精神,反映了楚国艺术的普遍风尚,确乎是一幅艺术性很高的帛画作品。由此可见,和后来发现的《人物御龙帛画》一样,技巧都是相当成熟的。

关于帛画中女子的身份,学术界曾先后有巫女说、女娲说、山鬼说、巫祝说、宓妃说等不同说法。最早研究帛画的蔡季襄主张墓主人说,今天已经成为不刊之定论。联系到另一幅《人物御龙帛画》以及汉代出土的马王堆墓、金雀山墓中铭旌墓主人像,这个妇女像为墓主人的观点,应当也是确凿无疑。出土该画的墓葬中随葬有假发一束,也似乎与画上的发髻有某种联系,这也是证明其墓主人身份的一个重要材料。

关于画中所绘龙的形象,初发现时由于左侧龙足处破损,只见右侧足,一度被认为是夔,该作品也曾定名为《人物夔凤图》。夔是古代传说中邪恶的象征物,故而将这幅画的含义释为善恶之争,恭立的妇女则是祈祷善灵的胜利。比如郭沫若曾认为,画中左上的独脚蛇状怪物是夔而不是龙,夔是邪恶和死亡的象征,而凤鸟则象征生命、婚姻与和平;那个善良美丽的女性在象征邪恶与灾害的独脚夔和凤鸟进行的斗争中,站在凤鸟的一边,祈祷善灵战胜那恶灵,生命战胜死亡。[①] 不过,后来不少学者发表文章,对此提出了不同看法。比如最早得到这幅帛画的蔡季襄推测其可能具有辟邪的意义。20世纪60年代初,孙作云考证该画具有引导灵魂升天的象征寓意,认为这只是

---

① 郭沫若:《关于晚周帛画考察》,《人民文学》1953年第11期;《文史论集》,人民出版社1957年版;《关于晚周帛画的考察及补充说明》,《郭沫若全集》"考古卷"第十卷,科学出版社2002年版,第281页。

一幅龙凤引领死者灵魂飞升西天的图画。① 后来学者如杨宽②等人多认同孙作云这一观点。

近年来，经过对帛画的科学处理，使画面更为清晰，同时发现早期摹本有不够准确的地方。③ 从新摹本可以看出，左上角那条蛇状物是一条龙，身着束腰长裙的妇女脚下还有一弯月形状，过去的摹本漏掉了。由于旧本摹错了，根据它考察的主题思想当然也错了，这应该是一幅祈求飞龙和飞凤引导死者灵魂升天的升仙图。

所以我们认为，说这是一幅描绘一位墓中死者对引道升天的祝祷，更符合记载中楚人的丧葬习俗。在妇人之上绘的龙凤，寓示着死者随龙凤所引升天时的情形。腾空而起的龙、凤均有一种向上的动势，而下方的侧立人物则反映出一种跟随的特征。可以肯定这是一幅为死者祈天求佑的具有丰富含义的绘画作品。这幅帛画从用笔用线的描述、人物特征的描绘到画面的构图无不反映出我国古代绘画对形、神独特的气质和丰富内涵的表现。

图 3 - 1　人物龙凤、人物御龙帛画

2.《人物御龙帛画》

1973 年在长沙市城东子弹库的一号墓楚墓中，又出土一张帛画《人物御龙帛画》。从共存器物的组合判断，应是战国中期作品。画幅出土时平放在椁盖板与棺材之间，应是引魂升天的铭旌，因年代久远已呈棕黄色。为绢本

① 孙作云：《长沙战国时代楚墓出土帛画考》，《人文杂志》1961 年第 1 期。

② 杨宽：《战国史》，上海人民出版社 1955 年版，插图 17；（修订版），上海人民出版社 1898 年版，第 627 页。

③ 新的正确摹本可参见沈从文的《中国古代服饰研究》（上海世纪出版集团 2005 年版）图二十五。又熊传新《对照新旧摹本谈楚国人物龙凤帛画》（《江汉论坛》1981 年第 1 期）一文第 93 页插图。

墨绘淡设色彩帛画,长37.5厘米,宽28厘米,大致和8开大小版面差不多。①该画又被称为《御龙升天图》《人物御龙图》等。

画的正中为一身材修长的有胡须的中年男子,头戴高冠,身着广袖长袂袍服,腰佩长剑,表情刚毅,神采奕奕,侧身向左直立,手执缰绳,驾驭着一条巨龙。龙头高昂,龙尾翘起,龙身平伏,略呈舟形,似在冲风扬波,腹下有一脚正作游水形象。在龙尾上部站有一仙鹤,向右站立,圆目长喙,顶有翎毛,昂首仰天。画的上方人的头顶上有一个华丽的舆盖,舆盖上有三条飘带随风拂动。画的左下角龙身下有一条鲤鱼,鱼头向左而游,似在为龙舟前导。绘者较好地利用了细微的局部来烘托主题,人物衣着的飘带、舆盖上的饰物和龙颈所系缰绳飘带,都是由左向右,表现了风动的方向;龙、驾驭的男子以及鱼都是朝向左方,表现了行进的方向,展现出一种较强的方向性和人御龙出行时的动感。整幅画面描写的是男子御龙飞升的场景。

这幅画具有相当高的艺术水平,技巧相当成熟。所画人物的形象和各部分比例,都相当准确;绘画技巧也相当成熟,此画以线为造型手段,龙、鹤、舆盖基本上用白描,在丝帛材料上用毛笔勾线画成,单线勾勒,线条流畅,云流风动,潇洒熟练,毫不板滞。毛笔用线生涩不畅,粗细不一,形态古拙而简劲,体现了中国早期绘画的某些特征。服装衬以卷曲云纹,袖口用斜线装饰,领口、腰部、后身及衣角皆以墨色块面处理。人物略施彩色,设色为平涂和渲染兼用。画上有的部分用了金白粉彩。据美术工作者讲,用这种画法的作品,这是目前发现的古代绘画中的第一幅。再从人物形象、画面布局、主题构思等方面看,也都达到了非常成熟的地步。特别是画家运用现实主义与浪漫主义相结合的手法,更体现了战国楚国的时代精神,以及当时绘画艺术在思想性和艺术性上的高度统一。

著名学者郭沫若非常重视这幅画,曾做了一首《西江月·题长沙楚墓帛画》来赞颂它:"仿佛三闾再世,企翘孤鹤相从。陆离长剑握拳中,切云之冠高耸。上罩天球华盖,下乘湖面苍龙。鲤鱼前导意从容,瞬上九重飞动。"②这是作为诗人的郭沫若将此帛画与屈原《离骚》中灵魂西行的场景做了类

---

① 湖南省博物馆:《新发现的长沙战国楚墓帛画》,《文物》1973年第7期。
② 郭沫若:《西江月·题长沙楚墓帛画》,《郭沫若全集》"考古编"第十卷,第307页,科学出版社2002年版。

比,他在词后提了一段长长的跋语,有"帛画中画一男子""立于龙舟之上"的话。但是杨宽认为,这里的龙并非龙舟,而是与上幅画中龙凤一样的蛟龙,其主题不是像屈原那样自己飞行,而是墓主人借助于飞龙使灵魂飞升西天的愿望。①

该画所要表现的内容,应该就是墓主人渴望于死后御龙飞升,反映出先民们对人死后灵魂不灭,到达上天极乐世界的一种愿望。在中国传统文化中"龙"为神物,是通天地之灵物,它可以载人或神上天或遨游太空。画面所绘士大夫无疑是墓主人的写照,因为墓中棺内骨架保存完整,身长约1.7米,且鉴定为男性,年龄在40岁左右,与画中所描绘的人物相当。画中男子,高冠岌岌,长剑陆离,气宇轩昂,而据称该楚墓过去曾被盗掘,也曾出土过一柄铜剑,剑长约0.7米,形状与比例与画中人物所佩者相似,"剑装在椟内"的说法亦与画面相印证,正可印证画中人物的身份。此图堪称存世较早的一幅肖像画。同时画中仙鹤又是传说中仙境之物,古时鹤为神鸟,高踞天国,供神人骑乘巡游天空。同上一幅画中的凤鸟一样,鹤与龙一起作为引领墓主人灵魂飞升上天的灵物出现。整幅帛画呈现出男子走完了尘世之历程,踏上天游之路,御龙乘风仙鹤相随,表现出男子潇洒自若的风度。

3.《帛书图像绘画》

1942年,在被盗掘的湖南长沙子弹库一号楚墓中,出土了一幅帛书绘画。该墓与后来1973年出土《人物御龙帛画》的楚墓同是一墓,是一座战国中晚期的楚国墓葬。该帛书又名缯书,是以白色丝帛为书写材料,横38.7厘米,纵47厘米。早年流失国外,现藏美国纽约大都会美术馆。②

帛书画幅为长方形,中间部分是两大段互为倒置的墨书文字,四周的十二神旁边各有一小段文字,共21行,计900余字。两大段文字一长一短,长段定为甲篇,短段定为乙篇。

甲篇主要讲些星辰运转因正常与不正常引起了山陵川泽的变化。遇阴

① 杨宽:《战国史》(修订版),上海人民出版社1998年版,第535页。
② 蔡季襄:《晚周缯书考证》,石印本1944年版;安志敏、陈公柔:《长沙战国缯书及其有关问题》,《文物》1963年第9期;商承祚:《战国楚帛书述略》,《文物》1964年第9期;陈梦家:《战国楚帛书考》,《考古学报》1984年第2期;李零:《长沙子弹库战国楚帛书研究》,中华书局1985年版;李零:《楚帛书与"式图"》,《江汉考古》1991年第1期;连劭名:《长沙楚帛书与中国古代宇宙论》,《文物》1991年第2期。

阳不变的时期,对死者祭享等就要趋避,以免生死两方各有不利,所谓"天垂象,见吉凶,所以示人",而人只有顺天,不能与之对抗。日月星辰逾轨乱行,乃由于民人对上天的不敬和亵渎所致,罪在民人。炎帝通过巫祝告诫民人,如"敬之毋忒",即使天降灾祸,神是会加以保佑的。乙篇则追述远在夏禹之前,因日月、星辰、山川动止各行其是,没有神去管辖,搞得四时乱行。自从"子四"诞生,助禹平治水土,佐契调燮阴阳,炎帝又命祝融领导日月,使其更有效地昼夜运转常恒,山川听命,水旱之灾不兴。文字中还提到"天培"(一种彗星)、"侧匿"(月初而月见东方)等天象。

帛书内容,曾有众多学者考证,见解不一,但都认为与古代的宗教迷信禁忌有关,可能是楚国术数性质的佚书。帛书甲乙篇还集中地反映了楚人的宇宙论和天象观,论述了天象和人间灾祸的关系,以及四季和昼夜形成的神话,尤其以赞颂的口吻追述炎帝、祝融等楚人信奉的主神领导日月、调理时空、消除灾祸的丰功伟绩。

帛书的四周绘有 12 个神像,每边 3 个,均头部向内,足部向外,四角各绘有一种植物,神像及植物用细笔墨线勾勒,而后平涂填彩,色泽鲜明。神像为彩绘,有青、棕、朱等颜色,植物的颜色分别为青、朱、白、黑四色。

画中有似人身者,脚踏双蛇,颈生三头,独脚作跳跃状;另一人为独臂,珥蛇。类兽形者,一似牛,衔蛇;一似鹿,吐露长舌;一似鼠,为蛇头。其余形象更怪异,为虫、禽、兽的组合体,涂染青、棕、红、黑诸色。从构图看,显然是画师根据文字内容,由客观而生主观,由观测而生想象,从而创作出超自然的神奇怪物,以此来作缯书的插图。

帛书四周的 12 神名,已经考定与《尔雅·释天》12 月名相合,其旁所附两三行语言文字系记 12 个月忌,以不容置辩的语气说某月某事"可以"做,某事"不可以"做。又因只有"姑分长"分管的月称某事"可以"做,其余皆称"不可以",故《帛书图像》可以称为"每月禁咒图谱"。

与文字相对照,可以认为 12 神为祝融下属诸神,各分管 12 个月中的 1 个月;每 3 个神再产生 1 个主神来主管四季中的一季。四角的 4 种植物也与四季、四方相对应。12 神中有 4 个主神,每个主神辖两个从神。每 3 个为一组,共 4 组,分别代表春、夏、秋、冬四季。春之主神"事司春"——作人面,青色,眉毛竖立。从神 1 为凤鸟之属,戴有美丽的冠,冠状清晰可辨,羽毛丰艳而具翎眼纹。从神 2 作直立人形,三首,头顶各生四个细角,两臂平张,两脚叉开,各踩一蛇。夏之主神——"司夏"
作起舞人形,甩袖而歌。从神1作人蛙
合体形,尖足,头生双直角。从神2作伏
牛状,头生两花角,口吐长舌,足如曲尺。
秋之主神——"么司秋"作鸟蛙合体形,
头为鸟形,长颈,身为蛙形。从神1作鹿
形,头生双角,张口吐舌,歧尾,屈其前
肢,身体和足部有鹿斑纹。形象如同楚
墓中常见的镇墓兽。从神2作牛头,三
角眼,排齿外露,额生对角,有双蛇从角
尖穿脑门而下,双手平伸,但已残去左臂

图3-2　帛书图像绘画

及下半身。冬之主神——"司冬"作人形,头生双细角如旗,张口,一蛇穿左
腮而过,平伸两臂,但右手残余袖口。从神1作人首,兽身,屈尾,伏地,头生
直发一根如刺。从神2上有四头,成几何连体形,下如两只鸟身侧面相对。

　　联系帛书文字论述了天象与人间灾祸的关系、四时和昼夜形成的神话,
并提及女娲、炎帝、祝融等南方信仰的主神,可认为十二神是楚国泛神观念
和崇尚巫术风俗的产物。这些现象也在同期的楚国其他图像上经常发现,
由此可见其多为楚国信仰的诸神。

　　这些奇异的图像为至今的出土文物所罕见,但在当时应当是通俗易懂
的流行图像,有学者认为,这可能与《山海经》中早已失传的最初图像有联
系。在图像构成上,它采取春秋战国时楚国美术中典型的复合造型手法,并
在很大程度上抽象化、图案化。每个图像都由两种或两种以上的不同形象
要素复合而成,具有动物合体或人兽合体的特征。它们大多数有角,一般与
蛇打交道,或操蛇,或践蛇,或吞蛇,或珥蛇。

　　总而言之,《帛书图像绘画》反映了战国楚人的天界观,对西汉人有直接
影响。马王堆出土的巫术内容帛画就是对《帛书图像》的继承、发展和完善,
并且将它更具体地分为天象、神祇、卦象三部分,可惜以后失传而成为绝响。

　　4.战国楚墓帛画的艺术特征

　　从长沙出土的帛画来看,帛画的造型方法,是以线构形,仅在个别部位
用平涂填彩,基本以白描为主,具有较强的装饰性。构图方法,是以外轮廓
线表现对象的明、暗关系。在几何透视还没有被人们充分认识之前,画师在

三度空间的平面上表现立体的对象,是极为聪明和巧妙的。表现手法仍有原始绘画中追求形象完整,所画对象互不掩遮,不甚讲求比例的特点。但女子衣角后侧掩挡的所谓"大地"状物的构图方式,似乎要冲破这一格法,较铜器刻纹和漆画,已有明显的进步。两幅帛画线条流畅,细部多有传神之笔,女子仪态高贵娴雅,男子气度潇洒从容,异禽神兽则飞揭腾拔,足见画师功力的深厚,极尽了写实与夸张之能事,洋溢着楚人诡谲浪漫之精神。

(二)战国时代的漆画艺术

战国时代的彩绘漆器花纹,在中国古代绘画史上占有极为突出的地位。自近代以来,随着中国现代考古学的兴起,田野考古工作日益频繁,在南方发现了大量的战国漆画遗物。这些战国时代的漆画主要出土于湖南、湖北及河南中南部的楚国墓葬,少数出土于山东的齐国墓葬和四川的秦国墓葬。这些漆器一般都饰以美丽的花纹,如彩绘的奁、箱、盒、杯、盘、棺椁、木俑、盾牌、马具等等。它们的图案结构既新颖又精彩,有的继承和发扬了商周以来的图案花纹特色,多数是战国特有的人与动物的活动写实画。

在此,谨举起荦荦大者三种,以说明此时漆画艺术的盛况。

1. 信阳长台关楚墓漆画艺术

1957—1958 年,在河南省信阳长台关 1 号、2 号楚墓,出土了一批木漆画,其中锦瑟漆画有狩猎、宴乐、御龙乘仙等内容。[①]

长台关 1 号墓出土锦瑟,这件锦瑟已经残缺,经复原后可知体长约 124 厘米。在其首尾两部的平面和立墙上都绘有漆画,瑟的两侧绘变形的卷云纹图案。瑟体以黑漆涂底色,再用赭黄、朱红、灰绿、金黄、银灰等色绘制图画。虽然残损过甚,但局部画面仍能看清。

在瑟首的平面上,绘出种种龙蛇怪物,以及衣着奇异的巫师,色彩诡谲神秘,构图变化莫测。巫师或站在蟠蛇背上,或操蛇戏弄,或持器作法。服饰或宽袖大袍,或高冠鹊帽。在其下的立墙上,则描绘人间燕乐图景,布列着满盛的鼎、豆等食具,有衣冠而坐的主客,有持物奉献的侍从,还有乐师和

---

① 河南省文化局文物工作队:《河南信阳楚墓出土文物图录》,河南人民出版社 1979 年版;汤池:《信阳楚墓锦瑟漆画简介》,《美术研究》1980 年第 3 期;河南省文物研究所:《信阳楚墓》,文物出版社 1986 年版。

舞伎。

瑟尾的平面上又展现现实的狩猎图像：猎人射弋，猎犬追逐，鸟兽惊逃，两人抬着猎物欢喜而归。在其下的立墙上则又是诡谲神秘的图像，一个巫师骑龙，一个巫师作法。综观锦瑟所绘漆画，现实情景和神话图像交相呼应，而在布局上瑟首和瑟尾刚好相反。

图画将富有神奇色彩的龙蛇等怪物以及奇异的人物，与人间现实生活中的宴乐狩猎的情景交织在一起，人与神怪，现实与幻想，交相呼应而又绮

图 3 - 3 信阳长台关楚墓漆画残片

丽多彩。报告中所称巫师持法器、戏蛇、戏龙等图，据《楚辞·远游》与《九辨》记载，苍龙是助魂升天的驾驭物，长沙帛画可证。所以，此画是墓主人灵魂升仙的场面。从构图上细分来看，由右向左共 5 幅，并具有一定的联系性。

（1）一人戴高冠，着袍服，拉弓搭箭，欲射前方衔雉之怪兽。从服饰看，猎者仍是巫师，与瑟上着便服戴帻的狩猎人确实不同。该图的寓意是在为引灵魂乘仙驱逐鬼怪。

（2）为一正面的人头像，顶立一鹿，身生羽毛，两腿交叉，足似凤爪。故不能称其为巫师，实是引魂升仙的羽人。羽人，即长羽毛的仙人。《楚辞·远游》云："贵真人之休德兮，美往世之登仙。与化去而不见兮，名声著而日延。……仍羽人于丹丘兮，留不死之旧乡。"可见战国时代，升仙思想已经非常流行。

（3）一巫持法器，站于腾空的长蛇上，面对巨龙作引导状。画中蛇、龙互绕，更显示出导引的意图。

（4）（5）两幅为墓主人双手驾扶流云，更给人以乘仙遨游之感。在第 5 幅的下方，有一光头人物，双手紧控辔绳，驾驭两条巨龙作飞乘状。这是迄今发现我国最早的一幅反映巫师作法引魂升仙的图像。该绘画依顺序又分节段，说明两千多年前的楚国已萌发了连环画的雏形。

2. 随州曾侯乙墓的漆画艺术

1978 年夏，在湖北省随县（今随州市）擂鼓墩发掘战国早期的曾侯乙墓，

出土文物达 7000 余件,其中包括了大批造型精美、纹样华丽的漆器。① 尤其是漆棺、漆衣箱及鸳鸯型漆盒,描绘着瑰丽多姿的神话传说和乐舞活动等图像,其中木漆画有土伯、弈射、禺强、乐舞、二十八宿青龙白虎图像等内容,极为丰富,为研究战国时代的绘画艺术提供了极其宝贵的资料。

(1)漆棺画

漆棺画是曾侯乙墓中第一大类漆画艺术的代表作。曾侯乙墓漆棺分内外两层,外棺表面只有彩色的图案,内棺外壁除繁缛的图案纹饰外,还有漆画。内棺长 249 厘米,宽 127 厘米,高 132 厘米。棺的外表满髹朱漆作为底色,上面再以黄、黑、灰三色绘制装饰图案和琦玮谲诡的神怪形象。

内棺的左右侧板及头档上,在靠近画面中央的显著部位,用粗壮的墨线画着由方框与斜线组成的两种几何图案。这种图案曾见于山东临淄郎家庄东周墓出土漆盘上的房屋建筑的画面上。从其所处的部位和形制看,无疑是户牖窗棂等建筑部件。

在户牖纹两旁,各画八个怪物,兽面人身,手执双戈,两臂曲举,状若起舞。其中处于上层的四个,大头小身,头戴似熊头的四目假面具,脚踏火焰;处于下层的四个,头上有角,两腮有长须,颇似羊首,双腿染黑,胸饰交叉网结纹,耳饰云纹。窗侧的怪物,有些学者考证为《招魂》中所描写的"土伯"。② 还有学者认为,头戴似熊头的四目假面具,足踏火焰纹的形象,是驱鬼逐疫的方相氏。而张翅有鸟尾的怪物,则是引魂升天的羽人(仙人)。③ 有关方相氏的记载,最早见于《周礼·夏官司马·方相氏》条:"方相氏蒙熊皮,黄金四目,玄衣朱裳,执戈扬盾,帅百隶而时难(傩),以索室殴(驱)疫,

图 3-4　曾侯乙墓内棺漆画

① 随县擂鼓墩一号墓考古发掘队:《湖北随县曾侯乙墓发掘简报》,《文物》1979 年第 7 期;湖北省博物馆、北京工艺美术研究所编:《战国曾侯乙墓出土文物图案选》,长江文艺出版社 1984 年版;湖北省博物馆:《曾侯乙墓》,文物出版社 1989 年版。
② 汤炳正:《曾侯乙墓的棺画与〈招魂〉中的"土伯"》,《社会科学战线》1982 年第 3 期。
③ 祝建华、汤池:《曾侯墓漆画初探》,《美术研究》1982 年第 2 期。

大丧,先柩,及墓入圹,以戈击四隅,殴方良(魍魉)。"下层四个羊首怪物是由百隶装扮的神兽。方相氏是傩戏中的头领,其扮相是蒙熊皮或戴上铜制的熊头假面具,手执戈盾,率领由百隶扮成的神兽,在冬季进行盛大的驱鬼逐疫仪式。在内棺的户牖两旁画方相氏与神兽,显然有辟除不祥的目的。

在方相氏和神兽左边,画两个羽人,人面鸟身,人腿鸟爪,张翼垂尾,头生双角,手执双戈。羽人的作用在于引导和护卫死者升天。

内棺右侧板紧靠羽人和方相氏上框内,绘四只鸾凤,鸡头,蛇颈,鱼尾之形,展翅张爪。鸾凤为瑞应鸟,在神仙思想中可以作为升天的驾驭物。

在窗棂纹两侧的偏下方,画相背而立的朱雀和相向踞立的白虎。朱雀头上有翎,昂首而立,一足曲举,一足踏在白虎的背上;白虎张嘴吐舌,惊讶地回首顾盼。在战国人们心中,朱雀、白虎也是护卫升天的神物。

内棺头档两边及左右侧板之左边方框内,各画一个图案化的神像。人面鸟身,头生双角,耳珥双蛇,足似禽爪,脚践两蛇(也有的不践蛇)。有学者释为水神禺强。也有人将内棺右侧所画人面蛇躯、头生长角的怪物,解释为"土伯"。内棺外壁四周皆画人面蛇身,腮边饰有链状神器,头顶上方有二鸟相向而立的怪物,共达16个之多,被认为是"烛龙"。

在内棺足档下方,画三位体魄健壮的神人,其中二位头生双角,一位为光头,头颈两侧均生须毛,屹立在由众蛇围绕而成的圈框之中。有人据《山海经·海外北经》及郭璞注,认为可能是死而复生的"无启"。

在内棺棺盖上,普遍绘有二鸟啄蛇图案,多作二鸟对立、鸟喙下有二蛇搅扰之状。这画像被认为是"秃鹙啖蛇"。细致观察发现有的鸟是与龙合体,神人头顶有一对小雏雉,有的空间还画有虎和鹿,尤其是内棺足档的两侧,各绘一大凤,足踏巨龙,周围还分布着小龙、小蛇、鱼和鹿。从众多的形象看,一般鸟龙的合体,都是鸟首在上,龙首居下。《山海经·南山经》云:"丹穴之山……有鸟焉,其状如鸡,五采而文,名曰凤凰,……见则天下安宁。"由此可见,楚人尊凤之风甚烈。

漆画中的小雏雉,描绘得小巧可爱,并放在神人顶上与凤鸟相同的位置。楚人有不得射杀科雉(即雏雉)的禁忌,说是射杀科雉的人不出三月必死。大概是楚人尊凤,所以也崇与凤近似的雉。画中的龙、蛇、虎、鹿的地位显然要低于凤,但它们仍被视为神物。说明楚民族在自身的发展演化过程中,不断兼收并蓄其他民族与地区的文化,逐步形成自己博大的文化体系,

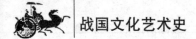

包括了多元的文化因素。

（2）漆衣箱漆画

曾侯乙墓出土漆衣箱五件，箱呈长方体，盖作圆拱隆起，长71.0厘米，宽50.0厘米，高38.5米。箱盖与器身的四角均有向外延伸的把手，盖顶前后两侧各有一个长方形纽。除一件残破较甚外，其余保存较好。

五件漆箱箱内髹红漆或黑漆，箱外以黑漆为地，用朱漆描绘花纹。顶部及旁边的朱漆图案均不相同，有两件图案可明显看出与天文和天上的神话传说有关。

其中出土于曾侯乙墓东椁室内的一件木箱，在箱盖上阴刻着"紫锦之衣"四字，绘有扶桑树、桂树、太阳、月亮、金乌、玉兔、伏羲、女娲、人持弓射乌、弃弓收鸟等形象。此箱盖中央及两侧，以粗犷的线条绘十三朵形如蘑菇的云纹。左侧上下两边各绘主干挺拔、枝叶对生的一株扶桑树和一株桂树。扶桑稍高，树上栖息着一对相向的金乌，枝端生长着十一个小太阳；桂树稍矮，树上栖息着一对相向的玉兔，枝端生长着九个月亮。后羿立于树下，挎刀引箭，两树间分别有一只金乌或玉兔中箭下坠。盖顶的一端朱绘两条反向相缠绕的蛇，每条蛇有两个人面的头，外加似五爪状的尾。

人持弓射乌的图像，被认为是后羿射日的故事；而双蛇绞缠的图像，被当为最早的伏羲、女娲像，具有较高的艺术价值和历史价值。据《山海经》《楚辞》《淮南子》等书记载，春秋战国时代流传着扶桑、十日、后羿射日的神话。这幅画面当是这些神话的生动体现。只是它不是十日而是十一日，后羿既射日又射月，可能是神话在当地歧传之结果。

另一箱盖上写有篆文"斗"字，周围按方位写有二十八宿的名称，左右两侧分别画着青龙和白虎。青龙白虎是四象中的东西两象。据《楚辞》记载，当时的楚地已有完整的四象，说明四象出现的年代不比二十八宿晚。四象也称四宫或四陆，与二十八宿联结，每宫七宿，该图像早于《周礼·冬官·考工记》和《史记·天官书》的有关记载。由此可见，我国早在战国初期就已经有了二十八宿的观念，并且与青龙、白虎及北斗联系在一起。这为研究二十八宿星系的创立年代（公元前八世纪至公元前六世纪）提供了重要的实物依据。

（3）鸳鸯形漆盒彩绘

鸳鸯形漆盒出自曾侯乙墓的西椁室，整体似鸳鸯，颈下有一圆柱形榫头,插入器身,使头部可以自由转动。器表以黑漆为地,再用朱红、金、黄、粉绿等色彩描绘着各种装饰纹样。特别引人注目的是:在器腹左右两侧,各绘有一幅巫术气氛极其浓厚的乐舞画面,画幅均约为 4.2 厘米×7.0 厘米,一幅为《撞钟击磬图》,一幅为《击鼓起舞图》。

《撞钟击磬图》也称《钟磬作乐图》,画在器腹的左侧。画面中央为一鸟形笋虡,在鸟喙与鸟腿处,放置一道上下两层横梁,上梁悬大小甬钟两口,下梁悬石磬两张。右侧有一个鸟兽人身、戴冠穿袍的乐师,双手斜持长木棒撞击甬钟奏乐。小甬钟被撞向悬带的偏右部位,使横梁与悬带间构成不等腰的三角形,下层的小石磬也呈现不平衡的状态,从而给人以静中有动的感觉,仿佛从中传出悠扬悦耳的钟磬声。

《击鼓起舞图》也称《建鼓舞蹈图》,画在器腹的右侧。画面中央为一虎形鼓座,虎背上植木柱,柱子顶端饰羽葆,柱身贯穿着一面建鼓。系鼓的黄色绳子垂飘于鼓右下方。右侧一个低小的兽形乐师侧身而立,头戴植物冠,手执短枹,一上一下飞速击鼓。左侧一个高大佩剑舞师正面而立,戴植物冠,身佩长剑,双臂曲举,长袖飘扬,伴鼓高歌起舞。乐师舞师一大一小,一正一侧,形成明显的主次呼应关系,有小巫见大巫之感。

这两幅乐舞图展示了战国时代乐舞表演的真实情景。这一场面与《九歌》中所描述的民间祀神的场景略同。画中的乐师、舞师所戴冠式与信阳楚墓漆画中的巫师所戴一样。所以这一小型乐舞画面,反映的可能是民间由巫直接参与祀神所进行的乐舞活动。过去,信阳楚墓出土的锦瑟立墙上,也绘有乐舞图,但因残缺,已无法窥其全貌,这两幅漆画是目前我国最早的乐舞图画,对于中国舞乐史的研究,具有非常重要的价值。

3. 包山楚墓奁盖漆画《王孙亲迎图》

1987 年,在楚都纪南故城北郊(今湖北省荆门市)包山墓地发掘了一座距今 2300 多年的大型楚墓二号墓,墓主为楚昭王的后裔邵某,从中出土了一件漆奁(M2·432),奁盖上彩绘有人物车马行迎图,被命名为《王孙亲迎图》。① 也有学者经过考证,认为绘画所反映的是先秦的聘礼活动,故也被定

---

① 湖北省荆沙铁路考古队包山墓地整理小组:《荆门市包山楚墓发掘简报》,《文物》1988 年第 5 期;湖北省荆沙铁路考古队:《包山楚墓》,文物出版社 1991 年版。

名为《聘礼行迎图》。①

该画绘制于直径 28 厘米的漆奁盖壁立面上,环形,通景,长 87.4 厘米,高 5.2 厘米。它的画幅虽小,却内容丰富,情节连贯,首尾分明。画上计有 26 个人,9 只雁,10 匹马,4 辆车,2 条狗,1 头猪,5 株柳。画面所写对象虽多,但并不显得拥挤,足以促使人们对春秋战国乃至更早的绘画水平给予重新认识。

从艺术手法来讲,该画以黑漆为底色,以红、黄、金三色彩绘,画出乘车冠服人物,侍立道旁和伏拜于地的迎谒者,以及衬托其间的树木、犬、雁等。尽管作者受原料和漆器本身条件的限制,无法描写细部,但以线勾勒轮廓,平涂填色,仍达到了理想的装饰效果,具有较强的艺术感染力。

从该画所反映的内容来看,画中情节被五株柳树分为五段二组。第一组分三、四段,绘有乘车骑马人物,襦衣青襟随从的出行图;第二组为一、二段,绘右行的车马人物,右摆的树枝,与一组相向而行的出迎场面,第五段则是两组壮观场面的点缀。乍一看,好像是一套组画或一组连环画。可是,除了大雁外,各段的具体人物、车马、柳树等还是有所变化的,冲破了连环画中那种重复出现的现象。因此五株柳树与其说有分组的作用,不如说具有贯通整个画面的功能。用树分割或贯通画面的古代绘画作品不绝于史。其树大致分为两种:一种是建木、扶桑、社树之类的神木,形态庄重,对称,静止,单纯,图案化;一种是普通的树木,千姿万态,生机勃勃。很明显,该画的柳树属于第二种,柳枝迎风招展,摇曳多姿。因而,该画是同类型中最早的出类拔萃的作品。

这幅画是迄今为止已知中国最早的情节性纪实画,也是最早的通景彩画。根据以往的认识,先秦不乏主题性绘画,但往往选择情节中高潮的一瞬,而没有展现情节的发展过程,真正的情节性绘画到汉代以后才开始出现。情节,通常包括事件的开始、发展、高潮、结尾几个环节,各环节的显现和发展在时间上有连贯性。《王孙亲迎图》在表现邵某迎亲这个故事情节时,截取了情节的发展——车马出行、高潮——接待的这两个关键环节,并且给予观众以开始、结尾的联想。

先秦以来,对于绘画表现对象的难易问题,《韩非子》有"犬马最难"的结

① 胡雅丽:《包山 2 号墓漆画考》,《文物》1988 年第 5 期。

论。顾恺之也称"画人最难",民间画诀也有"画兽难画狗,画树难画柳"的说法。而令人吃惊的是,《王孙亲迎图》集所有难画对象犬马动物、人物、柳树等于一图,却给人以非常自然、恰到好处的感觉。这也可见,该画的画师画技之高明,迥不同于凡人许多。

《王孙亲迎图》作为春秋战国时代纪实的风俗画,具有历史文化的多层意义。因为有关战国时代贵族礼制活动的绘画,还是首次发现。由于楚国礼仪文献已经失传,这幅画所体现的楚国婚俗、车马、旌旗、服饰、道路等形象材料,就显得特别珍贵。

4. 长沙战国墓漆奁狩猎彩绘画等

早在 1952 年,在湖南长沙颜家岭战国楚墓 35 号墓,也曾出土过一件彩绘狩猎纹的漆奁。器壁以黑漆为地,绘朱色花纹。纹饰分五圈。第一、三、五圈为鸟头变体云纹。第二圈为狩猎纹,一猎人正张弓待发,在追赶一头野牛;野牛前有一持戟猎人追逐刺杀,随后一猎犬正追赶一兽。第四圈为一驯兽者牵着一猴,面向两只奔跑而来的兽,还有两只鹤在争食,另一长尾鸟正快步赶来欲夺。[1] 所有这些情景,构图想象丰富,笔法简练,神情生动,都描绘得活灵活现,非常生动形象,极充分地显示了战国时绘画艺术的巨大成就。

此外,南方地区出土的战国楚墓漆画资料,非常多见。比如:1965 年,湖北省江陵发掘望山一号墓,出土战国中期木雕彩绘座屏 1 件,彩绘虎座凤架鼓;[2]1973—1976 年,湖北省江陵雨台山发掘楚墓 558 座,年代从春秋中期到战国晚期前段,出土很多漆器,其中 427 号墓出土的彩绘木雕鸳鸯豆、166 号墓出土的虎座立凤,都是融雕塑与绘画为一体的不朽杰作;[3]1984 年,湖北省当阳曹家岗 5 号春秋墓内出土的漆木瑟彩绘将龙、凤、龟等奇禽异兽融为一体,并用云雷纹作衬地;[4]1988 年,湖北省当阳赵巷 4 号春秋墓中出土一批木漆器,其中 13 号漆俎绘画为最典型,将鹿、龙、虎等形象融合一体,在楚墓绘

---

① 2009 年 5 月 22 日至 8 月 30 日,由湖南、湖北、河南、安徽四省联合举办的"凤舞九天——楚文物特展"在湖南省博物馆展出。其中就有这件彩绘漆奁。

② 湖北省文物工作队:《湖北江陵三座楚墓出土大批重要文物》,《文物》1966 年第 5 期。

③ 荆州地区博物馆:《江陵雨台山楚墓》,文物出版社 1984 年版。

④ 余秀翠:《当阳春秋墓部分漆器图案浅析》,《楚文化研究会第五次年会》,打印稿。1990 年 6 月。

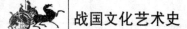

画中极为少见。① 另外,在湖北云梦睡虎地秦墓出土的战国晚期漆盘上的装饰性绘画等,②都是反映这一时期漆画水平的重要资料。限于篇幅,不能一一列举。

5. 战国漆画艺术的特征分析

总结以上战国漆画的各方面资料来看,如果从这些漆画所附着的器物来说,我们可以将战国漆画主要分两大类:

一类是纯与丧葬制度有关的物品,如漆棺、漆器镇墓兽、漆器随葬品等。这一类漆器较为少见,所绘的漆画多与巫术内容有关,以思想信仰为主题,引墓主人灵魂升天,逐鬼护灵等,往往以神、巫、鬼、怪和奇禽异兽作陪衬,画面表现出了浓厚的神秘主义色彩。

这一类漆画所表现的内容,如禽兽、神怪、人物形象与《山海经》《楚辞》等古文献所记载描写的天地、山川、神灵内容十分吻合。如战国早期曾侯乙墓漆棺上描绘的引魂升天的羽人、鸾凤,人面鸟身珥蛇践蛇的"禺疆","其身九曲,有角觺觺"的"土伯",衔烛以照太阴的"烛龙";漆衣箱上描绘的"后羿射日";战国中期长台关楚墓锦瑟漆画上的人面鸟身鸟爪、张翼的羽人、御龙遨游云气间的神人;曾侯乙墓漆棺、湖北江陵楚墓木雕座屏、湖南长沙颜家岭楚墓漆奁上都有啖蛇的大鸟,以及一些虎座上的飞鸟、镇墓的怪兽等,这些琦玮诡谲的神怪画像,使得战国漆画成为一个充满浪漫想象与激情的,包含着丰富神话内容的艺术世界。王逸《楚辞章句》云:"昔楚国南郢之邑,沅湘之间,其俗信鬼而好祠,其祠必作歌乐鼓舞以乐诸神。"战国楚墓漆画明显表现了楚人"信鬼而好祠"的习俗和乐舞祭祀鬼神而形成的浪漫主义精神,这也正突出显示了楚国所具有的地域文化。

另一类是日常生活中的实用器皿,后也用作随葬品,如漆雕座屏、漆豆、漆盾、漆箱、漆盘、漆奁、漆盒、漆杯、漆尊、漆俎、漆几、漆案、锦瑟等。这一类漆器发现较多,画面内容多以社会生活为主题,有的甚至直接描绘人间生活场景,诸如狩猎、乐舞、宴饮、聘礼行迎等活动,可视为古代生活的风俗画。

这一类漆画中对现实生活的日常场景做了细致描绘和生动再现,如曾

---

① 余秀翠:《当阳春秋墓部分漆器图案浅析》,《楚文化研究会第五次年会》,打印稿。1990 年 6 月。

② 云梦睡虎地秦墓编写组:《云梦睡虎地秦墓》,文物出版社 1981 年版。

侯乙墓鸳鸯形盒两侧的撞钟击磬图和击鼓舞蹈图,长台关楚墓锦瑟上的狩猎、燕乐场景等。这些日常生活场景的画面,虽然也都具有造型夸张乃至奇特怪诞的特点,但无疑是战国时代才会有的一些生活场景,对于我们感性地发现和认识战国时代的社会生活画卷,无疑是一批极其有用的直观资料。

而在一些漆画中,则将这两者有机地结合起来,不管是内容上神秘主义和现实主义结合,还是表现技法上写实与夸张结合,都并不显得突兀,而是非常自然。这与以前的装饰绘画相比,在装饰性和描绘性的有机融合方面,在对物像情态的体察和表现方面,都显示出极大的进步。

从绘画的表现技法而言,战国漆画普遍以线条造型为主,采用了勾线和平涂相结合的方法绘制而成,线条婉转自如,笔力流畅,色彩鲜明。在描绘形象方面,出于装饰图案的需要,舍弃了若干细部形象的刻画,而致力于人物、神怪、动物动态和器形特征的塑造。如曾侯乙墓内棺漆画刻画人物仍是用线构形,因为画面较小,一般不做细部的具体描绘,用线勾勒轮廓,平涂色彩,注重整体效果,讲求形似,以形传神。虽技法简单,却别有情趣。

此时也已出现了初步的透视画法之尝试,例如湖北荆门包山楚墓出土的漆奁画面描绘正侧面车马形象,辕和马的画法已是近处的一匹马绘全身,稍远的则在它身后显露出头和脊背,比起一些镶嵌法青铜绘画中将四匹马平列在车辕上下,上侧两匹足朝天,下侧两匹足朝地的办法,明显进步了。战国末至秦的咸阳宫壁画的车马,也已采用这样的构图。

此时绘画的构图方式疏密有致,灵活多变。在漆内棺的大型画面上,采用饱满对称而分层次的构图方式;在漆箱和漆盒的独幅小品中,采用比较疏朗活泼的构图方式。而在信阳楚墓锦瑟升仙图上,则采取分节分段单独成幅,内容又有一定联系的构图方式。在包山楚墓奁盒漆面上,由于是圆形器,绘画围绕一周,情节连贯,似有长卷画的表现方法,给人以场面宏大的感觉;曾侯乙墓的内棺漆画,则是用众多繁缛的线条构画成幅,其内容多见重复,有些也讲究对称,但要求不甚严格,不拘自然形式,较多地使用主观想象,加以变形和创造。

战国漆画在色彩运用方面也有独特之处,大多以朱、黑两色为基调,继承"禹作祭器,墨染其外,朱画其内"的传统。通常以黑漆为地,以红漆和其他各种彩漆描绘,经久不变,色调对比鲜明而典雅。此外还使用了黄、蓝、绿、白、褐、金、银等10多种色彩,造成对比强烈、变化丰富、堂皇富丽的气象。

如果没有重彩涂染描绘,这些艺术品就很难神采飞扬,栩栩如生。

从工艺角度来讲,战国漆器工艺也有非常显著的成就。漆画是附属于漆器上的装饰图案,与具体器物的实际功能密切相连,有些脱离原附器物就无法构成内容完整的画面。实际上,漆画的形成也非常有赖于漆器工艺的进步和纯熟。从这些非常完美的漆器工艺作品来看,其使用麻布制胎夹苎技术已很普遍,涂漆匀洁,颜色(红和黑)鲜丽。图案构图极为巧妙精美,线纹或细如发丝,或匀称厚重,涂漆工艺技术也达到较高水平。也有些漆器的纹饰为针刻,线条劲利流畅,表现出很高的绘画水平。漆器胎骨以木胎居多,也有夹胎和竹篾胎。此外,髹漆、彩绘还有施加于铜、陶等物品的,漆器镶嵌也有很大发展。

(三)战国时代的青铜器装饰绘画艺术

在中国先秦时期,青铜器工艺及其造型艺术是一种具有独特风格的艺术门类,是中国艺术史中的瑰宝。其铸造工艺包括了装饰、书法、绘画、雕塑艺术,形成了集各类艺术之大成的独具特色的中国金属工艺学。夏商周青铜器的铸造工艺所取得的巨大成就,为中国古代传统美学风格的形成打下了坚实的基础,并对后代诸多艺术门类的发展都有着极为深远的影响。因此,青铜器工艺及其造型艺术是中国古代艺术史研究中的一个重要课题。

一般认为,古代青铜器以商周时期为最,到了春秋以后就呈衰败趋势了。就青铜礼器来说确实如此,但是实际上战国时代青铜器在日常生活中却得到了普遍发展,比如铜镜在战国时代,至少在统治阶级中已经普遍使用。除此之外,战国时代的青铜器铸造有诸多新成就,比如不仅在器型种类上增其旧制,在制作工艺上均有空前的进步翻新,出现了前所未有的错红铜、错金银、鎏金、鎏银等复杂工艺,而且在花纹装饰上出现了各种制作工艺不同而都繁花似锦、美不胜收的画像图案,等等。总而言之,战国时代青铜器铸造又达到了新的高峰。

在此,我们谨就战国时代青铜器纹饰和画像艺术,做一简单的描述。青铜器纹饰和画像艺术,是战国时代绘画艺术的一个重要方面。

1. 战国青铜器装饰绘画艺术概况

青铜器装饰绘画艺术,是在青铜器外表进行的装潢修饰所达到的艺术效果。装饰艺术同其他艺术门类一样也具有强烈的时代感,反映了某一个时代人们的审美思想和审美对象。因此不同时期的青铜器就有不同类型的纹饰,不同类型的纹饰具有不同效果的艺术风格。我们较多注意的是商周青铜器的装饰艺术,其装饰大多以变形的动物纹样为主,比如著名的"饕餮纹""夔龙纹""云雷纹"等等,也有一些抽象的几何纹,具有一种庄严、肃穆、恐怖和神秘的艺术风格,反映了商周时期人们的某些思想活动和精神追求。

到了战国时代,青铜器装饰艺术除了沿袭商周时期的变形动物纹、几何纹外,更主要的是出现了反映社会现实生活某些场面诸如战斗、狩猎、宴饮、车马、建筑等画面,虽然构图简单,线条质朴,但刻画娴熟,有的达到了形神兼备的程度,具有一种轻松、活泼、自然和写实的艺术风格。

战国青铜器画像装饰的产生并非空穴来风,也绝不是偶然的,而是有它产生的历史背景和现实基础。最早可以追溯到商代,殷墟出土的司母戊鼎的耳部有鱼、虎、人头画像,在一片神秘主义色彩的青铜器装饰艺术氛围之中,有了现实主义风格的初步萌芽。西周时期的青铜器,这种类型的装饰造型艺术虽非主流风格,但也并不罕见。到了春秋中晚期,这种风格的青铜器装饰艺术就已经有所发展。如河南固始侯古堆春秋墓出土的铜三足壶、铜方豆就已有龙、虎画像,新郑出土的春秋莲鹤方壶的腹部又有凤凰画像。但是那只是以个别的纹样出现,而且装饰性较强,远不如战国青铜器装饰绘画艺术那样丰富多彩,更贴近于生活图景,更能反映时代特征,而使装饰艺术具有绘画的特点。

战国时代是中国早期历史上社会大变革、大动荡的阶段,出现了所谓"礼崩乐坏"的局面。在对待天地人神的宗教思想方面,人们的思想相对解放,表现出对商周以来的"尊神""敬天"传统观念的怀疑甚至动摇。周内史叔兴和郑申繻明确提出"吉凶由人"①和"妖由人兴"②的见解,天神处于人的附属地位,"神,……依人而行"③;此时著名的思想家荀子还提出"天行有常,不为尧存,不为桀亡"④的观点,认为天是自然的天、物质的天,不是人为或神为的天,并提出了"制天命而用之"的著名论断,认为可以使天地万物为人服务。他们都把人看得比天神更有自主性,把现实社会生活看得比神界天国

---

① 《左传·僖公十六年》。
② 《左传·庄公十四年》。
③ 《左传·庄公三十二年》。
④ 《荀子·天论》。

更重要。

这种社会思潮和以人为本的进步思想,必然要影响到此时青铜器的铸造和制作,因而战国青铜器造型多样,样式翻新,除了用于祭祀的钟鼎重器以外,日用生活所必需的容器、器皿增加了许多,所以就装饰题材和内容而言,其领域与以往就有了不同。

这一时期,青铜器装饰绘画艺术除了保持春秋时期的装饰纹样或单独动物造型外,更重要的是出现了有一定故事情节的一幅幅精美画面的绘画艺术。这些青铜器装饰绘画,描绘现实生活的题材丰富多彩,使青铜器艺术突破了旧框框,在创新方面有了长足的发展。如河北、山西、陕西、四川、河南等地出土的和上海博物馆、故宫博物院收藏的战国青铜器,以及流往海外的战国青铜器中,有许多雕嵌、浮铸着写实画像。其数量之众多,纹饰之精美,确实令人赞叹。

战国时代带有装饰画像的青铜器多达三十余件:汲县山彪镇1号战国墓出土一对铜鉴,其外壁各镶嵌286人,图案上人人短装佩剑,头梳短发或头戴帻巾,手执武器对战交锋,姿态各异,为水陆攻战图;辉县琉璃阁甲乙墓出土画像青铜器三件,器物上浮雕龙、凤、虎、鹿、象、鸟、

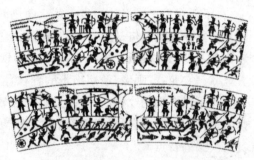

图3-5　汲县山彪镇战国铜鉴水陆攻战纹饰

蛙画像,镶嵌红铜龙纹画像;①辉县琉璃阁1号战国墓出土刻纹铜套一件,器盖、器壁上刻有龙、蛇、鸟、树及乐舞狩猎画像;辉县琉璃阁56号战国墓出土四件画像铜壶,其腹部铸有鸟衔蛇、攻兽、攻鹿、攻兕、射怪兽画像;辉县琉璃阁59号战国墓出土两件画像铜壶,其腹部铸有鸟衔蛇、"巫"、攻虎、捕"鹏兜"、鸟踏蛇画像;辉县琉璃阁60号战国墓出土两件铜鉴,其腹部纹隙中浮雕有许多壁虎之类的小爬行动物,作为补白;同墓还出土一件铜盘,其耳部龙纹之首为浮雕,身上鳞甲写实;辉县琉璃阁75号战国墓出土四件画像铜

---

① 赵新来、韩绍诗、周到:《河南、陕西等地发现的古代青铜器》,《文物》1965年第5期;郭宝钧:《商周铜器群综合研究》,文物出版社1981年版。

鉴,外壁双勾龙飞凤舞画像,内腹作游鱼浮鸭的浮雕;同墓出土六件猎壶,腹铸二女采桑及鸟蛇交斗画像;辉县琉璃阁 76 号战国墓出土四件猎壶,腹铸"巫"、鸟蛇交斗、攻虎、攻兕、射飞鸟及采桑舞乐画像;[①]辉县赵固镇 1 号战国墓中出土一件刻纹铜鉴,其外壁刻宴乐射猎画像;[②]陕县后川 2041 号战国墓出土一件画像铜壶,其腹部镶嵌有鸟、兽、鹿画像;同墓还出一件刻纹铜匜,上刻树、鱼及祭祀图像。[③] 1973 年辉县占城公社三位营大队战国墓还出土有几件刻纹铜鉴、铜匜(残),其内刻有乘车射虎、狼争食兽画像,乘车射兽画像,马、鸟、建筑物画像,拜谒、祭祀、宴乐、舞蹈及斗兽画像。[④]

除了以上集中出土于河南的战国青铜器刻纹画像材料之外,在河北、山西、陕西、山东、江苏、湖南、四川等地战国遗址,以及故宫博物院、上海博物馆,甚至国外一些博物馆中,也都有类似的战国青铜器刻纹画像遗物的出土和馆藏。如河北怀来北辛堡 M1:88、89 铜缶两件[⑤],河北邯郸百家村 M57:25 铜匜(残)、M3:75 铜匕[⑥],河北涞水永乐村铜匜[⑦],山西长治分水岭 M12 铜匜[⑧],陕西凤翔高王寺窖藏铜匜[⑨],山东平度岳石村 M16:60 铜匜[⑩],江苏六合程桥 M1 铜盘(残片)[⑪],江苏六合和仁铜匜[⑫],湖南长沙黄泥坑 M5 铜匜[⑬],四川成都百花潭铜壶[⑭],故宫博物院所藏战国刻绘青铜器残片[⑮],上海博物馆藏

① 郭宝钧:《山彪镇与琉璃阁》,科学出版社 1959 年版。
② 中国科学院考古研究所编著:《辉县发掘报告》下编,科学出版社 1956 年版,第 116 页。
③ 黄河水库考古工作队:《1957 年河南陕县发掘简报》,《考古通讯》1958 年第 11 期。
④ 田学祥:《河南辉县三位营发现战国铜器》,《文物》1975 年第 5 期。
⑤ 河北省文化局文物工作队:《河北怀来北辛堡战国墓》,《考古》1966 年第 5 期;敖承隆:《河北怀来县北辛堡出土的燕国铜器》,《文物》1964 年第 7 期。
⑥ 河北省文化局文物工作队:《河北邯郸百家村战国墓》,《考古》1962 年第 12 期。
⑦ 孟昭林:《河北涞水县永乐村发现一批战国铜、陶器》,《文物参考资料》1955 年第 12 期。
⑧ 山西省文物管理委员会:《山西长治市分水岭古墓的清理》,《考古学报》1957 年第 1 期。
⑨ 韩伟、曹明檀:《陕西凤翔高王寺战国铜器窖藏》,《文物》1981 年第 1 期。
⑩ 中国科学院考古研究所山东队:《山东平度东岳石村新石器时代遗址与战国墓》,《考古》1962 年第 10 期。
⑪ 江苏省文物管理委员会等:《江苏六合程桥东周墓》,《考古》1965 年第 3 期。
⑫ 吴山菁:《江苏六合县和仁东周墓》,《考古》1977 年第 5 期。
⑬ 湖南省博物馆:《长沙楚墓》,《考古学报》1959 年第 1 期。
⑭ 四川博物馆:《成都百花潭中学十号墓发掘记》,《文物》1976 年第 3 期;杜恒:《试论百花潭嵌错图像铜壶》,《文物》1976 年第 3 期。
⑮ 梓溪:《战国刻绘燕乐画像铜器残片》,《文物》1962 年第 2 期。

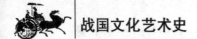

品铜椭杯(舟)①,卢芹斋藏品铜匜②,等等。以上这些青铜器画像,再现了战国时代社会生活的许多侧面,诸如园林、宴饮、舞乐、攻战、游猎乃至采桑等错综复杂的社会生活场景,显得生动活泼,晶莹耀目,闪烁着现实主义的光华,表现出显著的时代特征。

2. 战国青铜器装饰绘画的不同类型

青铜器装饰绘画多以建筑、车马、人物、鸟兽,以及神怪的图像,构成宴乐、狩猎、战争等画面,表现社会生活或神异的题材,形成特殊的艺术形式。这种战国时代独特的绘画形式,有赖于其独特的制作工艺。

据研究,战国时代青铜器装饰绘画工艺,主要是利用了镶嵌和针刻图像的方法,用以表现绘画的线条造型和复杂构图。③

(1)战国青铜器装饰绘画的镶嵌法

所谓镶嵌法,或可称嵌错法,指在形体较大、器壁较厚的青铜器比如鉴、壶的外壁,先按画面构图及所含具体形象,刻出沟纹,将黄铜嵌入,然后将表面锉平,成为以青铜为衬底、以黄铜为图案的镶嵌图画。比如洛阳金村出土战国铜镜背嵌错的骑士刺虎图画,可以归入此类。

至今发现的铜器镶嵌画多为战国时代的作品。较早的春秋时期的作品,仅仅以红铜嵌错出兽形纹,还没有形成由建筑、人物、车船等组成的、完整的主题画面。根据考古发掘资料,在河南、山东、安徽、四川等省的春秋战国墓葬中,都发现过在青铜器上嵌错图纹的实例,传世文物中也有不少带有镶嵌图像的青铜鉴、豆等器,图像题材多为狩猎、弋射、采桑等场景。它们常常分成上下数栏形成围绕器物外壁的装饰花纹带,将其展开则成为长条状的画面。

1935 年在河南省汲县山彪镇战国墓中发掘出的两件青铜鉴,器表错嵌着水陆攻战图像,堪称主题镶嵌画的代表作。④ 山彪镇的两件青铜鉴,分别高 29.6、30.1 厘米,径 54.5、54.6 厘米。鉴的外壁表面布满镶嵌画,分为上

① 马承源:《漫谈战国青铜器上的画像》,《文物》1861 年第 10 期;上海博物馆编:《上海博物馆藏青铜器》,上海美术出版社 1964 年版。

② 中国科学院考古研究所编:《美帝国主义劫掠的我国殷周铜器集录》,科学出版社 1962 年版,第 1169—1171 页。

③ 叶小燕:《东周刻纹铜器》,《考古》1983 年第 2 期。

④ 郭宝钧:《山彪镇与琉璃阁》,科学出版社 1959 年版。

中下三栏。由于器体设有互相对称的四个鉴耳，又把画面分成四个等分，连续起来才形成整体画面。

上栏和下栏为副画面，展开后成为长条形状，是连续的步兵战斗场面。战斗双方的士兵都装备有远射的弓箭，近战用的戈、戟、剑、盾，短兵相接时的短剑。他们有的在弯弓射击，有的甚至因戈、戟在激烈的战斗中折断，只好展开肉搏。有的士兵在战斗中获胜，一手高悬短剑，一手提着敌人的首级。

中栏是主画面，展示更为壮丽的战斗场面。它又可以分为两幅：一幅是楼船水战情景，一幅是城堡攻坚情景。楼船水战的画面中，有两艘大型战船相对驶来，船体结构分上下两层。下层是持桨划进的水手，他们的腰间佩着短剑。上层甲板的最前端插着旌旗，勇猛的战士手持长戟奋不顾身地与敌船上的敌人格斗，也有的张弓射敌。船尾竖立着战鼓，一人擂鼓指挥战斗。为了强调水战的特殊环境，船体下画出一行游鱼和龟鳖。城堡攻坚的画面中，上方横绘一条线代表城墙，墙上排列着守城的战士。墙下是利用云梯向上攀缘攻城的敌军。敌军以盾遮护着身体，挥舞着剑和戈，呐喊着向上冲杀。梯下的弩手向城上射箭，以进行掩护。守城的战士临危不惧，奋勇杀敌。不少敌人被砍头而坠下云梯，一些战士手中还提着敌人的首级。看来最后的胜利属于守城的战士。与激烈的战斗场面相对照，城内是一派战后庆功欢饮场面。左侧是战士在席间列坐，右侧是两人站着双手执觯敬酒。其安谧稳定的祥和气氛与紧张激烈的攻战场景形成强烈对照。

20 世纪 60 年代初四川省成都市百花潭战国墓的青铜壶和故宫博物院所藏铜壶的镶嵌画，则是两件代表作。[①] 器表也都分上中下三栏，嵌错出习射、采桑、宴乐、战斗等画面，还有一些兽纹图案。水陆攻战仍旧是画面的主要内容，安排在壶腹居中的主要位置上。两壶上的水陆攻战画面，大体上与前述山彪镇铜鉴相同，比如两战船相对的构图，下层水手、上层战士，以及旌旗、金鼓的配置。只是在具体细部的刻画上略有差异，如百花潭铜壶，战船下面的水中没有鱼鳖，而故宫藏铜壶不仅有游鱼，而且有落水的士兵。由此可见，当时已流行一种规范的构图粉本。这几件器物可能是根据某种规范完成的，仅在局部的描绘上显露出一些个人风格。

---

① 四川省博物馆：《成都百花潭中学十号墓发掘记》，《文物》1976 年第 3 期；杜恒：《试论百花潭嵌错图像铜壶》，《文物》1976 年第 3 期；《战国刻绘宴乐画像铜器残片》，《文物》1962 年第 2 期。

但是,它们的题材又不局限于此,在这个铜壶的颈、肩上布置的两栏镶嵌画,表现的是宴乐、射弋、采桑、狩猎等场景。在颈部的上栏,画面展开后是左为习射、右为采桑的图像。适应表现的需要,作者把前后并立的物像改成上下并列的方式描绘,比如桑树画在上面,采桑人画在下面。

(2)战国青铜器装饰绘画的针刻法

所谓针刻法,也可以称为锥刻法,是用一种高硬度的刻刀刻契于青铜器的外表而成的做法。铜器针刻画,主要装饰于器壁较薄的青铜器,常常刻在盘、洗、匜等大敞口的浅腹器皿的内壁面上,也有的刻在缶、奁等物的外表上,内外壁面都有刻纹的极少。由于这种带有针刻画的器皿青铜器器壁极薄易碎,所以很难完整地保存下来,被发现的常常是一些残器甚至残片。

青铜器装饰绘画针刻法在制作时,以高硬度的刻刀锲刻,完全以线条勾勒表现形象。与战国时代青铜器纹饰已趋向柔和俊逸的特点相比,这种铁笔铜画所雕刻出来的画像都是相当苍劲健捷、古朴有力的。它的线条有两种形式:一种是由连续刻的点组成线条,一种是基本连续的线条。事物的形貌完全以线条(或连续刻出的点所组成的线条)勾勒表现,形象纤细,构图繁缛,足以反映现实的社会生活情景。

带有针刻画的青铜器,在河北、山东、江苏、河南、湖南、山西、陕西等省的春秋战国墓葬中都有出土。其中代表作品如河南辉县赵固出土的鉴、陕县后川出土的盘和匜,山西长治分水岭出土的匜,江苏六合和仁出土的匜,湖南长沙黄泥坑出土的匜,以及故宫博物院和上海博物馆分藏的盘和椭杯等器。除了常见的盘、匜外,还有一种不常见的"篦形器"。

一般来讲,一座战国墓葬中只有一两件针刻装饰绘画青铜器,陕县后川出土的铜匜、辉县琉璃阁一号墓出土的铜奁、辉县赵固镇出土的铜鉴、三位营出土的铜匜、铜鉴,纹饰是用犀利的尖刀在极薄的铜器上刻画出来的。只有江苏省淮阴市高庄战国墓出土的数量最多,共20余件。其中的几件描绘虚拟的神怪图像的盘、匜和篦形器,可谓这种针刻青铜绘画的典型代表。[1]

针刻画的题材,也可分为虚幻的神话题材和真实的社会生活题材两类,但是这两类题材绝不出现在同一画幅之内。在写实的画面中,常常以一幢建筑为中心,室外列鼎烹煮,室内设案陈樽。主人在室内宴饮宾客,奴仆小

---

[1]　淮阴市博物馆:《淮阴高庄战国墓》,《考古学报》1938 年第 2 期。

心伺候，为他们从樽中倒酒，从鼎中取肉，不断将盛满酒浆和食物的觯、豆捧送到席前。宴饮时还设置舞乐，陈列着编钟、编磬、鼓、琴等乐器，乐师演奏，舞伎翩翩。有些写实画面也以建筑为中心，画的却是贵族习射的画面。狩猎场面的图像也属常见，刻画出车马、猎手、禽兽、树木等形象。

3. 战国时代青铜器绘画题材

战国时代的青铜器纹饰题材已突破了商周以来的格局，挣脱了宗教的束缚，自由地表现出现实生活中的人间趣味，体现出艺术与现实的密切关系。《韩非子》中讨论了绘画题材难易问题，表明新时代要出现新的美术理论和美术实践。战国青铜器上的画像除了少量轻淡的神怪外，大篇幅地表现了人世间现实生活图景：荷戟的人、攻城的武士、飞驶的战船、引满的弓、飞行的鸟、驰跃的兽、载歌载舞的伎人、执豆觯的拜谒者，等等。战国青铜器纹饰中出现描绘人间现实生活的题材，与韩非的美学理论是吻合的。

战国青铜器装饰绘画，既反映了当时社会生活的真实场景，这些铜器画场面宏大，人物众多，构图有条不紊，造型手法活泼自由，充满韵律感，生动地再现了当时生活的真实面貌；也反映了当时人们崇拜远古神话中的神物和信奉祥禽瑞兽的宗教思想，且构图复杂，形象丰富，往往刻着一些头生双角、鸟首长尾的操蛇神怪。仔细分别起来，这些题材可以概括为以下几个方面：①

战争场面：战国时代的战争，规模大，战术高，武器也逐渐得到改良。战争形式有陆战、水战、攻坚战、阵地战等。这些战况在青铜器画像中都清晰可见。他们所使用的武器有长戟、短戟、戈、矛、剑、盾、弓箭、抛掷物等。其中勾刺兼用的就有短戟和长戟，长戟可以隔人而杀；可刺可斩的剑大多是随身佩带。这些武器使用起来，杀伤力都很强，图中所见之盾侧视为弧线，呈边迤中凸状，似后世的藤牌，使用时往往是左盾右戈，一守一攻。云梯之制在图中尽现。画像中云梯有轮，一人推轮前进，三人在梯下扶架。《墨子·公输》："公输般为楚造云梯之械，成。"表明战国时代确有云梯。有轮之云梯又名"楼车"，《左传》服虔注文："楼车，所以窥望敌军，兵法所谓云梯也。"《淮南子·修务训》注："攻城具，高长上与云齐，故曰云梯。"鼓、旌旗在图中也可见到。画像右方指挥者手执双桴，击鼓，鼓下有丁宁，左方亦然。《左

---

① 张英群：《试论河南战国青铜器的画像艺术》，《中原文物》1984 年第 2 期。

传·宣公十四年》："伯棼射王汰辀,及鼓跗,著于丁宁。"《淮南子·兵略训》："闻鼓则进,鸣金则退。"丁宁即金,击鼓或丁宁以指挥军队的进退,激励士气。鼓上饰有羽旌,两军面前各竖一戟,《周礼·春宫》："司常,掌九旗之物名,……析羽为旌。……凡军事,建旌旗。"相对立的两军展开了旗鼓相当的阵地战。诸侯国之间经常使用船只往来,并有了战船的记载。《左传·哀公十年》："齐人弑悼公,赴于师。吴子三日哭于军门之外。徐承帅舟师将自海入齐,齐人败之,吴师乃还。"《战国策·楚策一》："张仪为秦破从连横说楚王曰:'舫船载卒,……下水而浮,一日行三百余里。'"画像中双方各六人一舟进行水战,舟后各一人推舟,舟上分别有四人划桨,舟前各有一人护舟交战,实为战船图像,可与文献相印证。

劳动场面:采桑养蚕是春秋战国时代人们的一项重要生产活动。《诗经·豳风·七月》写道:"春日载阳,有鸣仓庚,女执懿筐,遵彼微行,爰求柔桑。"暮春季节,姑娘们采桑养蚕十分忙碌。辉县琉璃阁75号墓出土的铜豆柄上和76号墓出土的铜壶盖上,都铸刻有采桑图,铜豆柄上的桑树是乔木类的树桑,铜壶盖上的桑树是灌木类的地桑。图像上有的提篮采桑,有的举起两手,舞弄长袖,翩翩起舞,婀娜多姿。有的跪着似在吹竽,伴歌伴舞。她们且采桑且舞蹈,显得采桑劳动是那样地欢快。《诗经·陈风·东门之枌》："东门之枌,宛丘之栩,子仲之子,婆娑其下。"大意是东门有枌树,子仲家的姑娘,在树下跳舞。宛丘在今河南淮阳境内;栩树中,有一种麻栩,其叶可饲柞蚕。可见姑娘们在桑树底下,且采桑且舞蹈,是当时的一种习俗。

宫殿建筑:战国时代,诸侯贵族为了追求舒适的宫室居处,往往在数仞高的堂基上起房架屋。《孟子·尽心下》："堂高数仞,榱题数尺,我得志弗为也。"辉县赵固村出土的铜鉴上刻有四阿重楼、

图3-6 辉县赵固镇铜鉴纹饰建筑图案

高台起屋的建筑。《尚书·泰誓上》："惟宫室台榭陂池侈服,以残害于尔万姓。"疏:"李巡:……台上有屋谓之榭。又云无室曰榭,四方而高曰台。"图像中的建筑物就是台榭建筑。其建筑物飞檐翼角外挑,房顶瓦垄成行,《春秋》隐公八年有"盟于瓦屋"的记录。战国时代诸侯宫室用瓦顶者逐渐增多,已

代替了以前的茅茨屋顶。类似图像中的大屋顶建筑,由于木架连叠,檐角外挑,上复板瓦,重量很大,劳动人民便发明了"斗拱"。《尔雅·释宫》:"枅谓之栭(㰘也),……大者谓之栱。"郝懿行义疏:"柱上斗栱,所以拱持梁栋,故《广韵》云:'枓,柱上方木也。'"辉县琉璃阁一号墓铜奁、辉县赵固镇一号墓铜鉴上所刻建筑物,立柱的顶端都有大于柱径的方木,这即是最早的栌斗。辉县赵固镇一号墓铜鉴上,在建筑物的屋脊上有二鸟站立之象。《诗经·小雅·斯干》:"筑室百堵,西南其户。……如跂斯翼,如矢斯棘,如鸟斯革,如翚斯飞。"屋脊上二鸟作"翚飞""鸟革"之象,可能就是我国建筑物上出现的早期脊饰。辉县琉璃阁一号墓铜奁上,车的左侧为阙形建筑。阙,是营造在城门、宫殿、祠庙、陵墓前的两个对称的建筑物。《诗经》上有"纵我不往,子宁不来,挑兮达兮! 在城阙兮"的记载。阙不仅是建筑物前的威严装饰,而且也可以凭此登高瞭望,王朝法令布告也往往悬挂其上,以晓国人。

宴乐场面:辉县赵固镇出土的铜鉴、辉县琉璃阁出土的铜奁、三位营出土的铜匜上的画像皆出现战国时代贵族阶级的宴乐生活。《左传·襄公十六年》:"晋侯与诸侯宴于温,使诸大夫舞,曰:'歌诗必类。'"可见当时宴饮时,有歌舞钟鼓助兴。从图像中可以看出,用于宴饮的器具有鼎、豆、觯、壶、勺;乐器有竽、笙、鼓、搏拊、编钟、编磬。《周礼·春官·笙师》:"掌教吹竽、笙。"郑玄注引郑司农云:"竽,三十六簧。"贾公彦疏:"竽长,四尺二寸。"《尚书·益稷》:"搏拊琴瑟以咏。"注:"搏拊以韦为之,实之以糠,所以节乐。"辉县琉璃阁出土的铜奁图像中见搏拊呈囊形似钟类之乐器。鼓为楹鼓,鼓面横出。舞者有长袖舞,除人舞外还有一兽张口竖尾作欢跃状,尚有"击石拊石,百兽率舞"[1]意象。辉县赵固镇出土的铜鉴上,在宴欢场面中,还有投壶游艺。投壶在战国时代已非常流行,《左传·昭公十二年》记载:在晋昭公继位时,各国的君侯都去祝贺,晋昭公与齐侯(景公),还有中行穆了宴饮时以投壶为乐。"晋侯先,穆子曰:'有酒如淮(水),有肉如坻,寡君中此,为诸侯师。'中之。齐侯举矢曰:'有酒如渑,有肉如陵,寡人中此,与君代兴。'亦中之。"关于投壶的礼仪,《礼仪·投壶》篇中有较详细的记载:"投壶之礼,主人奉矢,司射奉中,使人执壶。"投壶之法叙述得也较具体。

车马狩猎场面:辉县琉璃阁出土的铜奁上刻有人们乘坐的车,车的长辕

---

[1] 《尚书·尧典》。

端有轭具,下有支架,车轮好像为四个。但是翻阅文献及所见的殷周车制中,从未有过四轮的,可能是由于当时绘画不懂透视关系,把左右两轮绘刻为前后两轮的缘故,待考。在辉县赵固镇出土的铜鉴的刻纹中可以看到不同姿态的马,也可以看到牧马人用鞭子驱马、用套环勒马,以及牵马的各种姿态。

狩猎是当时统治阶级的一种娱乐活动,铜器画像中狩猎的场面相当多。辉县琉璃阁出土的铜奁上,有的头戴鸟首冠弯弓射兽;而在辉县琉璃阁战国墓出土的几件铜壶和辉县赵固镇出土的铜鉴上,有的手执武器投猎鹿、兕、虎,有的射鸟。鸟首冠应为皮冠,狩猎时为招来野兽所用的伪装之物。《左传·襄公十四年》:"不释皮冠而与之言。"注:"皮冠,田猎之冠也。"还有驾车狩猎的,其状为一人驾车,另一人张弓射虎、兽。画像中有射飞鸟时,缴缚矢颈上,下垂。《诗经·郑风·女曰鸡鸣》:"将翱将翔,弋凫与雁。"用绳系在箭上射。《孟子·告子上》:"一心以为有鸿鹄将至,思援弓缴而射之。"《说文》云:"缴,生丝缕也。"杨伯峻注:"缴本是生丝缕,用它来系在箭上,因称系着丝线的箭为缴。"画像中有兕,兕的形状见《山海经·海内南经》云:"兕在舜葬东,湘水南,其状如牛,苍黑,一角。"郭璞注:"犀似水牛,兕亦似水牛,青色,一角,重三千斤。"

神话传说:远古人不能掌握自然界和社会的规律,不能驾驭自己的命运,因此幻想出许多神仙和妖魔鬼怪,对它们又畏惧又敬仰,渐而产生了原始的神话传说。到了孔子出世之后,虽然绝口不谈神话传说,而只讲修身治国,但是人们仍信仰着远古神话。特别是楚人,保留着丰富的神话传说。《楚辞·九歌·云中君》:"灵连蜷兮既留。"王逸注:"楚人名巫为灵子。"王国维《宋元戏曲史》说:"《楚辞》之灵,殆以巫而兼尸之用者也,其词谓巫曰灵,谓神亦曰灵,盖群巫之中,必有象神之衣服形貌动作者,而视为神之所冯依,故谓之曰灵,或谓之灵保…是则灵之为职,或偃蹇以象神,或婆娑以乐神。"巫舞相通,巫以舞娱神。古代舞分武舞和文舞,武舞为干戚,文舞为羽旄。巫舞就是文舞,故执羽旄,娱神为之使神降福。辉县琉璃阁战国墓出土的几件铜壶上,有一怪人手执羽旄,头有角饰,足呈舞蹈状,似为"巫"的形象。这些铜壶图案中还有食蛇践蛇之鸟的形象。《山海经·海内西经》:"开明西有凤凰、鸾鸟,皆戴蛇践蛇,膺有赤蛇。"《山海经·中山经》:"女几之山……多鸩。"郭璞注云:"鸩大如雕,紫绿色,长颈赤喙,食蝮蛇头,雄名运日,雌名阴谐也。"这种食蛇践蛇之鸟的种类也是很多的。

琉璃阁铜壶装饰绘画中的"人面鸟"是远古神话中一种"为人狠恶"的"鹮兜"。《山海经·海外南经》:"讙头国在其南,其为人人面有翼,鸟喙,方捕鱼。"郭璞注云:"讙兜,尧臣,有罪,自投南海而死。帝怜之,使其子居南海而祠之。画亦似仙人也。"《神异经·南荒经》袁珂案云:"南方有人,人面鸟喙而有翼,手足扶翼而行,食海中鱼,有翼不足以飞,一名鹮兜。《书》曰:'放鹮兜于崇山。'一名驩兜,为人狠恶,不畏风雨禽兽,犯死乃休耳。"《博物志》云:"驩兜国,其民尽似仙人。帝尧司徒驩兜。民常捕海岛中人面鸟。"画像中在"驩兜"旁还立有四足蛇。《山海经·西山经》:"又西三百七十里,曰乐游之山,桃水出焉,西流注于稷泽,是多白玉。其中多鰠鱼,其状如蛇而四足,是食鱼。"琉璃阁出土的铜奁器壁中刻一土牢,牢上栽树四株,牢中有一首二身的怪兽,牢前一人持绳索,欲系怪兽。《山海经·海外北经》:"聂耳之国在无肠国东,使两文虎。"袁珂案:"两虎,即上文聂耳国所使两文虎。"铜壶画像中一首二身之虎是否两文虎待考。画像中有龙凤。远古时,人们多把"神""英雄",描写为"人首蛇身"。《山海经》中也多有"人面蛇身"之神的记载,这大概是远古氏族崇拜蛇图腾的缘故。后来,远古民族互相合并,逐渐把蛇图腾演变为加上各种动物特征的"龙"。闻一多在《伏羲考》中指出,龙是以蛇为主体,"接受了鳄类的四脚,马的头,鬣的尾,鹿的角,狗的瓜,鱼的鳞和须。"

凤凰可能是由玄鸟演变而来。《诗经·商颂》:"天命玄鸟,降而生商。"最初,玄鸟是商族的图腾标志。后来,加上各种兽鸟的特征,形成一种神鸟,作为吉祥的象征。《山海经·南山经》:"丹穴之山……有鸟焉,其状如鸡,五采而文,名曰凤凰,首文曰德,翼文曰义,背文曰礼,膺文曰仁,腹文曰信。是鸟也,饮食自然,自歌自舞,见则天下安宁。"

从以上分析来看,战国青铜器的画像题材虽有属宗教范畴的,但其形象大多来源于现实生活,形成了宗教、艺术与社会生活的密切结合。

4.战国青铜器装饰绘画的艺术特点

总结战国时代青铜器装饰绘画的艺术特点,大概不外以下几点:

(1)绘画对象的写实性

战国青铜器装饰绘画大多表现了现实生活场景,因此其写实特征比较突出。要很好地表现出现实社会生活中的一些物象,就必须对社会生活进行细致入微的观察。比如辉县琉璃阁战国墓中铜壶上纹刻画纹隙中间填入了许多小爬行动物,这些昆虫鳞甲类动物的写实,说明了艺匠们向写实图案进行的探索,大胆地表现繁杂、多变、理性化的写实图像。这些艺术形象千姿百态,各呈异彩,使得整个画面显得那样轻松、朴实,给人以具体的亲切的可感性。

（2）绘画语言的概括性

虽然战国青铜器装饰绘画大多以现实社会生活场景为表现题材,但是艺术形象不仅要有具体的可感性,还要有概括性。也就是说,不仅仅是对现实生活中的一些场景和物象的机械复原,画像中的艺术形象已不是生活的简单复制品,而是经过了提炼和加工,具有一定的概括性。艺术家们选择最能激动人心的生活场景和细节,在选择的基础上进行概括和创造。比如抓住了物象的本质,采取稍带夸张的手法,画像中的战士及猎人腿臂粗大,肌肉突出,立腰阔膀,强壮有力;悠闲的贵族,特别是舞者表现为细腰长袖,身材修长,给人以轻盈飘动的美感。

（3）绘画画面的细节描写

战国青铜器装饰绘画对每个物象的刻画都不是追求逼真的形体细节,而是抓住形体的主要特征及一瞬间的形体动作,用粗线条或细线条勾画出轮廓,呈现出流动有律的线纹,使整个画面增添了强烈的动感。如:攻战图,战士们手执武器,稳扎两足,准备战斗;射者支左屈右腿,引弓待发;仰攻者鼓胸挺身,高抬脚步向上攻;划桨者倾身摇荡船只迅速向前,……成功地烘托出当时战争的激烈气氛。铜鉴和铜壶上的狩猎图,猎人一腿弓,一腿蹬,身体前倾,奋力猎兽,兽低首俯冲作角抵或前扑状,将狩猎场面刻画得气氛紧张,揪人心弦,犹如身临其境。这种艺术的典型刻画,充满了升腾的活力和浪漫主义色彩,构成一种古拙朴实的气势美。

（4）绘画构图独特而合理

一幅绘画之所以具有巨大的艺术魅力,是和它成功的构图分不开的。战国青铜器装饰绘画的构图,其特点是能利用每一块空间,进行多层排列,或采取长卷式的构图法,连续展开主题内容,如铜奁和铜鉴上的狩猎图;或采取小幅构图法,展开单个情节,依材料而定,量体裁衣,如铜壶上的多层次绘画。另外,在画面的空隙处进行适当的补白,如山彪镇铜鉴上的图像有多次补白。这种画面往往塞得满满的,使我们享受到了我国早期绘画的古拙之美。

　　画面虽满，但都有明确的主题，围绕着主题渐次展开所需要的各部分内容。如山彪镇铜鉴上的画像以攻战、水战、阵地战、攻坚战及高谈偃武休战之事来充实攻战之主题，其战争的发展阶段及武器的安排都服从于整个主题。铜鉴上的画像以宴乐为主题，展现宴饮、投壶、乐舞、习射、狩猎等活动，画像中的每个物象都在艺术家的意图之中，都与整个画的主题相

图3-7　故宫藏铜鉴纹饰宴乐狩猎攻战图案

关联，并显得主次分明。如建筑物中的人的活动为画面的主要部分，其余都处于从属次要的地位，较好地处理了统一与从属的关系。布局上，人与人、物与物之间，安排得错落有致，显得和谐统一，并在统一中求变化。这种变化表现在人物姿态各异、事件繁杂而不紊乱，其主题和题材熔炼组合为一个多样统一的整体，使得整个画面富有节奏曲律感。

　　战国青铜器装饰绘画的构图，已经摆脱了商周时代那种静止、威严、神秘的对称规律，而具生动活泼的特点。比如一些铜壶上的某些部位图像，时而呈现出对称的形式和图案装饰性花纹，正表明这个时期是美术上由抽象向真实的一个过渡阶段。

　　战国青铜器装饰绘画，场面都较宏伟，表现出人物众多的宴乐、战争等景象，这可以从一个侧面补充目前所知战国帛画的不足。前述两幅帛画都仅是以单个人物为中心的简单构图，但从镶嵌或针刻图像提供的资料，我们可以推想战国时构图较复杂的大幅图画的面貌。

　　（5）绘画线条的生动性

　　战国青铜器上图案的运用，在长期实践过程中逐渐形成了一些带有规律性的装饰手法，如充分利用对比度、呼应、虚实、疏密有节奏的变化，曲线和弧线的反复运用，以及突出方向感和运动感等。

　　比如故宫博物院收藏战国刻画铜器的一个残片绘画中，楼台上有引弓而射的人物，另外还有驾车的御者，对樽而饮的人物，以及飞鸟、走兽、植物、仙鹤之类，都是用细致的线条刻成的，形象栩栩如生，十分巧妙地表现了各种生物的姿态和动作。战国时代的绘画作品我们所能见的就是区区几件，

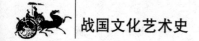

但是我们可以通过青铜器上的图案在一定程度上了解当时绘画成就,这是战国青铜器的一个重要特点。

（6）绘画技法的原始性

由于战国青铜器装饰绘画是在已经成型的青铜器物上雕刻或铸印、镶嵌出来的,难度较大,所以它与后世绘画相比,还是显得粗犷而不成熟,显示出其幼稚的原始性特征。

其一,由于当时描绘物象尚缺乏透视画法,只能采取正侧面的构图,平排布置,看不到它的纵深,结果形成几近剪影的效果。例如描绘大规模水战,只能压缩成两艘对驶的战船,正侧面的构图,又只能表现船两侧桨手中面对观者的一侧,至于两旁的其他战船则无法表现。又如四只兽足只能看到两个;两马之车,则一马足向上,属于剪影式的,立体感不强。这种古拙的构图手法,使画面图案色彩浓郁,缺乏生动的实感,呈现出时代的特征。

其二,除剪影式构图外,遇到必须绘出前后位置的事物时,只有处理为上下构图,前排的画在下层,后排的画在上层。例如采桑,只得把桑树和攀登树上及立在树侧采桑的人画在上层,而把在树前采摘的人画在下层,于是桑树就在他头顶之上,他似乎伸出双手仰天去托悬在空中的桑树。遇到四足的兽或双轮的车,有时又采用从中剖开、左右伸展半体的办法,或是将双轮平列在车厢下,于是常使现代人误认为画的是四轮车。车厢中并排站立的人,也只能画成一前一后。这些都表明绘画技巧尚处于古拙的初起阶段。

（四）战国时代的装饰纹样

除了上举各种成型的绘画艺术之外,在战国时代各种器物上还普遍盛行装饰性的纹饰,这种纹饰是一种纯粹的抽象的装饰性艺术,与描绘或反映具体物象和故事场景的成型绘画有所不同。但是由于这些装饰纹样和绘画图案往往组合在一起,有的在不同层次不同栏格之上,有的则用装饰纹样来填补绘画图像某些空白,以致以往的一些相关论著往往把两者混同起来,这是应该注意纠正的。

在这些器物装饰纹样中,有的是各种器物上所共有的装饰纹样类型,有的则是某种器物所独有的装饰纹样类型。在此,略做分别说明。

1. 战国时代各种器物共有的装饰纹样

战国时代的装饰纹样,在青铜器、金银错器、漆器、玉器和陶器等器物上,都流行着一种共同的纹样构成的方式,即连续的带状不断缭绕回旋,前后重叠变化,其上附以小圆涡形,充分发挥虚实对比的效果及曲线的方向感、运动感。其取材有龙、有蛇、有凤、有云,有单纯的带形,或演变成纯粹的图案构成。处理方法也因制作材料、技术条件及装饰部位而有所不同。

虽然这样一种装饰纹样不太常见,但基本流行于各种器物之上,由此构成了战国时代器物装饰纹样的一大时代特色。

2.战国青铜器装饰纹样

战国青铜器装饰纹样无疑是这一时期装饰纹样的主流。此时的青铜器纹饰主要有饕餮纹、夔纹、鸟纹、蝉纹等象形纹及重环纹、鱼鳞纹、囧形纹、云雷纹、窃曲纹(变形云雷纹)等几何纹等等。

青铜器装饰纹样,无论是饕餮纹、夔纹、蟠螭纹、鸟纹还是象纹等,都是在高度几何化的规范内进行变化;构图严谨,庄严神秘,用抽象和象征的手法表现物象。到了战国时代,才开始向写实过渡。这些纹样为这一特定历史时代所创造,但也有一定的继承关系。它是把原始社会不加修饰、不甚工整、比较简单的基本单位,工整、严密、规格、繁复起来,从而取得富丽精致的效果。

战国青铜纹样的组织结构为主体装饰、分区构图,以及二方连续等。

主体装饰:用饕餮纹、夔纹或鸟纹等作为主体,用云雷纹、窃曲纹等几何纹样作为底纹,用主纹与底纹的面积大小及线条粗细的对比,衬托出装饰主体。1965年在山西省长治市一座大型战国墓中出土一件十分精美的铜牺立人擎盘。牺动物形,竖耳,马蹄短尾,全身饰鳞纹,颈饰一道贝纹,腹饰两道云索纹,尾饰垂叶纹,肩和臀部各饰卷云纹。牺背上站立一个面目清晰的女俑,束发垂肩,身穿右衽窄袖衣,衣饰麻点纹,腰系带,两臂前伸,双手抱一圆柱,柱顶置镂空盘,圆柱可周旋转动,通体精美绝伦,整体造型美观,充分体现了2000年前工匠丰富的想象力和非凡的技能,使我们大为惊叹。

分区构图:把画面分成几个区域,如战国"宴乐渔猎攻战纹"铜壶,同时表现了采桑、渔猎、宴乐歌舞、水陆攻战的场面。区域之间用三角卷云纹隔开,画面丰满、统一又富于变化。

战国青铜器装饰纹样,以早中晚期各有不同来看,也有一个逐渐发展的过程。就题材而言,战国早期的纹饰仍然是交龙、卷龙或蟠龙等龙的世界。山彪镇1号墓的龙钮钟,随州擂鼓墩曾侯墓编钟上都是新颖而复杂的交龙图案。擂鼓墩 2 号墓编钟上神人骑龙的纹样,是另外一种构图。另一变化是图像的变形有所增加。山彪镇 1 号墓的豆,主纹是圈点和小翅形的集合体,是交龙纹的省略和变形;同墓出土提梁壶和鉴的腹上密集的圈纹则是旧日的蟠龙纹、兽目纹的蜕变。曾侯乙墓中的具有六棱形甬的编钟上,交龙纹已经变为棘刺丛生型的纹饰。此类变形纹饰很可能在春秋晚期就已经出现,到战国早期更为发展。还有一个变化就是纯粹几何纹饰母题的出现,诸如曾侯乙墓青铜器上镶嵌的几何云纹图像、琉璃阁 1 号墓所出土的鉴的下腹复杂的三角云纹及涪陵小田溪编钟的错金云纹等。纯粹的几何纹在春秋晚期非常少见,而且也非常简单。战国早期描绘水陆攻战、宴享燕乐、采桑等活动的画像很多,山彪镇 1 号墓的水陆攻战纹鉴、狩猎纹钫,成都百花潭的镶嵌燕乐纹壶,及陕西凤翔高王寺战国铜器窖藏镶嵌射燕壶等,都是这一时期施用这类纹饰的典型代表。

战国中晚期的纹饰变化十分显著,除了战国早期的某些纹饰仍然流行使用外,出现了许多嵌金、银、铜、绿松石,以及其他物质的几何变形图案,有云纹、菱纹、勾连纹、三角纹等。这种变形的几何纹编排规律,富于变幻的绚丽效果,令人目眩。最典型的战国中期的几何变形纹饰有中山王墓的虎噬鹿器座、龙凤方案座、嵌金银翼龙、嵌金银绿松石钫,还有记伐燕之功的陈璋壶等。楚墓中许多环耳壶也大多施加几何纹饰,有的是以变形几何纹、狩猎纹及神话题材画像相间的装饰,如琉璃阁 56 号墓的 21 号、22 号钫上的图像就是如此。此时还出现了刻纹画像。这种纹饰是用极锐利的尖刃刻凿而成的,而不是范铸后镶嵌的,如琉璃阁 1 号墓的刻纹"夋"、辉县赵固的刻纹"楼室燕乐"盘、长治分水岭 12 号墓的刻纹鸟纹三足鼎人物车马建筑残匜、长岛战国墓刻纹人物车马建筑残匜等。这种纹饰只能在炼优质铜取得成功之后才有可能出现。此外,素面青铜器大量出现。大梁司寇鼎、梁十九年鼎、平安君鼎、楚王酓六室鼎、集脰太子鼎等等,都是不施纹饰的素面器,至于中山王鼎、方壶则利用器物的素面凿刻大量铭文。对以大量纹饰为特色的中国青铜器来说,素面器的流行被视为纹饰衰退的表现,也是一种时代的印迹。

3. 战国时代漆器装饰纹样

战国时代的漆画艺术是此时绘画的重要组成部分。这些漆画不仅色彩斑斓,炫人眼目,而且纹饰繁丽,多姿多彩。除了绘画图像,在这些漆器上还有大量的装饰纹样,这些装饰纹样同样也是当时重要的美术作品范畴的题内之义,而应该受到重视。

比如曾侯乙墓漆画中就有大量的装饰纹样,如漆棺上的蟠龙纹、蟠凤纹、窃曲纹、龙纹、虎纹、蛇纹、鹿纹、鸟纹等纹样。鸳鸯形漆盒上,器表以黑漆为地,再用朱红、金、黄、粉绿等色彩描绘羽翎纹、波折纹、对角纹等装饰纹样。湖北当阳曹家岗墓中出土的漆木瑟,其上的漆画彩绘奇禽异兽以云雷纹作衬地。

漆画上的装饰纹样显然从前代青铜器、玉石器的云雷纹、夔纹、凤纹、蟠螭纹、蟠虺纹等纹样脱颖而出,但这些纹样统统被重新分解、打散、变形,然后进一步图案化。再配合器物的造型予以各种不同的组合,形成无数充满运动感的神采飞扬的奇异画面。尤其是云雷纹等自然气象纹饰,在当时漆器的装饰纹样中占据突出地位。常见的有纯用云气纹或转化为云形结构的龙凤纹组成画面,这些纹饰萦回舒卷,相互勾连,飞舞灵动,给人以大气盘旋般的深邃感和生命机能的活跃感,达到极高的艺术境界。

4. 战国时代丝织品装饰纹样

考古发现了大量的战国时代丝织品遗物,由这些丝织品遗物就可以知道当时的织造和刺绣技术达到了很高的成就。这些丝织品上织绣出的彩色的装饰纹样,更有着与帛画、漆画同等重要的绘画艺术价值,同样也是研究这一时期美术史不可忽视的材料。

现已发现的战国丝织品实物,主要属于南方的楚国。这方面的代表是湖北江陵马山战国楚墓所出织物。

1981 年年初,考古工作者在湖北省江陵马山发掘了一座战国中晚期小型中年女子墓葬,在墓中发现了一大批精美绝伦的丝织品。其中保存尚较完好的有 35 件衣物之多。出土的纺织品有丝、麻两大类。丝织品包括绢、绨、纱、罗、绮、锦、绦、组 8 类,以绢和锦类数量居多。其中尤以刺绣作品为多,共计 21 种。① 该墓出土的丝织品,数量品种丰富,工艺精湛,且保存完好,色泽如新,光彩照人。因此这座湖北江陵马山一号楚墓有"丝绸宝库"之称。

马山楚墓出土的丝织品,有非常高超的纺织工艺作基础。比如锦有二色、三色两类。为追求色彩和图案的丰富变化,二色锦采用了分区配色和阶

---

① 湖北省荆州地区博物馆:《江陵马山一号楚墓》,文物出版社 1985 年版。

梯连续的手法。三色锦结构紧密,纹样构图大,其中舞人动物纹锦,以143个提花综织造,说明当时已有先进的提花机,并掌握了熟练的织造技艺。绦有纬线起花绦和针织绦两类。针织绦带结构复杂,并应用了提花技术。同墓所出还有刺绣作品21件,以绢或罗为地。绣线用色有棕、红棕、深红、朱红、橘红、浅黄、金黄、土黄、黄绿、钴蓝等,都是先以淡墨或朱色描绘出图稿而后绣制的,充分反映出这一时期丝绸织绣纹样精美、造型生动、线条灵活、色彩绚烂的艺术特点。

马山一号楚墓丝织品的纹样所表现出来的高超的匠心,也令人叹为观止,由此可以窥见这一时期丝织品装饰纹样艺术的总体风格和代表水平。主要装饰纹样有:凤纹(三头凤纹)、琅玕纹(三珠树)、龙纹、虎纹、动物纹、植物纹(花卉纹)、日月星三光纹(星点纹)、塔形纹、几何纹、菱形纹、十字纹、条状纹等。[①]

其中尤以凤纹为突出并多见。在该墓出土的18幅有装饰纹样的刺绣作品中,17幅上都有凤纹装饰,而且这些凤纹的形象无一雷同。凤的纹样在楚丝绸中明显占据主导地位,龙、虎等纹样则一般只作为陪衬,而且图案纹样变化极为丰富、生动,或作龙凤相蟠,或作舞凤逐龙,或作龙、凤、虎相搏斗,反映出当时的工匠对处理图案构成已有成熟的经验。这应当是楚族先民以凤为图腾的遗风在绘画上的表现。

马山战国丝绸纹样中也有以现实生活为题材的,仅马山1号楚墓就出土了3幅人物纹的锦和绦,内容为乐舞和田猎。其中图案化的人物,或长袖飘举,载歌载舞;或御马驱车,张弓射猎,造型洗练而有意趣。战国丝绸的配色不多,一般不超过五色。但通过色相的对比、调和,以及将明度拉开层次等巧妙手法,造成既缤纷华丽又和谐统一的艺术效果。

楚国丝绸刺绣纹样的特点是,基本为几何形与相互穿插、蟠叠的动植物形图案。动植物纹样常常合为一体,几何形图案以菱形纹最多。常以变化多端的菱形纹组成图案,或以菱形为骨骼布局,穿插以动植物纹、人物纹,构成灿烂缤纷文采辉煌的画面。动物纹以凤纹、龙纹为最多,尤以凤的形态较为奇特、华美,生动无比。

---

① 袁朝:《江陵马山一号楚墓刺绣品图案考释》,《中原文物》1993年第1期。

三、战国时代绘画的艺术特征和评价

综合上述战国时代各种绘画的艺术成就,我们可以总结概括出以下一些艺术特征,并对这一时期的绘画艺术水平给予一个大致的评价。

1.战国时代绘画题材的选择,基本上反映了当时人们对自然界和社会生活的认识,尤其以自然界的动物为多,无论是绘画或者是装饰纹样,或是真实的描摹,或是幻想的发挥。这两种情况也多是结合在一起,是浪漫主义和现实主义结合的早期典范。

2.随着时代思潮的变化,此时的绘画创作也已开始摆脱图腾主义和宗教神秘主义的桎梏,从对鬼神的敬畏崇拜,转而面向激烈而充满生气的现实。战国时代绘画开始表现盛大复杂的现实场景和生活场面。战斗、狩猎、宴饮等出现,是中国美术中第一次直接反映了当时的现实社会生活。有些则是故事性场景绘画的雏形和前身。

3.战国时代绘画作品中除了表现崇拜自然的思想和神话外,也直接表现人的社会活动,较完整的写实的人的形象。这些早期肖像画刻画均比较简单,形式以线描简略勾勒轮廓为主,人物多作正、侧面,以类似剪影的手法来表现体貌特征,比较容易把握住人物形象的动态表现,然而五官表情尚无力做细致描绘,个性不够鲜明。色彩很简单,平涂而无渲染,有的只在唇部、衣服上施几点朱红。人物肖像多置于一定的情节之中,多表现升天、享乐等主题,绘画的表现重点不在人物本身。但是无疑的这些人物画既有划时代的思想意义,也开启了中国绘画中肖像画的先河。

4.战国时代绘画在表现技法上对历史有继承,也有发展;既有其进步性,也有其局限性。在形象处理上,对于个别形象是首先抓住总的神态及外形上的主要特征,加以概括处理,并大胆地运用夸张的手法,有一定程度的装饰性。画师已熟练地掌握了写实和虚拟的手法,用于描绘不同的对象。作为绘画基本要素的线条、色彩、构图等,此时也呈现出初步的水平。多数绘画以线条造型,线条运用已比较成熟,设色虽未脱离平涂的初起阶段,但渲染技法已开始使用。绘画的布局安排也颇有时代特征,作品中描写战争、狩猎等场面,是通过大的动作姿态和横列的空间关系来表现的。由于当时没有掌握透视画法,处理形象的前后关系,通常采取上下层隔开的形式,上层表现远,下层表现近。形象角度只有正面和正侧面两种,没有半侧面形

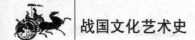

象。这也都显示了此时绘画的原始性和局限性。

5.战国时代已经有初步的绘画理论。由于绘画用途日益扩大,特别是其社会功用逐渐被人重视和广泛利用,引起了政治家和哲学家的关注,绘画活动被用来阐述政治观点和哲理。比如春秋时期孔子的"绘事后素"理论提出之后,韩非子有了关于绘画题材"狗马难、鬼魅易"的论述;庄子描写宋国画史"解衣般礴,裸",舐笔和墨作画时的心态,也是重要的绘画史论材料。

6.在装饰美术及工艺方面,战国时代是一个极其伟大的时代,这些也应该是研究此时绘画美术史的重要方面。在诸多类型的工艺美术长时期的发展过程中,此时已经形成了一些规律性的装饰手法,例如造型与装饰的统一效果;纹样组织的对比统一效果;以及造型、装饰与实用相结合等等。这一时期的青铜器、金银错、铜镜、玉石、漆器、纺织等工艺,在中国美术史上也占有不朽的地位。

第四章　战国时期的音乐

随着社会的发展和思想观念的转变,战国时期的民间音乐日益发展起来,为当时的音乐文化注入了新的血液,增加了新的光彩。而与之相反,西周以来形成的传统雅乐已经败落不堪,虽然仍有部分流传,但因适应新时代的政治需要而有所改易。统治者为了享乐,纵情于声色之娱,客观上也促进了此时音乐文化的发展。战国时期乐器有了长足的进步,不但华夏族乐器更加系列化,增添了一些新品种,而且一些边远地区的兄弟民族也创制出更多富于特色的新乐器。战国时期的文献记载特别是考古发现及其研究,有助于后人对于这一时期音乐声学、音乐基本理论和律制的了解。

一、战国时期音乐发展的趋势

战国时期,各个诸侯国在使用乐舞之时,普遍僭越西周以来形成的礼乐等级制度,这对当时音乐文化的发展起到了关键性的推动作用。而在此基础上的民间音乐即所谓新乐的出现,受到贵族们的广泛喜好而得以流行,则又在很大程度上冲击了礼乐制度,加速了它的破坏,使得战国时期音乐文化得到了空前的发展。

(一)僭越礼乐制度的现象及其后果

战国时期是一个动荡的社会历史时段,礼制残败,私家势力发展,军功奖赏等因素使得一部分人的政治地位暴发式地显贵起来,随之而来的是他们在政治礼遇、个人享受等方面的暴发式追求。原来对天子、公卿、大夫、士各级用乐的种种等级限制,自春秋以来以至于战国,被越来越多的人突破和僭越,公卿甚至大夫、士也普遍用起了天子之乐。

从文献记载来看,春秋时晋国大夫魏绛因军功赏赐,有了僭越礼制的乐舞享受，但是却被承认为"于是乎有金石之乐，礼也"①。而最讲究礼乐制度的鲁国，也出现了"将禘于襄公，万者二人，其众万于季氏"②这种破礼坏乐的风气，即使孔子气愤地发出了"是可忍也，孰不可忍也"③的感慨，也无济于事。

而从考古材料来看，战国时期墓葬的考古发掘所展示的各国贵族僭礼越规行为更为惊人。仅举使用乐器随葬的僭越规格来说，新中国成立后在河南发掘的郑伯墓和安徽寿县发掘的蔡昭侯墓，都是按照九鼎八簋的周天子等级埋葬，在蔡侯墓中出土编钟至少有三组共 29 件，其中编镈自铭"歌钟"，钮钟则"行钟"与"歌钟"均有。④ 卿大夫身份的中等贵族用九鼎八簋的葬仪，还可见于辉县琉璃阁的 M 甲和 M60，同出的还有三套编钟，一套编磬。⑤ 最为著名的是在 1970 年代后期在湖北随县擂鼓墩发掘的曾侯乙墓，完全采用九鼎八簋的组合方式，且随葬了配有铭文的编钟上下三层 64 件，编磬 32 件，还有鼓、琴、瑟、排箫、笛、笙等多种乐器。⑥

在三晋之地的侯马发现三鼎之墓就有车具、编钟、编磬随葬，五鼎墓则更是有过之而无不及，如 1961 年发掘的上马村 M13 有编钟 9 件，编磬 10 件和车马器。⑦ 1958 年在山西万荣庙前村发掘的战国墓出土五列鼎，也有编钟 9 件、编磬 10 件，以及车马器等随葬。⑧ 在河北怀来县北辛堡的燕国墓中，有礼器和车马坑，还有成套的乐器出土。⑨

王室衰微、礼崩乐坏的一个直接结果，就是王官之乐走向民间。也就是说为宫廷专有的乐舞教育和乐舞演奏机构分崩离析了，甚至到战国时期没有其存在的价值了，于是一部分乐人如前文所述由公室转入私家，跑到季孙氏这样的私家筵席上演奏助兴去了；另一部分乐工则流转到了民间社会。

---

① 《左传·襄公十一年》。

② 《左传·昭公二十五年》。

③ 《论语·八佾》。

④ 陈梦家：《寿县蔡侯墓铜器》，《考古学报》1956 年第 2 期；安徽省文物管理委员会、安徽省博物馆：《寿县蔡侯墓出土遗物》，科学出版社 1956 年版。

⑤ 郭宝钧：《山彪镇与琉璃阁》，科学出版社 1959 年版。

⑥ 随县擂鼓墩一号墓考古发掘队：《湖北省随县曾侯乙墓发掘简报》，《文物》1979 年第 7 期；湖北省博物馆：《曾侯乙墓》，文物出版社 1989 年版。

⑦ 山西省文物管理委员会侯马工作站：《山西侯马上马村东周墓葬》，《考古》1963 年第 5 期。

⑧ 杨富斗：《山西万荣县庙前村的战国墓》，《文物参考资料》1958 年第 12 期。

⑨ 敖承隆、李晓东：《河北省怀来县北辛堡出土的燕国铜器》，《文物》1964 年第 7 期。

以"践天子礼"的鲁国而言,到鲁哀公时期,宫廷乐队的乐师们已纷纷走出红墙了:

> 太师挚适齐,亚饭干适楚,三饭缭适蔡,四饭缺适秦,鼓方叔入于河,播鼗武入于汉,少师阳、击磬襄入于海。①

这里说的是春秋时期的乐官走向民间的现象。到了战国时期,这种趋势更加明显。这从春秋时越史称"师某"而战国时不再称"师某"就可以看出端倪。战国时期的音乐家都是以自己的真名真姓出现在社会上,或演奏,或歌唱,十分活跃(详见下文)。很显然,这些技法高超的乐师们挣脱呆板的宫廷雅乐的束缚,奔走到河汉乡野间,将本来源于民间的乐舞重新还原到了民间。这与该时期官学转为私学的风气是一致的,《左传·昭公十七年》说:"天子失学,学在四夷。"如同春秋战国时期私学在民间迅速发展一样,王宫之乐转入民间,也为这一时期乐舞的迅速发展提供了一个极大的动力和更广阔的社会舞台。

由礼崩乐坏带来的另外一个趋势就是"诗乐分家"。在礼乐制度下,《诗》乐是作为雅乐的基本文化载体而存在的,庙堂祭典、宴享乡饮、使聘盟会等活动都会使用《诗》乐。春秋战国时期,雅乐体系衰落,管弦之乐的"新声"盛行,它创造出的音乐美感使得欣赏者脱离《诗经》各篇的辞义内容而独立欣赏音乐,《诗》乐不再只是唯一的声音愉悦内容了。乐舞和《诗》分家了。《诗》的辞义功能更重要了,被大量地"断章取义",引《诗》言志,不拘于《诗》乐的诗人创作出现了。而《诗》的乐舞功能被新乐取代了,新乐也配诗词,但这些诗词再也不必拘泥于《诗》中的四言齐句,它反映下层民间的思想和生活,采取的是乡间俚俗的表现形式。"郑卫之乐常用弦索与竹管,凡以鼓为节的配乐诗多是七言,而配管弦的诗则以长短句为多。"②

金石之声比较舒缓规整,以四分之四的拍子为基本节奏,其相谐配的诗歌也是四言齐句,很少变化。而文学史上,春秋战国时期诗歌从《诗》的四言发展到五言、六言,再到楚辞的七言,甚至《荀子》中的说唱鼓词《成相》,句式

---

① 《论语·微子》。
② 闻一多:《论古代的音乐与诗》,《闻一多论古典文学》,重庆出版社1984年版。

逐渐摆脱齐言规整而趋于参差不一,正是与雅乐到新乐的艺术转变有关。雅乐衰落带来《诗》乐衰落;《诗》乐衰落带来了诗与乐的分家。

(二)古乐之式微与新乐之流行

前述春秋战国间贵族僭礼越规现象严重,中小贵族纷纷使用超出自己名分等级的礼仪和乐舞,这毕竟还是对礼乐制度的一种"不合格的推崇",在某种意义上说还是属于礼乐制度范畴之内的,并没有给礼乐制度带来毁灭性的打击。而相对地,战国时期各国君臣上下对新乐大加推崇,乐此不疲,新乐完全取代了雅乐的实际功用,这才使得古乐彻底丧失了其存在的价值,进而走向衰落。这种变化不仅具有与"礼崩"并行共促的"乐坏"的意义,更重要的是,它是一种文化内涵和文化趋向的质的转变。

对于礼乐制度的产生,《吕氏春秋》说得很清楚,先王之所以制作礼乐,不是为了用来娱乐人们的耳目,极度满足人们的耳目之欲,而是要以礼乐教导人们节制好恶,笃行礼义。但是礼乐只用在统治阶级之内,普通民众不受制于它。此时的民间音乐开始从以往浓重的神秘性及象征性中解脱出来,其娱乐性功能逐渐地显露。

雅乐到春秋晚期趋于衰落,而新乐于战国时期应运而兴。所谓新乐是一种经过雕琢和加工的民间歌舞艺术。它以一种世俗的姿态、独立的审美观念,在众多诸侯国的民间蓬勃兴起。它那活泼的风格、奔放的热情、华丽的色彩和动人的旋律,让呆滞森严的雅乐相形见绌,望尘莫及。新乐在内容和形式上还与雅乐有很大的不同。它以民间下层的生活为内容,"饥者歌其食,劳者歌其事",又吸取了民间的表现手法,具有更大的可观性,这与束缚于礼制、僵化而自封的古乐(雅乐)有着天壤之别。

关于古乐与新乐之间的区别,魏文侯与子夏之间的对话可谓经典的概括:

> "古乐之如彼何也? 新乐之如此何也?"子夏对曰:"今夫古乐:进旅退旅,和正以广;弦匏笙簧,会守拊鼓;始奏以文,复乱以武;治乱以相,讯疾以雅;君子于是语,于是道古,修身及家,平均天下。此古乐之发也。今夫新乐:进俯退俯,奸声以滥;溺而不止,及优、侏儒;猱杂子女,不知父子;乐终不可以语,不可以道古。此新乐之发也。今君之所问者

乐也,所好者音也。夫乐者,与音相近而不同。"①

就是说,古乐(雅乐)中管弦乐器("弦匏笙簧")要以鼓乐为核心("会守拊鼓"),要按照打击乐器的节奏("治乱以相,讯疾以雅"),循规蹈矩,整齐划一地前进后退("进旅退旅,和正以广"),像军事操练一样。最重要的是在乐舞结束的时候,"君子"要从乐舞的表演中看出所蕴含的史诗性内容,并加以阐发和演说("君子于是语,于是道古")。这种阐发演说是与乐舞之末的"乱"(合奏合唱)相一致的,"乱"词总括全篇的宗旨,王逸《离骚》注说:"乱,理也,所以发理词旨,总撮其要也。"韦昭《国语》注也称:"凡作篇章,既成,撮其大要,以为乱辞也。"听古乐的君子要借助于"乱",把该乐所蕴含的历史事件和要言深义都阐发出来("语",道古)。一般在曲终的时候都阐发些什么呢?无非是一番"父子、君臣、长幼"等修齐治平的大道理。② 这哪里是在欣赏乐舞?分明是一套枯燥乏味的政治说教程序!难怪听古乐的人要昏昏欲睡,"端冕而听古乐,则唯恐卧"③。

而新乐则不同,它除了具有新的配器,新的内容之外,乐曲结束时根本就不需要进行繁琐枯燥的"语气"道古,又加上女乐、倡优这样一些让人眼花缭乱的新内容,自然具有极大的欣赏性和吸引力,而成为独立的艺术形式。按照子夏的说法,它是"新乐",是与"古乐""相近而不同"的。

由于"新乐"有突出的娱乐性特点,有丰富的内容和形式,有旺盛的生命力,因此受到广大下层人民的欢迎,爱好新乐成了一时的社会风尚。在春秋战国时期,它自下而上渐渐流行开来。到战国中后期,新乐已成燎原之势。

尤其重要的是,当礼崩乐坏之势到来,统治阶级在追求音乐的娱乐享受时,也会自然地喜欢上这种新乐。

春秋晚期,晋国是被新乐渗透最为彻底的诸侯国之一。晋悼公欣然接受了"郑伯嘉来纳女、工、妾三十人,女乐二八,歌钟二肆,及宝镈,辂车十五乘",并将这些来自郑、卫之地的新乐之一半,赐给了大夫魏绛。④ 晋平公也沿袭了这种新的文化传统,"晋平公悦新声",虽然遭到正统乐师师旷的反

---

① 《礼记·乐记》。

② 《礼记·文王世子》。

③ 《礼记·乐记》。

④ 《国语·晋语七》及《左传·襄公十一年》。

对,但他强调"寡人所好者,音也",坚持试听新乐。①

也许是受三晋地区文化风气的熏染,三家分晋后,战国时期的韩、赵、魏宫廷中都以新乐为时尚。韩昭侯善于听竽笙独奏,"听竽者众,吾无以知其善者",侍臣田严就建议"请一一而听之"②。赵烈侯也"好音",特别喜爱"郑歌者枪、石二人",要赐之良田万亩,受到大臣公仲连的一再拖延抵制,竟再三追问,可见其嗜爱之深。③ 魏文侯则公开表示:"吾端冕而听古乐,则唯恐卧;听郑卫之音,则不知倦。"④乐师经要刺杀魏文侯,正是投其所好,在他和着新乐的琴声情不自禁翩然起舞的时候下手的。⑤ 文侯沉溺新声的痴迷之状由此可见一斑。

齐国是一个世俗文化极为发达的地区,新乐充斥了都城临淄的街头,⑥而在齐国的宫廷中,甚至有过之而无不及。新乐的代表——竽声特别受推崇,齐宣王、齐湣王几代君主都乐此不疲,宣王每次都要听几百人的众竽合奏曲("必三百人"),可能还加上其他管弦乐的伴奏,为新乐之技养活自己的乐工"廪食以数百人",结果发生了南郭先生"滥竽充数"的笑话。而继承王位的齐湣王则偏爱独奏,"好一一听之",这样便断送了许多竽技粗糙者的财路。⑦ 齐宣王好新乐的事还见于《孟子·梁惠王》,齐臣庄暴告诉孟子"王语暴以好乐",孟子去问齐宣王是否有此事,宣王连忙说:"寡人非能好先王之乐也,直好世俗之乐耳。"可见齐宣王对古乐是采取敬而远之的态度,而平时以"法宪文武"的儒家正统自居的孟子也不得不承认"今之乐由(犹)古之乐也",还阐发了一通"独乐乐不若与众乐乐"的道理,劝宣王"与民同乐"。这就说明,在新乐风靡全国的形势下,孟子已认识到无力独挽狂澜,只能因势利导了。

至于郑、卫等中原要冲之地则更是新乐滋生、盛行的中心地带,江汉南楚也是一片新声。兹不赘言。

---

① 《国语·晋语八》《韩非子·十过》。
② 《韩非子·内储说上》。
③ 《史记·赵世家》。
④ 《礼记·乐记》。
⑤ 《说苑·君道》。
⑥ 《战国策·齐策一》。
⑦ 《韩非子·内储说上》。

尽管民间俗乐在一些古代文献中被作为否定的对象提到,比如在《韩非子·十过》中说新声是商纣王的遗音,是亡国之声;《吕氏春秋》中说,郑卫之声,桑间之音,是政治混乱的国家所爱好的,是道德败坏的人们所喜欢的。但这也说明其影响之大已到了礼乐维护者不可忽视的地步。

二、战国时期乐器发展的盛况

战国时期,由于新乐得到了长足发展,再加上当时科学技术的进步,新的乐器不断被发明,筝、琴、瑟、筑、竽等丝竹乐器很快兴盛起来,斯谓之"丝竹之声"。以"金石之声"为代表的古乐打击乐器钟、鼓、磬等,逐渐式微,并有被丝竹乐器代替的趋势。战国时期乐器的发展,也直接促进了此时音乐文化的昌盛和发达。

(一)文献中记载的战国乐器

文献记载的先秦乐器已有近 70 种,其中《诗经》记有 29 种。而先秦文献最早集中记载乐器组合的是《周礼·春官》:"大师掌六律、六同,以合阴阳之声……皆文之以五声:宫、商、角、徵、羽;皆播之以八音:金、石、土、革、丝、木、匏、竹。"古之八音——金、石、丝、竹、匏、土、革、木,就是对这些乐器制作材质的总结,《尚书·尧典》中即有"八音克谐"之语。

具体说来,《周礼》所记载的各种乐器有:金——钟、编钟、镈;石——磬、颂磬、笙磬;土——埙;革——雷鼓、雷鼗、灵鼓、灵鼗、路鼓、路鼗、鼓棘、应鼓、土鼓;丝——琴、瑟;木——柷、敔、应、雅;匏——笙;竹——管、箫、竽、籥、篪、篴、牍、幽篪。

与《周礼》几乎同时,《乐记》所载乐器有:金—钟;石—磬;土—埙;革—鼓、鼗、鼙;丝—琴、瑟;木—椌、柷、楬、敔;匏—笙、簧;竹—管、箫、篪、竽。

《周礼》与《乐记》都是成书于战国时期的古代典籍,它们所记载的乐器组合,正可代表战国时期的音乐存在状况。两书所记均八音类全,乐器名大致相同,但《周礼》所载乐器名较《乐记》多而详。

根据文献记载,结合考古或传世文物以及金文中的资料,总计战国时期乐舞使用的乐器有:金类:镛、编镛、镈、铙、甬、编甬、钮钟;石类:磬;土类:埙;革类:鼓、鼗、鼗、贲鼓;丝类:瑟、琴;木类:柷、圉(敔);匏类:笙;竹类:龠、荻、筦(管)、篪、竽、箫。共二十多种乐器,已具备构成八音的分类。

当时的乐器中,打击乐器所占单体数量最多,其中有定音的,也有不定音的,有单体的,也有编组的。其次是竹管乐器和丝弦乐器。不少乐器又可细分为多种类型。当时以编钟和建鼓为主要乐器的乐队,史称"钟鼓之乐";而时尚盛行的则是以笙、瑟等丝竹管弦乐器组合在一起的吹奏弹拨演奏形式。

(二)考古发现中的战国乐器

新中国成立以来,随着考古事业的蓬勃发展,战国乐器在湖北、河南和四川等地均有发现,其中以随县曾侯乙墓出土的颇具代表性,是迄今为止出土乐队乐器文物中最为完整的,它相当系统全面地显示了战国时期诸侯国家乐队恢宏的建制和规模。

对于先秦时期考古发现的古代乐器,有学者做过专门的统计,计有三类18项28种:一、击乐器:鼓、磬、摇响器、铃、庸、铺、镈、甬钟、钮钟、鎛钟、簨虡、铎、钲、铙、句鑃、镎于;二、管乐器:哨、笛、箫、律、埙、角、笙、竽;三、弦乐器:瑟、琴、筑及其他。[①]

这其中,既有此时新出现的乐器如筑、竽等,又有不见于文献的角、十弦琴等。所以在统计数字上有些出入。这虽然是对整个先秦时期出土乐器的总结,但我们认为战国时期乐器是先秦时期乐器的集大成时期,也是最完善时期。所以这样一个结果也代表了战国时期乐器的基本状况。

在此,我们将以打击乐器(钟、磬、鼓、铙等)、吹奏乐器(簧、箫、笙、竽等)、丝弦乐器(琴、瑟、筝、筑等)等为线索,结合并对应文献记载中的乐器名称与形制等信息,对战国时期的出土乐器做一简介:

1. 打击乐器

(1)鼓

据已公布的考古材料来看,战国时期鼓的发现主要集中在湖北和河南西部的楚国势力范围以内,个别地区(如江西)则出土极少,但形制多样,大小不一。战国时期出土的鼓有建鼓、柄鼓、扁鼓、悬鼓、铜鼓等。下面略举几例,以窥一斑。

例一:湖北随县战国早期曾侯乙墓出土的建鼓(楹鼓)。琵琶桶形枫杨

---

① 李纯一:《中国上古出土乐器综论》,文物出版社1996年版。

木框,两面蒙皮,横置,框腰正中处贯以木柱将鼓载起,植于青铜蟠龙鼓座柱管内。框髹朱漆,柱髹朱漆和黑漆。框长 106 厘米、面径 90 厘米、柱长 365 厘米、座高 54 厘米、座底径 80 厘米。伴出黑漆木鼓槌一对,长 64 厘米、径 1.8—2.4 厘米。①《仪礼·大射仪》郑玄注:"建犹树也,以木贯而载之,树之跗也。"《礼记·明堂位》郑玄注:"楹谓之柱,贯中上出也。"所释与此例完全相合。

例二:湖北江陵天星观 1 号楚墓出土的虎座鸟架悬鼓。时代属战国中期。整体由有三环的大扁鼓、立鸟形鼓架和伏虎形底座三部分构成。鼓框和架髹黑漆为地,施以红、黄、蓝等色彩绘。通高 139.5 厘米、面径 60 厘米、腹径 75 厘米。伴出扁圆头木鼓槌一对,髹黑漆,长 50 厘米。② 这种形制的悬鼓图像见于上海博物馆的战国刻纹椭梧。③《太平御览》五八二卷引《通礼义纂》曰:"周人悬而击之,谓之悬鼓。"

例三:曾侯乙墓出土的有柄小鼓。琵琶桶形鼓框,腹部装一扁葫芦形木柄。框和柄均髹朱漆。框高 23.8 厘米、面径 24 厘米、腹径 28 厘米。④

例四:江西贵溪仙岩战国早期古越族崖墓出土的小扁鼓。出土时残损较重,经测量复原,知是腰部饰一周黑漆的小扁鼓。框高 6.5 厘米、面径 23 厘米、腹径 26.8 厘米。⑤

例五:湖北江陵拍马山战国中期楚墓 M11 出土的鹿座小鼓。伏鹿形鼓座,鹿背上植一实心小扁鼓。鹿鼓座髹黑漆为地,绘黄、朱点状纹和圆圈纹,鼓面绘涡纹。鼓径 14 厘米、厚 3 厘米、鼓座长 33 厘米。⑥ 这种实心木制小鼓显然不合实用,当是明器。因为没有实用器出土,不知其原来尺寸究竟有多大。至于是否有这种实用器,目前也很难断定。

例六:战国时期铜鼓有一定数量的考古发现。今举云南曲靖珠街八塔台墓葬出土的一具为例。形制和大海波铜鼓基本相同,惟鼓面中央当太阳

---

① 湖北省博物馆:《曾侯乙墓》,文物出版社 1989 年版,第 152—153 页。
② 湖北省荆州地区博物馆:《江陵天星观 1 号楚墓》,《考古学报》1982 年第 1 期。
③ 上海博物馆青铜器研究组:《商周青铜器纹饰》图 999,文物出版社 1984 年版。
④ 湖北省博物馆:《曾侯乙墓》,文物出版社 1989 年版,第 154 页。
⑤ 许智范、程应林:《贵溪东周墓发现的十三弦琴和扁鼓》,《乐器》1983 年第 5 期。
⑥ 湖北省博物馆等:《湖北江陵拍马山楚墓发掘简报》,《考古》1973 年第 3 期。

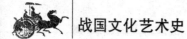
纹处微呈球面突起,胸腰际有一对小耳,面部和腰部有阳线纹饰。鼓高23.3厘米、面径45.6厘米、胸径56.6厘米、腰径43厘米、足径60厘米。①

(2)磬

战国磬都取倨句式,多数为素面,有标音铭文或彩绘的则较少见。下面试举三例:

例一:河南洛阳金村战国前期墓出土的刻铭编磬。今仅见三石,鼓面刻铭分别为:"古先(姑洗)右六""古先齐屋左十""介(夹)钟右八"。长约28—35厘米、高约13.4厘米。②

这套编磬系盗掘出土,散失颇多,仅凭这三石很难弄清原来的编次和组合。这三石的刻铭涉及律名(夹钟、姑洗)、编号(右八、右六、左十)和屋别(齐屋)。齐屋的齐字当是次字的通假。③屋字当和汉"四时嘉至磬南吕午楮左桯"的"桯"字相当。④齐屋可能是指悬在磬架上的次一组而言。次组居左,所以编号冠以左字。冠以右字的二石当属位于次组之前的一组。右八、右六二石律名相邻,本组编号当以逆向偶数为序。不知这是什么道理。是否还有用奇数编号的另一组,也不得而知。

例二:战国早期曾侯乙墓出土的编磬。一架两层,三十二石。磬上有标音铭文。长14—54.1厘米、厚13—3.1厘米。⑤上下两层的调高相差半音,属浊姑洗调(B调)和姑洗调(C调)。每层按徵、羽两种调式的骨干音分别编悬成左、

图4-1　曾侯乙墓编磬

右两组。左、右两组合用,则五声俱全,具有歌钟功能;若单独使用,则具有行钟的功能;而上下两层合用,则具有十个连续半音,当可进行较为广泛的

①　云南省博物馆:《近年来云南出土铜鼓》,《考古》1981年第4期。

②　于省吾:《双剑誃古器物图录》卷下,1940年版,第20—22页。

③　王国维:《王子婴次卢跋》,《观堂集林》卷一八,中华书局1959年版。

④　罗振玉:《贞松堂吉金图》卷二,墨缘堂1935年版。

⑤　湖北省博物馆:《曾侯乙墓》,文物出版社1989年版,第134—151页。

转调。①

例三:湖北江陵纪南出土的楚国彩绘石磬二十五石。②

（3）甬钟

战国前期甬钟仍广为流行,但后期以来,开始呈现衰落的趋势,而这一时期川、鄂一带巴族开始拥有自己的巴式扁甬钟。下面略举四例:

例一:山西长治分水岭战国中期韩墓出土五件一组的编甬钟。圆柱甬,较短的合瓦体,鼓栾,三十六个乳钉样短枚。舞篆皆素,整个鼓面饰平雕蟠螭(龙)纹。③ 保存情况不好,无法测音。

例二:曾侯乙墓出土的十件一组(中3组)编甬钟。八棱柱形长甬,方形干。瘦长合瓦体,钟口弧度较大,内壁侧鼓部位有波形音脊,并有调音错痕。甬干、舞、篆饰浅浮雕蟠螭虺纹,鼓饰中浮雕变形蟠龙纹。各钟有数目不等的错金铭文。④ 除正面钲间铭文是纪事的以外,其余各部的都是说明本钟两个基音(正、侧鼓基音)的姑洗均(C调)阶名,以及某些均(包括楚、晋等五国地区)阶名的对应关系。发音相当好。

例三:广东清远马头岗战国早期M2出土七件一组编甬钟。异径管形甬,中空,与体腔相通,无旋而有方形干。正背两面侧各有三排(每排二个)十二枚。各种纹饰不同,器体轻薄,疑是明器。⑤

例四:湖南溆浦大江口战国晚期巴墓出土的巴式南钟。圆管形甬,甬内近上端处有一悬挂用的横梁。瘦长而扁的合瓦体,口内沿有唇。钲部较小,两边各有三排圆锥状短枚。⑥

（4）钮钟

战国时期钮钟的流行程度和甬钟不相上下。中原地区渐趋鼓腹,而西南少数民族则开始拥有自己的圜顶平口钮钟和羊角形鎛钟。下面试举四例:

---

① 湖北省博物馆:《湖北江陵发现的楚国彩绘石编磬及其相关问题》,《考古》1972年第3期。李纯一:《曾侯乙墓编磬铭文初研》,《音乐艺术》1983年第1期。

② 湖北省博物馆:《湖北江陵发现的楚国彩绘石编磬及其相关问题》,《考古》1972年第3期。

③ 山西省文物管理委员会等:《山西长治分水岭战国墓第二次发掘》,《考古》1946年第3期。

④ 湖北省博物馆:《曾侯乙墓》,文物出版社1989年版,第88—99页。

⑤ 广东省文物管理委员会:《广东清远的东周墓葬》,《考古》1964年第3期。

⑥ 张欣如:《溆浦大江口镇战国巴人墓》,《湖南考古辑刊》第1辑,岳麓书社1982年版。

例一：山西平陆尧店虞国墓地出土的九件一组编钮钟。圆条式长圆钮，饰绚纹。体较长，乳头状枚，鼓中偏下处饰团龙纹。钟口内缘唇上有八个对称短隧。①

图4-2　曾侯乙墓编钟

例二：陕西临潼秦始皇陵遗址出土的乐府钟。形制和上例相似，但钮为方条式，钟口内沿加厚，并设有四条对称的长方形音脊。鼓饰错金对称几何变形云纹，内壁饰卷龙纹。②钮的一侧刻有小篆体铭文"乐府"二字。据研究，它原置于乐府，秦始皇死后移置陵园寝殿内，以备奏乐助祭之用。

例三：云南祥云大波那战国早期木椁铜棺墓出土的钮钟。桥形钮，合瓦体，下部微收，圜顶，平口。钮饰辫纹，体饰折线雷纹。③

例四：云南楚雄万家坝战国早期墓出土的六件一组的编錞钟。羊角形錞，合瓦体，小圜顶，微凹口，体上部正中有一前后对穿的长方孔。内壁光平。通体光素。④

（5）镈

战国时期镈的出土有若干起，今且举如下二例：

例一：曾侯乙墓出土的楚王镈3件。圆雕对兽形钮，合瓦体，平栾。钲部左右两半各有五个乳状短枚，鼓饰浮雕变形龙纹。通高92.5厘米、钲高26厘米、体高66.5厘米、舞径52.8—39.8厘米、口径60.5—46.2厘米、壁厚2.8厘米，重134.8公斤。钲间有铭文36个字，说明此镈是楚惠王于五十六年（前433年）为曾侯乙宗庙祭祀所用而作。⑤

例二：山东诸城臧家庄龙宿村战国中期齐墓出土七件一组的公孙朝子

①　《中国音乐文物大系·山西卷》69，大象出版社2000年版。
②　袁仲一：《秦代金文、陶文杂考三则》，《考古与文物》1982年第4期。
③　云南省文物工作队：《云南祥云大波那木棒铜棺清理报告》，《考古》1964年第2期。
④　云南省文物工作队：《楚雄万家坝古墓群发掘报告》，《考古学报》1983年第3期。
⑤　湖北省博物馆：《曾侯乙墓》，文物出版社1989年版，第87页。

编镈。透雕蟠龙形扁钮,合瓦体,鼓腹。钲面四周和篆带饰细密的蟠龙纹,钲间和鼓部饰蟠龙纹和"S"形云纹衬地的无首交龙纹。最大者高 514 厘米,最小者高 30.5 厘米。口沿有一行 17 字铭文,说明本镈是由田忌执政时期的公孙朝子所造。[①]

（6）铎

铎是中国古代撞击乐器,盛行于春秋战国时期。《说文解字》金部:"铎,大铃也。"但传世有铭的铎并不太大,有舌,振之以发声。《国语·吴语》:"王乃秉袍,亲就鸣钟、鼓、丁宁、镎于、振铎。"故铎应是一种军阵的乐器。又《周礼·夏官·大司马》:"群司马振铎,车徒皆作。"

据目前所知,战国时期的铎大多为军器,可能用于军旅和狩猎。下举二例:

例一:故宫博物院收藏的战国早期口外卒铎。短方銎,前后面正中对穿一孔,孔内有一个固定木柄用的铜销钉。合瓦体,以椭圆铜环为舌。鼓饰简化兽面纹。銎高 2.3 厘米、体高 8.7 厘米、铣间 9 厘米。正面铸有"口外卒铎"四字铭文,背面刻有"重金□"等字铭文。据此看来,当为军器。[②] 发音明亮,具有穿透力。

例二:江苏淮阴市高庄战国中期前后墓（M1）出土的铎。形制如上例,但未见有关舌的报道。銎饰蟠虺纹,舞、体饰交龙纹。銎高 15 厘米、体高5.7 厘米、铣间 6.8 厘米。[③] 该铎好像也是军器。

（7）钲

钲,亦名"丁宁"。《说文解字》:"钲,铙也。"据迄今考古发现,战国乃至秦的钲都是军器。下举二例:

例一:湖南长沙识字岭战国前期楚墓出土的钲。长圆管柄,近根部一侧设一环钮。合瓦体。仅柄端饰两周弦纹。柄较长,当可持鸣;根部一侧设钮,又便于悬鸣。柄长 11.2 厘米、体高 10.3 厘米、口径 12.5—9.4 厘米。重0.7 公斤。[④] 发音激越,具有较强的穿透力,很适于军旅指挥。

---

① 齐文涛:《概述近来山东出土的商周青铜器》,《文物》1972 年第 5 期;山东诸城县博物馆:《山东诸城臧家庄与葛布口村战国墓》,《文物》1987 年第 12 期。

② 容庚、张维持:《殷周青铜器通论》,文物出版社 1984 年版,第 76 页。

③ 淮阴市博物馆:《淮阴高庄战国墓》,《考古学报》1988 年第 2 期。

④ 中国科学院考古研究所:《长沙发掘报告》,科学出版社 1957 年版,第 48—49 页。

例二:陕西临潼秦始皇陵一号俑坑出土的钲。圆管柄,有旋干。合瓦体,鼓栾。体表饰变形夔凤纹,四周围饰以突起的宽带,能发单音,测其音高为 F5 + 36。柄长 10 厘米、体高 17 厘米、口径 10.5—10 厘米。重 2.3 公斤。该钲出土于兵车旁边,自系军器。①

(8)铙

《说文解字》:"铙,小钲也。"据《周礼·地官·鼓人》郑玄注:"铙,如铃,无舌,有柄,执而鸣之,以止击鼓。"今且据此试举二例:

例一:湖北荆门包山二号楚墓出土的战国中期铙。圆管柄,末端有箍,合瓦体。柄饰两组镂空连续勾连纹,舞面饰变形龙纹,体表饰三叠浅浮雕蟠龙纹,整体内壁饰龙纹。柄长 114 厘米、体高 16 厘米、舞径 7.2—6.3 厘米、口径 9.25—8.2 厘米。重 11 公斤。② 同出遣策中列有此器"一铙,缓(缨)组之绥。"可证铙确是一种较小的钲。

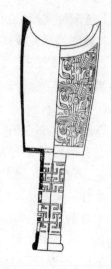

图 4 - 3　包山二号墓铜铙

例二:湖南长沙识字岭战国前期楚墓出土的铙。六棱柱柄,壶形柄端。合瓦体,深曲,体表四周饰以宽带。柄长 13.6 厘米、体高 12.4 厘米、铣间 6.5 厘米。重 0.85 公斤。③ 发音具有较强的穿透力,适于军用。

(9)句鑃

战国句鑃考古发现不多,今举江苏武进淹城内城河底出土的七件一组编句鑃为例。④ 形制如配儿句鑃,无纹饰。淹城古为吴地,因知这套编句鑃当是吴国制品。这套编句鑃的保存情况尚好。

(10)錞于

錞于,是中国古代军中特有的打击乐器,也称金錞。形制类似于一个悬挂的吊锅。始于春秋时期,盛行于战国至东汉时期。《周礼·地官·鼓人》:

---

①　陕西省考古研究所等:《秦始皇陵兵马俑一号坑发掘报告》,文物出版社 1988 年版,第 229 页。

②　湖北省荆沙铁路考古队:《包山楚墓》,文物出版社 1991 年版,第 113—116 页。

③　中国科学院考古研究所:《长沙发掘报告》,科学出版社 1957 年版,第 48—49 页。

④　倪振逵:《淹城出土的铜器》,《文物》1959 年第 4 期。

"以金镯和鼓。"《国语·晋语》:"战以镯于、丁宁,儆其民也。"这是说镯于是军阵乐器。郑玄注:"镯,镯于也,圜如碓头,大上小下,乐作鸣之,与鼓相和。"

战国时期的镯于大多出土于南方,尤以湖南和鄂西、川东巴人活动地区出土较多。看来镯于已经成为巴族的一种重要击乐器和军器。它的一般形状趋向是口部微收。下举三例:

图 4-4 战国虎钮镯于

例一:湖南省博物馆在常德收集的虎钮镯于。[1] 时代属战国中晚期。平顶,口微侈。口沿铸有一周斜角变形云纹,正背两面中部各刻有一只张口卷尾的猛虎。或以为此虎纹可能是巴人获得该器后所刻。[2] 钮高 4.9 厘米、体高 33 厘米。发音有些沙哑。

例二:湖北建始反洼发现的战国晚期桥钮镯于。平顶,口微收。钮上有刻纹。钮高 2 厘米、体高 35 厘米。[3]

例三:陕西咸阳塔儿坡出土的秦代龙钮镯于。一面鼓部残破。平顶,亚腰形体,下部直径大于上部。顶面和体表饰几何变形纹,肩和口沿各饰一周三角纹。钮高 7.6 厘米、体高 62 厘米。[4]

2. 吹奏乐器

竹木质的吹奏管乐器在战国末期已经流行,比如笛子,屈原的学生宋玉曾经写有《笛赋》,可知当时至少在南方流行笛子等吹奏管乐器。但在考古发掘中,并没有此时的笛子实物出土,所以笛子等吹奏乐器究竟是竖吹还是横吹尚待进一步考证。

(1)篪

虽然战国考古迄今未发现笛,但在曾侯乙墓中发现了与笛子相似的吹奏乐器篪两件。今举其一为例。

苦竹制成。竹肉多朽。两端封闭。五个指孔。一端设吹孔,另一端设出音孔。吹孔与指孔相错约90°,所以只能双手掌心向内横持吹奏。通体髹

---

① 熊传新:《湖南出土的古代镯于综述》,《考古与文物》1981 年第 4 期。
② 熊传新:《我国古代镯于概论》,中国考古学会第二次年会论文集,文物出版社 1982 年版。
③ 邹待清:《建始发现桥钮镯于》,《江汉考古》1987 年第 1 期。
④ 王丕忠:《咸阳塔儿坡出土秦代镯于》,《考古与文物》1981 年第 4 期。

黑漆为地,绘朱、黄二色花纹。[①]

（2）箫

排箫也最早见于这一时期,春秋晚期的河南淅川下寺一号墓有十三音管的排箫一件。战国排箫的考古发现迄今亦仅见曾侯乙墓出土竹排箫二件,也是十三管,以长短为序排列。今举其中一件为例。

由十三支异径苦竹管制成。略有残破。吹口髹朱漆。通体髹黑漆为地,绘朱漆陶纹和三角雷纹。管长5.1—22.5厘米、内径0.4—0.7厘米。[②]

图4-5　曾侯乙墓排箫

（3）角

战国角的考古发现很少,并且都是楚墓出土的木或竹制军器。

今举湖北枝江姚家港战国中期2号楚墓所出者为例。竹质,略似牛角。近两端处各有一道遍插小竹钉的圆箍。残长26.4厘米、吹嘴内径约1厘米、角口内径约1.65厘米。[③]

（4）笙（竽）

战国时期考古发现的笙（竽）,现知集中在两个地区,一个是湘、鄂、豫,另一个是少数民族聚居的云南。但是出土量都很有限。下面各举一例:

例一:曾侯乙墓曾出土了十二管、十四管、十八管几类共五件笙（竽）,以其中的十八管笙（竽）为例。朽残严重,仅存斗嘴和一些残断笙管及簧片,笙斗和吹嘴是由截掉直柄端的匏制成,直柄做吹嘴（这种直柄是按照幼匏时期所套上的外范长成的）,腹做斗。斗面和斗底有对穿的斗眼两排,每排九个,共计十八个。芦竹笙管插植在斗眼里,管脚透出斗底。管上有气眼,偏下处有指孔,管脚设竹黄片,簧端有点簧物质。通体髹黑漆,绘朱、黄二色图案。斗嘴通长22厘米、嘴长约13厘米、嘴径约3厘米、斗径约9厘米。[④] 该笙设计和制造工艺相当进步,遗憾的是因笙管残损严重,难以复原,不知其性能

---

① 湖北省博物馆:《曾侯乙墓》,文物出版社1989年版,74—175页。

② 湖北省博物馆:《曾侯乙墓》,文物出版社1989年版,第17—173页。

③ 湖北省荆州地区博物馆:《湖北枝江县姚家港发掘报告》,《考古》1988年第2期。

④ 湖北省博物馆:《曾侯乙墓》,文物出版社1989年版,第166—172页。

究竟如何。湖南长沙浏城桥出土有十管的笙(竽),当也与此相类。

例二:云南江川李家山 M4 出土的铜葫芦笙。时代约为战国早期。仅残存铜制斗嘴。斗嘴系仿自天然由柄葫芦铸成。斗面有两排七个斗眼,前三后四。曲柄背面中段有一吹孔,上端焊一圆雕立牛为饰。据斗眼内淤泥遗痕看来,笙管为木质。①

战国时期不太区分的笙、竽,也在此时有了不小发展。笙(竽)一直受到人们的欢迎,喜欢新乐的人无不推崇之,如齐威王齐宣王父子等等。

3. 丝弦乐器

(1)瑟

战国瑟较前有不小的进步,如体长减短而共鸣箱加大、弦数的增多等。战国瑟的出土地点主要是在楚国的势力范围之内,这表明它在楚国相当盛行。下面略举二例:

例一:曾侯乙墓出土的二十五弦瑟。瑟体由独木斫成,面板略拱,四柄,三尾岳,一首岳,二十五弦按9 + 7 + 9 组合。底部开一长凹槽共鸣腔,两端各开一椭圆槽作为首岳和尾岳。尾有雕饰。通体髹漆,面、挡、侧板还施彩绘。通长 167 厘米、宽 43 厘米、中高 14 厘米、面板厚 2 厘米、底板厚 0.8—1.7 厘米、侧板厚 2.5 厘米、隐间长 141.4—143.7 厘米。②

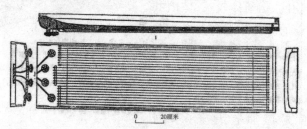

图 4 - 6 信阳长台关楚墓锦瑟

例二:河南信阳长台关战国中期一号楚墓出土木瑟三件、彩绘锦瑟一件。木瑟残损,弦数不清,锦瑟二十一弦;二号墓也出土木瑟三件,都是二十五弦。以其中二号楚墓出土的一件二十五弦瑟为例。瑟体由六块整木板拼成。四柄,四岳,二十五弦按照9 + 7 + 9 组合。尾端底部有齿状过弦板。柱

---

① 云南省博物馆:《江川李家山古墓群发掘报告》,《考古学报》1975 年第 2 期。
② 湖北省博物馆:《曾侯乙墓》,文物出版社 1989 年版,155—156 页。

呈拱桥形。瑟尾有雕饰。通长 134 厘米、宽 45 厘米、中高 10.5 厘米、边高 8.5 厘米。① 该瑟当是按照五声徵调调弦。②

瑟的出土还见于江陵天星观一号楚墓,中有二十弦瑟一件、三十四弦瑟和二十五弦瑟各一件。③ 长沙浏城桥一号墓也出土二十四弦瑟一件。④

(2)琴

据目前所知,战国考古发现中才有了琴,并且都是出土在楚国势力范围之内的湘鄂两省。下面试举两例:

例一:曾侯乙墓出土的五弦琴和十弦琴各一张。兹以十弦琴为例。琴由体、尾和活动底板三部分构成。琴体为亚腰形,面略拱,有波状起伏。靠近琴额处设一条岳山,岳山外侧钻十个弦眼。琴体底面素部有半圆形轸池,腹部有长方形共鸣箱。活动底板挖有与轸池及共鸣箱相对应的浅槽,槽内残存四枚木质圆柱形琴轸。琴尾是二块厚 2.1 厘米壶形长条实心木板,尾端微翘起,底面中部有一雁足。通体髹黑漆。通长 67 厘米、尾长 25.8 厘米、首宽 18.1 厘米、尾宽 6.9 厘米、体高 6.9 厘米、隐间 62.7 厘米、弦距 16 厘米。⑤

例二:湖南长沙五里牌战国晚期楚墓出土的九弦琴。残损较重。形制和上例基本相同,但通体较长,体内共鸣箱和轸池连通。龙龈上有九道不明显的弦痕,可能是九弦琴。通体和底板槽髹黑漆为地,施黄、褐两色彩绘。雁足雕凤纹。通长 79.5 厘米、尾长 30.5 厘米、首宽 15 厘米、尾宽 6.4 厘米、体高 5 厘米、隐间 74.7 厘米。⑥ 琴

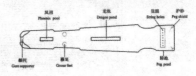

图 4-7　曾侯乙墓十弦琴

① 河南省文物研究所:《信阳楚墓》,文物出版社 1986 年版,第 90—92 页。

② 李纯一:《汉瑟和楚瑟调弦的探索》,《考古》1974 年第 1 期。

③ 湖北省荆州地区博物馆:《江陵天星观一号楚墓》,《考古学报》1982 年第 1 期。

④ 湖南省博物馆:《长沙浏城桥一号墓》,《考古学报》1972 年第 1 期。

⑤ 湖北省博物馆:《曾侯乙墓》,文物出版社 1989 年版,第 166 页。

⑥ 长沙市文物工作队:《长沙五里牌战国木椁墓》,《湖南考古辑刊》第一集,1982 年;黄纲正:《长沙出土的战国琴》,《乐器》1984 年第 1 期。

体较长,共鸣箱较大,是本例优于上例之处。

这些出土的琴瑟弦数都颇多,与《吕氏春秋·古乐》等文献上的描绘大致相符,看来《庄子·徐无鬼》和《淮南子·齐俗训》等文献中关于五音调弦的说法也是有所依据的。

（3）筝

筝,在古代文献中多有出现,比如秦人"夫击瓮、叩瓶、弹筝、搏髀,而歌呼呜呜,快耳目者,真秦之声也"①。齐国临淄人也喜欢"吹竽、鼓瑟、击筑、弹筝"②。"筝"应该是战国时期的主要丝弦弹奏乐器,至少在战国时期的秦国、齐国等地流行。

但在中原地区的考古中,并没有战国筝乐器的出土。而在百越民族地区却有所发现。这就是江西贵溪仙岩战国早期古越族崖墓出土的十三弦筝。琴体由独木斫成,略残,配件和弦均已不存。形体狭长而微拱,一面一端下弯作鱼尾形,另一端起凸棱;另一面截面呈"凹"形浅槽,槽口内沿有子口。两端各有十三个弦眼直通上下。通长 166 厘米、宽 17.5—15.5 厘米。③

（4）筑

筑在我国的文献材料中也屡有所见,如燕国侠客高渐离击筑④、齐国首都临淄人击筑⑤等等。但可惜目前尚无考古发现,无由见其战国时期的筑之形制。而最早的出土实物已在汉墓中。⑥

（三）曾侯乙墓出土的乐器组合——钟鼓乐队

战国时期,是中国乐器发展史的一个重要的阶段,这一时期乐器种类的多样、制作的精美、音乐性能的完备,从总体上可以说具有前所未有的量的丰富和质的飞跃。这一时期最能够集中反映当时的乐器成就,也是最具有代表性的出土乐器,可以说是曾侯乙墓出土的乐器组合——钟鼓乐队。

1978 年在湖北随县(今随州市、枣阳一带)擂鼓墩考古发掘的轰动海内

---

① 《史记·李斯列传》。
② 《战国策·齐策一》。
③ 江西省历史博物馆:《江西贵溪崖墓发掘简报》,《文物》1980 年第 1 期。
④ 《史记·刺客列传》。
⑤ 《战国策·齐策一》。
⑥ 萧亢达:《汉代乐舞百戏艺术研究》,文物出版社 1991 年版。

外的曾侯乙墓,属战国早期墓葬,距今约2400多年,出土器形精美、价值极高的多种文物万余件。墓主为曾国国君名"乙"之侯,故称曾侯乙。此人死于楚惠王五十六年(前433)或稍后。曾国与周宗室同为姬姓,属同宗关系,但至春秋中期,"汉阳诸姬,楚实尽之"①,后成为楚的属国。从墓葬的器物来看,周、楚文化的影响皆有之,其中又以楚文化影响较大;合乎周礼的与不合乎周礼的墓葬用器,也是同墓并存,这正反映了处于礼崩乐坏的转型时代之文化特征。

曾侯乙墓共有北、东、中、西四个墓室。北室主要放置兵器和车马器,东室放有墓主人棺椁一具和陪葬侍妾的棺木八具。西室放有陪葬棺木13具,均为女性。这些被殉葬的女子,除了其中一人约25岁,其余均为13—20岁之间。其中墓中室及墓东室皆有乐器出土,共计乐器有9种:编钟、编磬、鼓、琴、瑟、均钟(律准)、笙、排箫、篪,共计125件。曾侯乙墓出土乐器组成了两个规模和组合皆不相同的乐队。

中室面积最大,出土实物显然是模仿墓主人生前宴乐场面而精心安排的:沿南墙放有青铜温酒器等宴饮用的礼器,沿南墙和西墙放有钟架呈曲尺形的编钟,沿北墙放有编磬,靠东南角放着巨大的建鼓。乐队编制主要的是钟、磬"乐悬":编钟65件(其中甬钟45件、纽钟19件、楚王所赠镈1件),编磬32件(全套41件,实际完好9件),鼓3件,瑟7件,笙4件,排箫2件,篪2件,总共115件。出土时65件编钟分三排悬挂在装饰华美、结构牢固的钟架上。钟分上中下三层,上层钮钟19枚,分三组排列。其中2、3两组13枚钮钟形制相同,隧与右鼓均刻有五声阶名与八个变化音名,并有指名曾国其他五均调高的铭文。中下两层是编钟的主体,也分三组。这三组钟形制各异。一套称为"琥钟"(即中层1组),由11枚长乳甬钟组成。第二套称为"嬴孠钟"(即中层2组),由12枚短乳甬钟组成。第三套称为"揭钟",由23枚长乳甬钟(包括中层3组和下层三个组)组成。每件钟的钟体上都镌刻有错金篆体铭文。正面的钲间部位均刻"曾侯乙乍时"(曾侯乙作)。隧与右鼓标记着按姑洗均(c调)记写的阶名或音名,钟背则记有曾国与晋、楚等国律名的对应文字。镈,纽作龙和夔龙成对对峙,篆、舞部和鼓面纹饰与甬钟同。石磬质料主要是石灰石,也有青石和玉石。32件石磬原分上下二层悬挂在青

① 《左传·僖公二十八年》。

铜磬架上,与编钟合奏,金声玉振,相得益彰,美妙悦耳。由这些乐器组成了一个完整的"钟鼓"乐队,即一种以编钟与建鼓为主要乐器的适用于公共场合的大型钟鼓打击乐队。

墓东室是主棺安置之处,并有 8 具陪葬侍妾的棺木。① 东室乐队编制为:瑟 5 件,琴(亦称"十弦")1 件,均钟(亦称"五弦")1 件,笙 2 件,鼓 1 件,总共 10 件。东室出土的乐器,组合而成了以等笙、瑟弦管为主的小型规模管弦乐队。东室乐器适用于寝宫场合,可能是所谓"妇人祷祠于房中"②演奏"房中乐"使用的。

从传统的礼乐制度的遗存讲,曾侯乙墓中编制庞大的编悬乐器——编钟、编磬,可以算作这一个时期的礼乐文化之代表,也代表了当时音乐文化的最高水平。大型编钟共 65 件,其中甬钟 45 件,三面摆放,分上、中、下三层悬挂在长 13 米、高 2.7 米的曲尺形钟架上。曾侯乙墓钟和镈的总重量有 2567 公斤。最轻的小钟重 24 公斤,最大的钟重 236 公斤,其中超过 100 公斤的有 10 件。若再加上编钟架的附件,包括梁套、挂钩、铜人、木质横梁,总重量接近 5 吨。

演奏上述乐器的乐人共约 22 人,那些被殉葬的女子可能就是这个"钟鼓"乐队的演奏者或为墓主人表演歌舞的女乐。她们都是在墓主人死后,被杀害殉葬的。如再加上歌舞者,其场面会是十分热烈而壮观的。演奏时,由三个乐工双手各执丁字形木槌,分别敲击中层三组演奏旋律,其中第二组,可能处于领奏地位。还有两名乐工,各执一大木棒,分别撞击下层低音甬钟,配以和声,起烘托气氛的作用。这充分反映了当时诸侯国国君在宴享时使用庞大乐队的僭越行为。一个小小的诸侯国附庸国,竟然有如此庞大而厚重的钟鼓乐队,其他大型诸侯国的礼乐享乐僭越盛况,由此可见一斑。

而这些大型编钟、编磬的安置,其钟架两面,磬架一面,其布局正是宫室内三面架设乐器的"轩悬之制",这同《周礼·春官·小胥》所记"正乐悬之位,王宫悬,诸侯轩悬,卿大夫判悬,士特悬"的礼制相符合,说明《周礼》成书

---

① 此与墓西室 13 具陪棺中的女尸,均为 13—15 岁的青少年女性不同,这些殉葬少女的身份应为"女乐"。

② 《通志》卷 49。

虽晚,但其中确记录有周礼乐制度的原貌。

若将此地下乐队编制视为墓主人生前音乐活动的反映,可以判断墓中室为宴饮礼宾所用钟磬乐队。由于文化功能的转变,这类钟磬乐队已经不再是周礼乐制度中的祭礼乐队,而是宴饮娱乐所用乐队,其乐或可称为"堂上乐"。

以上乐器中的琴、瑟、钧钟、篪、排箫、建鼓都是目前发现年代最早的实物乐器,是无价之宝。尤其是其中的编钟形制之大、造型之美、价值之高,被称为"编钟之王"。其中的一些乐器制作具有很高的音乐科技水准。例如带有调节音高的点簧物的竹制簧片,其精细的制作,合乎科学发音原理;符合音响学规律的"异径管"排箫制作,说明战国乐师在音乐实践中已经懂得如何通过调整管长与管径的比值来获得最好的发音效果。编磬就是把若干只磬排成一组,每磬发出不同的音色,可以演奏旋律。复原的编磬具备 12 个半音,音域达三个八度,其音色清澈明亮,要比今天的木琴更富余韵。

经过音乐家演奏表明,曾侯乙整套编钟制作精美,音质良好,发音相当准确。编钟的每一个钟都能发两个音,即钟的隧部与鼓部所发出的音成大三度或小三度音程,这是华夏钟乐所独有的特征。编钟音域宽泛,达五个八度,乐音的排列与现代钢琴的排列相同。在中心音域约三个八度范围内,能奏出完整的半音列,十二律齐备。由于有了完备的中间音,能在任何一个音上灵活地旋宫转调,能演奏采用和声、复调,以及变调手法的多声部乐曲。钟与钟钧附件及钟架上,均有篆体铭文,共 2800 多字。铭文记录了曾、楚和齐、晋、周、申等各国之间律名、阶名、变化音名的对应关系。其中共计律名 28 个,显示出了当时乐律学体系的严谨与完整。其中涉及的音阶、调式、律名、阶名、变化音名、旋宫法、固定名标音体系、音域术语等方面,相当全面地反映了战国时期楚国音乐的高度发展水平。①

这套曾侯乙编钟是我国,也是世界上迄今为止所发现的最大的乐器。它是中华古代音乐文化的骄傲和辉煌成就的象征。这批乐器的出土,对研究先秦乐器形制、传统律学,对于人类音乐史、物理声学科技史的研究,都具有非常重要的意义。

---

① 湖北省博物馆:《随县曾侯乙墓》,文物出版社 1980 年版;中国艺术研究院音乐研究所:《中国音乐史图鉴》,人民音乐出版社 1988 年版。

（四）丝竹乐器对雅乐的冲击

世界各国各民族音乐史告诉我们，音乐发展的一般规律是从打击乐发展到管弦乐。我国早期音乐史也正是这样，丝竹管弦乐逐渐代替了金石打击乐。不过在我国这一过程的最终完成要到汉代才能完全实现。春秋战国时期尤其是音乐有极大发展的战国时期正处在这一转变之过程中，具有承前启后的作用。

战国之前的音乐演奏可以《诗》音乐为例说明。《诗》原是可以用音乐伴奏歌唱的诗歌总集，大体上可以分为颂、雅、风三种曲调。"颂"是有舞蹈的祭神歌曲，伴奏乐器有琴、磬、钟、镈等。"雅"原是一种竹筒状的节奏乐器，因为这种曲调用"雅"节奏，"雅"就成为曲调名称。"雅"的伴奏乐器有琴、瑟、笙、钟、磬等。"风"是指各国民间流行的曲调，伴奏乐器有琴等。风、雅、颂，在当时奴隶主贵族看来，都是"雅乐"。这种配合礼仪演奏的雅乐，是为了维护贵族的庄严。这种庙堂之上的"雅乐"，伴奏的乐器以打击乐器鼓、钟、磬为主，也就是金石之音，所谓"鼓似天，钟似地，磬似水，竽、笙、箫、筦（管）、钥似星辰日月"①。钟音量雄浑，磬声色清越，正所谓"金声玉振"。

礼书和《诗》中提到的宗周时期的乐器主要是打击乐器，以钟、鼓、磬为主的打击乐——"金石之声"是宗周雅乐的主体。西周时期琴瑟等丝弦乐器极少，西周的墓葬和窖藏发掘大都只见钟磬而不见有丝弦乐器出现。正如郭沫若在谈到西周乐器的发展水平时说："三《颂》中祭祀乐器无琴瑟，《风》《雅》中虽见琴瑟的使用，而是用于燕乐男女之私，足见这类乐器传统不古，没有资格供奉宗庙鬼神，也就如一直到今天二胡琵琶还不能进文庙一样。"②据史书记载，直至春秋之时，还是"有事于太庙，万人，去龠"（《春秋经》宣公八年），即在祖庙中举行大祭时，除了金石之声外连龠这样的管乐都不得进入。

而至战国时期，正如曾侯乙墓出土乐器组合所显示的那样，尽管正规场合的乐器演奏主要还是以金石打击乐器如钟、鼓、磬为主，而以拨弦和吹奏发声的丝竹管弦乐器为辅，但与金石之声相比，丝竹之声要更为灵活轻便，

---

① 《荀子·乐论》。

② 郭沫若：《〈十批判书〉后记》，《郭沫若全集·历史编》第 2 卷，人民出版社 1982 年版。

声音也更为婉转清脆、细腻柔美,表现力更强,故而越来越受到人们的欢迎。

战国时期,现在许多常用的管乐器、弦乐器已经出现,并在一些诸侯国的民间广泛流行。这是为了适应战国时期普遍出现的新曲调的结果,一般场合尤其是民间场合的音乐舞蹈,伴奏的乐器自然以丝竹之音为主,除了琴、瑟、笙、钟、磬以外,还有竽、笙、筑等民间流行的管弦乐器。与金石打击之声的雅乐体系不同,管弦弹拨之声属于民间兴起的俗乐体系,它的兴起和流行是与春秋战国时期民间世俗生活分不开的。正是因为受当地民俗影响而产生的新乐和丝竹之声能够接近民间世俗生活,才比金石之声更为丰富生动,活泼轻盈,一开始就产生了前所未有的生命活力,渐渐取代了金石打击之声的雅乐,自下而上为越来越多的人欣赏、陶醉。

虽然新乐、新曲等流行音乐、民间音乐开始时是在中原地区的郑卫等国首先出现的,但是到了战国时期,远离西周礼乐制度的齐国在这方面可能做得更为彻底一些。齐国一开始就封海滨之地,就没有像鲁国那样以周礼变夷俗,而是顺应了当地的风俗发展鱼盐之利的地方经济。所以受礼乐制度的束缚较小,在新乐发展上明显要比鲁国迅速得多,而且开放得多。因此在春秋战国之时,齐国多丝竹之声而少金石之乐。所以在《战国策·齐策》中记载:"临淄甚富且实,其民无不吹竽、鼓瑟、击筑、弹筝、斗鸡、走犬、六博、蹴鞠者。"齐国普通的民众都如此喜好音乐,可见这个国度的音乐——新乐发展水平之高。"吹竽、鼓瑟、击筑、弹筝",就是在用丝竹管弦乐器进行演奏。

齐国如此,远离中原礼乐文化的楚国又何尝不是如此。《楚辞·九歌》曰:"……緪瑟兮交鼓,箫钟兮瑶簴,鸣篪兮吹竽,思灵保兮贤姱。翾飞兮翠曾,展诗兮会舞,应律兮合节。灵之来兮蔽日。"这充分表现出当时管弦齐鸣、翩翩起舞的场面,反映出战国时期丝竹管弦音乐演奏及歌舞的水平。在此之中,"瑟""箫""篪""竽"等丝竹管弦乐器为其中重要乐器。

战国时期,还出现了一大批善于演奏丝竹乐器的艺术家,如"伯牙善鼓琴,钟子期善听"[1],他们互为知音,高山流水的故事一直成为几千年来的美谈。高渐离不仅能击筑,而且能和韵高歌,"使击筑而歌,客无不流涕而去者"[2],等等。这些音乐家大都不是宫廷音乐家,而是流于各地的民间音乐

---

[1] 《列子·汤问》。
[2] 《史记·刺客列传》。

家,他们浪迹天涯,行走四方,为新乐的传播和发展做出了极大的贡献,当然对于古乐的冲击也是不可小觑的。

更重要的是,统治阶级和官僚贵族对丝竹之乐的喜尚,是推动新乐发展的巨大力量。《史记·廉颇蔺相如列传》记秦昭王与赵王会于渑池,秦王饮酒酣,曰:"寡人窃闻赵王好音,请奏瑟……"是知赵国国君喜欢奏瑟。齐宣王、齐威王父子都"好竽",以致有"滥竽充数"的故事发生。① 这一时期各国国君的音乐享乐,早已不是什么黄钟大吕的皇皇之声了,而是"其说(悦)在索郑与吹竽"②,而一般的贵族"大夫倦于听治,息于竽瑟之乐"③等等。所以《商君书·画策》称:"是以人主处匡床之上,听丝竹之声而治天下。"

这就是说,战国时期,管弦之乐的崛起,改变了原来金石雅乐的乐队组合结构。在各国君主燕享和个人宴乐的种种场合,演奏音乐时,钟、鼓已失去了原来"天""地"的显要地位,④变得只是在整个乐队中"相随"而已了(至汉代以后钟磬在乐队中几乎完全消失)。

而竽、笙这种原来几乎没有资格入雅乐乐队的乐器,"笙奏"只是原来庙堂演奏中钟鼓之声的配角,而在战国时期则变为乐队之"先",成了"五声之长"。"竽也者,五声之长者也,故竽先则钟瑟皆随,竽唱则诸乐皆和。"⑤竽(笙)在乐队中有了特殊的地位,几乎具有领奏的性质。这是一个巨大的变化。而这种变化,也正顺应和伴随着古代音乐发展由古乐向新乐过渡这样一个趋势。

竽笙乐器之所以受人喜欢,之所以如此重要,是因为竽在器乐合奏中既是主要的旋律乐器,又是诸乐的定音标准,居于重要的地位。这不仅表现在它是"五声之长",可以在乐队合奏中作为领奏,而且还可以单独演奏,甚至不用其他乐器,纯用竽笙而组成合奏乐队。这样的事情同样发生在领导当时音乐新潮的齐国。

《韩非子·内储说上》有一则"滥竽充数"的故事:

---

① 《韩非子·内储说上》。
② 《韩非子·说林下》。
③ 《墨子·三辩》。
④ 《荀子·乐论》。
⑤ 《韩非子·解老》。

> 齐宣王使人吹竽,必三百人。南郭处士请为王吹竽,宣王说之,廪食以数百人。宣王死,湣王立,好一一听之,处士逃。

是说齐宣王爱听竽合奏,养有吹竽者数百人。有一个名叫南郭的人不会吹竽,却混迹于合奏之中,长时期不曾败露。后来齐湣王继位,一反宣王所好,不爱吵闹的合奏,只爱听独奏,南郭先生只好逃之夭夭。除此之外,韩非子还为我们提供了这个故事的另外一个版本:"一曰:韩昭侯曰:'吹竽者众,吾无以知其善者。'田严对曰:'一一而听之。'"这就是著名的"滥竽充数"的故事。

之所以会出现"吹竽者众"的现象,必定是社会上有"听竽者众"这样一种环境氛围。笙是一种气鸣自由簧编管乐器,而竽是"笙之大者",形似笙而略大。笙竽起源很早,《礼记·明堂位》:"女娲之笙簧。"笙竽久已广泛地流行于中原各地,这在文献中都有反映。如:"我有嘉宾,鼓瑟吹笙。"①

战国时期各国盛行笙竽等丝竹乐器的演奏情景,在一些战国时期的出土或传世器物装饰绘画上也能反映出来。如故宫博物院收藏的桑猎宴乐壶上的图案,就有描写吹竽、打击编钟和编磬、打鼓、弹琴、弹瑟和舞蹈的场面。还有长岛王沟战国残铜鉴②、绍兴坡塘战国墓伎乐铜屋③、湖南省博物馆藏铜匜④等都有吹竽的图像。由是可知,在战国时期,上至王公贵族,下至市民百姓,无不喜欢听用笙竽为主要乐器(丝竹伴奏)演奏的新兴乐曲。

笙竽的制作材料易腐,所以早期的笙竽不可得见。迄今已有一些实物出土,最早的是湖北当阳曹家岗春秋晚期楚墓出土的十六管笙斗,两件,残存笙斗。随县战国早期曾侯乙墓出土6件,分十二、十四、十八管三种。斗用匏制作,有的另加木嘴。可能为明器的两件用木雕成匏形作斗,尚属罕见。在湖南长沙浏城桥十号墓出土有十管的笙(竽)。另外,在江陵天星观一号

---

① 《诗经·小雅·鹿鸣》。

② 李纯一:《中国上古出土乐器综论》,文物出版社1996年版,第248页,图29-5。

③ 陈绍棣:《中国风俗通史·两周卷》,上海文艺出版社2003年版,第58页,《综论》第248页,图29-6。

④ 李纯一:《中国上古出土乐器综论》,文物出版社1996年版,第248页,图29-7。

墓、包山二号墓①、江陵枣林铺墓②等地,出土 20 余件木竽。

这些寥寥的战国笙竽出土实物,应当是当时大量的笙竽乐器而有幸留存下来的一些孑遗而已。不过借助这些笙竽遗留,我们也可以想象战国时期笙竽之声满天下的那种爱乐盛况。

三、战国时期音乐理论的纯熟

战国时期音乐理论除了散见于诸子百家的高言宏论,还集中地表现在此时成书的音乐专门书籍——《乐记》之中。可以说,《乐记》是战国时期音乐理论的辉煌结晶,尤其是集中体现了儒家音乐思想和音乐理论的最高水平。

(一)《乐记》成书及其作者

《乐记》是中国历史上最早的音乐书籍,是研究中国先秦音乐史的一部非常重要的文献。今见于《礼记》和《史记·乐书》,是先秦时期儒家讨论乐舞的综合著作,其中还夹杂有稷下黄老思想、易传思想、五行思想等等。据考证,很可能是儒家学派的著作,其主体部分八篇,具有一定的整体性,其论说的主要梗概见于《荀子·乐论》,或者与《荀子·乐论》同一源流。

关于《乐记》的争论很多,如《乐记》的作者及其成书年代,历来就聚讼不一:或者说是孔子再传弟子公孙尼子所作;或者说是荀卿门人所作;或者说是汉代的刘德所作。众说纷纭,莫衷一是。后来有好事者,将关于《乐记》的争论文章变成《〈乐记〉论辩》一书传世。③

大多数学者同意《乐记》成书于战国时期,作者是孔门弟子公孙尼子。公孙尼子生活在战国初期,相传是儒家学派的创始人孔丘的再传弟子。他继承、发展了儒家音乐理论,使之适应新兴的封建社会制度的需要,并形成了一个较完整的体系。他所著《乐记》经过汉代学者整理被保存下来。从荀子在他的《乐论》中大量引用《乐记》文字来看,我们同意《乐记》的主体部分

---

① 湖北省荆沙铁路考古队:《包山楚墓》,文物出版社 1991 年版,二号墓图 16、图 29－9。
② 江陵县博物馆:《江陵枣林铺楚墓发掘简报》,《江汉考古》1995 年第 1 期,图 29－10。
③ 人民音乐出版社编辑部编:《〈乐记〉论辩》,人民音乐出版社 1983 年版。其中郭沫若有《公孙尼子与其音乐理论》一文,认为是孔门弟子公孙尼子的作品,后来许多学者颇有异议。荀子门人说见孙尧年《〈乐记〉作者问题考辨》。汉代刘德说见《中国音乐美学史》。

是早于《荀子》的战国早期时候的著作。而近年有学者以郭店楚墓竹简材料为据,确证了《乐记》成书于战国中期。①

(二)《乐记》一书的思想内容

从思想发展脉络和传承源流来看,《乐记》是战国时期儒家学派的著作。孔子"善""美"的音乐思想,被完整地保留在了《乐记》里面。在继承孔子思想学说的基础上,《乐记》对儒家音乐思想也有发展,并形成了一套完整的体系。

1.《乐记》对与音乐相关的声、音、乐的乐学界定和声乐理论

《乐记》作者是音乐的行家,他对声、音、乐的乐学界定是以艺术实践为基础的。其中,对"声"的界定:"感于物而动,故形于声。""情动于中,形于声。""是故知声而不知音者,禽兽是也。""声音,乐之象也。"即,作者认为,声音是属于纯自然的,是原生的物质,也是构成音与乐的基本因素。其次,对"音"的界定:"凡音之起,由人心生也。人心之动,物使之然也。感于物而动,故形于声。声成文,为之音。""凡音者,生人心者也。情动于中,故形于声。声成文,谓之音。"这两段话意义基本相同,都说明了声演化成音的过程,这个"音"字就是后来的所谓音乐。《乐记》在许多篇幅论述以音代义的音乐。再者,对"乐"的界定:"比音而乐之,及干戚羽旄谓之乐。""音者,生人心者也。乐者,通伦理者也。是故知声而不知音者,禽兽也。知音而不知乐者,众庶是也。唯君子能知乐。"这里乐字是指乐舞,它是"奋至德之光,动四气之和,以著万物之理"的乐舞,是通伦理有崇高教育意义的艺术。按礼乐分解的观念,它可与礼并立的。即所谓"乐者,天地之和也;礼者,天地之序也"。

对于音乐的本质,《乐记》承认乐有享乐的作用,并且是一种欲望,但要"以道制欲"。故曰:

夫乐者,乐也。人情之所不能免也。乐必发声音,形于动静,人之

---

① 陈来:《郭店楚简之〈性自命出〉篇初探》,《孔子研究》1998 年第 3 期;李学勤:《郭店简与〈乐记〉》,《中国哲学的诠释与发展》,北京大学出版社 1999 年版,第 22—28 页;孙星群:《〈乐记〉成书于战国中期的力证——以湖北郭店楚墓竹简为据》,天津音乐学院学报《天籁》2005 年第 3 期;周柱铨:《〈乐记〉三考》,《响泉论乐》,黑龙江人民出版社 2009 年版。

道也。声音动静,性术之变尽于此矣。故人不耐无乐,乐不耐无形,形而不为道不耐无乱。

乐者,乐也。君子乐得其道,小人乐得其欲。以道制欲,则乐而不乱。以欲忘道,则惑而不乐。

2.《乐记》指出音乐有极强的表现力,可以反映人们的不同感情或情绪同时,不同的音乐对人们的影响也不一样:

乐者,音之所由生也,其本在人心之感于物也。是故其哀心感者,其声噍以杀;其乐心感者,其声啴以缓;其喜心感者,其声发以散;其怒心感者,其声粗以厉;其敬心感者,其声直以廉;其爱心感者,其声和以柔。六者非性也,感于物而后动。

夫民有血气心知之性,而无哀乐喜怒之常。应感起物而动,然后心术形焉。是故志微、焦杀之音作而民思忧。啴谐、慢易、繁文、简节之音作而民康乐。粗厉、猛起、奋末、广贲之音作而民刚毅。廉直、劲正、庄诚之音作而民肃敬。宽裕、肉好、顺成、和动之音作而民慈爱。流辟、邪散、狄成、涤滥之音作而民淫乱。

3.《乐记》谈到音乐与现实的关系,对它做了朴素唯物主义的解释
《乐记》既反对当时有些人把音乐单纯作为奢侈品或消遣物的看法,也反对那种否认音乐存在的观点,认为音乐是客观世界的主观反映:

凡音之起,由人心生也。人心之动,物使之然也。感于物而动,故形于声。声相应故生变,变成方,谓之音。比音而乐之,及干戚羽旄,谓之“乐”。

就是说,“乐”是人的心受了外界事物的影响,激动起来,便产生了一定的思想感情,然后用按一定规律组织成的声音和舞蹈动作去把它形象地再现出来的。正因为如此,作者进一步论证了音乐的内容只要有真实根据,便具有深刻的认识意义。通过对《大武》的分析,说明“乐者,象成者也”(音乐,是反映已经完成的事物的)。音乐是不能矫揉造作、弄虚作假的,它要反映真

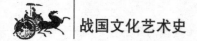
实的思想感情,即"唯乐不可以为伪"。充分肯定了音乐对现实的反映。

4.《乐记》还明确论述了音乐和生活、政治的关系

《乐记》认为音乐必然表现社会现实生活,为政治服务。《乐记》提出:

> 凡音者,生人心者也。情动于中,故形于声;声成文,谓之音。是故治世之音安以乐,其政和;乱世之音怨以怒,其政乖;亡国之音哀以思,其民困。声音之道,与政通矣。

就是说音乐与政治是相通的。所以太平时代的音乐一定充满安乐,政治也修明、和美;祸乱频仍时代的音乐一定充满怨恨,政治也倒行逆施;国家将亡时代的音乐一定充满悲哀,民生也困苦不堪。

5.《乐记》指出音乐有教育的功能,并非常强调其在教化方面的作用

《乐记》认为,音乐作为人们思想感情的语言,会与欣赏者内心的感情发生共鸣。音乐对人们心灵有巨大的感染力量,所以"礼乐"可以成为稳定社会的工具。

> 是故先王之制礼乐也,非以极口腹耳目之欲也,将教民平好恶而以反人道之正也。
> 乐也者,圣人之所乐也,而可以善民心。其感人深,其移风易俗,故先王著其教焉。
> 致乐以治心,则易、直、子、谅之心,油然而生。易、直、子、谅之心生则乐,乐则安,安则久,久则天,天则神。天则不言而信,神则不怒而威,致乐以治心者也。

《乐记》认为,致乐以治心,这是真正找到了音乐能使人受教的最深层的道理。所以要充分发挥其教育功能,强调其政治、道德的标准,所谓"德成而上""艺成而下"。在《乐记》看来,凡是思想性和艺术性相统一的作品,才是应该提倡的"德音""和乐",否则,就是应该反对的"溺音""淫乐"。这与儒家强调把音乐看作"修心养性"的工具是一致的。

6.《乐记》的礼乐思想及礼乐分论观念

《乐记》的文化思想基础就是礼乐文化和它的变化形态,因此《乐记》的

核心思想就是西周以来传统的礼乐思想。但在《乐记》中,礼乐并称的同时,又有礼、乐分论,这是礼乐制度崩溃后新的礼乐思想。春秋时期,孔子就将礼乐分论:"移风易俗,莫善于乐;安上治民,莫善于礼。"至《乐记》则把礼乐不同的作用和本质做极致的论述。

> 故圣人作乐以应天,制礼以配地。礼乐明备,天地官矣。
>
> 大乐与天地同和,大礼与天地同节。和故百物不失,节故祀天祭地,明则有礼乐,幽则有鬼神,如此则四海之内合敬同爱矣。
>
> 乐者为同,礼者为异。同则相亲,异则相敬。乐胜则流,礼胜则离。合情饰貌者,礼乐之事也。
>
> 乐由中出,礼自外作。乐由中出故静,礼自外出故文。
>
> 论伦无患,乐之情也。欣喜欢爱,乐之官也。中正无邪,礼之质也。庄敬恭顺,礼之制也。
>
> 乐也者,情之不可变者也。礼也者,理之不可变易者也。乐统同,礼辨异,礼乐之说,管乎人情矣。穷本知变,乐之情也。著诚去伪,礼之经也。
>
> 乐也者,动于内者也。礼也者,动于外者也。故礼主其灭,乐主其盈。
>
> 乐也者,施也。礼也者,报也。乐,乐其所自生,而礼反其所自始。乐章德,礼报情反始也。

7.《乐记》继承儒家的重乐教思想,但反对侈乐,主张节乐

> 是故乐之隆,非极音也。食飨之礼,非致味也。是故先王之制礼乐也,非以极口腹耳目之欲也,将以教民平好恶而反人道之正也。
>
> 乐由中出,礼自外作。乐由中出故静,礼自外出故文。大乐必易,大礼必简。

《乐记》的儒家中庸节乐观,不认同墨家极端的"为乐非也""不可不禁而止也"的观点。这与后来儒家的荀子也激烈反对墨子的"非乐"观,其思想脉络是一致的。

8.《乐记》总结出作曲的基本规律,阐发了唱歌发声的基本原理

> 凡音之起,由人心生也。人心之动,物使之然也。感于物而动,故形于声。声相应,故生变,变成方,谓之音。比音而乐之,及干戚羽旄谓之乐。
>
> 乐者,音之所由生也,其本在人心感于物也。
>
> 凡音者,生人心者也。情动于中,故形于声,声成文,谓之音。

《乐记》把作曲的规律归纳成理论,是当时音乐家音乐实践的结晶,不是凭空想象出来的。有如此明显的初级的作曲理论,这是我国音乐史上的一件大事。《乐记》同时在《师乙》篇记载了唱歌发声的基本原理:

> 故歌者,上如抗,下如坠,曲如折,止如槁木,倨中矩,句中钩,累累乎端如贯珠。

至于《乐记》将音乐的具体调式用等级制度来表现,"宫为君,商为臣,角为民,徵为事,羽为物。五者不乱,则无怗懘之音矣",与总结的歌唱发声的原理一样,也是属于早期文艺理论中惯用的"比喻"手法,当是可贵的经验之谈。

四、战国时期乐律水平的分析

战国时期音乐处在一个高度发达的时期,音乐水平之高,是前所未有的。这不仅体现在前面所论的此时已有很高的音乐理论体系,而且在具体的乐理方面,包括音乐发声学、乐器乐理、"五声""六律""七音"及其关系、转宫旋调等律学理论、"三分损益法"等乐律计算方式等方面,都达到了很高的程度。这些方面的技术水平,在古代文献中略有记载,而在已经出土的战国时期的乐器上有很好的体现,尤其以曾侯乙墓出土的众多乐器为代表,其所反映出来的乐律水平,成为一个时代音乐科技的高峰。

(一)战国时期音乐声学理论

战国时期科学技术和制造工艺的发展,使得那个时代的人们能够制造

出精美绝伦的乐器,从而促进了音乐声学的发展。

对于物体所以能够发声,此时人们已经知道了是和物体的振动有关。这种声学原理,在当时的著作《考工记》里有很好的记载:

> 鼓大而短,则其声急而短闻;鼓小而长,则其声舒而远闻。①
> (钟)薄厚之所震动,清浊之所由出,侈(钟口大)弇(钟口小)之所由兴,有说。钟巳(太)厚则石(不易发音),巳(太)薄则播(声音发散),侈则柞(易发大声),弇则郁(发音不畅),长甬则震(振动发抖)。②
> 巳上(高),则摩(磨)其旁(磬面),巳下(低),则摩其端(端)。③

上述记载分别是对鼓、钟、磬三种乐器的发声原理的认识。这表明,古人已从制作这些乐器的经验中懂得,物体发音的高低是由振动情况决定的,而振动情况又和发音体的形状、大小、厚薄等等因素有着直接关系。对于制鼓来说,鼓的大小和鼓声的响度有关:鼓的形状大而短,则发出的声音急促而短;鼓的形状小而长,则发出的声音悠长而远。对于制钟来说,钟壁厚则不易发声;钟壁薄则声音发散(只有厚薄适中才能发出所需要的声音)。钟口大则容易共鸣而发出大的声音;钟口小没有共鸣则发音不畅。对于制磬来说,如果发音偏高,就得适当把磬体磨薄一些;如果发音偏低,就要磨磬的两端,使磬体变得相对的短而厚。这些都是合乎科学的经验总结,今天看来都是非常有价值的声学知识。

这是战国时期人们对钟鼓打击乐器的发声原理的揭示,同样关于琴瑟等丝弦弹拨乐器的调制,也能从声学上加以科学地说明。比如:

> 为之调瑟,废(放置)一于堂,废一于室,鼓宫宫动,鼓角角动,音律同矣。夫或改调一弦,于五音无当也,鼓之,二十五弦皆动,未始异于声,而音君矣。④

---

① 《考工记·韗人》。
② 《考工记·凫氏》。
③ 《考工记·磬氏》。
④ 《庄子·徐无鬼》。

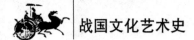

这表明,当时人们不但已经观察到两张瑟宫、角等基音弦间的共振现象,而且观察到瑟的基音和泛音的共振现象。

> (齐宣王)又问:"儒者鼓瑟乎?"(匡倩)曰:"不也。夫瑟以小弦为大声,以大弦为小声,是大小易序,贵贱易位。"[1]

这虽然是在利用乐器的发生现象来说明儒家所坚持的礼乐等级制度的可笑与荒谬,并非在解释乐器发声的原理,但在客观上,韩非子给我们讲述了当时人们的音乐学经验:琴瑟的丝弦越小(细),则弦声越大(高);反之丝弦越大(粗),弦声越小(低)。即小(细)弦大(高)声,大(粗)弦小(低)声的道理。这和近代声学所说的弦线的振动频率与弦线的平方根成反比的道理是相符合的。战国时期人们虽然还不能说得如此精细和准确,但在原理上他们已经能够认识到这一点了,这是非常难能可贵的。

对于歌唱声乐和发声技巧,《乐记》也有如此记载:

> 故歌者,上如抗,下如坠,曲如折,止如槁木,倨中矩,句中鉤,累累乎端如贯珠。

其大意是说歌唱声音向上进行时,要像向上高举,声音向下进行时,像是向下沉落,声音转折处要很干脆,像折断东西一样;声音休止时要像枯萎的树木那样寂寞无声;突然的曲调变化要像折线一样有棱角;婉转的曲调变化要像曲线那样流畅而无痕迹;声音的连续进行要很连贯,像一条线穿成的珍珠一样。这说明当时对于歌唱艺术是有一定要求的。虽然没有明确告知我们如何做到这些不同曲调的发音,但从这些不同的比喻当中,我们可以推想当时人们已经掌握了不同的发音方法和歌唱技巧。所以,当时的歌唱家韩娥等人能达到相当高的水平,得到人们的广泛赞赏和推崇。

(二)战国时期"五声""七音""十二律"等乐音

战国时期的音乐家们,基于长期音乐实践,对音阶已经有了合乎音乐声

---

[1] 《韩非子·外储说左下》。

学的一定认识。比如：

> 今五音之无不应也，其分审也。宫、徵、商、羽、角各处其处，音皆调
> 均，不可以相违，此所以无不受也。①

也就是说，五声音阶的各音级是按照一定的生律法确定的，所以互相协调，
而不互相干扰。

战国时期人们已经认识到，一个音阶不过有五个基本音级，但是它的变
化却是无穷的。所以说"声不过五，五声之变，不可胜听也"②。此时人们还
认识到，不同调的五声，同样招人喜欢。此即所谓"五声不同均，然其可喜一
也"③。

这些都是战国时期关于"五声"音阶的言说。而对于"七音"（七声音
阶），尽管早在春秋晚期的记载中就已出现，④但是在先秦文献中却看不到对
"七音"的具体议论。这似乎表明，春秋战国时期的七声音阶还不怎么流行，
而五声音阶一直占据着主导地位。

战国文献中关于乐音体系的记载很少，今幸有曾侯乙墓编钟、编磬等材
料，才略得弥补。⑤

据曾侯乙编钟标音铭文和测音结果看来，这架编钟既能奏出五声音阶
又能奏出七声音阶，既能奏出古七声音阶又能奏出新七声音阶。古、新两种
七声音阶的不同，仅表现在第四和第五音级之间音程的大小，相距一个全音
的是新七声音阶，相距半音的是古七声音阶。中、下层曾侯乙编钟安排三个
正鼓商角（变徵）音，却没有一个正鼓羽曾（清角）音，可见新音节的出现确是
晚于古音节，当时也不居于主导地位。⑥

曾侯乙编钟和编磬标音铭文表明，音阶是以宫、商、徵、羽为基音，取基

---

① 《吕氏春秋·圜道》。
② 《孙子·势》。
③ 《文选·啸赋》李善注引《鹖冠子》。
④ 《左传·昭公二十年》《左传·昭公二十五年》。
⑤ 湖北随州曾侯乙墓（湖北省博物馆：《曾侯乙墓》，文物出版社 1989 年版）和江陵雨台山楚墓
（湖北省博物馆：《湖北江陵雨台山 21 号战国楚墓》，《文物》1988 年第 5 期）竹律等标音铭文出土。
⑥ 李纯一：《先秦音乐史》，人民音乐出版社 2005 年版，第 212 页。

音上方大三度音作为角音,再取角音上方大三度音作为曾音。其中羽的曾音还有一个单字专名叫作和。另外,宫、商、徵、羽四音的降半音又叫作龢(变)音。

宫、徵、商、羽四个基音是按照五度相生的关系联系在一起的,而四个角音和四个曾音是按照三度定律法产生的。[①]

曾侯乙编钟、编磬标音铭文把音大致分为五组。这就是居于音列中央的中组,比中组高八度的少(小)组,再高八度的少之反(半)组,比中组低八度的大组和再低八度的浊组。

今以五声音阶为例,表示于下:

表4-1　曾侯乙编钟编磬音的分组表

组别	音级名称				
少之反组	巽反 少宫之反	少商之反	觖反 下角之反	终反 少徵之反	壹反 少羽之反
少组	巽 宫反 少宫	商反 少商	觖 角反 少宫角 下角	终 徵反 少徵	壹 羽反 少羽
中组	宫	商	宫角,角	徵	羽
大组	大宫	大商	大宫角 钜	大徵	大羽
浊组	浊宫	浊商	浊钜 珈钜 詹	浊徵 珈徵	浊羽

中组五声名称是五个基本音级名称,其余四组音级名称基本上是给它们加"少""大""浊""珈"等前缀,或者加"反""之反"等后缀来合成的。像中组那样用单字专名的(如巽、觖、钜、詹则为数较少。《尔雅·释乐》所说的"宫谓之重,商谓之敏,角谓之经,徵谓之迭,羽谓之柳",也许与此相类似,但究竟是五声的异名还是哪一组的专名,今已很难考知了。顺便指出,音分五组显然是由于音乐实际需要,从这一个侧面也可窥知当时曾国音乐已经发

① 李纯一:《先秦音乐史》,人民音乐出版社2005年版,第212页。

展到相当高的水平。

　　曾国的十二音级也就是十二律。如前所述,它的产生是按照五度相生(即三分损益)和三度相生两种生律法,这当是一种复合律制。

　　关于三度生律法,文献上没有明确的记载,不过《国语·周语下》所载周景王乐官伶州鸠的"纪之以三,平之以六,成于十二"这种讲述,可资参考。王光祈做过这样解释:"似乎先立黄钟、姑洗、夷则三律;然后再用太簇、蕤宾、无射三律,将上述三律之间,加以平分,成为六律;最后又以大吕、夹钟、中吕、林钟、南吕、应钟六律,介于上述六律之间,于是遂得十二律。"①王说恐非伶州鸠本意,但很适于解释曾国三度生律法。

　　曾侯乙编钟铭文中有曾、楚、周、晋、齐、申六国律名对应关系的说明,其详如下面表所示:

表4-2　曾侯乙编钟铭文所见六国律名对应关系表

《周语下》律名＼音名／六国律名国名	C	C#/Db	D	D#/Eb	E	F	F#/Gb	G	G#/Ab	A	A#/Bb	B
	姑洗	仲吕	蕤宾	林钟	夷则	南吕	无射	应钟	黄钟	大吕	太簇	夹钟
曾	姑洗宣钟(半)		妥宾		韦音		无罜赢孯(半)	黄钟应音(半)			大族穆音(半)	浊姑洗
周									郿音		剌音	
楚	吕钟	浊坪皇	坪皇	浊文王	文王	浊新钟	新钟	浊兽钟	兽钟	浊穆钟	穆钟	笲于素(?)
晋	六埘(半)										槃钟(半)	
齐							吕音					
申		屖则										

注:律名后面带"(半)"的,表示它是该律的高八度专名。

　　如表所示,战国早期各诸侯国(地区)都有自己特有的律名。其中曾国有六个基本律名(浊姑洗是一个加浊字前缀的合成律名,故不计在内),这当

---

①　王光祈:《中国音乐史》上册,中华书局1941年版,第24页。

是由于曾人常用六律所使然。这六律中有五个律名是和《国语·周语下》所载十二律名相一致,洛阳金村东周墓所出刻铭编磬有夹钟、姑洗二律名,[①]这证明《周语下》十二律名的出现确实很早。楚国有自己的十二律名,其中六个浊律名是由六个正律名派生的。[②]

(三)"三分损益法"——乐律计算方法

战国时期在音乐乐律学上取得了突出的成就,其显著标志就是"三分损益法"的产生及应用。

以三分损益法计算得出的律制,叫作"三分损益律"。这也是"五音"(五声音阶)甚至"七音""七律"(七声音阶)生成的计算方法。先秦计算音律时应用的三分损益法,其计算方式可简括为:将一个振动体长度作为生律计算的始发律,以先益后损或先损后益的方式,依次乘以 4/3 或 2/3 的因数,逐一得到各律的振动弦分的长度。

这种生律的具体方法,虽然见于战国时期的文献诸如《管子·地员》及《吕氏春秋·音律》等记载,但是其实际应用,应该远早于文献的记载。

> 凡将起五音,凡首,先主一而三之,四开以合九九,以是生黄钟小素之首,以成宫。三分而益之以一,为百有八,为徵。(不无)有三分而去其乘,适足以是生商。有三分而复于其所,以是生羽。有三分而去其乘,以是生角。[③]

这是一种"三分损益法"生成"五音"的做法。若将这段文字用算式表示则如下:

表 4-3 《管子》所记五音生成法表

计算次序	所得之音	算式
2	徵	$81 \times 4/3 = 108$
4	羽	$72 \times 4/3 = 96$

① 于省吾:《双剑誃古器物图录》卷下,大业印书局1940年版,第17—19页。
② 李纯一:《雨台山21号战国楚墓竹律复原探索》,《考古》1990年第9期。
③ 《管子·地员》。

续表

计算次序	所得之音	算式
1	宫	$1 \times 3^4 = 81$
3	商	$108 \times 2/3 = 72$
5	角	$96 \times 2/3 = 64$

考古发现表明，五声徵调式是东周时期广为流行的一种调式。据此估计，我国三分损益法的出现不会很晚。[1]

对于《管子·地员》所记而言，其规律是先以上生下，以下生上。如黄钟为上，林钟为下，所谓"三分所生，益之一分以上生"，即"以黄钟生林钟"，以上生下是也。例如曾侯乙编钟"八度位置的区分是按《管子·地员》徵、羽、宫、商、角的次序分组排列的"；"铭文只给徵、羽、宫、商、角五音规定八度位置"。[2]

黄钟生林钟，林钟生太簇；太簇生南吕；南吕生姑洗；姑洗生应钟；应钟生蕤宾；蕤宾生大吕；大吕生夷则；夷则生夹钟；夹钟生无射；无射生仲吕。三分所生，益之一分以上生。三分所生，去其一分以下生。黄钟、大吕、太簇、夹钟、姑洗、仲吕、蕤宾为上；林钟、夷则、南吕、无射、应钟为下。[3]

这是一种"三分损益法"生成十二律的做法。

而对于《吕氏春秋·音律》所记而言，十二律相生次序，因其记载中遣词造句的特殊以及解释的不同，历代注家及今人存在着"先益后损"和"先损后益"两种理解方式。一般将文中"以上生""以下生"理解由上生或下生而得，如林钟"为下"，系由黄钟下生而得（"去其一分以下生"），此为"先损后益"生律方式；亦有将"以上生""以下生"理解为以上生下或以下生上，如黄钟"为上"，所谓"益之一分以上生"，即以黄钟（上）生林钟（下），此为"先益后损"生律方式。

---

① 李纯一：《先秦音乐史》，人民音乐出版社 2005 年版，第 216 页。
② 黄翔鹏：《曾侯乙钟、磬铭文乐学体系初探》，《音乐研究》1981 年第 1 期。
③ 《吕氏春秋·音律》。

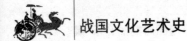
在《管子》《吕氏春秋》等文献记载之外，近年在甘肃天水放马滩战国晚期秦墓一号墓中出土了保存完整、字迹清晰的秦简，其中《日书》乙种《律书》中有 29 条"讲述五行、五音、阳六律、阴六吕及变六十律相生之法和律数"，记录了以"三分损益法"得出的律数。① 比如：

> 宫一，徵三，栩（羽）五，商七，角九。（乙 72）
>
> 甲九木，子九水，日出□□水，早食□□□，林钟生大（太）簇，大吕七十六，□山。（乙 76）
>
> 乙九木，丑八金，早食七栩（羽）火，入暮中鸣六，大（太）簇生南吕，大（太）簇七十二，参阿。（乙 77）
>
> 丙七火，寅七火，暮食六角火，夜半后鸣五，南吕生姑洗，夹钟六十八，参阿。（乙 78）
>
> 丁六火，卯六水，东中五□土，日出日失八，姑洗生应钟，姑洗六十四，阳谷。（乙 79）
>
> 姑洗十三万九千九百六十八下应，中吕十三万一千七十二下主黄。（乙 183）

这是先损后益、先益后损这两种计算方式所得律数的"公有数"，再结合《吕氏春秋·音律》有关文字记载中特殊的遣词方式，透露的可能正是先秦时期先损后益、先益后损两种十二律生律计算方式的并存。

其中第二条至第五条中大吕、太簇、夹钟和姑洗四律的比数都无异于《淮南子·天文训》，其中姑洗一律与角相对应，而第六条载其积实数为 139968，因知它所根据的黄钟大数（积实数）及其计算方法和《淮南子·天文训》及《史记·律书》完全相同，即所谓"置一而十一三之"（1×3^{11}），所求得的 177147。第六条中吕一律积实数的根据当然也不能例外。

据此可知，第一条所载五声相生顺序中先羽后商的颠倒，定是由于抄写疏忽所致。而我国完备的三分损益法（包括五声和十二律相生法）的存在至迟应在战国晚期，它的产生定当远在此前。②

---

① 何双全：《天水放马滩秦简综述》，《文物》1989 年第 2 期。
② 李纯一：《先秦音乐史》，人民音乐出版社 2005 年版，第 218 页。

以上三种文献,《管子·地员》由于明确提供了生律次序和计算所得律数,故显示的是确凿明白的"先益后损"生律计算方式。其所载为弦律计算,虽只计算至五律,并且有意呈现的是一个具地方音乐特点的"五声徵调式",但是参照放马滩秦简《律书》所记录的、在黄钟律数(81)上产出的各律数据("公有数"),已经表明依此法生律,不仅暗含下徵调七声音阶,并且可以生成十二律。

《吕氏春秋·音律》由于撰文者并没有提供明确的生律次序和计算所得律数,而是在遣词行文上造成了两种解释结果的可能,因此,并不能在生律方式的判断上对"先益后损"和"先损后益"做一个明确的取舍,这也在客观上给历代注家提供了阐释各自不同理解思路的可能性。

作为文物而面世的天水放马滩秦简《律书》中记录的律数,则以其经精密计算而获得的十二律律数的"选择性"呈示——"公有数"的罗列(主要是基于81,也是个别基于177147 黄钟律数的计算结果),透露了一个重要的历史信息——先秦十二律"三分损益"计算方法,具有"先益后损""先损后益"两种计算方式。天水放马滩秦简《律书》所记律数的"存同隐异"现象,可能反映的正是"先益后损""先损后益"两种生律次序的并存以及在历史文献记述中"求同存异"思维的体现。据此可推测,《吕氏春秋·音律》相关文字的表述方式,也可能是一种"求同存异"思维的曲折体现。或许,古代乐律学史上"黄钟为宫""林钟为宫"现象的并存乃至认识上的纠纷,从先秦有关十二律(包括其中内涵的不同的七声音阶)生成方式的记录中,就已经有所预示。

从理论上判断先秦五声、七声音阶,以及不同音阶类型的存在,一是要有生律法及其生律结果的依据(如生成五音和十二律的三分损益生律方法),二是在观念上确立以黄钟为始发律和以黄钟为宫(例如《管子》所说"凡首……以是生黄钟小素之首,以成宫"),以宫为音阶序列结构中居首位的主音(如《国语·周语下》所说"夫宫,音之主也")。在此基础上,于十二律的框架中,以五声(宫、商、角、徵、羽)为音阶基本结构(《左传·昭公二十五年》"七音、六律,以奉五声"),也可以以"二变"为不同七声音阶构成的变化要素(所谓"二变",指在七声音阶的第四级和第七级这两个音位上形成的变声,在第四级上可以是变徵、清角,在第七级上可以是变宫、商),构成不同的七声音阶。在战国早期曾侯乙编钟的铭文中,已有"变宫""和"(宫音上方纯四度音,相当于"清角")的专名,弥补了先秦文献的失载。从文献上看,

"变徵"虽晚见于《史记·荆轲列传》的"高渐离击筑,荆轲和歌,为变徵之声,士皆垂泪涕泣"的记载,但综合地看,先秦时就已应用此变声。先秦时期传统七声中"二变"的应用,在音乐实践上极大地丰富了当时的音阶调式结构。

此外,在湖北江陵雨台山战国中期楚墓也曾出土竹律。用刮去表皮的无节异径细竹管制成,上有墨书的本律之宫和一些律的对应阶名。残损严重,存有铭文的残律管二支和残片二块。其铭文为:①

①定新钟之宫为浊穆……
　坪皇角为定文王商……
②□(?)姑洗之宫为浊文王羽为浊……
③……之宫为浊兽钟羽……
④……为浊穆钟……

这些律名和阶名都和曾侯乙钟、磬标音铭文无异,只是新钟、文王二律名所前缀的"定"字为此竹律所独有。按此字当读如正。同名的正浊二律相差半音,因知正表示原位的常律,浊表示低半音的变律。

据研究,这套楚国竹律应原有十二管。② 各管律名和音高如下表示:

正	浊	正	浊	正	浊	正	浊	正	浊	正	浊
新	单	自	主	穆	穆	姑	姑	坪	文	文	新
钟	钟	钟	钟	钟	洗	洗	皇	皇	王	王	钟
$F_4\#$	G_4	$G_4\#$	A_4	$A_4\#$	B_4	C_5	$C_5\#$	D_5	$D_5\#$	E_5	F_5

战国时期的记谱法文献失载,也没有这方面的考古发现。目前仅见《礼记·投壶》有技壶礼和射礼用的鲁鼓和薛鼓二谱:

鲁鼓:○□○○○□□○□○○□半○□○○○□□○□○○□○○

① 湖北省博物馆:《湖北江陵雨台山 21 号战国楚墓》,《文物》1988 年第 5 期。
② 李纯一:《雨台山 21 号战国楚墓竹律复原探索》,《考古》1990 年第 9 期。

薛鼓：○□○○○○□○□○○○□○□○○□半○□○○○□□○

经文说："取半以下为投壶礼，尽用之为射礼。"郑玄注："圜者击鼙，方者击鼓。"因为没有速度和节奏的说明或标记，今已无从知其仿佛。[1]

（四）曾侯乙墓乐器乐律分析

因为正式的先秦律学体系已经失传，有关传统律学的一些基本理论问题，长期悬而未决，比如，"三分损益法"究竟是如何计算乐律的？具体应用的是管律还是弦律？战国以前是否已有绝对音高的概念？十二律名产生于何时？旋宫转调理论在先秦是否已付诸实施？如此等等。国内外音乐界对这些问题一直争论不休。曾侯乙墓出土的大型钟、磬等乐器群和它们表现出来的音乐水平，以及其上的内容涉及乐律的铭文，对解决上述问题有重要意义。

曾侯乙出土乐器群所反映的先秦音乐文化各方面的成就，大致可归结为以下几个方面：

1. "一钟二音三度音程"的钟乐设计

曾侯乙墓编钟的每一个钟都能发两个音，即钟的隧部与鼓部所发出的音成大三度或小三度音程，这是华夏钟乐所独有的特征。编钟音域宽泛，达五个八度，乐音的排列与现代钢琴的排列相同。在中心音域约三个八度范围内，能奏出完整的半音列，十二律齐备。由于有了完备的中间音，能在任何一个音上灵活地旋宫转调，能演奏采用和声、复调，以及变调手法的多声部乐曲。

在青铜钟的铸造中，要使一个钟体能发两个精确的、呈三度音程的音，需要音乐声学、乐器制造方面的科学知识和工艺技能，而这一点，此前我国音乐学家在对西周编钟的考察中，就已有所发现，只是当曾侯乙编钟出土后，人们看到明确的标音铭文时，才最终确认"一钟二音三度音程"的钟乐设计，不是偶然现象，而是古代乐师在周代就已完成的一项凝聚着中国人聪明智慧、堪称辉煌的科学发明。

---

[1]　李纯一：《先秦音乐史》，人民音乐出版社2005年版，第219页。

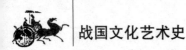

2. 七声音阶的表现形式

以前有些中外学者认为在战国时代，中国尚无七声音阶，每持战国无"变宫"之说。当曾侯乙编钟以其乐学结构和演奏五声、七声音阶结构乐曲的能力证明了这一事实时，问题才迎刃而解。曾侯乙钟铭中确有"䎦宫"（变宫）一词出现，此外还出现"䎦徵"（变徵）一词，都足以推翻旧说。钟铭上"变宫"的存在，弥补了先秦文献对七声音阶失载的不足。按照姑洗和浊兽钟这两宫分列它们的七声阶名，可以看出这两宫的七声音节标音方法："和"字不作变化音名出现而作为阶名出现，即作为新音节的第四级正式名称，而取单音词与宫、商等五声之名并列，形成七声音阶。"巽"字作为宫音上方纯四度音的专用阶名的存在，也为新音阶（下徵音阶）的存在提供了确证。

此外，复原的编磬能演奏七声音阶乐曲，两件未脱水的排箫，在七八根箫管还能发音的情况下，也可以吹出六声音阶，而篪的复原件，按一般指法可奏出五声音阶加上变化音。这些都表明当时已具有多种音阶观念，这些都是我国音乐史上前所未知的一个重要情况。

3. 钟律上的十二律体系及其律制

十二律即十二个半音作为一种律制，指按一定的生律法，在一个八度内产生十二个律位。十二律的产生，标志着古代律学思维的基本成熟，并奠定了传统乐律学理论的基础。在文献上，十二律律名的完整记载，见于《国语·周语下》周景王与伶州鸠有关铸钟的谈话中，其规范化的全部律名为：黄钟、大吕、太簇、夹钟、姑洗、仲吕、蕤宾、林钟、夷则、南吕、无射、应钟。在曾侯乙编钟上的铭文中，显示了十二律的全部律名及其异名。

在曾侯乙全套编钟的钟律设计中，存在着一个三度生律法与五度生律法的融合。这种融合对于编钟钟律设计中十二律体系的构筑，是必不可少的。显而易见的是，宫、商两组的"角－曾"结构，完成的是十二律制中六阳律的构建；而十二律中六阴律的构建，在曾钟体制中，就必须以宫、商"角－曾"结构上方五度律的派生即徵、羽"角－曾"结构的建立来完成。换句话说，徵、羽"角－曾"定律框架以同样的方式生成了六阴律。由此可以推测，历史上十二律制中的所谓"六律""六吕"，其于钟乐实践中，即与钟律体制中三度生律与五度生律的融合有一定关系。在最基本的"角－曾"定律思维模式制约下，三度生律成就了六阳律（"六律"）与六阴律（"六吕"或"六同"）；而五度生律则使阴阳律维系在十二律制的统一结构中。这也是《国语·周语下》"纪之以三,平之以六,成于十二"的钟律理论内涵。

关于十二律的生律法,在先秦文献中(如《管子·地员》《吕氏春秋·音律》)分别记载有关于生成"五音"(五声音阶)与十二律的三分损益法。过去有学者认为中国音乐史上生成十二律的"三分损益法",是战国末年由希腊传到中国而稍加汉化的乐理。曾侯乙编钟的出土,以无可争辩的事实说明传统的十二律,完全是春秋时期就已体系化了的音律理论。曾侯乙钟铭证明我国古代三分损益法的运算实际上采用的是弦律而非管律。根据音乐考古的证明,可以推测,在农业文化背景上,从西周雅乐四声音阶到春秋时期十二律的产生,在历史上可能存在着一个从"四时用音(律)"到"随月用律"的发展过程。

曾侯乙钟铭反映的十二律名是公元前5世纪前即战国以前的情况。从秦以后相传的十二律名说,其中无射、黄钟等八个律名也在曾侯乙钟铭上出现,说明它们在春秋战国时代即已存在。

4. 钟律铭文——青铜铸造的先秦乐律学理论

在曾侯乙编钟及钟架笋梁(横梁)编钟配件上,共铸有2800多字,再加上磬盒上铭文残存600多字,共3400多字,其内容是难得的先秦律学资料。可以说,这些铭文本身就是一部先秦乐律学著作。曾侯乙钟铭文乐律用语,按总数54统计,其中三分之二即36个用语是我们认识传统律学的新发现。

通过对钟铭的研究还可以发现,在现代欧洲音乐体系的乐理中,各种大、小、增、减音程概念和八度音组概念,在曾侯乙编钟的铭文中是应有尽有,并且完全是中国人独有的表达方式。

由于记载先秦乐律学理论的文献,在诸如"秦火"这样的历史事件中失传,因此,这些文字是弥足珍贵的。因其本身的学术价值,曾侯乙钟磬铭文及其乐律学体系被发现和被重新认识,同时意味着对中国乐律学史以及音阶史等专题研究和成果评估应重做判断。

5. 旋宫转调的应用与精确良好的乐器演奏性能

过去一些西方学者认为中国很晚才出现绝对音高的概念,甚至到战国晚期受了毕达哥拉斯或巴比伦人的影响才有相对音高的概念。其实《周礼·春官·大司乐》已经记载旋宫转调问题,今又得到曾侯乙钟铭验证,足见西方学者的观点是站不住脚了。

曾侯乙全套编钟制作精美,铸工考究。虽长期浸泡水中却毫无锈蚀,保持着青铜的光泽,加上工艺设计如托举的青铜武士雕像及精细的纹饰,其本身就是一件气势非凡的艺术作品。将其测音结果和钟铭的标音相对照,其发音相当准确,表明当时的乐师已具有精确的绝对音高观念。对这套编钟演奏性能的研究表明,其音质良好,音色丰富优美,音域宽广,音律较准确,其音响由倍低、低、中、高四个色彩区组成。总音域达五个八度又大二度之广。在中心音域约三个八度的范围中,十二个半音齐备,可以旋宫转调。中、下层甬钟以姑洗(C)为宫,其基本骨干音既有五声,又有七声音阶的结构。各组甬钟的变化音在设计和演奏中是可以互为补充的。在律制上反映的是钟律设计中采用的三分损益律与纯律三度生律的复合律制。可以用来演奏采用和声、复调及转调手法写成的现代乐曲。

曾侯乙墓的编钟及其他乐器,作为公元前 5 世纪的乐器,具有如此高的音乐性能和科技水准,不但是中国文化史上,同时也是世界文明史上的一大文化奇迹,这实在是中华民族的骄傲。

五、战国时期的音乐从业者

自春秋以来,就有高水平的乐师与乐人,到了战国时期,音乐水平有长足的发展。推进音乐文化发展的力量,从王朝高层下移至诸侯大夫等贵族阶层。他们供养乐人、女乐,逾越礼制用乐,遂成侈乐之风。而且这时社会上已经有专业化的音乐家和歌唱家,更有了民间乐队和从业人员。音乐专业化在战国时期自然而成。

(一)文献记载中的战国乐人

先秦文献集中记载乐人的官名、官位,职掌最多、最具体的是《周礼·春官》。虽然关于《周礼》的成书年代有所争议,但学术界一般同意这是一部反映春秋战国时期官制的文献。所以,以之来探究战国时期的音乐官职和音乐从业人员,还是有其有益的参考价值的。现据《周礼》原作,节录如下:

> 大司乐,中大夫:掌成均之法,以治建国之学政,而合国之子弟焉。
> 凡有道者、有德者,使教焉。死则以为乐祖,祭于瞽宗。
> 乐师,下大夫(大司乐副手):掌国学之政,以教国子小舞。
> 大胥,中士:掌学士之版,以待致诸子。

　　小胥,下士:掌学士之征令而比之,觥(音宫)其不敬者,巡舞列而挞其怠慢者。

　　大师,下大夫:掌六律六同,以合阴阳之声。

　　小师,上士:掌教鼓、鼗、柷、敔、埙、箫、管、弦、歌。

　　瞽蒙(无官位),乐工:掌播鼗、柷、埙、箫、管、弦、歌。讽诵诗,世奠系,鼓琴瑟。掌九德六诗之歌,以役大师。

　　视瞭(无官位),乐工:掌凡乐事播鼗,击颂磬、笙磬。掌大师之县。

　　典同,中士:掌六律、六同之和,以辨天地、四方、阴阳之声,以为乐器。

　　磬师,中士:掌教击磬,击编钟。教缦乐,燕乐之钟、磬。凡祭祀,奏缦乐。

　　钟师,中士:掌金奏。凡乐事,以钟鼓奏《九夏》。

　　笙师,中士:掌教吹竽、笙、埙、籥、箫、篪、篴、管,春牍、应、雅。以教祴乐。

　　镈师,中士:掌金奏之鼓。凡祭祀,鼓其金奏之乐。

　　韎(音昧)师,下士:掌教韎乐。祭祀,则帅其属而舞之。

　　旄人,下士:掌教舞散乐、舞夷乐。

　　龠师,中士:掌教国子舞羽吹龠。祭祀,则鼓羽龠之舞。

　　龠章,下士:掌土鼓、豳龠。中春,昼击土鼓、吹《豳》诗,以逆暑。

　　鞮氏,下士:掌四夷之乐与其声歌。祭祀,则龠而歌之。

　　典庸器,下士:掌藏乐器、庸器。及祭祀,帅其属而设笋虡(音损聚)。

　　司干,下士:掌舞器。

　　另外,《仪礼》记载的乐官有乐正、大师。但此大师职务低于《周礼》所设置的。

(二)战国玺印中的乐官资料

　　从上述文献记载中可以看出,春秋战国时期各国均有制造和管理音乐的机构和官员,但是可能官小位轻,在其他文献中难以寻觅其活动信息。在传世和出土的大量战国玺印、封泥中,有许多引文反映了战国时期乐官的设置和存在情况,尤其以楚、秦两国乐官材料为多,这为研究战国时期的乐官提供了弥足珍贵的佐证材料。

1. 战国楚印中的乐官

"樂(乐)"单字印(《古玺汇编》5314),楚庄王时有乐人优孟。《史记·滑稽列传》记:楚庄王的爱马死后,欲以大夫之礼葬之,"乐人优孟曰:'请为大王六畜葬之,以垅灶为椁,铜鑼为棺,赍以姜枣,荐以木兰,祭以粮稻,衣以火光,葬之于人腹肠。'王乃以马属太官。"乐人即乐官,可能不仅为王奏乐,还为王说笑逗乐。

"竽鉢"(《中国篆刻全集·卷一》11),铜质,楚玺。竽为乐队领奏之首,所以"竽玺"应该是宫廷中管理乐队的官员用印。

"墒(高)夌(陵)竽鉢"(《中国篆刻全集·卷一》11),铜质,楚玺。首二字缺释。郑超释为蒿陵。何琳仪说蒿(高)交(陵)即高陆,湖北钟祥。此玺为高陵邑职掌制造竽或管理竽乐队的机构用印。

令人奇怪的是,"滥竽充数"的故事发生在齐地,齐国"临淄甚富而实,其民无不吹竽、鼓瑟……"可是至今却未见有一例竽的实物和竽的官玺在齐地出土,我们将拭目以待。

《左传》昭公二十八年:"乐正后夔取之。"《韩非子·八说》:"上下清浊,不以耳断而决于乐正,则瞽工轻君而重于乐正矣。"可见春秋战国时已有乐正之官。

2. 秦国封泥中的乐官

秦国本以击瓮叩缶、歌呼呜呜为代表音乐,但逐渐吸收东方六国的乐器与歌舞,既包括雅乐,也包括郑卫之声。正像李斯在《谏逐客书》中所说的那样:"今弃击瓮叩缶而就郑、卫,退弹竽而取昭、虞,若是者何也? 快意当前,适足观而已矣。"战国时期或秦代的音乐乐官之制,也可在封泥、印玺等金石材料中窥见其一斑。

秦封泥"樂(乐)府"(《历代印匋封泥印风》165)、"樂(乐)府丞印"(《历代印匋封泥印风》128),传世秦封泥"樂(乐)府鍾(钟)官"(《古封泥集成》10)。封泥"乐府",还可以秦钟互证。1977 年陕西临潼秦始皇陵园食官遗址采集了一件乐府铜编钟,通体错金银花纹,富丽精美,造型小巧玲珑。钮上镌刻秦篆"樂(乐)府"二字(《中国上古出土乐器综论》231),证实秦始皇时代已设置了乐府。"乐府"都是秦国掌乐事的官署,职能上可能有所分工,但都隶属于少府。据《汉书·百官公卿表》秦少府属下有乐府,乐府有令、丞之设,掌宫廷声色之娱。"乐府丞""乐府钟官"均应为乐府属官。

秦封泥"左樂(乐)"(《考古与文物》2005 年第 5 期),新出秦封泥"左樂(乐)"(《考古与文物》2005 年第 5 期),半通。也可与两诏铜权铭互证。1991 年陕西华县出土的始皇两诏铜权在鼻钮旁錾刻一"樂(乐)"字,肩部铭"左樂(乐)"(《文博》1992 年第 1 期)。既有"左乐",就应该还有"右乐"。有学者认为,"左乐"是设在雍地的主管铸钟之官,可备一说。

"左樂(乐)丞印"(《新出土秦封泥集》7、《秦封泥集》139,图 29 - 32)。"左乐丞"当是左乐府之佐官。还应另有"右乐丞"印。"左樂(乐)雍鍾"(《考古与文物》1997 年第 1 期),周晓陆说为雍左乐钟,雍地左乐之署下辖的钟官。孙慰祖说为秦专在雍都五時祭祀天地的左乐钟官。"雍左乐"当是秦雍都寝陵或诸祠主乐之官,钟官主鼓铸。雍为秦立時祭天之地,迁都咸阳后,宗庙重器仍留雍都,故专置乐府(或太乐)之官(《中国古代封泥》50)。

"左樂(乐)寺瑟"(《新出土秦封泥集》8),《诗经》已有瑟的记载,瑟为早期的古代弹拨乐器,故设专职掌管。"寺"似当读为侍或持。

"外樂(乐)"(《新出土秦封泥集》8、《秦封泥集》140),有日字格,新出秦封泥。见不同品相者多枚,应为半通印所抑,官署印。秦之音乐有宫廷、宴飨、韶武、宗庙祠祀之乐。外乐可能隶属奉常,掌管郊庙乐章,或司对外接待任务。

"樂(乐)官"(《考古与文物》2005 年第 5 期),半通。《汉书·百官公卿表》:"少府,秦官……属官有……乐府三丞。"张家山汉简《二年律令·秩律》:"乐府……秩各六百石,有丞、尉者半之。"疑其为乐府之属宫。《汉书·律历志》:"汉兴,北平侯张苍首律历事,孝武帝时乐官考正。""汉兴,制氏以雅乐声律,世在乐官,颇能纪其铿锵鼓舞,而不能言其义。"

"樂(乐)师丞印",北京某藏家收藏。《周礼·春宫·乐师》:"乐师,掌国学之政。以教国子小舞。"在秦时,乐师应是乐府的演奏技术职官。乐师丞印应是乐府管理乐师机构的副职。

"走翟丞印"(《历代印匋封泥印风》140、《考古与文物》1997 年第 1 期),新出秦封泥,见不同品相者三枚。在此,"翟"为乐吏名,《礼记·祭统》:"翟者,乐吏之贱者也。"注:"翟谓教羽舞者也。""走翟"可能为掌管乐舞之吏的官署或掌北狄事务的属官。

"外司聖(聲、声)鍴(瑞)"
(《古玺汇编》0365),燕玺。此玺
可能与秦封泥"外乐"职司相似,
应是乐府官署印。

综上所述,战国时期秦国或
秦代已经设置了乐府,其中分为
左乐、右乐、外乐等;互有分工,
它们当分属太常和少府。

图4-8　秦国玺印中的乐官

(三)战国时期的音乐家

春秋时期,水平较高的乐人
多冠以师字,如师旷、师襄、师触、师悝、师涓、师挚、师文、钟仪、伶州鸠等。
乐师中师旷名气最大,春秋、战国时期多种文献载录他的事迹。

但到战国时期,著名的音乐家多不称"师某",这恐怕是与这一时期从事
音乐的人的身份地位有所变化有关。战国时期的音乐家多属于士的阶层,
与以往音乐家不同之处在于他们不再依附于宫廷,有了较大人身自由和活
动余地。他们也不再被冠以"乐师"的头衔,而用自己真名真姓,以其精湛的
技艺活跃于社会的各个阶层。

1. 韩娥

韩娥是战国时期韩国的一位卖唱女子,以善于唱情著称。《列子·汤
问》中载:

> 昔韩娥东之齐,匮粮,过雍门,鬻歌假食,既去而余音绕梁,三日不
> 绝,左右以其人弗去。过逆旅,逆旅人辱之。韩娥因曼声哀哭,一里老
> 幼,悲愁垂涕相对,三日不食。遽百追之。娥还,复为曼声长歌,一里老
> 幼,善跃抃舞,弗能自禁,忘向之悲也。乃厚赂发之。故雍门之人至今
> 善歌哭,放娥之遗声。

当时的齐国国都临淄,是一个有七万户居民的大城市,那里人人都会吹竽、
鼓瑟、击筑(一种五弦的用竹片敲击发音的弦乐器),音乐生活十分活跃,音
乐水平很高。韩娥在临淄雍门一带卖唱求食,她美妙而婉转的歌声深深地

打动了听众的心弦,给人们留下了深刻的印象。这充分说明了韩娥的歌声的圆润、甜美,而委婉及凄凉的悲声也感动了齐国无数的父老乡亲,使之与她一同悲戚、欢娱。她是我国古代以"唱情"见长的典范,也是历代音乐家十分推崇的民间歌手,她的歌唱特色对后世的声乐艺术有着深刻的影响。"余音绕梁,三日不绝",后来作为一个成语就是出自对韩娥的美妙歌声的贴切形容。

2. 秦青

相传与韩娥同时或稍晚的民间歌唱家还有秦青、薛谭、侯同、曼声等人。韩娥的歌技水平之高,也正是通过秦青之口得以传播的。秦青是战国时期一位歌唱技巧相当高超的歌手,以教唱为职业。

秦青的事迹也见于《列子·汤问》:

> 薛谭学讴于秦青,未穷青之技,自谓尽之,遂辞归。秦青弗止。饯于郊衢,抚节悲歌,声振林木,响遏行云。薛谭乃谢求反,终身不敢言归。

是说秦青的学生薛谭非常自负,自以为已经掌握了老师歌唱艺术的奥妙,便向秦青告辞回家,秦青没有挽留他。临行时,秦青在郊外的大路旁,满怀惜别之情,打着节拍唱了一支非常富有感情的歌曲,声音响亮,情感饱满,甚至连远处的树木都瑟瑟作响,天上飘荡的白云都停留下来。这时薛谭被老师的歌声所打动,并感到自己的不足,于是向老师道歉,请求回去继续向老师学习。

这则故事不但反映了秦青出色的歌唱技艺,而且反映了古代音乐教学中的启发式教育和示范作用所产生的良好效果。这就是后世人们常用的典故"响遏行云"的来源出处。

今本《列子》据说是晋人伪作,所载韩娥、秦青的传说可能有夸张的成分在其中。不过西汉刘安的《淮南子》也承认他们的存在,并对他们的歌唱艺术有过精辟的分析,它说:"譬犹不知音者之歌也:浊之则郁而无转,清之则燋而不讴。及至韩娥、秦青、薛谭之讴,侯同、曼声之歌:愤于志,积于内,盈而发音,则莫不比放律而和于人心。何则? 中有本主以定清浊,不受于外而自为仪表也。"就是说,关键在于他们有内心的思想情感需要表达,这种思想

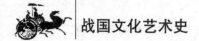

情感到了不可抑制的程度,冲出来就是歌声。而且正因为他们是按照内容的要求来控制声音的清浊变化,而不是单纯去追求声音外在的美,所以才能既有符合声音变化规律的美的形式,又能够深深地打动听众的心灵,有近乎神奇的艺术魅力。

3. 伯牙

伯牙是春秋战国之际民间杰出的古琴演奏家,《吕氏春秋》《荀子》《韩非子》《列子》等文献都曾提到他。说他"姓俞名瑞,字伯牙",是明末小说家冯梦龙在小说中的杜撰,而在此之前先秦文献均记载为"伯牙"。

历代文献关于伯牙的记载颇多,最早见于《荀子·劝学》篇:"昔者瓠巴鼓瑟,而沉鱼出听;伯牙鼓琴,而六马仰秣。"用夸张的手法极言其音乐演奏的生动美妙。其中《吕氏春秋·本味》篇中载:

> 伯牙鼓琴,钟子期听之。方鼓琴而志在太山,钟子期曰:"善哉乎,鼓琴!巍巍乎若太山。"少选之间,而志在流水。钟子期又曰:"善哉乎,鼓琴!汤汤乎若流水。"钟子期死,伯牙破琴绝弦,终身不复鼓琴,以为世无足复为鼓琴者。

而《列子·汤问》的记载为:

> 伯牙善鼓琴,钟子期善听。伯牙鼓琴,志在高山,钟子期曰:"善哉,峨峨兮若泰山!"志在流水,钟子期曰:"善哉,洋洋兮若江河!"伯牙所念,钟子期必得之。子期死,伯牙谓世再无知音,乃破琴绝弦,终身不复鼓。

两者记载大同小异。这则故事,一方面说明此时期的人们已经可以通过音乐交友,俞伯牙和钟子期因为有着对于音乐的共同爱好和精深造诣,而结成了生死与共的知音嘉友;另一方面,也说明俞伯牙能以很精湛、熟练的弹奏技巧来表达琴曲的内容,状摹高山,表现流水,都能生动形象,惟妙惟肖。伯牙弹琴具有出色的即兴创作才能,有非常开阔的艺术胸襟。他创作和演奏的琴曲完全摆脱了那种曾经主宰乐坛的令人不寒而栗的鬼神意识,而是寄情于山水,赞颂赋有生命力的大自然。

　　值得一提的是俞伯牙和钟子期通过音乐结为"知音"的故事,更是千百年来流传人间的美谈。而"高山流水"也成为朋友间永恒友谊的代称。

　　另据《琴操》《乐府解题》记载,相传伯牙从著名琴师成连学琴。伯牙跟成连学了三年琴却没有太大的长进。成连对伯牙说:我能教你弹琴而不能教你"移情",我有一位老师叫方子春,住在东海的蓬莱山上,他善于弹琴又能教人"移情"。于是他们就一起去东海了。伯牙到了那里,并没有见到方子春,而只看见了汹涌的海水波涛、杳冥的山林和悲号的群鸟,便很感叹地说:"先生移我情矣!"于是创作了《水仙操》一曲。这个故事有夸张之处,甚至未必真有其事,但它反映我国古代琴家们已经认识到体察现实对创作和表演所起的作用,并用伯牙学琴的故事说明它的重要性。

　　4. 钟子期

　　钟子期的名字往往是和俞伯牙连在一起的,他的身份地位虽然比俞伯牙低,相传只是战国时期楚国的一个樵夫,但他无疑也是一位与俞伯牙同样具有较高的音乐造诣的音乐家。

　　除了他和俞伯牙"高山流水"的经典故事之外,《吕氏春秋·季秋纪·精通》中还记载了钟子期的另外一个善于听音的故事:

　　　　钟子期夜闻击磬者而悲,使人召而问之曰:"子何击磬之悲也?"答曰:"臣之父不幸而杀人,不得生;臣之母得生,而为公家为酒;臣之身得生,而为公家击磬。臣不睹臣之母三年矣。昔为舍氏睹臣之母,量所以赎之则无有,而身固公家之财也。是故悲也。"钟子期叹嗟曰:"悲夫,悲乎!心非臂也,臂非椎非石也。悲存乎心而木石应之,故君子诚乎此而谕乎彼,感乎己而发乎人,岂必强说乎哉?"

是说钟子期夜间听到有人在击磬,发出的声音很悲伤。他把击磬人招来,问他击磬的声音为何这样悲伤?于是击磬人叙说了父亲因罪受刑,母亲与他因受株连而沦为奴隶的悲惨遭遇。钟子期听后非常感叹地说:真令人悲伤啊!心不同于臂膀,臂膀不同于椎(击磬的工具)和石(石做的磬),然而心中存有的悲伤却能够通过木石反映出来。所以人们在此处有了真实的感受便会在别处表现出来,自己内心的情感也能够(通过椎石)感发别人。

　　这则故事表明:其一,钟子期作为一个非常懂音的音乐家,对乐器演奏中所表现出来的情绪和意蕴非常敏感,可谓知音者;其二,当时纯器乐演奏已有相当高的水平,并早已遍及社会的各个阶层,与其相关的不仅有王侯,也有平民与奴隶。这说明纯器乐演奏早已存在,早已流行,只是在此之前未被记载而已。

5. 荆轲

荆轲(?—前227年),战国时期著名刺客,战国末期卫国人,也称庆卿、荆卿、庆轲,是春秋时期齐国大夫庆封的后代。受燕太子丹之托入刺秦王,因种种原因,行刺失败被杀。

荆轲不仅仅是个赳赳武夫的刺客,而且还是当时的一个著名歌唱家。据《史记·刺客列传》记载:

> 荆轲既至燕,爱燕之狗屠及善击筑者高渐离。荆轲嗜酒,日与狗屠及高渐离饮于燕市,酒酣以往,高渐离击筑,荆轲和而歌于市中,相乐也,已而相泣,旁若无人者。
>
> ……太子及宾客知其事者,皆白衣冠以送之。至易水上,既祖,取道。高渐离击筑,荆轲和而歌,为变徵之声,士皆垂泪涕泣。又前而为歌曰:"风萧萧兮易水寒,壮士一去兮不复还。"复为慷慨羽声,士皆瞋目,发尽上指冠。于是荆轲遂就车而去,终已不顾。

平日的荆轲,伴随着高渐离的击筑节奏,"和而歌"之,相乐而泣,旁若无人。这是一种人生自在的音乐享乐。而当将去刺秦、易水而别时,在高渐离击筑的伴奏下,"荆轲和而歌,为变徵之声,士皆垂泪涕泣。"及至唱"风萧萧兮易水寒,壮士一去兮不复还"时,"复为慷慨羽声,士皆瞋目,发尽上指冠。"初为"和而歌",又为"变徵之声",可以让人"垂泪涕泣";及至"复为慷慨羽声",让听者"士皆瞋目,发尽上指冠"。可见,荆轲是个非常专业的歌唱家,慷慨悲歌,可以移情动人。这与他的刺客身份是极其相适应的。

6. 高渐离

高渐离,战国末期燕国人,荆轲好友,擅长击筑(古代的一种击弦乐器,颈细肩圆,中空,十三弦),高渐离与荆轲的关系很好,平日里高渐离击筑,荆轲和而歌之,笑傲燕市。荆轲刺秦王时,高渐离与太子丹送之于易水河畔,高渐离击筑,高歌"风萧萧兮易水寒,壮士一去兮不复还"。

荆轲行刺失败后,据《史记·刺客列传》记载:

> 秦并天下,立号为皇帝。于是逐太子丹,荆轲之客,皆亡。高渐离变名姓为人庸保,匿作于宋子。久之,作苦,闻其家堂上客击筑,旁徨不能去,每出言曰:"彼有善有不善。"从者以告其主,曰:"彼庸乃知音,窃言是非。"家丈人召使前击筑,一座称善,赐酒。而高渐离念久隐畏约无穷时,乃退,出其装匣中筑与其善衣,更容貌而前。举座客皆惊,下与抗礼,以为上客,使击筑而歌,客无不流涕而去者。
>
> 宋子传客之,闻于秦始皇。秦始皇召见,人有识者,乃曰:"高渐离也。"秦始皇惜其善击筑,重赦之,乃矐其目,使击筑,未尝不称善。稍益近之,高渐离乃以铅置筑中,复进得近,举筑扑秦皇帝,不中。于是,遂诛高渐离,终身不复近诸侯之人。

可见高渐离与荆轲一样,都是具有慷慨悲歌才能又有侠肝义胆的音乐家。他们身后往往被人称为刺客,而实际上,正是因为他们有超凡的音乐才能,才成就了他们的千古盛名。

除了以上所举几位之外,战国时期的音乐家还有不少。比如,据《孟子·告子》:"昔者王豹处于淇,而河西善讴。"王豹是战国时卫国著名歌手,因王豹居住在淇水边上,所以淇水以西一带的居民,在他的影响下特别善于唱歌。齐国有一位好歌手叫绵驹,住在高唐这个地方,高唐位于齐国西部,所以齐国西部一带的居民也特别善于唱歌。

另外,还有一些没有留下名姓的音乐高人。比如,《郢人善歌》故事记述了楚地民众歌唱活动的普及。《文选·宋玉对楚王问》载:"客有歌于郢中者,其始曰《下里》《巴人》,国中属而和者数千人。其为《阳阿》《薤露》,国中属而和者数百人。其为《阳春》《白雪》,国中属而和者不过数十人。引商刻羽,杂以流徵,国中属而和者不过数人而已。是其曲弥高,其和弥寡。"刘向《新序·杂事》引此故事大同小异。《下里》《巴人》当为楚人、巴人杂居地区所流行的通俗歌曲,人们演唱起来,简直是载歌载舞,场面十分热闹。而《阳阿》《薤露》歌曲,由于难度较大,人们能演唱的就逐渐减少。到了唱《阳春》《白雪》时,乃至唱"引商刻羽、杂以流徵"这类变化音,难度加大,故而能和之者必然寥寥。宋玉所称道的这位歌者,不具姓名,但他既能唱少数民族的歌曲,又能唱高雅严肃的雅乐,是一个非常全面的歌唱家,令人尊敬不已。

这些描述先秦社会音乐家生活的故事,感染后人,传颂千古。而"得心应手""知音""高山流水""滥竽充数""余音绕梁""阳春白雪""怒发冲冠"等大多数人耳熟能详的成语,都是战国时期这些音乐家对中国文化的贡献,听来令人向往。

(四)战国时期的女乐倡优

在上古时期,歌舞一开始就是作为祭祖娱神的手段之一而产生的,巫觋的职能是"能事无形,以舞降神"。歌舞所娱的神在夏商周不同的时期则有不同的内涵。而人们真正开始享受乐舞,即乐舞真正实现自己的娱悦功能——娱人,则是在礼崩乐坏之后,乐舞从祭祀中独立出来,有专门的表演者和欣赏者,有专门的艺术风格,其初期表现为女乐、倡优、侏儒之类,即后来中国古典戏剧的雏形。

春秋战国之际,蓄养女乐的风气在各国宫廷中十分流行。《史记·孔子世家》记载,孔子在鲁因为政颇有起色,齐国惧怕鲁国成就霸业,曾经用在齐国已经相当盛行的女乐去贿赂鲁定公,结果女乐导致鲁国朝政荒废,正气不行,致使孔子"愤而去鲁"。秦穆公也使用了"女乐之计","以女乐二八遗戎王",瓦解戎王的意志用来达到伐取西戎的目的。[①] 就连远在南方的"蛮夷之地"的楚庄王,在"一鸣惊人"之前也是"左抱郑姬,右拥越女",等等。女乐能如此迷醉人心,荒废国事,可见其吸引力之大。

所以在战国时期,各国统治者出于各种政治目的,往往要大量设置女乐,或贿赂敌国,或笼络人才,或自己享乐,故而诸侯宫中女乐极多。

这些女乐大都来自郑、卫、三晋、中山等地:"女子则鼓鸣瑟,跕屣,游媚贵富,入后宫,遍诸侯。"[②]在"地薄人众",生活水平不发达的情况下,沦为宫中女乐是攫取富贵的捷径。

女乐的地位并不高,其生命甚至贱如草芥,有时常常成为殉葬品,《墨子·节葬》就披露:"今王公大人为之葬,……舆马、女乐皆具。"所以墨子的"非乐"学说中就包括反对使用女乐陪葬。但是在战国时期的大型墓葬中,

---

① 《韩非子·十过》《史记·秦本纪》。
② 《史记·货殖列传》。

往往有许多女乐被杀死殉葬。比如,曾侯乙墓在随葬大量精美的青铜礼乐器的同时,也殉葬了 21 具青年女乐,据骨骼分析,年龄最大的在 25 岁,最小的仅 13 岁。[①]

后来埋葬习俗稍有改革,由殉葬真人到殉葬陶俑,女乐俑的殉葬也极为普遍,战国时期墓葬中出土不在少数。比如,山东临淄郎家庄一号墓中就发现 17 个陪葬者,经鉴定,可辨年龄、性别的 6 个陪葬者均为平均 20 岁的女子,在填土中发现的另外 6 个殉葬者,多数也是女性青年。同墓的陪葬坑中还出土了女舞陶俑,舞女发髻残缺,脸部削成平面,以黑彩勾眼眉,长裙曳地,倾身扭腰,舞姿阿娜。[②] 另外,在绍兴、长治等地的战国墓中都有舞女俑的出土。[③]

各国贵族、后宫蓄养的职业歌舞者,除了女乐外,还有倡优。《说文解字》谓:“优,饶也;一曰倡也。”段玉裁注:“以其戏言之,谓之俳;以其音乐言之,谓之倡;或谓之优,其实一物也。”即俳优以滑稽戏言为长,倡优以音乐歌舞为长,都是用以娱人的,自古倡优就是同指,那些蓄养在贵族后宫专供人娱乐消遣的人,只不过分工不同而已。王国维把巫觋与倡优的职能联系起来,认为“巫以乐神,而优以乐人;巫以歌舞为主,而优以调谑为主;巫以女为之而优以男为之。”[④]王国维的解释揭示出倡优与巫觋其实是同源同性质的,只不过在时代先后和文化职能上稍有区别:在以神为中心的时期,社会重巫觋,巫觋是职业的歌舞艺术家,祭祀中的歌舞娱神通过巫觋来实现;在以人为中心的时期,社会重倡优,倡优是职业的歌舞者,享受中的歌舞娱人是通过倡优来实现的。

至少在春秋后期就有倡优出现,《晏子春秋》记载晏婴谏齐景公时说:

> 齐桓公……左有鲍叔,右有仲父。今君左为倡,右为优;谗人在前,谀人在后,又焉可逮桓公之后乎?

鲁定公十年(公元前 500 年)的齐鲁夹谷之会上,齐有司“请奏四方之乐”,出

---

① 湖北省博物馆:《曾侯乙墓》,文物出版社 1989 年版。

② 山东省博物馆:《临淄郎家庄一号东周殉人墓》,《考古学报》1977 年第 1 期。

③ 浙江省文物管理委员会等:《绍兴 306 号战国墓地发掘简报》,《文物》1984 年第 1 期。

④ 王国维:《宋元戏曲史》第一章,上海商务印书馆 1933 年版。

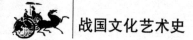

来的是"旌旄羽被,矛戟剑拨,鼓噪而至",受到孔子的呵止后,齐有司又请奏"宫中之乐",出来的是"倡优侏儒为戏而前"。① 可见其时齐国的宫廷中已经充满了倡优侏儒之戏。倡优一方面是职业的乐人,精通各地的民间歌舞,另一方面又是滑稽幽默专家,通过各种幽默智巧的言辩、动作,同时可以达到娱人的目的。晋国的优施,帮助晋献公的宠妃骊姬劝谕大臣里克,以达到立骊姬之子奚齐为太子的目的:

中饮,优施起舞,谓里克妻曰:"主孟啖我,我教兹暇豫事君。"乃歌曰:"暇豫之吾吾,不如鸟乌;人皆集于苑,己独集于枯。"②

优人的表演随时可歌可舞,词曲自编自演,极富创造性,技巧十分娴熟。比起赋《诗》时代通过演奏或清唱《诗》乐来表达己意,优人的自创自演,又是一个时代的进步。倡优们的表演风趣滑稽,因而深得主人们宠爱,"俳优、侏儒,固人主之所与燕也。"③他们也常以表演为手段,向诸侯君主们进言劝谏。齐景公在秋收时节不恤民力,大兴土木筑长庲台,晏婴为了劝谏,就在一次宫宴上起席作舞,唱道:

穗乎不得获,秋风至兮殚零落,风雨之拂杀也,太上之靡弊也。

他唱完后,"顾而流涕,张躬而舞",终于感动了齐景公而罢劳役。④ 楚国著名的优孟,"故楚之乐人也",他长于模仿,楚庄王的贤相孙叔敖死后其子穷困负薪而食,优孟便穿戴着孙叔敖的衣冠模仿其"抵掌谈语"之势,惟妙惟肖,骗过了楚王,进而歌劝楚王,为贤相后人谋得封地。⑤ 优孟劝谏时也使用了歌舞的手段,可见歌舞是倡优们熟练掌握并经常运用的基本技能之一。优孟的杰出表演说明秦昭王所谓"楚之铁剑利而倡优拙"。⑥ 的局面,也属片面

---

① 《史记·孔子世家》。
② 《国语·晋语二》。
③ 《韩非子·难三》。
④ 《晏子春秋·内篇·谏下》。
⑤ 《史记·滑稽列传》。
⑥ 《史记·范睢蔡泽列传》。

之词。

战国时期乃至整个先秦时期，倡优"皆以侏儒为之"，"而优人于歌舞调戏外，且兼以竞技为事矣"。[①] 在礼乐制度严格的时期，雅乐以娱祖为目的，讲求"肃雍和鸣"、中正平和，而像这样以人的生理缺陷为乐事，以插科打诨为笑料，是宗祖先神所不能接受的，绝对不可以进宗庙。这类舞人乐事在战国时期各国后宫的流行，正标志着乐文化职能的转变，转变到市俗化的娱己娱人阶段，其取舍的标准一切以乐舞享受者的好恶为价值尺度。

六、战国诸子的音乐思想和美学观念

战国时期是我国历史上第一个思想大解放的时期，社会上的文化和学术精英们，众聚门徒，广兴私学，各逞己说，互相辩论，出现了特色鲜明的几大派别，形成了一个学术思想极其活跃的诸子百家争鸣的局面。而在阐述理论和相互辩论的过程中，都不可避免地要涉及礼乐文化问题。关于礼乐文化的起源、礼乐文化的本质、礼乐文化的社会功用，尤其是直接关系到当时社会生活的礼乐的存废等问题，在他们各自设计的理想社会中都是一个无法回避的焦点所在，也是诸子百家间的一个重要分歧所在。在对待与礼乐制度密切相关之音乐的态度上，战国诸子更是各不相同，甚至大异其趣。大体说来，战国诸子对于音乐的态度可以分为两类：肯定音乐和否定音乐。比如儒家是非常肯定音乐存在及其社会作用的，而道家、墨家和法家都是在不同程度上否定音乐的。当然如果细分起来，两类中又有程度的不同。在音乐方面，墨、道、儒三家围绕着怎样看待商周以来的"礼乐"文化，包括音乐的本质、音乐与现实生活的关系、音乐与政治的关系、音乐的社会功能等问题，进行了激烈的辩论，形成了各自的音乐思想，对中国传统音乐的发展产生了深远影响。

（一）战国时期儒家的音乐观

相比而言，战国时期儒家学派的音乐观是非常明显的用世态度，不仅肯定音乐的社会功用，而且对音乐理论多有阐发，因此对战国时期的音乐文化之繁荣，起到了积极的推动作用。

---

① 王国维：《宋元戏曲史》第一章，上海商务印书馆 1933 年版。

1. 孟子的音乐观

孟子名轲,鲁邹邑人。他的生卒年代已不可确考,约当公元前 390—前 305 年。《史记·孟子荀卿列传》说他"受业子思之门人",是一个著名的显赫之士。他曾游历过一些诸侯国,做过齐宣王的卿。因为他的学说"迂远而阔于事情",从来没有被各国国君真正采用过。所以到了晚年,他就不再出游,"退而与万章之徒,序《诗》《书》,述仲尼之意,作《孟子》七篇"。

与孔子相比,孟子本身的音乐水平可能并不太高,所以在他的理论体系中没有对音乐本身做多少阐述,但是从他对音乐问题的为数不多的语言中,也可以看出他对于音乐的态度和礼乐文化的认识。

首先,孟子非常肯定好的音乐的社会作用。孟子继承了孔子"乐以教民"的理论,从"得民心"的角度进一步阐发道:

> 仁言不如仁声之入人深也,善政不如善教之得民也。善政,民畏之;善教,民爱之。善政,得民财;善教,得民心。①

在孟子看来,"仁声"即雅颂之乐是一种很好的教化手段。仁德的音乐,善良的教化,往往比言语、行动更能深入人心,更能争取民众以利巩固统治。那么,什么是"仁声"呢?

> 仁之实,事亲是也。义之实,从兄是也。智之实,知斯二者弗去是也。礼之实,节文斯二者是也。乐之实,乐斯二者。乐则生矣;生则恶可已也,恶可已,则不知足之蹈之手之舞之。②

孟子认为,仁的内容是侍奉父母,义的内容是顺从兄长,智的内容是懂得并坚持贯彻仁义,礼的内容是调节和修饰仁义,乐(孟子所谓的"乐"和古代乐的含义相同,是指音乐、诗歌和舞蹈相结合而成的总体而言)的内容是爱好仁义。爱好仁义就会产生快乐,产生快乐就无法抑止,就不知不觉地手舞足蹈起来。人在先天上就具有"良能""良知",顺从扩充"良能""良知"就会产

---

① 《孟子·尽心上》。
② 《孟子·离娄上》。

生快乐,于是自然会有所表现而成为"乐"。这表明,孟子对音乐的本质的看法是抽象的,即超历史超阶级的天赋道德本能的一种表现。对仁义之德的娱悦,必然产生仁义之声,这种仁义之声的感召力和渗透力是很大的。孟子认为,用仁义之声来教民是再好不过了。

　　其次,孟子提倡在音乐享乐方面要"与民同乐"。孟子认为,人之所以能够欣赏音乐,就人的主观方面说来,是由于人的感官具有美感共同性,例如他说:

　　　　至于声……天下期于师旷,是天下之耳相似也……故曰……耳之于声,有同听焉。①

孟子的学说体系中有浓重的重民思想,认为:"圣人与我同类者。……口之于味也,有同嗜焉;耳之于声也,有同听焉;目之于色也,有同美焉。至于心,独无所同然乎? 心之所同然者何也? 谓理也,义也。圣人先得我心之所同然耳!"②"尧舜与人同耳。"③圣人与庶民本无区别,他们最初心性相同,在声、色、味等感官感觉上也是相同的。由此,孟子顺理成章地提出"与民同乐"的主张:

　　　　曰:"独乐乐,与人乐乐,孰乐?"曰:"不若与人。"曰:"与少乐乐,与众乐乐,孰乐?"曰:"不若与众。""臣请为王言乐:今王鼓乐于此,百姓闻王钟鼓之声、管籥之音,举疾首蹙頞而相告,曰:'吾王之好田猎,夫何使我至于此极也? 父子不相见,兄弟妻子离散。'今王田猎于此,百姓闻王车马之音,见羽旄之美,举疾首蹙頞而相告曰:'吾王之好田猎,夫何使我至于此极也? 父子不相见,兄弟妻子离散。'此无他,不与民同乐也。今王鼓乐于此,百姓闻王钟鼓之声,管籥之音,举欣欣然有喜色而相告曰:'吾王庶几无疾病与,何以能鼓乐也?'今王田猎于此,百姓闻王车马之音,见羽旄之美,举欣欣然有喜色而相告曰:'吾王庶几无疾病与,何

---

　　① 《孟子·告子上》。
　　② 《孟子·告子上》。
　　③ 《孟子·离娄下》。

以能田猎?'此无他,与民同乐也! 今王与百姓同乐,则王矣。"①

君主与百姓共同享有乐舞之娱而不是独专于王室宫苑,取消一切等级限定,这无疑又是对古乐礼制的否定。在他理想的王道仁政中人人相亲,君民同乐,一派其乐融融的安康景象。

再者,孟子肯定新乐的积极意义。孟子虽然继承了孔子以来儒家学派的主要学说,比如在孟子看来,"雅乐"合于"仁义礼智""四德",而"郑声"则否。所以他肯定"古之乐""先王之乐"的"雅乐",誉之为"仁声",②否定"今之乐""世俗之乐"的"郑声",斥之为"恶声"。③ 但在音乐发展的问题上他并非一味地主张复古,一味地倡导行将灭绝的礼乐制度,而是能够顺应历史发展的潮流,承认并肯定"新乐"的地位。这是因为,孟子生活的年代已进入战国中期,各国的政治变革已经完成,宗周以来旧的统治制度和礼乐体系已经被打破。民间俗乐蓬勃发展,取得了对雅乐体系的绝对胜利,齐景公、晋平公、齐宣王、魏文侯等各国新一代的统治者,都已公开表示对雅乐不感兴趣,而听新乐乐在其中。作为一个顺应历史潮流者、"圣于时"者,孟子做出了"今之乐由(犹)古之乐"的论断:

> 庄暴见孟子,曰:"暴见于王,王语暴以好乐,暴未有以对也!"曰:"好乐何如?"孟子曰:"王之好乐甚,则齐国其庶几乎!"他日,见于王曰:"王尝语庄子以好乐,有诸?"王变乎色曰:"寡人非能好先王之乐也,直好世俗之乐耳。"曰:"王之好乐甚,则齐固其庶几乎! 今之乐,由(犹)古之乐也……"④

"今之乐"(新乐)果真与"古之乐"(雅乐)一样吗?"法先王"的孟子当然知道,在内容和形式上它们都是有区别的。但是事实上耳濡目染,到处是一片新声,无视新乐的生命力是不明智的,故而孟子有此折中主义的结论(或者说有几分无可奈何)。这个无可奈何的说法正表明了新乐的上升,在认识上

---

① 《孟子·梁惠王下》。
② 《孟子·梁惠王下》。
③ 《孟子·万章下》。
④ 《孟子·梁惠王下》。

已达到与雅乐平分秋色的地位(实践上早已普遍地压倒了旧乐)。

最后,孟子还利用音乐的理论知识阐明儒家学说。比如:

> 离娄之明,公输子之巧,不以规矩,不能成方圆。师旷之聪,不以六律,不能正五音。尧舜之道,不以仁政,不能平治天下。今有仁心仁闻而民不被其泽,不可法于后世者,不行先王之道也。故曰:徒善不足以为政,徒法不能以自行。《诗》云:"不愆不忘,率由旧章。"遵先王之法而过者,未之有也。圣人既竭目力焉,继之以规矩准绳,以为方圆平直,不可胜用也。既竭耳力焉,继之以六律正五音,不可胜用也。既竭心思焉,继之以不忍人之政而仁覆天下矣。①

是说即使像师旷这样的伟大音乐家,也要依照音乐理论中的"六律"以正"五音",只有用"六律"正"五音",才能创作并演奏出动听的音乐作品。用来比喻说明治理天下必须推行仁政,才能达到预期的效果。因为"五音"本身只是音乐所使用的物质材料,还不是音乐。音乐还必须具有符合于人的"良知""良能"(即"仁义")的特定思想内容和相应的技巧。

另外,他还以演奏音乐的条理顺序来比喻他的私淑先师孔子之圣德:

> 伯夷,圣之清者也;伊尹,圣之任者也;柳下惠,圣之和者也;孔子,圣之时者也。孔子之谓集大成。集大成也者,金声而玉振之也。金声也者,始条理也;玉振之也者,终条理也。始条理者,智之事也;终条理者,圣之事也。智,譬则巧也;圣,譬则力也。由(犹)射于百步之外也,其至,尔力也;其中,非尔力也。②

在古代雅乐的演奏中,可能有所谓始清、再任、再和,而后集大成这样的条理顺序。伯夷、伊尹、柳下惠等这些古代圣人,就像音乐演奏中的清、任、和那样各有其功德,而到了孔子则做到了金声玉振,即金石乐器一同鸣奏,达到了集大成的目的。这说明孔子的圣德,比起古代圣贤来后来居上,达到了更

---

① 《孟子·离娄上》。
② 《孟子·万章下》。

高的境界。"金声玉振"和"集大成者"这两个词汇,后来被人们作为成语使用,就是得益于孟子这样一个比喻之功。

2. 荀子的音乐观

荀子名况,时人尊而号为卿,又称孙卿,战国后期赵国(今山西安泽)人,生卒年代约为公元前313—前238年。他兼收杂取,身怀多种技艺,又以儒学正宗大儒自居。一生四处游历讲学,足迹遍布于齐、燕、秦、赵、楚诸国。曾任齐国祭酒和楚国兰陵(今山东兰陵县兰陵镇)令,但仍未实现其政治主张。晚年家于兰陵著书立说,聚众授徒。现存有《荀子》三十二篇。

作为战国诸子中最后一个大师级人物,儒家学派的正宗传人,儒家学派音乐思想的集大成者,荀子对于礼乐文化非常精通,对礼乐文化的发展也多有贡献。《荀子》中的《礼论》《乐论》《天论》《劝学》《儒效》《正名》等篇都有不少关于礼乐的论述,已经形成自己的音乐思想体系。其系统的音乐理论和音乐思想,在《乐论》中都有详细记载。

首先,荀子肯定了人们的日常音乐活动,认为音乐是人类感情所需要的。荀子认为,人的天性是爱美的,就耳的感官说来,其天性是爱好音乐(包括诗歌和舞蹈)的。"若夫目好色,耳好声,口好味,心好利,骨体肤理好愉佚,是皆生于人之情性者也;感而自然,不待事而后生之者也。"①"夫人之情,目欲綦色,耳欲綦声,口欲綦味,鼻欲綦臭,心欲綦佚。此五綦者,人情之所必不免也。"②"钟鼓管磬,琴瑟竽笙,所以养耳也。"③

荀子从人性这一根本上肯定了人对音乐的爱好和审美感知能力的合理性。正因为人有这些先天的欲望,故而必然产生乐舞,"夫乐者,乐也,人情之所以不免也,故人不能无乐。"荀子如此论证了音乐存在的必要性和合理性。

其次,荀子继承并发展了儒家音乐美学思想,提出了音乐的"中和"理论。"《礼》之敬文也,《乐》之中和也"④。"和"要求平和,反对过与不及,"中"而"不淫"就是"平和",这就是他的"中和"音乐思想。荀子和孔子一样,也主张礼、乐配合治人治国。同时认为雅正之乐的社会功用也在"中

① 《荀子·性恶》。
② 《荀子·王霸》。
③ 《荀子·礼论》。
④ 《荀子·劝学》。

和"，"故乐者，天下之大齐也，中和之纪也"①。

孔子的音乐思想以中庸为上，强调"乐而不淫，哀而不伤"。荀子继承了这些认识，不仅强调"中"，而且更加强调"和"："恭敬，礼也；调和，乐也。"②"乐也者，和之不可变者也；礼也者，理之不可易者也。乐合同，礼别异。"③荀子对乐的"中和之美"的观念，又有所发展，明确提出："《诗》者，中声之所止也。"④"乐中平则民和而不流。"⑤"乐言是其和也。"⑥"故乐在宗庙之中，君臣上下同听之，则莫不和敬；闺门之内，父子兄弟同听之，则莫不和亲；乡里族长之中，长少同听之，则莫不和顺。"⑦

其三，荀子非常重视音乐的教化功能。"故乐者，审一而定和者也，比物以饰节者也，合奏以成文者也，足以率一道，足以治万变。"⑧荀子认为音乐的教化作用是巨大的：

> 夫声乐之入人也深，其化人也速，故先王谨为之文。乐中平则民和而不流，乐肃庄则民齐而不乱，民和齐则兵劲城固，敌国不敢婴（撄）也。如是，则百姓莫不安其处，乐其乡，以至足其上矣。然后名声于是白，光辉于是大，四海之民莫不愿得以为师，是王者之始也。⑨

在荀子设计的礼法社会中，乐帮助协调礼所建立的等级名分秩序，充当润滑剂的作用。它可以和亲父子兄弟的人伦关系，可以化解君臣上下的矛盾对立，小者可以点饰社会，大者可以统一思想治邦定国。

音乐所以有如此巨大的社会功能，荀子认为是因为音乐能够教化人的内心，还能教化政治，从而达到"和"的目的。"故乐行而志清，礼修而行成，耳目聪明，血气和平，移风易俗，天下皆宁，美善相乐。"这一点在他的音乐教

---

① 《荀子·乐论》
② 《荀子·臣道》。
③ 《荀子·乐论》。
④ 《荀子·劝学》。
⑤ 《荀子·乐论》。
⑥ 《荀子·儒效》。
⑦ 《荀子·乐论》。
⑧ 《荀子·乐论》。
⑨ 《荀子·乐论》。

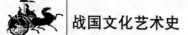

育思想中得到了充分体现。荀子主张用音乐引导人,使人的心灵变得纯洁,他发现音乐能起到感动人心,陶冶性情,使社会关系和睦的作用。所以荀子十分重视后天的礼乐道德教育,他实施音乐教育的目的就是为了移风易俗。他要求自己的弟子不要受邪说左右,勤勉学习,"君子明乐,乃其德也","弟子勉学,无所营(荧)也。"①

其四,在人性本恶的理论基础上,荀子提出要对享受音乐之美的负面效应加以控制,主张用礼约束人性、用乐调理人性,以维系社会关系。

> 今人之性……生而有耳目之欲,有好声色焉,顺是,故淫乱生而礼义文理亡焉。然则从(纵)人之欲,顺人之情,必出于争夺,合于犯分乱理而归于暴。故必将有师法之化,礼义之道(导),然后出于辞让,合于文理,而归于治。用此观之,然则人之性恶明矣,其善者伪也。②

荀子肯定人们的正常的音乐活动,认为人有情欲是不可免的。乐舞是发泄人的基本欲望的一种手段,目好色、口好味、心好利、骨体肤理好愉佚,是人的天性,是用不着学就会的。对于这种必不可少的发泄,如果不加节制就会生乱,故须加以引导。既然人的天性是恶的,就不能让人的情欲放任自流,必须用"先王"所制定的"雅颂之声"来加以引导,才能感动人的善心,防止社会陷于淫乱。因为先王制定的"雅颂之声",符合"礼义",即政治及伦理道德的要求。他说:

> 夫乐者乐也,人情之所必不免也,故人不能无乐,乐则必发于声音,形于动静,而人之道,声音动静,性术之变尽是矣。故人不能无乐,乐不能无形,形而不为道(导),则不能无乱。先王恶其乱也,故制雅颂之声以道(导)之,使其声足以乐而不流,使其文足以辨而不谓,使其曲直、繁省、廉肉、节奏足以感动人之善心,使夫邪污之气无由得接焉,是先王立乐之方也。③

---

① 《荀子·劝学》。
② 《荀子·性恶》。
③ 《荀子·乐论》。

所以荀子认为只有用礼乐来采取节制和疏导的手段,才能使它避免于"乱"。故曰:"乐者,乐也。君子乐得其道,小人乐得其欲。以道制欲,则乐而不乱;以欲忘道,则惑而不乐。"①荀子在这里认为,"礼"或"礼义"能对人的情欲(包括感官耳的情欲)起规范指导作用,而合于"礼"或"礼义"的音乐则具有巨大的社会作用。在荀子看来,"雅颂之声"这种好的音乐,不仅具有艺术感染力,还具有合于"礼义"的思想内容,所以它能陶冶人们的性情,使人心向善,易于移风易俗。《乐论》所说的"可以善民心,其感人深,其移风易俗",就是这个意思。

荀子主张"欲虽不可去,求可节也"②。如果对私欲之乐节制、疏导得当,乐便与礼相得益彰,互为补充,成为共同维护统治的两大基本手段。它和礼治一样为统治者所必需,"礼乐之统,管乎人心"。

其五,荀子推崇"雅乐",排斥"新乐"。荀子对音乐很重视,但并非一味强调娱乐,他认为推崇音乐的前提是"重己轻物",也就是说要把个人的修养放在首位,不要被感官享乐所左右,否则将适得其反。

所以荀子所肯定的音乐只是"雅颂之声",即《乐论》所说的《韶》《武》,《儒效》所说的《风》《雅》《颂》,《礼论》所说的《韶》《夏》《护》《武》《汋》《桓》《簡》《象》,《大略》所说的《武》《象》《韶》《护》,主要是夏商周三代以来的传统雅乐——"钟鼓之乐",其主要特征,是以钟鼓乐舞为特色,追求以"中和"为审美准则的庄严、肃穆、雍容、徐缓的金石音乐之美。所以他认为:"言音者予师旷,言治者予三王。"③在这一点上,荀子比孟子还要讲究复古。对此他自己并不讳言,明确地说:

> 王者之制,道不过三代,法不贰后王。道过三代谓之荡,法贰后王谓之不雅。衣服有制,宫室有度,人徒有数,丧祭械用皆有等宜。……夫是谓之复古,是王者之制也。④

相应地,在对于以"郑卫之音"为代表的俗乐的问题上,荀子必然要反对和排

① 《荀子·乐论》。
② 《荀子·正名》。
③ 《荀子·大略》。
④ 《荀子·王制》。

斥。"姚冶之容,郑卫之音,使人之心淫;绅端章甫,舞《韶》歌《武》,使人之心庄。"①甚至对待现实生活中的民间音乐和少数民族音乐,他都斥之为"夷俗邪音"。对于不合"中和"之道的新声,他是主张废弃的。因此提出:"故先王贵礼乐而贱邪音,其在序官也,曰:修宪命,审《诗》商,禁淫声,以时顺修,使夷俗邪音不敢乱雅,大师之事也。"②"声,则凡非雅声者举废;色,则凡非旧文者举息;械用,则凡非旧器者举毁。夫是之谓复古,是王者之制也。"③这些观点与孔子"恶郑声之乱雅乐""放郑声"的思想是一致的。

但是,历史是不以个人意志为转移的,总是向前发展的,音乐艺术也总是伴随着历史前进的,以致连荀子本人也不由自主地利用一种民间说唱形式做起《成相》来。

其六,荀子站在儒家积极入世的功利主义立场上,不仅自己有一套礼乐思想和音乐理论,强调礼乐相互为用即政治与音乐艺术的辩证关系;而且还对当时其他学派对待音乐的观点进行了分析和批评。比如,他认为墨子那种狭隘功利主义观点的"非乐"主张,是"蔽于用而不知文";庄子那种用虚无主义观点去否定音乐的主张,是"蔽于天而不知人";认为宋钘那种基于"人之情欲寡"的节乐主张,是"蔽于欲而不知得"④。他认为音乐是一种"治人之盛者也"的好东西,而墨家居然"非之",荀子当然要写作像《乐论》这样的文章,不遗余力地进行回击,"墨子非之,几遇刑也",非乐如同犯罪。从一定的意义说来,这些批判是相当中肯的,是他较前人及同代人认识的深刻之处。

总之,战国时期儒家音乐美学思想来源于孔子,发展于孟子,成熟于荀子,经过不断阐述、发挥和充实,逐渐系统化、体系化,最终成为一种正统的、占主导地位的音乐思想,在其后两千多年中国社会的音乐生活中,一直产生着广泛而巨大的影响。其从维护礼乐观念和统治阶级的利益出发,强调音乐的政教作用和功利目的,给音乐以很高的地位,将音乐作为治国的重要工具。这种观点有其合理的一面,在我国音乐发展史上也曾起过积极的作用。但儒家音乐思想忽视音乐自身的特殊性及其内部规律,过分强调音乐与伦

---

① 《荀子·乐论》。
② 《荀子·乐论》。
③ 《荀子·王制》。
④ 《荀子·解蔽》。

理道德、社会政治的关系，不把音乐作为审美的对象，而将其视为政治的工具、教化的手段，使音乐不能按本身的规律去发展，也有其消极的一面。

(二)战国时期墨家的音乐观

墨子，名翟，鲁国人，一说宋国人，生卒年代约前468—前376年。他大概是一个出身于手工业工人的"士"，自称尊奉大禹遗教，"以自苦为极"，朴素勤勉，为社会底层小民的利益而不惜劳苦，奔走呼号，是一位春秋战国之际著名的政治活动家、卓越思想家，也是墨家学派创始人。墨翟为墨家第一代"巨子"——精神领袖。

先秦诸子中，墨家和农家最接近下层人民。针对当时诸侯兼并，杀人掠地的局面，墨家在政治上提出"兼爱""非攻"的口号，在思想上提出"明鬼""非乐""尚同""尚贤""节用""节葬""非儒"等主张，与儒家等学派展开争辩，儒墨并称，一时成为显学。"杨朱墨翟之言盈天下，天下之言，不归杨则归墨。"①

墨翟生活在战国早期，传说他善于吹笙，"墨子见荆王，锦衣吹笙。"②他早期也曾"学儒者之业，受孔子之术"③。但他不堪礼乐之繁，另创门派，对儒家大加抨击。

墨子的音乐思想是与儒家相对立的。墨家对一切不实用的社会现象，都采取排斥和摒弃的态度，包括享受、娱乐、消费、礼仪等，凡是人类衣、食、住、行各方面不实用、不节俭的地方，都是他们攻击的对象。他竭力抨击儒家所倡导的礼乐文化，反对以礼乐治天下的主张，提出了"非乐"④的观点，其音乐思想主要记录在其著作《墨子》的《三辨》《非乐》等篇章中。

墨子的"非乐"观，并不是否定音乐本身，而是否定人对音乐的享用。墨子对于人们欣赏音乐舞蹈的本能也是认可的，承认"乐"是"耳之所乐"。大钟、大鼓、琴、瑟、竽、笙等发出来的声音并非不好听。这就如同雕刻、图画所构成的形状色彩并非不美，牛羊猪肉煎出的肉饼的各种滋味并非不可口，高台厚榭、院落深沉的房屋并非不舒服一样，是人性所欲的，是先天自然存在

① 《孟子·滕文公下》。
② 《吕氏春秋·贵因》。
③ 《淮南子·大略》。
④ 《墨子·鲁问》。

的欲望。

　　但是正是因为音乐是人性所需要的，所以人们容易过分沉溺其中，尤其统治者贵族阶级容易"熹音湛湎"（沉溺于音乐享乐），陷于奢侈的乐舞享乐之中而不能自拔。所以墨子全盘否定乐舞享乐存在的必要性。他的理由，在《墨子·非乐》中得到了具体的阐释：

　　第一，乐舞享受不仅"不中万民之利"，反而"亏夺民衣食之财"，造成极大的社会物质资源浪费。墨子说，当时民有三患："饥者不得食，寒者不得衣，劳者不得息。"（以下未注者皆自《非乐》）而"王公大人"们还讲求乐舞享受，实是"上不厌其乐，下不堪其苦"[①]，极大地劳民伤财，因为奏起舞乐，首先要造乐器，要为"大钟鸣鼓琴瑟竽笙之声"，必然"厚富敛乎万民"，搜括民间财力。这些乐器不能像"舟用之水，车用之陆"那样，给百姓带来丝毫实用，离百姓生活远不可及，"撞巨钟，击鸣鼓，弹琴瑟，吹笙竽而扬干戚"，对于天下争战之乱，百姓"三患"之苦，毫无改变。乐器造好需要人来敲击弹奏，而这些奏乐的人又不能是老弱病残，还要耳聪目明、身体健壮者，故必然"使丈夫为之，废丈夫耕稼树艺之时，使妇人为之，废妇人纺绩织纴之事"。其劳民误时，在所难免。还不止于此，那些表演乐舞的"万人"，还"不可衣短褐，不可食糠糟"，要"食必粱肉，衣必文绣"，奢侈之至，否则便"面目颜色不足视，身体从容不足观"。而这些人的美衣精食，必然是搜括百姓而来，又是一种劳民伤财。更有甚者，王公大人"独听之"，必然寡淡无味，必然要请人一起逍遥娱乐，"与君子听之，废君子听治；与贱人听之，废贱人从事"。因此，必有更多的人为之浪费人力物力。鉴于以上乐舞劳民伤财，于百姓生计有害无益，墨子在《非乐》中一再疾呼"为乐非也"。

　　第二，乐舞不能解决国家主要矛盾，于治国不利。墨子认为人与动物是有区别的，动物不事耕织，而"衣食之财，因已具矣"，而人不劳动就无法生存，社会秩序就无法运转。"君子不强听治，即刑政乱，贱人不强从事，即财用不足。"而当时各国的内外政治形势都是十分严峻的。"有大国即攻小国，有大家即伐小家，强劫弱，众暴寡，诈欺愚，贵傲贱，寇乱盗贼并兴。"一旦举国沉湎于乐舞之娱，专注享受，各个行业的人就不能各司其职，勤勉于上，王公大人必不能"早朝晏退，听狱治政"，士君子就不能"竭股肱之力，亶其思虑

---

　　① 《墨子·七患》。

之智,内治官府,外收敛关市山林泽梁之利",农夫们就不能"早出暮入,耕稼树艺",妇人们就不能"夙兴夜寐,纺绩织绖",这样一来,必然出现"仓廪府库不实""国家乱而社稷危"的局面,导致亡国亡种。

第三,从文与质相悖、乐与政相违的角度说明"为乐非也"。墨子主张先解决温饱问题,在坚实的物质基础上去求文饰求秀丽,这叫作"先质而后文":"食必常饱,然后求美;衣必常暖,然后求丽;居必常安,然后求乐。为可长,行可久,先质而后文,此圣王之务。"①他比较了历史上的所谓圣王和圣王之乐,"察九有之亡者,徒从饰乐也",从尧舜三代至商周诸王"乐逾繁者,其治逾寡,自此观之,乐非所以治天下也"。相反,"弦歌鼓舞,习为声乐,此足以丧天下。"②

墨子认为凡是有益于民有益于国的就支持,凡是无益于民无益于国的繁文缛节和奢侈浪费就要取缔,这无疑反映了春秋战国之际的小生产者和广大下层百姓的迫切要求,对统治阶级的音乐享乐、繁饰礼乐和"女乐"殉葬提出了严正的批判,这在当时历史条件下,是有其相当的进步意义。

但是他从狭隘的功利主义角度出发,将物质生产与精神生产、物质生活与艺术鉴赏完全对立起来,片面否定音乐客观存在的社会意义和审美价值,对乐舞和其他文艺采取完全否定的极端态度,提出"非乐"的主张,"当在乐之为物,将不可不禁而止也",导致否定一切文化,甚至连农夫"息于瓴缶之乐"也都全盘加以否定,则显得过于狭隘和偏激,几乎近于古希腊的禁欲主义哲学。因为任何人即使是下层百姓,也是需要休息和娱乐的,"一张一弛,文武之道"。儒家所谓有节制的"乐",对于廉洁高效的社会运作或许更为实用(如果真正能够得到实施的话),荀子批评墨家"蔽于用而不知文"③,不无道理。

所以当程繁、公孟等人在与墨子的辩论中提出:"国乱则治之,国治则为礼乐,国治则从事,国富则为礼乐。"④"譬之犹马驾而不税,弓张而不弛,无乃非有血气者之所不能至。"⑤讽刺墨家提倡的"不为乐"如同"马驾而不税,弓

————————

① 《说苑·反质》。
② 《墨子·公孟》。
③ 《荀子·解蔽》。
④ 《墨子·公孟》。
⑤ 《墨子·三辩》。

张而不弛"时,墨子的辩词就显得并无力度了。他只得无视《韶》《濩》《武》《象》等雅乐存在的事实,用历史退化论的逻辑诡辩说:"其乐逾繁者,其治逾寡。""圣王不为乐。"①显然,这是不符合历史实际的。

墨子的"非乐"理论和主张,对于音乐艺术本身来说,是一种不切合实际的反动,纯属空想,没有什么积极意义,也完全行不通。因此,墨子的这种非乐思想在社会上并未产生很大影响,在后期墨家那里并未得到继承,更不可能被后人接受并发扬光大。在秦统一六国以后,这个学派就销声匿迹了。

(三)战国时期道家的音乐观

和墨家一样,道家也是反对音乐、否定音乐的。道家以老庄为代表,他们提倡自然,否定一切人为音乐。《老子》对于音乐的态度是"音声相和""五音令人耳聋""乐与饵,过客止""大音希声"。其中"大音希声"一语,可以看作是《老子》整个音乐美学思想的核心,直接影响了其后庄子等人音乐美学思想的形成,在中国古代音乐美学史中占有重要的地位。

战国时期道家以庄子为突出代表人物。庄子继承老子的音乐思想,有过之而无不及,甚至比老子更消极,否定儒家礼乐文化更彻底。

首先,庄子通晓音乐,是个造诣极高的音乐理论家。相传庄子会鼓琴,会唱歌,在《庄子》一书的《至乐》《马蹄》《胠箧》《天道》《天运》《齐物论》《徐无鬼》等篇中,有很多谈论乐的内容,包括音乐的本质和音乐的乐理及其美感之育人的作用等等。比如《庄子·徐无鬼篇》关于瑟的基音与泛音共振现象的描述,多有阐发,出语不凡。《庄子》的许多寓言与乐舞有关,如在《养生篇》中形容庖丁解牛的熟练程度时,他就说:"合乎《桑林》之舞,乃中《经首》之会。"凡此,没有一定的音乐活动实践和理论修养,是不能做这样的意义较深的比喻的。

虽然道家也反对礼乐文化,但庄子反对墨家的"非乐"观。在否定礼乐文化的具体出发点上,道、墨两家并不一致。而在否定墨家"非乐"这一点上,庄周所代表的道家又是与儒家是一致的,他认为墨家"毁古之礼乐","去王也远矣"。② 就是说,毁掉古代的礼乐,离统一天下未免太遥远了。

---

① 《墨子·三辩》。
② 《庄子·天下》。

庄子等道家的音乐理论,表面看来似乎神秘,对音乐的美及其享用均持否定态度;实际恰恰相反,它比任何学派更重视音乐——作为艺术存在的音乐;更重视美——高于形式美的内在的、精神的美。换句话说,它强调的正是艺术创造的非认识性规律,即审美规律。

其次,庄子崇尚和欣赏产生于大自然的天籁之音。庄子从崇尚自然的思想出发,提出"中纯实而反乎情,乐也"①的观点,认为音乐美的本质表现为人的自然情性,提倡一种形而上的、超越物质手段的纯主观的音乐艺术。音乐美的准则是自然而不造作,具有朴素的美感。音乐的功用是抒发性情,娱乐人心,所以音乐应摆脱礼的束缚,合乎自然、合乎人的本性。

庄子把音乐的境界分为"天乐"和"人乐":"与人和者,谓之人乐;与天和者,谓之天乐。"②所谓人乐就是世俗之乐,是庄子所称的"失性有五"之一的"五声乱耳,使耳不聪"③,是那些"趣舍声色以柴其内,皮弁鹬冠搢笏绅修以约其外"的俗人所追求的,而"天乐"则具有极大的神秘性,是无影无声的东西。"视乎冥冥听乎无声。冥冥之中,独见晓焉;无声之中,独闻和焉。"④

与此将音乐分为"人乐""天乐"的不同层次相类似,在《齐物论》中,庄子又把音乐分作"人籁""地籁""天籁"三个级别。郭象和成玄英注都以"箫"释"籁",就是声律。人籁是人类乐器所奏的音乐("比竹"),地籁是自然风物的声音,而天籁究竟是什么东西,庄子并没有直接说明,只是采取了一个反问:"夫吹万不同,而使其自已也,咸其自取,怒者其谁耶?"其意思是说,在地籁(万物之声)之后还有一个推动者,就是"天""道"的和谐。

在《天运》中庄子把这种神秘的"天乐"(天籁)描绘成:"听之不闻其声,视之不见其形,充满天地,包裹六极"。是无所不在,无所不包的。它虽听不见,然而"其声能短能长,能柔能刚;变化齐一,不主故常。"⑤就是说,它在精神上高度符合美的辩证关系。这与庄子的"夫道有情有信,无为无形。可传

---

① 《庄子·缮性》。
② 《庄子·天道》。
③ 《庄子·天地》。
④ 《庄子·天地》。
⑤ 《庄子·天运》。

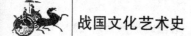

而不可受,可得而不可见"①的"道"是一致的,是一种"至乐无乐"②的音乐。这也与老子所提倡"大音希声"的理论相仿佛。"天乐"("天籁")是"道""天道"在声音上的体现而已。

"道"是不可随便学习掌握的,相应地,"天乐"("天籁")也就更无从得闻了。那些可见可闻的声音形象,跟"天乐"是大相径庭的,为庄子不齿:"视而可见者,形与色也;听而可闻者,名与声也。"③

显然,庄子所追求的超越一般音乐的"天乐""天籁"是不存在的。相传,庄子妻死,惠子往吊,而"庄子则方箕踞,鼓盆而歌",或许这正是他达到无为至乐的境地后,泯生死、通命化的表现,表现了他超凡脱俗的快乐观。

其三,庄子反对儒家的礼乐文化,反对人为的音乐制度。

庄子基本上继承了老子的思想,也主张自然、朴素、无为、清虚。在庄子的理想社会中,自然是不需要礼乐文饰。只是所谓"圣人"出来以后,才"澶漫为乐,摘辟为礼,而天下始分矣"。正是"圣人"的制礼作乐,打破了自然社会的安乐状态,这是他极力反对的。"道德不废,安取仁义? 性情不离,安用礼乐? 五色不乱,孰为文采? 五声不乱,孰应六律?"④他认为礼法越是发达健全,说明社会的治理越是破败;乐舞越是动听好看,越是境界不高:"礼法度数,刑名比详,治之末也;钟鼓之音,羽旄容,乐之末也。"⑤吹嘘仁义,行礼奏乐,都是不正常的。"礼乐遍行,则天下乱矣。"⑥

在庄子看来,"六律"和各种乐器,乃至音乐家的耳朵,都是使人失掉"素朴"天性、使天下大乱的根源。所以庄子主张摒弃礼乐,"绝圣弃智",排斥一切文化和科技,宁愿回复到他理想中其乐融融的蛮荒状态,具体的做法就是"摘玉毁珠","焚符破玺","掊斗折衡","殚残天下之圣法",当然少不了要"擢乱六律,铄绝竽瑟,塞瞽旷之耳","灭文章,散五采,胶离朱之目"。这就是所谓"大巧若拙"⑦,这样就否定了礼乐和其他人类文明的一切成果,又走

① 《庄子·大宗师》。
② 《庄子·至乐》。
③ 《庄子·天道》。
④ 《庄子·马蹄》。
⑤ 《庄子·天道》。
⑥ 《庄子·缮性》。
⑦ 《庄子·胠箧》。

向了文化的虚无主义。

（四）战国时期法家的音乐观

法家是战国时期的一个重要学派。各国要富国强兵,多用法家人物进行改革。这些法家人物从功利目的出发,主张耕战,讲究实际。因此对于奢侈靡费的歌舞音乐甚至与之相关的礼乐文化,基本上持一种反对的态度。

1. 商鞅的音乐观

商鞅(约前390—前338年)是战国时期法家的主要代表人物。本是卫国人,称卫鞅;被秦封在商於之地,故称"商鞅"。他在秦国两次主持变法,推行法家思想,历时十五年之久,"乡邑大治","秦民大悦"。① 商鞅变法的同时,申不害在韩国用"术",李悝在魏国也相继进行了变法运动,商鞅的变法最为成功。其理论集中见于《商君书》中,代表了早期法家的思想。商鞅虽然对于音乐没有什么理论,但从《商君书》也可看出他对待音乐的态度和音乐文化的认知程度。

首先,商鞅把音乐作为"末利""末作"进行压制、打击。

商鞅主张法后王,反对法先王。其变法的最终目的只有一个,即强国利民。"苟可以强国,不法其故;苟可以利民,不循其礼。"②为了这个目标,商鞅主张摒弃一切"末利""末作"之类不实用的东西。因此,他把礼、乐、《诗》《书》、修善、孝悌、诚信、贞廉、仁义、非兵、羞战这些妨碍国家富强的东西称为"虱",认为是"亡国之俗"。礼、乐、《诗》《书》这些儒家极为推崇的王道之术,在商鞅那里成为打击的首要祸害:"国用《诗》《书》、礼、乐、孝、悌修治者,敌至必削固,不至必贫国。"③于是,商鞅在秦取得改革变法的决策权之后,就大力排斥礼乐政治,推行法制:"商君教秦孝公以连什伍,设告坐之过,燔《诗》《书》而明法令,塞私门之请而遂公家之劳,禁游宦之民而显耕战之士,孝公行之,主以尊安,国以富强。"④他的这些富国强兵的政策受到后期法家的极力推崇,"燔《诗》《书》而明法令",在李斯、秦始皇那里变成了悲剧的现实。

---

① 《史记·商君列传》。
② 《史记·商君列传》。
③ 《商君书·农战》。
④ 《韩非子·和氏》。

《商君书》不止一处提到对礼、乐、《诗》《书》的嫉恶和禁止:"礼乐,淫佚之征也。"①"乐则淫,淫则生佚。"②这一方面是由于儒家所倡导的礼、乐、《诗》《书》对于"农战"不利,"烦言饰辞而无实用",浪费民力,耽误农时,破坏了法家的耕战政治,更重要的一点是,《诗》《书》、礼、乐使百姓受到教育,开启民智,增长文化,破坏了刑、法、术、势的强硬统治。他们主张把农民固定在土地上,认为"朴农"最易统治,"农则朴,朴则安居而恶少出","朴则畏令",③而懂得了《诗》、《书》、礼、乐的农民,就有可能不"朴",就有可能作奸犯上。"故事《诗》《书》,谈说之士,则民游而轻其君。"④温和的乐与肃杀的刑是势不两立的。故而在商鞅看来,礼、乐、《诗》《书》是为政之大忌,非抑制不可。

其次,商鞅并不反对音乐的社会作用,而是以实用为取舍标准。"是故民闻战而相贺也,起居饮食所歌谣者,战也。"⑤耕战是统一六国过程中的当务之急,一旦平定海内,政治稳定后还是要兴礼作乐的:"汤武既破桀、纣,海内无害,天下大定。筑五库,藏五兵,偃武事,行文教,倒载干戈,缙笏作为乐,以申其德。"⑥

历史证明,法家正是"先务耕战而后得其乐"⑦的。一旦专制集权形成之后,法家对礼乐制度的重视和利用,远比它的创导者儒家有过之而无不及,而信奉儒家的统治者对法家理论中的刑、法、术、势掌握和运用得又是那样娴熟。

2. 韩非子的音乐观

韩非子出身韩国贵族,是战国晚年的重要思想家。韩非子和李斯都师出儒学大师荀子门下,他融商鞅之"法"、申不害之"术"和慎到之"势"于一体,是法家思想的集大成者。著有《韩非子》一书流传后世。其音乐思想和音乐观念也都蕴含于其中。

---

① 《商君书·说民》。
② 《商君书·开塞》。
③ 《商君书·算地》。
④ 《商君书·算地》。
⑤ 《商君书·赏刑》。
⑥ 《商君书·赏刑》。
⑦ 《商君书·慎法》。

首先,韩非子对音乐有"古乐"和"新声"的划分,承认音乐的社会作用。

《韩非子》一书中许多寓言故事涉及乐舞,多是借用与音乐乐理有关的事例阐述某种哲理。比如在说明"十过"中"奚为好音"时,韩非子讲了这样一个音乐故事:

　　昔者卫灵公将之晋,至濮水之上,税车而放马,设舍以宿。夜分,而闻鼓新声者而说之。他人问左右,尽报弗闻。乃召师涓而告之,曰:"有鼓新声者,使人问左右,尽报弗闻。其状似鬼神,子为我听而写之。"师涓曰:"诺。"因静坐抚琴而写之。师涓明日报曰:"臣得之矣,而未习也,请复一宿习之。"灵公曰:"诺。"因复留宿。明日而习之,遂去之晋。晋平公觞之于施夷之台。酒酣,灵公起。公曰:"有新声,愿请以示。"平公曰:"善。"乃召师涓,令坐师旷之旁,援琴鼓之。未终,师旷抚止之,曰:"此亡国之声,不可遂也。"平公曰:"此道奚出?"师旷曰:"此师延之所作,与纣为靡靡之也。及武王伐纣,师延东走,至于濮水而自投。故闻此声者,必于水之上。先闻此声者,其国必削,不可遂。"平公曰:"寡人所好者,音也,子其使遂之。"师涓鼓动究之。平公问师旷曰:"此所谓何声也?"师旷曰:"此所谓清商也。"公曰:"清商固最悲乎?"师旷曰:"不如清徵。"公曰:"清徵可得而闻乎?"师旷曰:"不可。古之听清徵者,皆有德义之君也。今吾君德薄,不足以听。"平公曰:"寡人之所好者,音也,愿试听之。"师旷不得已,援琴而鼓。一奏之,有玄鹤二八,道南方来,集于郎门之垝;再奏之,而列。三奏之,延颈而鸣,舒翼而舞,音中宫商之声,声闻于天。平公大说,坐者皆喜。平公提觞而起为师旷寿,反坐而问曰:"音莫悲于清徵乎?"师旷曰:"不如清角。"平公曰:"清角可得而闻乎?"师旷曰:"不可。昔者黄帝合鬼神于泰山之上,驾象车而六蛟龙,毕方并辖,蚩尤居前,风伯进扫,雨师洒道,虎狼在前,鬼神在后,腾蛇伏地,凤皇覆上,大合鬼神,作为清角。今吾君德薄,不足听之。听之,将恐有败。"平公曰:"寡人老矣,所好者音也,愿遂听之。"师旷不得已而鼓之。一奏之,有玄云从西北方起;再奏之,大风至,大雨随之,裂帷幕,破俎豆,隳廊瓦。坐者散走,平公恐惧伏于廊室之间。晋国大旱,赤地三年。平公之身遂癃病。①

韩非子引述了这个故事后议论道："不务听治,而好五音不已,则穷身之事也。"在这里他把音乐的作用无限夸大了。实际情况应该是,由于晋平公忧于音乐不问国事,国家日贫,并不是音乐本身招来穷困。

其次,韩非子对音乐颇有素养,对当时的乐理多有褐橥。

韩非子在一些故事中,也揭示了当时的一些音乐知识和音乐理论。如《外储说》中兹郑子唱歌引辇上高梁的故事,教学声者"疾呼中宫,徐呼中徵"的说法等。

> 兹郑子引辇上高梁而不能支,兹郑踞辕而歌,前者止,后者趋,辇乃上。②
>
> 夫教歌者,使先呼而诎之,其声反清徵者,乃教之。一曰:教歌者先揆以法,疾呼中宫,徐呼中徵。疾不中宫,徐不中徵,不可谓教。③
>
> 竽也者,五声之长者也,故竽先则钟瑟皆随,竽唱则诸乐皆和。今大奸作则俗之民唱,俗之民唱则小盗必和。故"服文采,带利剑,厌饮食,而货资有余者,是之谓盗竽矣。"④
>
> 今王良、造父共车,人操一边辔而出门间,驾必败而道不至也。今田连、成窍共琴,人抚一弦而挥,而音必败曲不遂矣。⑤

这些都说明,作为贵族出身的韩非子,他对当时的音乐理论是非常精通的。故而能以音乐的知识和乐理来说明他的学术思想和治国道理。

其三,韩非子继承和发展了早期法家关于礼乐的观点,排斥礼乐。

韩非子主张法后王,认为他们所处的时代是一个"气力"的竞争时代,"上古竞于道德,中世逐于智谋,当今争于气力。"⑥要在兼并战争中取得胜

---

① 《韩非子·十过》。
② 《韩非子·外储说右下》。
③ 《韩非子·外储说右下》。
④ 《韩非子·解老》。
⑤ 《韩非子·外储说右下》。
⑥ 《韩非子·五蠹》。

利,就必须发展耕战,增强"气力"。而礼乐文化是发展耕战的一大阻力。"搢笏干戚,不适有方铁铦;登降周旋,不逮日中奏百;《狸首》射侯,不当强弩趋发;干城距衡冲,不若埋穴伏橐。"①对于儒家所提倡的"经仪三百,威仪三千","钟鼓喤喤,磬管将将"的礼乐制度,甚为鄙夷,认为毫无用处。

尤其是在导致国君"亡国""绝世""穷身"之祸的"十过"中,就有与乐舞相关的:"四曰,不务所治而好五音,则穷身之事也。……六曰,耽于女乐,不顾国政,则亡国之祸也。"②并举两例说明:晋平公不听劝告,"好五音不已",结果国内大旱,赤地三年,而自己也身患绝症(详见上文);戎王沉湎于女乐,导致牛马半死,亡国亡族。

> 奚谓耽于女乐?昔者戎王使由余聘于秦……由余出,公乃召内史廖而告之,曰:"寡人闻:'邻国有圣人,敌国之忧也。'今由余,圣人也,寡人患之,吾将余何?"内史廖曰:"臣闻戎王之居,僻陋而道远,未闻中国之声。君其遗之女乐,以乱其政,而后为由余请期,以疏其谏。彼君臣有间而后可图也。"君曰:"诺。"乃使内史廖以女乐二八遗戎王,因为由余请期。戎王许诺,见其女乐而说之,设酒张饮,日以听乐,终几不迁,牛马半死。由余归,因谏戎王,戎王弗听,由余遂去之秦。秦穆公迎而拜之上卿,问其兵势与其地形。既以得之,举兵而伐之,兼国十二,开地千里。故曰:耽于女乐,不顾国政,则亡国之祸也。③

对于因"女乐"而乱政,韩非子举了不少的例子说明问题。比如:

> 仲尼为政于鲁,道不拾遗,齐景公患之。黎且谓景公曰:"去仲尼,犹吹毛耳。君何不迎之以重禄高位,遗哀公女乐以骄荣其意。哀公新乐之,必怠于政,仲尼必谏,谏必轻绝于鲁。"景公曰:"善。"乃令黎且以女乐二八遗哀公,哀公乐之,果怠于政。仲尼谏不听,去而之楚。④
>
> 晋献公伐虞、虢,乃遗之屈产之乘,垂棘之璧,女乐二八,以荣其意

---

① 《韩非子·八说》。
② 《韩非子·十过》。
③ 《韩非子·十过》。
④ 《韩非子·外储说左上》。

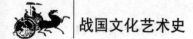

而乱其政。①

因此,韩非子主张抑制"五音",排斥女乐。"祸莫大于可欲。是以圣人不引五色,不淫于声乐,明君贱玩好而去淫丽。"②其思想深处的逻辑,同商鞅的"乐则淫,淫则生佚"的看法同出一辙,是人性本恶论的必然结果。

另外,韩非对艺术的文质关系,对音乐的形式和内容等问题,还有很多创建性的认识。③ 此不一一赘述。

(五)战国时期杨朱学派的音乐观

杨朱学派的创始人杨朱,字子居。④ 其生平事迹之可考者甚少。他的活动约在战国中期,稍晚于墨子,而为孟子的前辈。其生卒年代约为公元前414—前334年。⑤ 杨朱学派在当时是一个颇有影响并与儒、墨相鼎峙的学派。

杨朱学说的主旨是"为我"⑥,即"贵己"⑦或"全性保真"⑧(保全自己的生命和本性),不为身外事物而损累自己的身体。然而这并不是一种个人主义或利己主义的为我主义,并非完全消极避世,也非损人利己,而是"不与""不取"的互不侵犯、互相尊重个人私有财产而"利天下"的一种社会理想。

根据《吕氏春秋》《庄子》等书所载,得知战国后期的杨朱后学,有属于节欲派的子华子和属于纵欲派的詹何、魏牟等人。对于音乐的态度而言,前者主张节乐,而后者主张纵乐。

杨朱后学节欲派直承杨朱"为我""贵己"学说,探求什么是和怎样能保全个人的最大利益。节欲派所肯定的"情"是一些个人"耳目鼻口"的感官欲望,而其所满足的范围则是感官生活上所必需但又比较讲究的衣食住行,以及"声色音乐"等。有了这些才能长远保持个人的身体生命,并使个人长远

① 《韩非子·外储说左上》。

② 《韩非子·解老》。

③ 蒋孔阳:《先秦音乐美学论稿》,人民文学出版社1986年版。

④ 《庄子·寓言》。

⑤ 陈此生:《杨朱》,商务印书馆1930年版。

⑥ 《孟子·尽心上》。

⑦ 《吕氏春秋·不二》。

⑧ 《淮南子·氾论训》。

舒适快乐地生活下去。例如：

> 昔先圣王之为苑囿园池也,足以观望劳形而已矣;其为宫室台榭
> 也,足以辟燥备湿而已矣;其为舆马衣裘也,足以逸身暖骸而已矣;其为
> 饮食酏醴也,足以适味充虚而已矣;其为声色音乐也,足以安性自娱而
> 已矣。此五者,圣王之所以养性也,非好俭而恶费也,节乎性也。①

在节欲派看来,这种包括"声色音乐"在内的比较讲究的生活要求是"节乎
性"的。这里明显表现出,那种由奴隶主贵族蜕变而来的自由农民小生产者
的降格生活的特色。

战国晚期杨朱后学已经趋向于纵欲养生,成为纵欲派,因而主张纵乐。②
纵欲派认为,目、耳、口、志气等欲望是"人之情",只有率情而动,使之得到满
足,生活才能快乐而有意义,寿命才能延长。在人的短短一生之中,除掉"病
瘦死丧忧患"之外,真正开心的日子实在少得可怜。因此,与其节欲"重生",
不如索性纵欲养生。

> 恣耳之所欲听,恣目之所欲视,恣鼻之所欲向,恣口之所欲言,恣体
> 之所欲安,恣意之所欲行。夫耳之所欲闻者音声,而不得听,谓之阏聪;
> 目之所欲见者美色,而不得视,谓之阏明;鼻之所欲向者椒兰,而不得
> 嗅,谓之阏颤;口之所欲道者是非,而不得言,谓之阏智;体之所欲安者
> 美厚,而不得从,谓之阏适;意之所欲为者放逸,而不得行,谓之阏性。
> 凡此诸阏,废虐之主。去废虐之主,熙熙然以俟死,一日、一月、一年、十
> 年,吾所谓养。拘此废虐之主,录而不舍,戚戚然以至久生,百年、千年、
> 万年、非吾所谓养。③

纵欲派及时纵欲行乐(包括纵情于声色音乐),不再去考虑什么"长生久视"。
他们由失望而绝望,由消极而颓废,由节欲"重生"而纵欲"养生",在音乐方

---

① 《吕氏春秋·重己》。
② 《庄子·盗跖》。
③ 《列子·杨朱》。

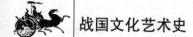

面则由快乐主义而享乐主义。

在我国早期音乐思想史上，杨朱学派首先提出"声色音乐"能够"安性自娱"，即给人的心理、生理以刺激而产生快感。这种观点虽然很片面，也不很正确，但其中含有一定的唯物主义倾向。他们还肯定"声色音乐"是个人感官生活所不可缺少的东西，人人都有享受它的天性和权利。这在当时历史条件下，也具有一定的历史意义和进步作用。

（六）战国时期稷下学派的音乐观

宋钘和尹文都是战国后期齐国稷下学宫有名的学士，而以之为代表的稷下学派是当时的一个重要学派。据考证，大率宋、尹是师弟关系；宋钘在齐当威、宣之世（前357—前301年），其年岁或长于孟子，至少亦上下年纪；尹文稍迟，逮于宣、湣（前319—前284年）。① 今存的《管子》一书中的《心术上》《心术下》《白心》和《内业》四篇是他们的著作。②

    子宋子曰："人之情欲寡，而皆以己之情为欲多，是过也。"故率其徒，辨谈其说，明其譬称，将使人知情之欲寡也。应之曰："然则亦以人之情为目不欲綦（极）色，耳不欲綦（极）声，口不欲綦（极）味，鼻不欲綦（极）臭，形不欲綦（极）佚——此五綦（极）者，亦以人之情为不欲乎？"曰："人之情欲是已。"③

由此可知，宋尹学派也是肯定音乐之于社会的作用的。"耳不欲綦声"是人之常情。不论是劳动群众还是统治阶级，对音乐的仰赖是人同此心、情同此理。事实上礼乐文化正是"因人之情"④，是顺应历史、顾及现实的做法。

在《管子》的这些篇章中，谈到音乐的主要有这两处：

---

① 郭沫若：《稷下黄老学派的批判》，《十批判书》，群益出版社1950年版；郭沫若：《宋钘尹文遗著考》，《青铜时代》，新文艺出版社1951年版。

② 郭沫若：《宋钘尹文遗著考》，《青铜时代》，新文艺出版社1951年版；刘节：《管子中所见宋钘一派学说》，《古史考存》，人民出版社1958年版。

③ 《荀子·正论》。

④ 《管子·心术上》。

凡人之生也,天出其精,地出其形,合此以为人。和乃生,不和不生。察和之道,其情不见,其征不丑。平正擅匈(胸),沧沧在心,此以长寿。喜怒之失度,乃为之图。节其五欲,去其二凶。不喜不怒,平正擅匈(胸)。凡人之生也,必以平正;所以失之,必以喜怒忧患。是故止怒莫若诗,去忧莫若乐,节乐莫若礼,守礼莫若敬,守敬莫若静。内静外敬,能反其性,性将大定。①

凡民之生也,必以正平;所以失之,必以喜乐哀怒。节怒莫若乐,节乐莫若礼,守礼莫若敬,守敬莫若静。外敬而内静者,必反其性。②

在此中称,音乐诗歌最能"去忧、节怒",所以是修心节欲的一种最好手段。而最能"节乐"的是"礼",最能"守礼"的是"敬",最能"守敬"的是"静"。如果能做到内心"虚静"和外形恭敬,就能使内心"正平",充满精气,回复人的本性,本性大大地安定下来就能长寿。同样也是肯定了音乐的社会作用和存在价值,从而可以将他们概括为修身养性的音乐观。

据此可知,宋尹学派所主张的"节乐莫若礼",除了具有修心养生的意义之外,还具有社会政治意义。一、宋尹学派所说的"乐"是节于礼之乐,即礼乐之乐;二、音乐诗歌能去忧节怒,所以关系到修心养生的节欲;三、"节乐莫若礼",所以它还和社会政治有关。宋尹学派的学说当有其渊源,可能是在吸收子产的礼乐学说和杨朱节欲派的音乐修心养生说的基础上,发展成为自己的体系。

(七)战国时期阴阳家的音乐观

阴阳家是战国末期至秦汉之际一个有影响的学派,其代表人物是邹衍。邹衍是齐人,生卒年代不详,约当公元前305—前240年。邹衍之徒多不可详考,其知名者仅有邹奭、张苍等人。邹奭亦齐人,约略后于邹衍。张苍是武阳人,约生于公元前250年以前,卒于公元前152年。③

邹衍大概出于儒家的思孟学派。邹衍及其学派的著作今已全佚,只能

---

① 《管子·内业》。

② 《管子·心术下》。

③ 《史记·张丞相列传》说,张苍享年百余岁,卒于景帝前五年(前152年),以此推算,当生于公元前250年以前。

根据《吕氏春秋》及《史记》中一些间接的片段记述,去试探他们并不完全的神秘主义音乐思想。

邹衍学派的主要学说今知有"五德终始"说和"大九州"说。据现有材料看来,他的"大九州"说和音乐大概没有什么关系,而其"五德终始"说则涉及一些音乐音律问题。

邹衍的"五德终始"说,在《吕氏春秋·应同》中保存一些:

> 凡帝王者之将兴也,天必先见祥乎下民。黄帝之时,天先见大螾大蝼。黄帝曰:"土气胜!"土气胜,故其色尚黄,其事则土。及禹之时,天先见草木,秋冬不杀。禹曰:"木气胜!"木气胜,故其色尚青,其事则木。及汤之时,天先见金刃(银)生于水。汤曰:"金气胜!"金气胜,故其色尚白,其事则金。及文王之时,天先见火,赤乌衔丹书集于周社。文王曰:"火气胜!"火气胜,故其色尚赤,其事则火。代火者必将水,天且先见水气胜。水气胜,故其色尚黑,其事则水。水气至而不知,数备,将徙于土。天为时者,而不助农于下。类同相召,气同则合,声比则应。

邹衍相信有主宰一切的人格神的天,把"五行"伦理化为"五德",用它的机械循环解释政权的转移,并且在这种转移中上天都先示下民以相应的"符应",[1]当某"德"就必须效法它来行事。这显然是一种"天人合一"或"天人感应"的神秘主义命定论的社会历史观。

邹衍及其后学认为,治理国家必须适应"五德"的转移和上天的"机祥",制定出一套相应的制度。此即所谓"治各有宜","载其机祥制度"[2]。关于这种制度,《应同》篇记载很不完全,仅具体指出"色"和"事",不过也提出"类同相召,气同相合,声比则应"的原则。这些显然都是用无限类推方法得出的一些牵强附会的结论。

《史记》对邹衍学派的机祥制度有较具体的记载。例如《封禅书》:

> 秦始皇既并天下而帝,或曰:"……昔秦文公出猎,获黑龙,此其水

---

① 《史记·孟子荀卿列传》。
② 《史记·孟子荀卿列传》。

德之瑞。"于是秦更命河曰德水,以冬十月为年首,色上黑,度以六为名,音上大吕,事统上法……自齐威、宣之时,驺子之徒论著终始五德之运,及秦帝而齐人奏之,故始皇采用之。

据此看来,邹衍学派的机祥制度至少涉及历法、服色、度数、音乐音律和政术五个方面,实际上不止这些,其牵涉之广、规定之细实为惊人。难怪司马谈批评阴阳家"大祥而众忌讳,使人拘而多畏"①。

据上面引文,可知邹衍学派是依"五德终始"说即"五行相胜"说,用大吕一律来配秦所当的水德,而不是用以配颛顼历岁首十月。

邹衍学派的机祥制度中的音乐音律,一方面从"五行相胜"说,用以颂扬其所应之德;另一方面从"五行相生"说,用以配合其所当之时。它为大地主阶级建立新的统一的封建专制政权,取代旧的封建割据政权提供了理论根据,为制定大一统的国家制度提出了准则。就战国末期至秦汉之际说来,它毕竟在某种程度上符合历史发展趋势,多少还具有一点点的客观的历史意义。然而这对于音乐音律本身说来,却毫无积极意义,且其遗毒为害于后世也很深。等到统一的专制主义中央集权的封建国家建立起来,大地主阶级和封建割据贵族的矛盾已经基本结束之后,它那一点点历史意义便随之完全丧失了。

表4-4　《月令》五德四时律历配列表

德	木	火	土	金	水
方	东	南	中	西	北
时	春	夏		秋	冬
月	孟春仲春季春	孟夏仲夏季夏		孟秋仲秋季秋	孟冬仲冬季冬
日	甲乙	丙丁	戊己	庚辛	壬癸
音	角	徵	宫	商	羽
律	太簇夹钟姑洗	中吕蕤宾林钟	黄钟	夷则南吕无射	应钟黄钟大吕
数	八	七	五	九	六
色	青	赤	黄	白	黑
味	酸	苦	甘	辛	咸

① 《史记·太史公自序》。

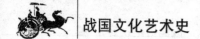

续表

臭	膻	焦	香	腥	朽
虫	鳞	羽	倮	毛	介
谷	麦	菽	稷	麻	黍
牲	羊	鸡	牛	犬	彘
帝	太皞	炎帝	黄帝	少皞	颛顼
神	勾芒	祝融	后土	蓐收	玄冥
祀	户	灶	中雷	门	行
祭先	脾	肺	心	肝	肾

（八）战国诸子音乐美学观念

战国时期是我国古典音乐发展史上一个极为重要的时期。春秋后期以来的音乐思想上的百家争鸣局面，到战国时期达到高潮。由于思想领域的大开放，这一时期的音乐思想呈现出绚烂多姿的景象，音乐理论空前活跃。各个学派从各自的阶级、阶层利益出发，对于音乐艺术本身、音乐和生活及社会政治的关系各持不同的看法，展开了音乐思想上的激烈争论。其总的发展趋势是从礼乐关系方面，为大一统的中央集权封建王朝的建立，做好舆论准备并提供理论根据。

儒家学派在这场音乐论争中，依然是积极的入世态度，因此也是成果最多、较为重要的学派。在此之前，以孔子为代表从复古的立场出发，主张恢复宗周礼乐制度，而此时的继承者孟子、荀子理想中的礼乐社会虽然富于更多的时代变革风貌，但仍然都主张"立于礼，成于乐"，"齐之以礼"，"以乐教民"，而让社会"文之以礼乐"。而墨、道、法等其他学派，则从各自的角度反对礼乐文化的存在。这一时期的墨、道、儒等诸家对于礼乐制度和礼乐文化等问题的论争，也是诸子学说论辩方面的一个重要焦点所在。

在音乐评论上，儒家孟子、荀卿、公孙尼继承孔子学说，重功利、重情理，同样是以"仁"为核心，提出"仁言不如仁声入人深也"①，强调音乐审美的感性实践。其"与民同乐"②的音乐社会观，是以"民为贵，社稷次之，君为轻"

---

① 《孟子·尽心上》。
② 《孟子·梁惠王下》。

的"民本"思想为认识基础的。荀子从人性论的角度,建立音乐上的"礼""欲"说,给礼乐以新的阐发。审美上提出"美善相乐",同时更注重对音乐审美心理的认识,提出"心有征知"这一极富价值的音乐审美心理学思想。曾经一度成为先秦"显学"的墨家,从实用功利角度出发,对儒家的繁饰礼乐,以及贵族"亏夺民衣食之财"供己享乐的音乐,提出"非乐"的主张。其本意虽然并非否定音乐的审美价值,但是其"非乐"的主张却因其功利实用倾向而使其思想丧失了美学价值。而此时道家代表人物庄子,在老子主张排斥听觉审美的自身价值之后,在"无言而心悦"的审美主张基础上,提倡"至乐无乐",从绝对相对论的角度,否定当时盛行的贪图感官声色享乐的音乐,竭力排斥因物质文明的进步而带来的人的种种贪欲。

纵观春秋战国时期音乐思想的这场论争,儒家学派对音乐的见解最为积极。它否定了商周以来把音乐从属于"神"的传统观念和种种否定音乐存在的见解,肯定了音乐与现实人生的联系,奠定了我国音乐的现实主义传统。但过分强调音乐的实用功利,往往会束缚艺术和审美的发展,使音乐失去美感和动人心魄的力量。这方面,道家"有无相生"的思想则成为它的对立和补充。它以超脱一切的力量(想象、情感、美,还有较晚出现的传神、意境等等,都是这种思想的延伸与发展),给中国音乐的发展提供了新的动力。总之,春秋战国儒、道两家已经初步奠定了我国音乐美学的思想体系,在几千年的封建社会中,对我国音乐的发展产生了重要影响。

第五章　战国时期的文学

　　战国虽然是中国历史上战争频仍、血腥杀戮的时代,但它在中国文化史上却是一个辉煌的时期,文化学术的各个层面都取得了突飞猛进的发展。这个时代的文学艺术也呈现出万紫千红、争奇斗艳的繁荣景象。歌谣诗词、传奇小说、乐辞曲赋等,都在这个时代开始发轫并出现了雏形之态。《左传》《国语》《战国策》《穆天子传》等史传文学充分表现了中国文史未分时代史学著作的文学艺术特色,有些作品堪称中国最早的小说。诸子散文也各具风采,它们既是政治哲学或人生哲学著作,同时也是典型的文学作品。这些作品中生动活泼的语言,大量的寓言故事,对人物和故事情节的刻画描写,表现思想的各种艺术手法等都对中国后世的文学艺术有深远的影响。出现于战国南方楚国的《楚辞》更是中国文学史上的奇葩。它的浪漫主义文学传统、鲜明的楚国地方特色,在中国和世界文学宝库中永放光芒。

一、战国时代诗词歌赋等文学形式的发展

　　战国时代文学作品的典型形式,主要有诗歌、小说和辞赋,在这个时期都有了新的发展和创作,有大量作品流传下来并对后世产生了影响。

(一)战国时代的歌谣与诗歌之发展

1. 战国时代的古语谚谣

　　战国时代,民间时谚歌谣非常流行,出现了大量的谚语歌谣体的歌词作品。《左传》《国语》和诸子书籍中,就时常引用这些民间的谚语歌谣,或反映当时的社会状况,或用以说明自己的学说主张。

　　比如《荀子》引语:“流丸止于瓯臾,流言止于知者。浅不可与测深,愚不足与谋知。坎井之龟,不可与语东海之乐。”《墨子》引古语:“唇亡则齿寒。谋而不得,则以往知来。君子不镜于水而镜于人。镜于水见面之容,镜于人

则知吉与凶。"《韩非子》引鄙谚："长袖善舞,多财善贾。莫众而迷,佣自卖。哀而不售。士自誉,辨而不信。"《孟子》引夏谚："吾王不游,吾何以休。吾王不豫,吾何以助。一游一豫,为诸侯度。"《六韬》引谚："天下攘攘,皆为利往。天下熙熙,皆为利来。"《孟子》引齐人言："虽有智能,不如乘势。虽有镃基,不如待时。"《列子》引古语："生相怜,死相捐。人不婚宦,情欲失半。人不衣食,君臣道息。"都是引用当时民谚或以往的圣哲之语,富于哲理,发人深思,用在自己的论说中,颇有说服力和感染力。

再如《晏子春秋》引《穗歌》："穗乎不得获,秋风至兮殚零落,风雨之弗杀也,太上之靡弊也。"秦始皇时民歌："生男慎勿举,生女哺用脯。不见长城下,尸骸相支拄。"《被衣为啮缺歌》："形若槁骸,心若死灰。真其实知,不以故自持。媒媒晦晦,无心而不可与谋。彼何人哉!"《渔父歌》："日月昭昭乎浸已驰,与子期乎芦之漪。日已夕兮予心忧悲,月已驰兮何不渡为。事浸急兮将奈何。芦中人,芦中人,岂非穷士乎!"《优孟歌》："山居耕田苦,难以得食。起而为吏,身贪鄙者余财。不顾耻辱,身死家室富。又恐受赇枉法为奸触大罪,身死而家灭。贪吏安可为也,念为廉吏。奉法守职,竟死不敢为非,廉吏安可为也。"等等,反映了战国时代人们的社会生活状况,揭示了民生之艰难和官宦之贪鄙。又如《楚人谣》："楚虽三户,亡秦必楚。"《秦世谣》："秦始皇,何强梁。开吾户,据吾床。饮吾酒,唾吾浆。飧吾饭,以为粮。张吾弓,射东墙,前至沙丘当灭亡。"反映了当时山东六国对强秦蚕食自己国家和人民的强烈愤慨和同仇敌忾的决心。

古语、时谚和民间歌谣的区别,恐怕在于两者表现形式的不同,前者只是有韵的说辞,而后者则可能要以一定的曲调歌唱之,但两种在表现社会状况、民间风俗,以及表达人们情感、寄托人们的理想等方面,其功用则是大致相同的。

2. 战国时期的民间歌曲

战国时期南方民间的歌曲较为盛行,曲折变化,悦耳动听。比如在屈原《渔父》中,那个扁舟弄棹的渔父以桨击船,唱道："沧浪之水清兮,可以濯我缨;沧浪之水浊兮,可以濯我足。"再如楚顷襄王时,鄂君子晳泛舟于新波之中。钟鼓的声音刚停止,打桨的越人就一面打桨,一面歌唱,用越语唱出了三十二个字音的一首歌,因为鄂君听不懂,请人用楚语译出,成为这样一首楚辞："今夕何夕兮,搴洲中流。今日何日兮,得与王子同舟。蒙羞被好兮,

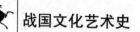

不訾诟耻。心几烦而不绝兮,得知王子。山有木兮木有枝,心悦君兮君不知。"①

这时民间的歌咏往往是用音乐来伴奏的,在音乐伴奏中,唱着长短参差而生动活泼的歌词,是很能感动人的。荆轲从燕国出发入秦谋刺秦王时,路过易水,高渐离弹着一种叫作筑的竹制的弦乐器,荆轲歌唱道:"风萧萧兮易水寒,壮士一去兮不复还。"

荆轲的歌和高渐离所弹的筑的音调是相和的,据说先为"变徵之声"("变徵"是一种悲哀的音调),大家听了都流泪涕泣;后又"为伉慨羽声"("羽声"是一种慷慨激昂的音调),大家听了,都睁大眼睛,头发也好像竖立起来了。②

在没有乐器的情况下,一般人哼唱歌曲,有时也因陋就简,敲击身边之物发出打击节奏来,为歌曲吟唱伴奏。比如客于孟尝君的冯谖,为了表示对自己处境的不满,弹击佩剑,吟唱出了著名的《弹铗歌》:"长铗归来乎食无鱼。长铗归来乎出无车。长铗归来乎无以为家。"

3. 战国时代诗歌的发展

由于歌谣的流行和发展,战国时代的诗歌,在内容和形式上都有新的成就。这时诗歌的发展正如散文的发展一样,首先表现在文体的变革上。在春秋以前的诗歌总集《诗经》中,《雅》《颂》是贵族文学,《国风》是民间文学。"兮"字的有无是区别当时贵族文学和民间文学的标准之一。在《国风》里常见用"兮"作语助词,《大雅》《小雅》《周颂》《鲁颂》《商颂》中就很少见。原来"兮"字古音读为"啊",是古时民间歌谣中常用的语助词。到春秋、战国间,民间歌谣中出现了句法长短参差而生动活泼的歌词,已不像《国风》那样多用整齐的四字句。

由于诗歌的发展,南方的思想家就有用诗歌来阐明哲理的。《老子》五千言,大部分是用韵文写成的,语言精练而生动,含义深刻。例如它对善于实行"道"的人的赞扬:

古之善为道者,微妙玄通,深不可识。夫唯不可识,故强为之容:豫

---

① 《说苑·善说》。
② 《战国策·燕策三》。

兮若冬涉川,犹兮若畏四邻,俨兮其若客,涣兮若冰之将释,敦兮其若朴,旷兮其若谷,混兮其若浊。孰能浊以止,静之徐清?孰能安以久,动之徐生?保此道者不欲盈,夫唯不盈,故能蔽而新成。①

如果我们读懂了它玄妙的哲理之后,再来看它借以表现主题的形式,完全采用了"赋""比""兴"的诗歌表现形式,再三绎读,非常优美。

4.《诗经》在战国的流传与孔孟论诗

战国时代的诗歌文学,还包括的诗歌总集《诗经》在此时的流传和运用。相对于春秋时期,战国时代的政治经济格局在各个方面均发生了巨大变革,社会风气也多与以前不同。在对待《诗经》等诗歌的态度上就是一个明显的例子。

(1)《诗经》在战国时代的流传状态

春秋之时,在正式的国家间外交场合经常要引诗、赋诗,利用吟诵《诗经》中的一些句子和篇章,来表达在外交场合想要表达的意思,以诗歌作为外交辞令的另外一种表达方式,在当时诗学外交已经形成了一种颇为风行和时尚的礼仪。这在《左传》《国语》等反映春秋时代社会历史的典籍里,经常能够见到这种引诗、赋诗的外交场面。

但是到了春秋末叶和战国时代,这种风气渐趋消亡。这在《左传》之中便已初现端倪,"观《左传》所记,成、襄、昭三公约八十年中,各国君卿大夫宴享赋诗言语风气之盛,而定、哀两公四十二年之中,引诗赋诗仅七条。"②

到了战国时期,这种引诗、赋诗的诗学外交风尚渐趋消亡,取而代之的是纵横捭阖的言论。如在《战国策》中的引诗赋诗远少于《左传》《国语》,而且引用的诗句趋于简单。比如在《战国策》中引用诗句最常见的是"溥天之下,莫非王土""靡不有初,鲜克有终"等,这些诗句完全脱离了诗歌的本体,实际上已经演变成为古语谚谣的性质。这与在《左传》《国语》中反映的几章乃至全章的引诗、赋诗的情况完全不同。所以顾炎武感喟道:"春秋时犹宴会赋诗,而七国则不闻矣。"③

① 《老子》十五章。
② 缪钺:《诗词散论》,上海古籍出版社1982年版,第11页。
③ 顾炎武:《日知录》卷十三。

但可以肯定的是,战国时期一些地区的人们仍在引用《诗经》。比如孔门文学弟子子夏晚年传诗于西河地区,被魏文侯尊为国师,所以魏国诵诗之风较他国为盛。刘向在其《说苑》"奉使"中,记载了一个引用《诗经》词句成就"慈父孝子"的故事:

　　魏文侯封太子击于中山,三年,使不往来,舍人赵仓唐进称曰:"为人子,三年不闻父问,不可谓孝。为人父,三年不问子,不可谓慈。君何不遣人使大国乎?"太子曰:"愿之久矣。未得可使者。"仓唐曰:"臣愿奉使,侯何嗜好?"太子曰:"侯嗜晨凫,好北犬。"于是乃遣仓唐缘北犬,奉晨凫,献于文侯。仓唐至,上谒曰:"孽子击之使者,不敢当大夫之朝,请以燕闲,奉晨凫,敬献庖厨,缘北犬,敬上涓人。"文侯悦曰:"击爱我,知吾所嗜,知吾所好。"召仓唐而见之,曰:"击无恙乎?"仓唐曰:"唯唯。"如是者三,乃曰:"君出太子而封之国君,名之,非礼也。"文侯怵然为之变容。问曰:"子之君无恙乎?"仓唐曰:"臣来时,拜送书于庭。"文侯顾指左右曰:"子之君,长孰与是?"仓唐曰:"礼,拟人必于其伦,诸侯毋偶,无所拟之。"曰:"长大孰与寡人。"仓唐曰:"君赐之外府之裘,则能胜之,赐之斥带,则不更其造。"文侯曰:"子之君何业?"仓唐曰:"业诗。"文侯曰:"于诗何好?"仓唐曰:"好晨风、黍离。"文侯自读晨风曰:"鴥彼晨风,郁彼北林,未见君子,忧心钦钦,如何如何,忘我实多。"文侯曰:"子之君以我忘之乎?"仓唐曰:"不敢,时思耳。"文侯复读黍离曰:"彼黍离离,彼稷之苗,行迈靡靡,中心摇摇,知我者谓我心忧,不知我者谓我何求? 悠悠苍天,此何人哉?"文侯曰:"子之君怨乎?"仓唐曰:"不敢,时思耳。"文侯于是遣仓唐赐太子衣一袭,敕仓唐以鸡鸣时至。太子起拜,受赐发箧,视衣尽颠倒。太子曰:"趣早驾,君侯召击也。"仓唐曰:"臣来时不受命。"太子曰:"君侯赐击衣,不以为寒也,欲召击,无谁与谋,故敕子以鸡鸣时至,诗曰:'东方未明,颠倒衣裳,颠之倒之,自公召之。'"遂西至谒。文侯大喜,乃置酒而称曰:"夫远贤而近所爱,非社稷之长策也。"乃出少子挚,封中山,而复太子击。故曰:"欲知其子,视其友;欲知其君,视其所使。"赵仓唐一使而文侯为慈父,而击为孝子。太子乃称:"诗曰:'凤凰于飞,哕哕其羽,亦集爰止,蔼蔼王多吉士,维君子使,媚于天子。'舍人之谓也。"

这个故事虽然晚出,但我们认为是大致可信的,它反映了战国时代一些地区仍然保留了春秋时期引诗、赋诗的社会习尚,只是不太普遍而已。

(2)上博简《孔子诗论》发现的意义

虽然战国时代赋诗、引诗风气渐趋衰微,但是此时《诗经》则是以另外一种方式存在着。那就是传诗授诗者的诗教评论。上海博物馆藏楚国竹书上的《孔子诗论》,就是这样一个典型代表。

1994 年至 2000 年,上海博物馆从香港古董市场上陆续购回了盗掘出境的四批战国楚简竹书。这些战国竹简共有 1600 多支,字数在 35000 左右,最长的竹简有 57.1 厘米,最短的有 24.6 厘米。竹简涉及 80 多种(部)先秦战国的古籍,内容涉及儒家、道家、兵家、杂家等,其中多数古籍为佚书等。根据竹简尺寸、编绳、字体、内容等各方面分类排定,这些古籍的主要篇名有《易经》《缁衣》《子羔》《孔子闲居》《孔子诗论》《彭祖》《乐礼》《曾子》《武王践阼》《赋》《子路》《恒先》《曹沫之陈》《夫子答史留问》《四帝二王》《曾子立孝》《颜渊》《乐书》等。①

图 5-1　上博简《孔子诗论》

其中的《孔子诗论》共 31 枚竹简 1006 字,内容都是有关《诗》的评论,无篇题,整理者依据简文中的"孔子"合文,遂径认定其作者为孔子,故以"孔子诗论"名篇。这些竹简涉及孔子向弟子讲诗、《诗经》以外佚诗若干、诗篇篇名以及弦歌时规定的音高等内容,全是孔子弟子对孔子讲诗的追记文字。由于《诗经》传授排在儒家"六艺"学问之首,由孔子奠定的儒家诗教,是中国传统文化中的重要内容。而《孔子诗论》专门论说《诗》义,故作为两千余年来罕见的先秦儒家诗学思想的原本,其价值非常重要。《诗论》的再现,为我们认识早期《诗经》文本、诗的本义及诗学真相提供了最直接、最真实的史料,关系到中国文学史、经学史乃至思想史、文化

---

① 马承源主编:《上海博物馆藏战国楚竹书》(一至六册),上海古籍出版社 2001—2007 年版。

史的研究,意义极为重大。所以著录出版时,被排印在《上海博物馆藏楚竹书》的第一册第一篇,目前也是上博简研究中颇引人注目、议题最为集中、研究热度最高的一篇。自2001年11月公布以来,围绕《诗论》展开的研究一直是学术界关注的一个热点。

目前,在竹简的编联和文字的隶定、字词的释读等基础性方面,学术界已达成许多共识。针对《诗论》的思想内涵以及语言、体例特点的专门分析和较为系统的全面研究也正向深广领域发展。但关于这批诗论简的作者和时代问题,学术界有不同的意见。我们认为,上博简《孔子诗论》应该是一部以孔子诗学观点为根基,以阐释诗歌本义为最终目的的《诗》学讲义,作者当是孔子再传弟子中一位名不见经传的"教授老儒"。其编成和流传时间应在战国时期。

《孔子诗论》,是《毛诗》大小序以前最系统、最完整的诗论。关于孔子诗论的内容,以前只在《孔丛子》等文献中有些零星的诗评。而上博简中的《孔子诗论》,31枚竹简中有6枚记载"孔子曰"等字样,讲了很多诗旨,即什么诗代表什么含义。如第一简,"孔子曰:诗亡隐志,乐亡隐情,文亡隐言"。这句话意思是说:赋诗必须有自己的意向,作乐必须有自己的道德感情,写文章必须直言。

从上博简《孔子诗论》中即可看出,孔子论诗时已经本着诗歌求其原意了,这种做法与战国时期孟子论诗"以意逆志"的理论有些相似。比如简28《墙有茨》缜密而不知言"、简17《将仲》之言不可不畏也"等等,论诗皆能从诗篇本身出发。而在《毛诗序》中,对于《墙有茨》《将仲》则分别附会为卫国公子顽通乎其母,弟叔失道而公(郑庄公)弗制,祭仲谏而公弗听等等。

《诗经》今本以"风""雅""颂"为排列顺序。竹简中孔子诗论中与此颠倒,称为《讼》(颂)、《大夏》(夏通雅)、《小夏》和《邦风》(汉儒为避刘邦讳,邦改为国)。诗论序中的论次也和今本《诗经》中的大序相反。许多诗句用字也和今本《诗经》不同。竹简孔子诗论没有今本《诗经》小序中"刺"(讽刺)、"美"(赞美)的内容。

通常说《诗经》三百篇,或三百零五篇,这批31枚竹简新发现了佚诗6篇,另外在7枚记载诗曲的音调竹简中,发现了40篇诗曲的篇名,除《硕人》和今本《诗经》同名外,有的与今本《诗经》篇名类似,也有为今本《诗经》所未见的佚诗。由此推断,《诗经》的篇数一定远远超过三百篇。从竹简诗的篇名记载还可证明孔子当年没有删过诗。

总之，从上博简《孔子诗论》的发现和研究中，我们知道了《诗经》在战国时代的存在状况。从《诗论》的内容看，在性质上同它最接近的文献是后来出现的《诗序》。《诗论》中的评述之语，很大一部分和《诗序》相类似。《诗序》是周代乐教的直接结果，《诗论》则反映了孔子"兴于诗、立于礼、成于乐"的诗教传统，又是适应"赋诗言志"需要的产物。因此在先秦时代的诗学传统中，《诗论》具有承上启下的重要意义。

《孔子诗论》对儒家诗教学说的理论贡献体现在说诗体系与理论创造两个方面。《孔子诗论》突破了此前或当时断章取义、借此证彼的说诗方法，说诗始终着眼于作品本身；作者第一次对颂、大雅、小雅、国风四类作品大旨进行归纳，这有助于说诗走向体系化。竹书作者将战国前期儒家的性情学说和礼学家的礼义思想落实到《诗》学研究之中，初步呈现出"发乎情，止乎礼义"的理论倾向，这对此后儒家构建说诗理论模式具有重要的启示意义。

（3）孟子论诗与诗教思想

继孔子之后，孟子是儒家学派的重要代表人物，也是孔子诗教的继承者和发展者。在孟子的作品中，我们发现他最喜欢讲诗，因此也形成了这一时期以他为代表的儒家诗教的重要理论。而他的这一理论对后世有重大影响，他是孔子诗教和汉儒诗教的重要中间环节，所以在此不得不提。

孟子在传诗授诗的过程中，针对春秋时代的赋诗言志的"断章取义"做法，首先提出了"以意逆志"的诗学理论：

> 咸丘蒙曰："舜之不臣尧，则吾既得闻命矣。《诗》云：'普天之下，莫非王土；率土之滨，莫非王臣。'而舜既为天子矣，敢问瞽瞍之非臣如何？"（孟子）曰："是诗也，非是之谓也，劳于王事而不得养父母也。曰：'此莫非王事，我独贤劳也。'故说诗者，不以文害辞，不以辞害志；以意逆志，是为得之。如以辞而已矣。《云汉》之诗曰：'周余黎民，靡有孑遗。'信斯言也，是周无遗民也。"[①]

所谓"以意逆志"，是说解诗要探到诗人的心志里，以自己对诗歌的理解而推

①　《孟子·万章上》。

测诗人创作时所要表达的意思。春秋时人"赋诗言志"的"断章取义"也不带有多少贬义成分，只是用诗的方法而已。这种方法其实只是截取诗歌中的某些词句，并不妨害或影响诗歌原本的意思；而孟子的"以意逆志"，则是解诗的态度。这与《孔子诗论》里的做法是一脉相承的。

"以意逆志"之外，孟子还提出了"知人论世"的解释方法。"以友天下之士为未足，又尚论古之人。颂其诗，读其书，不知其人，可乎！是以论其世也。是尚友也。"①所谓"知人论世"，即要了解一篇诗歌的主旨和本义，就一定要先了解作者其人和诗人所处的社会及历史背景。这无疑是解诗、读书和做学问的一种非常行之有效的方法。孟子在其引诗论诗的篇章中，不仅是"知人论世"的提倡者，也是这一理论的践行者。

尽管如此，在孟子吟诗解诗的过程中，往往避免不了自己也"断章取义"。比如，他引用"雨我公田，遂及我私"②，证明周代存在过井田制；引用"周虽旧邦，其命维新"③，认为是文王将周邦绵长的基业光大；引用"刑于寡妻，至于兄弟，以御于家邦"④，由文王的以近及远，进而说明人本有仁义礼智之四端，只需扩充，举斯心加诸彼而已；活用"吾闻出于……未闻下乔木而入于幽谷者"⑤，斥责陈相背师而从学于南蛮鴃舌之许由。等等，皆是其类。究其原因，大概是当时或在此之前，如此吟诗、赋诗已经形成了一种世俗的习惯，孟子在吟诗论诗之时也往往不能免俗而已。

据《史记·孟子荀卿列传》所言："当是之时……天下方务于合纵连横，以攻伐为贤。而孟轲乃述唐、虞、三代之德，是以所如者不合。退而与万章之徒，序《诗》《书》，述仲尼之意，作《孟子》七篇。"这说明孟子传诗授诗在很大程度上是继承了孔子诗教的。但他对诗教的一些做法往往要比孔子走得更远些。孟子的主体学说之一是主张王道治世，所以他往往把诗句的说解牵扯到圣人王道之上去。《诗经》中的一些诗篇，本来不是反映圣人王道的，但在孟子的说诗中，往往要和圣人王道发生关系。比如：

---

① 《孟子·万章下》。
② 《孟子·滕文公上》。
③ 《孟子·滕文公上》。
④ 《孟子·梁惠王上》。
⑤ 《孟子·滕文公上》。

　　孟子见梁惠王。王立于沼上，顾鸿雁麋鹿，曰："贤者亦乐此乎?"孟子对曰："贤者而后乐此，不贤者，虽有此，不乐也。《诗》云：'经始灵台，经之营之，庶民攻之，不日成之。经始勿亟，庶民子来。王在灵囿，麀鹿攸伏，麀鹿濯濯，白鸟鹤鹤。王在灵沼，于牣鱼跃。'文王以民力为台为沼，而民欢乐之，谓其台曰灵台，谓其沼曰灵沼，乐其有麋鹿鱼鳖。古之人与民偕乐，故能乐也。"①

　　王曰："大哉言矣! 寡人有疾，寡人好勇。"对曰："王请无好小勇。夫抚剑疾视曰，'彼恶敢当我哉!'此匹夫之勇，敌一人者也。王请大之!《诗》云：'王赫斯怒，爰整其旅，以遏徂莒，以笃周祜，以对于天下。'此文王之勇也。文王一怒而安天下之民。……今王亦一怒而安天下之民，民惟恐王之不好勇也。"②

　　王曰："寡人有疾，寡人好货。"对曰："昔者公刘好货，《诗》云：'乃积乃仓，乃裹糇粮，于橐于囊。思戢用光。弓矢斯张，干戈戚扬，爰方启行。'故居者有积仓，行者有裹囊也，然后可以爰方启行。王如好货，与百姓同之，于王何有?"③

　　王曰："寡人有疾，寡人好色。"对曰："昔者太王好色，爱厥妃。《诗》云：'古公亶父，来朝走马，率西水浒，至于岐下，爰及姜女，聿来胥宇。'当是时也，内无怨女，外无旷夫。王如好色，与百姓同之，于王何有?"④

　　为了劝说顽冥不化的梁惠王，而达到自己游说君王的政治目的，孟子不惜用《诗经》上的话做引申激劝，借《诗经》来推行王道，可谓苦口婆心、用心良苦。按说这自然是一种古为今用、以古讽今的好办法。但对于《诗经》本身的传承来说，其流弊是多极了。

　　此外，在《孟子》中，多有对一些诗篇的道德价值判断，这与后来的《诗序》有相似之处。比如："《小弁》之怨，亲亲也。亲亲，仁也。""《凯风》，亲之过小者也；《小弁》，亲之过大者也。亲之过大而不怨，是愈疏也；亲之过小而

---

① 《孟子·梁惠王上》。
② 《孟子·梁惠王下》。
③ 《孟子·梁惠王下》。
④ 《孟子·梁惠王下》。

怨,是不可矶也。愈疏,不孝也;不可矶,亦不孝也。"①"是诗也②,非是之谓也;劳于王事,而不得养父母也。曰:'此莫非王事,我独贤劳也。'"③"故曰:城郭不完,兵甲不多,非国之安也;田野不辟,货财不聚,非国之害也。上无礼,下无学,贼民兴,丧无日矣。诗曰:'天之方蹶,无然泄泄',泄泄,犹沓沓也。"④"师文王,大国五年……诗云:'商之孙子,其丽不亿。上帝既命,侯于周服。侯服于周,天命靡常。殷士肤敏,裸将于京。'孔子曰:'仁不可为众也。夫国君好仁,天下无敌。'"⑤"公孙丑曰:'诗曰"不素餐兮",君子不耕而食,何也?'孟子曰:'君子居是国也,其君用之,则安富尊荣;其子弟从之,则孝悌忠信。不素餐兮,孰大于是!'"⑥从上所引可知,孟子言诗与《诗序》的加于诗篇的"美刺"之论多有相合之处。

这种做法的结果,从积极意义来说,固然有其教化的作用在焉,但是它使得诗篇的本义隐讳不显,后世之人难得其意。对此,顾颉刚批评道:"这明明是一首骂君子不劳而食的诗(朱按,指《卫风·伐檀》一诗)。那时说'君子',犹后世说'大人先生',只是'贵'的意思,并没有'好'的意思。所说'不素餐',犹说'岂不素餐',……全没有'其君用之则安富尊荣,其子弟从之则孝弟忠信'的意思。不但没有,并且适在孟子所说的反面。公孙丑的问句并没有错,孟子的回答却大错了! 这种的以意逆志,真觉得危险万分。回想春秋时人的断章取义,原是说明本于自己的意思,代他们立一个题目,可以说是'以意用诗'。以意用诗,则我可这样用,你可那样用,本来不必统一。至于孟子,他是标榜'以意逆志'的人,诗人的志本只有一个,不能你这样猜,我那样猜。这原是一件很难的事,然而孟子却轻轻地袭用了'以意用诗'的方法,去把'以意逆志'的名目冒了!"⑦

总之,如果说孔子说诗,还能顾及诗之本义,或者由诗之本义而能说到其世道人心的教化作用,这不论是传世的《论语》等文献,还是新发现的上博

① 《孟子·告子上》。
② 《小雅·北山》。
③ 《孟子·万章上》。
④ 《孟子·离娄下》。
⑤ 《孟子·离娄上》。
⑥ 《孟子·尽心上》。
⑦ 顾颉刚:《〈诗经〉在春秋战国间的地位》,《古史辨》第三册,上海古籍出版社1982年版,第360页。

简《孔子诗论》，都能说明这一点——应该说，这比春秋时一般政治家的带有附庸风雅性质的外交场合"断章取义"的"赋诗言志"，要更为本位些、更学术化些，对《诗经》的传承意义更大一些——那么到了孟子说诗，也是完全不满足人们吟诗、赋诗风气对《诗经》文本传授的忽略，也力图"以意逆志""知人论世"，即结合作者其人情况和诗人所处时代的背景，以自己对《诗经》篇章的理解，推测诗人创作诗歌的本意。但是孟子在这些评诗方法之外，又加进了无关诗旨的道德教化之义。这种做法，实开了汉儒说诗的《诗序》"美刺"说先河。甚至有学者认为，后世《诗序》就是原本由孟子所作的，如清儒刘宝楠指出："《诗》《书》序与《孟子》多合，岂孟子作序而后儒增润之与？"这种看法也不无道理。

（二）早期小说的产生

战国时代，已经有了"小说"的概念。《庄子》杂篇《外物》："饰小说以干县令，其于大达亦远矣。"以"小说"与"大达"对举，是指那些琐屑的言谈、无关政教的小道理。后来，作为一种文学体裁的小说与《庄子》所说的"小说"含义不同，但两者在一定程度上的关联和相近是不容忽视的，那就是在古代两者都是不登大雅之堂的东西。

1. 所谓"小说家"者何

作为文学体裁的小说，虽然与《庄子·外物》篇中的"小说"并非一物，但它同样出现于战国时期则是无疑的。这个意义上的"小说"，与后来出现的颇似战国诸子之一的"小说家"概念较为相近。东汉班固据《七略》撰《汉书·艺文志》，把小说家列于《诸子略》十家的最后。这是小说见于史家著录的开始。《诸子略》共4324篇，小说就占了1380篇，是篇数最多的一家。可见就是把小说家当作诸子来看待的。

何谓小说家？据《汉书·艺文志》小说类序云："小说家者流，盖出于稗官，街谈巷语，道听涂说者之所造也。孔子曰：'虽小道必有可观焉，致远恐泥，是以君子弗为也。'然亦弗灭也。闾里小知者之所及，亦使缀而不忘。如或一言可采，此亦刍荛狂夫之议也。"认为小说家是"闾里小知者之所及"，"刍荛狂夫之议"。由此可知，小说家是从当时民间产生的。

对于小说的起源，鲁迅先生云："然稗官者，职惟采集而非创作，'街谈巷语'自生于民间,固非一谁某之所独造也。"①又云:"诗歌起源于劳动和宗教。……至于小说,我以为倒是起源于休息的。"人类劳动"休息时……谈论故事,正就是小说的起源",唯是"其要素总离不开神话"。②

对于小说家的内容、形式,以及其社会功用,桓谭《新论》说:"若其小说家,合丛残小语,近取譬论,以作短书,治身治家,有可观之辞。"③是说小说家采用一些零碎散佚的"小语"和比喻精巧的"譬论",创作成为一些"短书",其特点在于其"短"与"小"。虽然如此,小说家还是有其存在的必要和意义的,其用意是为了适应当时人们"治身治家"的需要,认为小说家对于儒家所提倡的"修齐治平"等大事,也是颇"有可观之辞"的。这当然是对小说家的较高评价。

2. 战国时代小说的表现内容

中国古代小说有两个系统,即文言小说系统和白话小说系统。包括战国时期在内的先秦时期的小说,只能划归于文言小说。此时小说采用文言,篇幅短小,记叙社会上流传的奇异故事,人物的逸闻轶事或其只言片语。但在故事情节的叙述、人物性格的描写等方面都已初具规模。作品的数量也已相当可观。

从战国时代的小说来看,这一时期是由神话传说到小说的过渡时期。在这根链条中,逸史是关键的一环。甚至不妨说逸史是中国小说直接的源头。逸史中最接近小说或竟可视为早期小说的,莫过于《穆天子传》和《燕丹子》。前者对周穆王周行天下之事多有细节描写;其中的西王母与《山海经》中的记叙相比,减少了神性增加了人性。后者写燕太子丹派荆轲刺杀秦王,与《战国策》和《史记》相比,不仅增加了细节描写而且突出了燕丹这个复仇者的形象。明人胡应麟称此书为"古今小说杂传之祖"④,不为无见。

其次是寓言故事。例如《孟子》《庄子》《韩非子》《战国策》等书中都有不少人物性格鲜明的寓言故事,它们已经带有小说的意味。《韩非子》中保存寓言故事最多的《内储说》《外储说》《说林》,明白地用"说"来标目,也透露出两者之间的关系。显然,寓言故事可以看作小说的源头之一。

---

① 鲁迅:《中国小说史略》第二篇《神话与传说》。
② 鲁迅:《中国小说的历史的变迁》。
③ 《文选》江文通《杂诗李都尉从军》注引。
④ 胡应麟:《四部正讹》。

第三是史传著作中的小说雏形。如《左传》《国语》《战国策》等，描写人物性格，叙述故事情节，或为小说提供了素材，或为小说积累了叙事的经验，史传是小说的一个源头。在传统的目录学著作中，有些书或归入子部小说家类或归入史部杂传类，这两类缺少严格的区别，这也从一个侧面说明史传对小说的影响之深。

3. 战国小说产生的历史背景

著录于《汉书·艺文志》的《伊尹说》《鬻子说》《师旷》《务成子》《天乙》《黄帝说》等古小说十五家，均已亡佚。这些古代小说都以远古时代的古人命名，谈的该是有关这些古人的故事小说。班固说这些著作均"非古语"，"浅薄"，"迂诞"，出于"依托"，该就是依托这些古人而创作出来的故事小说。结合战国时期的其他书来判断，这些亡佚的古小说，大多数应该都是产生于战国时期，是战国诸子和策士们为了表达自己的思想和说服诸侯国君而编撰出来的。

比如《伊尹说》二十七篇，今已失传。伊尹是商汤名臣，但《伊尹说》绝不可能出自商代。在早于战国的商周古典文献中，并没有《伊尹说》的影子。但在战国时期的其他诸子中，却有该书的蛛丝马迹在焉。比如在《吕氏春秋·本味》记述伊尹"说汤以至味"，并列举各地土产的美味，"箕山之东，青鸟之所，有甘栌焉"，应当就是出于小说家的《伊尹说》。因为《史记·司马相如列传索隐》引应劭曰："《伊尹书》云：箕山之东，青鸟之所，有卢橘夏熟。"《伊尹书》当即小说家的《伊尹说》。同样，在《孟子》一书中，孟子曾竭力驳斥"伊尹以割烹要汤"之说，应当是当时的小说家有此言论，所以孟子才据理反驳其说。由《孟子》和《吕氏春秋》两部诸子书的时代推定，作为小说家的《伊尹说》应当出现于战国时代的早期或中期。

由此可以推知，小说家言大多出自战国时代。

4. 战国小说存在于诸子百家、纵横策语中

《艺文志》中所录，除了小说家之外，还有"百家言"一百三十九卷，大概是各家故事小说的汇编，所以卷帙特别多。其实这种百家言，也是古代小说的一种。刘向《说苑序》云："除去与《新序》重复者，其余浅薄不中义理，别集以为《百家》。"司马迁也曾说"《百家》言黄帝，其文不雅驯"[1]。《百家》既

---

① 《史记·五帝本纪赞》。

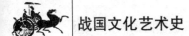

然言黄帝事,可知《百家》也是谈古人的故事的,其中由战国诸子百家言论故事集成的,大概不在少数。

在《艺文志》的小说家中,特别值得注意的,就是著录有宋钘所著《宋子》十八篇。宋钘是个著名的道家人物,为什么他的著作也列入小说家呢?《庄子·天下篇》谈到宋子"接万物以别宥为始",郭沫若据此指出《吕氏春秋·有始览》的《去尤篇》和《先识览》的《去有篇》,"殆采自《宋子》"。这说明战国时代的小说家和诸子是不分的,小说就存在于诸子百家言之中。

对于《吕氏春秋·有始览》中的《去尤篇》和《先识览》中《去有篇》,顾颉刚也发现了这两篇的显著特点就是故事比较多,他列举七个故事作为例证。例如:

> 人有亡铁者,意其邻之子。视其行步,窃铁也;视其颜色,窃铁也;听其言语,窃铁也;动作、态度,无为而不窃铁也。俄而掘其沟而得其铁,他日复见其邻之子,动作、态度无似窃铁者。
>
> 齐人有欲得金者,清旦被衣冠,往鬻金者之所,见人操金,攫而夺之。吏搏而束缚之,问曰:"人皆在焉,子攫人之金,何故?"对吏曰:"殊不见人,徒见金耳。"

顾颉刚认为这类故事在《宋子》十八篇中想必不少,类于市井之谈,因而刘向父子校书时视为不雅驯,把它列入小说家中了。还认为宋钘之所以这样列举市井之谈,是为了便于向群众宣传他的主张,"含有通俗文学之意"。顾颉刚进一步认为宋钘以宋为氏,孟子曾在石丘和他相遇,石丘是宋地,该是宋国人。战国时代诸子书中讲宋人的故事、嘲弄宋国人的地方特别多,可能都是"援引宋钘书以自张其说"①。不管战国时代诸子书中所讲宋人故事,是否出于宋钘书中,但是这类宋人故事,出于小说家的书中,是可以肯定的。

东汉应劭《风俗通义》说:"案《百家》书,宋城门失火,取汲池中水以沃之,鱼露悉见,但就取之。"②这个宋国"城门失火,殃及池鱼"的故事,既然出于《百家》书中,可知类似这样的宋人故事,必然也是出于小说家的书中。在

---

① 顾颉刚:《史林杂识初编》五四《宋钘书入小说家》。
② 《太平御览》卷八六八引。

战国时代"百家争鸣"的思潮中，各派学者到处游说，著书立说，将自己的主张广为宣传。为了扩大宣传效果，各派学者常常引用譬喻，列举历史故事和民间故事，作为自己学说的例证。其中着重于创作和编辑故事的那些人，就发展成为小说家了。再加上由上面所引《伊尹说》与《孟子》《吕氏春秋》的关系来看，当时的一家言中出现了一种小说故事，其他诸子也会援引于自己学说之中或予以反驳批判。

战国时代人们常常提到《百家》之说，例如"甘茂事下蔡史举先生，学《百家》之说"①。史举是个里巷的"监门"，"大不为事君，小不为家室，以苟贱不廉闻于世。"然而作为战国时期著名人物的甘茂却从他学《百家》之说，可见这种作为百家之言的小说故事，确实出于"街谈巷语"的下层人士之口，为缙绅先生难言的小说家言。但正是这种极"不雅训"的小说家故事，在甘茂的游说活动中发挥了应有的作用。甘茂劝说秦武王伐韩宜阳的时候，一开始就举出了曾参杀人的故事：

> 昔者曾子处费，费人有与曾子同名族者而杀人，人告曾子母曰："曾参杀人。"曾子之母曰："吾子不杀人。"织自若。有顷焉，人又曰："曾参杀人。"其母尚织自若也。顷之，一人又告之曰："曾参杀人。"其母惧，投杼逾墙而走。②

后来甘茂由于向寿等人排挤，从秦出奔齐，出关遇到苏代。他向苏代游说，一开始就讲江上处女的故事：

> 夫江上之处女，有家贫而无烛者，处女相与语，欲去之。家贫无烛者将去矣，谓处女曰："妾以无烛，故常先至，扫室布席，何爱余明之照四壁者？幸以赐妾，何妨于处女？妾自以有益于处女，何为去我？"处女相语以为然而留之。③

---

① 《史记·甘茂列传》。
② 《战国策·秦策二》。
③ 《战国策·秦策二》。

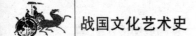

甘茂每次游说,一开始就讲故事,这就是他从史举那里学来的"《百家》之说",这是当时小说家的特点。后来范雎也曾学过《百家》之说,他自称"五帝三代之事,《百家》之说,吾既知之"①。范雎初次见到秦昭王,一开始就讲吕尚遇文王的故事和伍子胥出昭关的故事;后来他劝秦昭王向宣太后穰侯夺回大权,一开始就讲恒思少年和神丛赌博的故事:

> 亦闻恒思有神丛与?恒思有悍少年,请与丛博,曰:"吾胜丛,丛籍我神三日;不胜丛,丛困我。"乃左手为丛投,右手自为投,胜丛,丛籍其神。三日,丛往求之,遂弗归。五日而丛枯,七日而丛亡。②

这类故事,也该出于《百家》之说,出于小说家之手,都为这些策士的游说帮了大忙。

(三)战国时代的赋体文学

战国时代产生了一种新的文学形式,这就是赋体文学。这种古体赋文的产生和兴盛,是与战国末年大思想家荀子及宋玉等人的努力倡导和创作实践分不开的。

1. 赋体文学的产生与流变

古体赋一般指先秦两汉时的赋,是一种非诗非文、亦诗亦文的文学体裁。作为表现诗歌艺术的范畴之一,与"比""兴"并列的"赋",本是《诗经》"六义"之一,是铺陈叙述的意思。但是作为一种文学体裁的"赋"则是从春秋时代士大夫赋诗活动发展出来的。赋诗即引用、朗诵《诗经》作品的断章成句以致礼达意,是春秋时代士大夫所必备的一种交际手段。所以孔子说:"不学《诗》,无以言。"③毛苌说:"升高能赋","可以为大夫。"④是《诗经》的一种流变产物。其特点是"不歌而诵","感物造端,材知深美",⑤即作品不

---

① 《史记·范雎蔡泽列传》。
② 《战国策·秦策三》。
③ 《论语·季氏》。
④ 《诗经·鄘风·定之方中》传)大约在战国时代出现了诗人文士自己创作的朗诵诗歌,便称之为"赋"。所以在汉代人的观念里,"赋者,古诗之流也"(班固《两都赋序》)。
⑤ 《汉书·艺文志》。

入乐歌唱而用于朗诵,内容要求铺陈形容而见出才志。

《诗赋略》云:"春秋之后,周道寝坏,聘问歌咏不行于列国,学《诗》之士逸在布衣,而贤人失志之赋作矣。大儒孙卿(荀况)及楚臣屈原,离谗忧国,皆作赋以风,咸有恻隐古《诗》之义。其后宋玉、唐勒,汉兴,枚乘、司马相如,下及扬子云(扬雄),竟为侈丽闳衍之词,没其风谕之义。"可见,作为文学体裁的赋体,由战国而秦汉,有一种自咏怀的古诗余绪而发展成为铺陈事物的描写之转换趋势。

在中国文学史籍上,著录各家赋作时,往往将赋体文学分四大类,包括荀、屈、宋和西汉赋。这一观点引起后来楚辞、汉赋是否同流的争议,也形成对古赋是否包括屈原楚辞作品的分歧见解:一说如"屈子《离骚》即古赋"①,后世的很多学者也都把屈原的作品称作赋,或把楚辞称作赋;一说如《隋书·经籍志》即专列楚辞一类,不与古赋同类。在此,笔者同意后者的意见,因为其实楚辞与赋文是有很大区别的。楚辞是有楚国地方特色的诗歌,而赋是诗化的散文。屈原创作了大量的楚辞作品,或称骚体诗,但他没有写过严格意义上的赋。故将屈原楚辞当作另一种文体,单独介绍于后。

2. 荀子与赋体文学的渊源

荀子(前313?—前238年)名况,时人尊而号为卿,后避汉宣帝讳,改称孙卿。战国时期赵国人,著名思想家,儒家代表人物之一。荀子博学深思,其思想学说以儒家为本,兼采道、法、名、墨诸家之长,对儒家思想有所发展,提倡性恶论,常被与孟子的性善论比较。对重整儒家典籍也有相当的贡献。

荀子是战国时期著名的思想家、"文章四大家"之一。虽然在其学说中有"重质尚用"的倾向,但在荀子的文章中,也非常重视文学的形式和表现的方法,荀子在文体及辞章艺术方面颇有发明创造,故而其政论文字论题鲜明,结构严谨,说理透彻,有很强的逻辑性。语言丰富多彩,善于比喻,排比偶句很多,有他特有的风格,对后世说理文章有一定影响。特别是他首倡赋体文学的历史贡献,则是文学史界一致公认的。

据《汉书·艺文志》,可知荀子曾经创作了至少不低于十篇的赋文。一般研究者认为,"荀赋十篇"可能就是"今本《荀子》中的《成相》三章、《赋篇》的《礼》《知》《云》《蚕》《箴》五赋、《佹诗》和《遗春申君赋》"。但其中最有影

————————————

① 祝尧:《古赋辨体》。

响,现存最早以赋名体的作品是《荀子·赋篇》中的五篇赋:

爰有大物,非丝非帛,文理成章;非日非月,为天下明。生者以寿,死者以葬。城郭以固,三军以强。粹而王,驳而伯,无一焉而亡。臣愚不识,敢请之王?

王曰:此夫文而不采者与?简然易知,而致有理者与?君子所敬,而小人所不者与?性不得则若禽兽,性得之则甚雅似者与?匹夫隆之则为圣人,诸侯隆之则一四海者与?致明而约,甚顺而体,请归之礼。礼。

皇天隆物,以示(施)下民,或厚或薄,常不齐均。桀、纣以乱,汤、武以贤。涽涽淑淑,皇皇穆穆。周流四海,曾不崇日。君子以修,跖以穿室。大参乎天,精微而无形,行义以正,事业以成。可以禁暴足穷,百姓待之而后泰宁。臣愚不识,愿问其名。

曰:此夫安宽平而危险隘者邪?修洁之为亲,而杂污之为狄者邪?甚深藏而外胜敌者邪?法禹、舜而能弇迹者邪?行为动静待之而后适者邪?血气之精也,志意之荣也,百姓待之而后宁也,天下待之而后平也,明达纯粹而无疵也,夫是之谓君子之知。知。

有物于此,居则周静致下,动则慕高以钜,圆者中规,方者中矩,大参天地,德厚尧、禹,精微乎毫毛,而充盈乎大寓。忽兮其极之远也,攭兮其相逐而反也,卬卬兮天下之咸蹇也。德厚而不捐,五采备而成文,往来惛惫,通于大神,出入甚极,莫知其门。天下失之则灭,得之则存。弟子不敏,此之愿陈,君子设辞,请测意之。

曰:此夫大而不塞者与?充盈大宇而不窕,入郄穴而不逼者与?行远疾速,而不可托讯者与?往来惛惫,而不可为固塞者与?暴至杀伤,而不亿忌者与?功被天下,而不私置者与?托地而游宇,友风而子雨,冬日作寒,夏日作暑,广大精神,请归之云。云。

有物于此,儵儵兮其状,屡化如神,功被天下,为万世文。礼乐以成,贵贱以分,养老长幼,待之而后存。名号不美,与"暴"为邻。功立而身废,事成而家败。弃其耆老,收其后世。人属所利,飞鸟所害。臣愚不识,请占之五泰。

五泰占之曰:此夫身女好,而头马首者与?屡化而不寿者与?善壮而拙老者与？有父母而无牝牡者与？冬伏而夏游，食桑而吐丝，前乱而后治，夏生而恶暑，喜湿而恶雨，蛹以为母，蛾以为父，三俯三起，事乃大已，夫是之谓蚕理。蚕。

有物于此，生于山阜，处于室堂。无知无巧，善治衣裳。不盗不窃，穿窬而行。日夜合离，以成文章。以能合从，又善连衡。下覆百姓，上饰帝王。功业甚博，不见贤良。时用则存，不用则亡。臣愚不识，敢请之王。

王曰：此夫始生钜，其成功小者邪？长其尾而锐其剽者邪？头铦达而尾赵缭者邪？一往一来，结尾以为事。无羽无翼，反复甚极。尾生而事起，尾遭而事已。簪以为父，管以为母。既以缝表，又以连里：夫是之谓箴理。箴。

天下不治，请陈佹诗：天地易位，四时易乡。列星殒坠，旦暮晦盲。幽暗登昭，日月下藏。公正无私，见谓从横。志爱公利，重楼疏堂。无私罪人，憼革贰兵。道德纯备，谗口将将。仁人绌约，敖暴擅强。天下幽险，恐失世英。螭龙为蝘蜓，鸱枭为凤凰。比干见刳，孔子拘匡。昭昭乎其知之明也，郁郁乎其遇时之不祥也，拂乎其欲礼义之大行也，暗乎天下之晦盲也，皓天不复，忧无疆也。千岁必反，古之常也。弟子勉学，天不忘也。圣人共手，时几将矣。与愚以疑，愿闻反辞。

其小歌曰：念彼远方，何其塞矣，仁人绌约，暴人衍矣。忠臣危殆，谗人服矣。琁、玉、瑶、珠，不知佩也，杂布与帛，不知异也。闾娵、子奢，莫之媒也；嫫母、力父，是之喜也。以盲为明，以聋为聪，以危为安，以吉为凶。呜呼！上天！曷维其同！

《荀子·赋篇》包括礼、知、云、蚕、箴五赋及佹诗和小歌。《礼》《知》《云》《蚕》《箴》五篇，形式为问答体，前半设谜，后半破谜，类似后世猜谜活动的谜面和谜底一样，在事物描述中掺杂了一些儒家思想的说教成分。五赋后的佹诗开头两句是："天下不治，请陈佹诗。"唐杨倞注说："荀卿请陈佹异激切之诗，言天下不治之意也。"可知佹诗是谏上的诗。

《荀子·赋篇》中的五篇短赋，开创了以赋为名的文学体裁形式。刘勰《文心雕龙·诠赋》中写道："赋也受命于诗人，拓宇于楚辞也，于是荀况《礼》《知》，宋玉《风》《钓》，爰锡名号，与诗画镜，六义附庸，蔚成大国。"可知荀子的赋,是与《诗经》《楚辞》并列,而依次发展起来的一种新文体,即我们现在所称的抒情散文类,此后才有了宋玉和汉朝诸人的赋。荀子为赋文创作的先行者,《赋篇》为赋体不祧之祖。

荀子的五篇赋,已经初具了赋体文学铺采摛文、体物写志的特征,"就是采用问答体,先极力状物,而不点题,用问语;答语亦不直接点题,用疑问的口吻,演义陈理以至于最终方落到题字上。所以全篇亦可以当作隐语看",从句式和用韵来看,"仍留有诗体的痕迹"和"很有楚化的色彩";然而"《离骚》等篇是本诗意为骚,尚有古诗遗意";而荀赋之铺陈与采用问答体,已具赋体之形。荀卿不但始以赋名篇,而且"迨荀卿之赋篇,已与诗异趣,划境而独立",汉代之赋,"都是由《赋篇》而学来的体裁。"①

对于《荀子·赋篇》的艺术特色,文学史研究者有不同观点。有人认为:荀子"在文学上是富有创造的能力的。这些《赋篇》和《成相》篇,散文的气味还是很浓厚,可以说是散文式的诗赋。"②有人认为:"真正明确以'赋'名篇,形成一种文体,还是从荀卿开始的",荀赋是诸子散文铺陈辩说的手法和楚国民歌"培育出的新艳的花蕾";荀赋虽与战国时期流行的谐隐有相似之处,但并非像谐隐那样质木无文,而能对事物进行比较细致的观察,描写也相当生动;荀赋体物写志的写法和问答的形式,以及用韵与整齐的句式,"就给汉赋不小的影响","它在汉代是和屈赋、陆贾赋鼎足而三的"③。

也有研究者发表了不同的意见。比如有人对荀赋的评价就较为"低调",认为,荀赋"训诫意味很浓,风格颇类古代的箴铭,其体式则受到战国时隐语、问答体和楚骚的影响,不名一格","荀况的赋都缺乏文采,所以后世仿效的较少,前人谓咏物赋自荀况始,非是。"④"荀况的赋体作品在艺术上还是很不成熟的,它虽然已具后代赋体的一般特点,却仍然保留着浓厚的'隐语'气息,文采也不甚华丽,与后世的汉赋距离还很大","开汉赋先导的是楚国人宋玉。"⑤

总的来说,荀子《赋篇》,是我国文学史上第一篇以"赋"名篇的文学作

① 张长弓:《荀卿的韵文》,《岭南学报》第三卷第三期,1934年。
② 詹安泰:《中国文学史》,高等教育出版社1957年版,第104页。
③ 包遵信:《浅谈〈荀子·赋篇〉》,《文史哲》1978年第5期。
④ 马积高:《赋史》,上海古籍出版社1987年版,第49—51页。
⑤ 褚斌杰:《中国古代文体概论》,北京大学出版社1990年版,第76页。

品。赋作为一种文体,就是从此开始的。这是在楚国民歌基础上产生的,同时又是《诗经》"体物写志"的"赋"的创作方法的重大发展。虽然它的艺术水平比不上《楚辞》,但是这种"体物写志"的创作方法和问答体的形式,给予后来汉赋不小的影响。

3.《荀子·成相》及其文学史地位

荀子不仅是战国时期著名的思想家,在中国文学史上也有崇高的地位。如果说《荀子·赋篇》是借鉴了当时盛行一时的隐语制谜来反映自己的治世主张,从而形成了一种新兴的赋体文学形式,那么荀况创作的《成相》,则是他运用当时社会上喜闻乐见的民间曲调来宣传他的政治理论的。

"相"是一种用皮革制作、里面装着糠的小鼓,用手拍击,歌唱时用来调节节奏的。《成相》就是这种击鼓歌词。它包括三首歌,每首开场的第一句歌词是"请成相",就是请准备打鼓而歌唱的意思。因为这种民间曲调,都用"请成相"开唱,"成相"就成为曲调的名词。《汉书·艺文志》有《成相杂辞》十一篇列"杂赋"中,也应当就是采用"成相"这种鼓曲歌调创作的歌词。在中国古代文学史上,有把《成相》这种鼓词也当作"赋"来看待的,比如上举《汉书·艺文志》。但是我们认为,赋体是"不歌而诵"即非歌唱的朗诵文体,而"成相"是以鼓点节奏歌唱的鼓歌,两者并非一物,还是分开的为好。

从《荀子·成相》来看,"成相"的曲调,五句组成一章,第一、二句三个字,第三句七个字,第四句四个字,第五句七个字。第五句有的时候也析成四字和三字的两句。其构建形式一般依次是3、3、7、4、7(4、3)字,第三句和第五句的两个七言句,每句都押韵,时而慷慨激昂,时而舒缓婉转,随情绪抒发的不同,时有变体的出现。这篇通俗文学的创作,在诸子百家中是独领风骚的。清代卢文弨称《成相》为"后世弹词之祖"。实际上,这是我国最古的鼓儿词,可以视作是后世大鼓书的雏形。

> 请成相,世之殃,愚暗愚暗堕贤良。人主无贤,如瞽无相何伥伥!请布基,慎圣人,愚而自专事不治。主忌苟胜,群臣莫谏,必逢灾。论臣过,反其施,尊主安国尚贤义。拒谏饰非,愚而上同,国必祸。曷谓"罢"?国多私,比周还主党与施。远贤近谗,忠臣蔽塞主势移。曷谓"贤"?明君臣,上能尊主下爱下民。主诚听之,天下为一海内宾。主之尊,谗人达,贤能遁逃国乃蠹。愚以重愚,暗以重暗,成为桀。世之灾,

妒贤能，飞廉知政任恶来。卑其志意，大其园囿高其台。武王怒，师牧野，纣卒易乡启乃下。武王善之，封之于宋立其祖。世之衰，谗人归，比干见刳箕子累。武王诛之，吕尚招麾殷民怀。世之祸，恶贤士，子胥见杀百里徙。穆公任之，强配五伯六卿施。世之愚，恶大儒，逆斥不通孔子拘。展禽三绌，春申道缀，基毕输。请牧基，贤者思，尧在万世如见之。谗人罔极，险陂倾侧此之疑。基必施，辨贤罢，文武之道同伏戏，由之者治，不由者乱，何疑为？凡成相，辨法方，至治之极复后王。复慎、墨、季、惠，百家之说欺不详。治复一，修之吉，君子执之心如结，众人贰之，谗夫弃之，形是诘。水至平，端不倾，心术如此象圣人。人而有势，直而用抴必参天。世无王，穷贤良，暴人刍豢，仁人糟糠；礼乐灭息，圣人隐伏，墨术行。治之经，礼与刑，君子以修百姓宁。明德慎罚，国家既治四海平。治之志，后势富，君子诚之好以待。处之敦固，有深藏之，能远思。思乃精，志之荣，好而壹之神以成。精神相反，一而不贰、为圣人。治之道，美不老，君子由之佼以好。下以教诲子弟，上以事祖考。成相竭，辞不蹶，君子道之顺以达。宗其贤良，辨其殃孽。

请成相，道圣王，尧、舜尚贤身辞让，许由、善卷，重义轻利行显明。尧让贤，以为民，泛利兼爱德施均。辨治上下，贵贱有等明君臣。尧授能，舜遇时，尚贤推德天下治。虽有贤圣，适不遇世，孰知之？尧不德，舜不辞，妻以二女任以事。大人哉舜，南面而立万物备。舜授禹，以天下，尚得推贤不失序。外不避仇，内不阿亲，贤者予。禹劳心力，尧有德，干戈不用三苗服。举舜甽亩，任之天下，身休息。得后稷，五谷殖；夔为乐正鸟兽服；契为司徒，民知孝弟尊有德。禹有功，抑下鸿，辟除民害逐共工。北决九河，通十二渚，疏三江。禹傅土，平天下，躬亲为民行劳苦。得益、皋陶、横革、直成为辅。契玄王，生昭明，居于砥石迁于商，十有四世，乃有天乙是成汤。天乙汤，论举当，身让卞随举牟光。□□□□，道古贤圣基必张。

愿陈辞，□□□，世乱恶善不此治。隐过疾贤，长由奸诈鲜无灾。患难哉！阪为先，圣知不用愚者谋。前车已覆，后未知更，何觉时？不觉悟，不知苦，迷惑失指易上下。中不上达，蒙揜耳目塞门户。门户塞，大迷惑，悖乱昏莫不终极；是非反易，比周欺上恶正直。正直恶，心无度，邪枉辟回失道途。己无邮人，我独自美，岂独无故？不知戒，后必有,恨后遂过不肯悔。谗夫多进,反复言语生诈态。人之态,不如备,争宠嫉贤利恶忌;妒功毁贤,下敛与上蔽匿。上壅蔽,失辅势,任用谗夫不能制。郭公长父之难,厉王流于彘。周幽、厉,所以败,不听规谏忠是害。嗟我何人,独不遇时当乱世!欲衷对,言不从,恐为子胥身离凶;进谏不听,到而独鹿弃之江。观往事,以自戒,治乱是非亦可识。□□□□,托于成相以喻意。

　　请成相,言治方,君论有五约以明。君谨守之,下皆平正,国乃昌。臣下职,莫游食,务本节用财无极。事业听上,莫得相使,一民力。守其职,足衣食,厚薄有等明爵服。利往印上,莫得擅与,孰私得?君法明,论有常,表仪既设民知方。进退有律,莫得贵贱、孰私王?君法仪,禁不为,莫不说教名不移。修之者荣,离之者辱,孰它师?刑称陈,守其银,下不得用轻私门。罪祸有律,莫得轻重威不分。请牧基,明有祺,主好论议必善谋。五听修领,莫不理续主执持。听之经,明其请,参伍明谨施赏刑。显者必得,隐者复显,民反诚。言有节,稽其实,信诞以分赏罚必。下不欺上,皆以情言,明若日。上通利,隐远至,观法不法见不视。耳目既显,吏敬法令莫敢恣。君教出,行有律,吏谨将之无铍滑。下不私请,各以宜,舍巧拙。臣谨修,君制变,公察善思论不乱。以治天下,后世法之成律贯。

《荀子·成相》全文共 56 章,可分为三部分。第一部分从“请成相,世之殃”起,到“宗其贤良,辨其殃孽”为止,共二十二章。从当世之乱说起,前半部分指出致乱的原因,后半部分提出治理的办法。第二部分从“请成相,道圣王”起,到“托于成相以喻意”为止,也是二十二章,通过讲历史故事来发表自己的政见。前半部分叙述古代圣王故事,说明上世所以盛的原因,后半部分叙述周幽王、周厉王故事,说明季世所以衰的原因。第三部分从“请成相,言治方”起,到“后世法之成律贯”为止,只十二章。主要讲统治的方法。

　　在《成相》第一部分中,有“春申道缀(辍),基毕输”的话,所写事实当指公元前 238 年春申君被杀,于是荀况“知道不行,发愤著书”。他所以要采用这种民间鼓曲歌调体裁,就是想借民间文学形式来广泛传播他的政治主张。

　　他采用当时鼓曲民歌形式写的《成相》,文字通俗易懂,运用说唱形式来表达自己的政治、学术思想,对后世也有一定影响。荀况不愧为我国古代一位伟大的思想家和杰出的文学家、教育家。

4. 宋玉的赋体文学及其地位

宋玉是战国时期楚国著名的文学家,与屈原齐名。关于宋玉的生平,据《史记·屈原贾生列传》载:"屈原既死之后,楚有宋玉、唐勒、景差之徒者,皆好辞而以赋见称。然皆祖屈原之从容辞令,终莫敢直谏。"记述极为简略。《韩诗外传》有"宋玉因其友而见楚相"之言。刘向《新序》则作"宋玉因其友以见楚襄王","事楚襄王而不见察",同时又有"楚威王(襄王的祖父)问于宋玉"的话。王逸在《楚辞章句》中则说他是屈原的弟子。晋代习凿齿《襄阳耆旧传》又说:"宋玉者,楚之鄢人也,故宜城有宋玉冢,始事屈原,原既放逐,求事楚友景差。"总之,关于宋玉的生平,众说纷纭,至难分晓。大体上说,宋玉当生在屈原之后,且出身寒微,在仕途上颇不得志。

相传宋玉所作辞赋甚多,《汉书·艺文志》录有赋 16 篇,今多亡佚。流传作品有《九辩》《风赋》《高唐赋》《神女赋》《登徒子好色赋》《对楚王问》等。其他还有《笛赋》《大言赋》《小言赋》《讽赋》《钓赋》《舞赋》6 篇,见于《古文苑》;《高唐对》《微咏赋》《郢中对》3 篇,见于《广文选》。但这些作品,真伪相杂,可信而无异议的只有《九辩》一篇。《招魂》颇多争议,一般认为是屈原所作。其他如《高唐赋》《神女赋》《登徒子好色赋》《风赋》等篇,也有人认为不是宋玉所作,不过它们在文学史上的地位还是相当重要的。所谓"下里巴人""阳春白雪""曲高和寡"的典故皆由此而来。

宋玉的成就虽然难与屈原相比,但他是屈原诗歌艺术的直接继承者。在他的作品中,物象的描绘趋于细腻工致,抒情与写景结合得自然贴切,在楚辞与汉赋之间,起着承前启后的作用。后人多以屈宋并称,可见宋玉在文学史上的地位。

在楚辞发展史上,宋玉与屈原齐名。而在赋体文早期历史上,则有"荀宋"合称。比如刘勰《文心雕龙》讲到赋体时,曾两次并称荀宋,认为"荀宋"是赋体的开拓者。

刘勰《文心雕龙·诠赋》中提及了屈原、荀子和宋玉。三人相比而言,屈原有辞无赋,荀子有赋无辞,而宋玉则是二体兼长的作家。在宋玉的传世作品中,只有一篇《九辩》是楚辞体的作品,而其余传为他的作品都是赋文。所以说,与其讲宋玉是屈原之后的楚辞作者代表,毋宁说他是继荀子之后赋体文学形式的重要人物。

　　宋玉是中国最早的赋人之一。如果说荀子是赋体文学的创始人，那么宋玉的赋作标志着先秦时代赋的最高水平。

　　在此，我们以宋玉的《风赋》为例说明其赋文的艺术特色和水平。这篇赋的全文如下：

　　　　楚襄王游于兰台之宫，宋玉、景差侍。有风飒然而至，王乃披襟而当之，曰："快哉此风！寡人所与庶人共者邪？"宋玉对曰："此独大王之风耳，庶人安得而共之！"

　　　　王曰："夫风者，天地之气，溥畅而至，不择贵贱高下而加焉。今子独以为寡人之风，岂有说乎？"宋玉对曰："臣闻于师：枳句来巢，空穴来风。其所托者然，则风气殊焉。"

　　　　王曰："夫风，安生哉？"宋玉对曰："夫风生于地，起于青萍之末，侵淫溪谷，盛怒于土囊之口，缘太山之阿，舞于松柏之下，飘忽淜滂，激飏熛怒。耾耾雷声，回穴错迕，蹶石伐木，梢杀林莽。至其将衰也，被丽披离，冲孔动楗，眴焕粲烂，离散转移。故其清凉雄风，则飘举升降，乘凌高城，入于深宫。抵花叶而振气，徘徊于桂椒之间，翱翔于激水之上。将击芙蓉之精，猎蕙草，离秦蘅，概新夷，被荑杨，回穴冲陵，萧条众芳。然后徜徉中庭，北上玉堂，跻于罗幢，经于洞房，乃得为大王之风也。故其风中人，状直憯凄㤗㤗，清凉增欷。清清泠泠，愈病析酲，发明耳目，宁体便人。此所谓大王之雄风也。"

　　　　王曰："善哉论事！夫庶人之风，岂可闻乎？"宋玉对曰："夫庶人之风，塕然起于穷巷之间，堀堁扬尘，勃郁烦冤，冲孔袭门。动沙堁，吹死灰，骇浑浊，扬腐余，邪薄入瓮牖，至于室庐。故其风中人，状直憞溷郁邑，驱温致湿，中心惨怛，生病造热。中唇为胗，得目为蔑，啖齰嗽获，死生不卒。此所谓庶人之雌风也。"

　　这篇赋旨在讽谏楚襄王。昏庸腐败、刚愎自用的楚襄王骄奢淫逸，不知体恤百姓的疾苦。宋玉就以这篇赋来讽谏襄王。风是一种自然现象，是由空气的流动而引起的，当然不会因为人的身份不同而改变其性质和特点。可是宋玉却把风分为雄风和雌风，并说雄风只有尊贵的王公大人才能享受，而雌风则是庶人之风。宋玉详细地描绘风是怎样"起于青萍之末"，又怎样出于山口，沿着山坳逐渐加强，形成"蹶石伐木，梢杀林莽"的威力，最后又怎样

"冲孔动楗""离散转移",逐渐减弱。然后描写"清凉雄风"怎样凌高城、入深宫,吸收各种香草鲜花芬芳之气,再进入大王之宫寝,形成"愈病析酲,发明耳目"的大王之雄风。而庶人之风"塕然起于穷巷之间","吹死灰、骇浑浊、扬腐余,邪薄入瓮牖",这种风"驱温致湿""生病造热","中唇为胗,得目为篾",庶人整天要跟这种风打交道,可见他们是何等悲惨!宋玉的本意,是要楚襄王知道他自己是如何养尊处优,同时也要了解平民百姓的环境如何污秽,生活如何困苦,命运如何悲惨,以便楚襄王对自己的荒淫奢侈能有所收敛。宋玉的用意是很隐晦的,襄王能否理解不得而知。但从这篇赋中可以发现宋玉对现实生活的观察很细致,对风的产生、发展、运行的途径和过程描写得生动入微,使这篇赋能有很强的艺术感染力。

二、战国时期《楚辞》文学的艺术成就

楚辞,是战国中后期南方楚国地区新出现的一种文学体裁,它不仅是战国时期文学的重要门类,也是我国古代诗歌中的瑰宝。

楚辞中的诗歌大多数都是具有浪漫主义色彩的抒情诗,而且有着浓郁的楚国地方特色。楚辞的主要作者为屈原、宋玉、唐勒、景差等人。宋代的黄伯思说:"屈宋诸骚,皆书楚语,作楚声,纪楚地,名楚物,故可谓之楚辞。""楚辞"的名称最早见于《史记·酷吏列传》。汉成帝时,刘向校理中秘图书,把屈原、宋玉及汉代的贾谊、淮南小山、东方朔、庄忌、王褒和刘向自己的一篇作品编为一集,名之曰《楚辞》。自此,"楚辞"既是诗歌体裁的名称,也是一部楚国诗歌集的专用名称。

(一)屈原及其创作的楚辞

1. 屈原生平简介

屈原[约前 340 年(楚宣王三十年)—前 278 年(楚顷襄王二十一年)]①,名平,字原,又自云,名正则,字灵均。屈原出身于楚国贵族,博学多

---

① 关于屈原的生卒年,史籍中无明确记载。屈原的《离骚》中有"摄提贞于孟陬兮,惟庚寅吾以降"的诗句。后代学者多根据这两句诗推断屈原的出生年月。由于各自依据的历法不同,计算方法不同,对两句诗的具体含义理解不同,因此结论有较大差异。认为屈原生年最早的是公元前366 年(见清人刘梦鹏《屈子纪略训》),最晚的是公元前335 年(见林庚《屈原生卒年考》),前后相差多达31 年。目前学术界大都采用郭沫若的结论,即认为屈原生于楚宣王三十年辛巳(前340 年)夏历正月初七日,卒于楚顷襄王二十一年癸未(前278 年)夏历五月初五日。

闻,既有治理国家的才能,又善于外交辞令。楚怀王时,任屈原为左徒,出纳号令,兼管内政与外交,怀王对他很信任。在政治方面,他主张通过制定新法令来改革楚国的政治,联合齐国抵抗秦国。他认为"背法度而心治",犹如无辔而御烈马,是很危险的;必须做到"明法度之嫌疑","国富强而法立"。①他要求"举贤而授能兮,循绳墨而不颇(偏邪)"②,就是要选拔贤能担任官吏,按照法令的准则来办事而不能发生偏差。

后来,楚国的上官大夫妒忌屈原的才能,和怀王宠妃郑袖一起在楚怀王跟前屡进谗言,怀王疏远了屈原,并把屈原放逐到外地。当时,齐楚两国是盟国,秦国想出兵齐国,又担心楚国断秦国的后路,因此想破坏齐楚联盟。秦国听说屈原被黜,认为这是难得的好机会,便派张仪去楚国游说。张仪对楚怀王说:"如果楚国与齐国绝交,秦国愿把商於一带六百里土地送给楚国。"楚怀王贪得无厌,相信了张仪的鬼话,并宣布与齐国断交。当楚国派使者到秦国去受地时,张仪说:"我与怀王说的是六里,没有说过要给楚国六百里。"使者回报楚怀王,怀王大怒,兴师讨伐秦国。结果楚军大败,楚将屈匄被俘,汉中之地也落入秦国手中。怀王不服,把楚国军队全都征集起来攻打秦国,两军战于蓝田,魏国也乘机出兵袭击楚国郢都,使楚国陷入困境。由于楚国与齐国断交,齐国不肯出兵支援楚国。这时,怀王想起了有外交才干的屈原,派人把屈原请回,并让他到齐国去恢复邦交,使楚国局势暂时趋于稳定。

秦惠王死后,秦昭王与楚约为婚姻,并邀请怀王在武关盟会。屈原谏怀王曰:"秦,虎狼之国,不可信,不如无行!"而怀王稚子子兰则鼓动怀王到秦国去,说:"奈何绝秦欢?"于是怀王西去秦国,入武关后,秦国关闭武关,使怀王没有退路。到咸阳后,秦昭王以蕃臣之礼见怀王,怀王大怒。秦国扣留楚怀王,让楚国以巫郡、黔中郡来换回楚怀王。结果怀王客死于秦。怀王长子顷襄王立,以其弟子兰为令尹。屈原怨恨子兰劝怀王入秦。子兰知之,谮屈原于顷襄王,顷襄王再次把屈原流放到外地。

屈原有远大的政治理想,也有卓越的治国才能,可是奸佞当道,使他报国无门。他很希望自己的国家独立富强,一心想要为楚王做政治上的带路人,可是怀王昏庸暗弱,那些"党人"又妒贤害能,排挤忠良,他忧心如焚。长

---

① 《九章·惜往日》。
② 《离骚》。

时间的流放生活使诗人屈原历经艰险,但更使他难以忍受的是精神上的折磨。等到楚被秦攻破,国都郢失守,他亲眼看到他的祖国日益削弱,他的政治理想彻底破灭了,他终于怀沙自沉,投身汨罗江而死。

2. 屈原创作的《楚辞》作品概览

屈原不但是一位有抱负的政治家,而且是一位伟大的爱国诗人。他把满腔的怒火和无限的幽怨都化为诗篇,以诗歌来寄托自己的理想,鞭笞那些奸邪小人祸国殃民的行径,抒发内心的牢骚与不平。他吸收了民间文学形式,采用了方言声韵,融合了神话传说,创作了长篇的诗歌。热烈的爱国情感,丰富无比的想象力,美丽的辞藻,使得屈原的诗篇成为不朽的杰作。

在《楚辞》中,属于屈原创作的作品,据《汉书·艺文志》有25篇。这25篇是西汉末年刘向整理屈原作品时确定的篇数。刘向是第一个整理屈原作品的学者。但在西汉初年,散见于社会上的屈原作品较少,被汉初人提到的屈原作品只有《离骚》《天问》。司马迁的《史记》除《离骚》外也只提到《招魂》《哀郢》《怀沙》。刘向整理的25篇现存于东汉人王逸的《楚辞章句》前七卷中。这25篇是:《离骚》1篇、《九歌》11篇(包括《东皇太一》《云中君》《湘君》《湘夫人》《大司命》《少司命》《东君》《河伯》《山鬼》《国殇》《礼魂》)、《天问》、《九章》9篇(包括《惜诵》《涉江》《哀郢》《抽思》《怀沙》《思美人》《惜往日》《橘颂》《悲回风》)、《远游》《卜居》《渔父》各1篇。

这25篇是否全是屈原的作品,后世学者意见也不一致。如《九章》中的《惜往日》《悲回风》两篇,清代即有人提出不是屈原作品。[①]《远游》《卜居》《渔父》等篇,怀疑者更多。[②] 至于25篇以外的《招魂》《大招》两篇,则自汉代起即有人认为是伪作。《招魂》篇刘向认为是宋玉作品,而《大招》篇有人说是屈原的作品,有人则认为是景差的作品,刘向疑而未定。

现存的《楚辞》作品中可信为屈原作品的是:《离骚》《天问》《九歌》和《九章》中的《惜诵》《涉江》《哀郢》《抽思》《怀沙》《思美人》《橘颂》等,共二十篇。

屈原的光辉诗篇,继承了《诗经》的优秀传统,开拓了现实主义和浪漫主

---

① 曾国藩:《求阙斋读书录》,山东人民出版社2018年版;吴汝纶:《古文辞类纂评点》,京师国群铸一社1914年铅印本。

② 胡念贻:《屈原作品的真伪问题及其写作年代》,见《先秦文学论集》,中国社会科学出版社1981年版,第319—320页。

义的创作道路,对我国文学的发展,有着重大的影响。

3. 屈原楚辞的代表作《离骚》赏析

《离骚》是屈原的代表作品,我国古典文学中最早的抒情诗,是中国古代最光辉、最伟大的浪漫主义诗篇。对于《离骚》的产生,正如司马迁所说:"屈平疾王听之不聪也,谗谄之蔽明也,邪曲之害公也,方正之不容也,故忧愁幽思而作《离骚》——《离骚》者,犹离忧也。屈平正道宣行,竭忠尽智以事其君,谗人间之,可谓穷矣!信而见疑,忠而被谤,能无怨乎?屈平之作《离骚》,盖自怨生也。"①屈原的其他诗篇也都不同程度地表达了他的这种思想感情。

《离骚》全诗 373 句,2477 字,②在中国古代抒情诗中是最长的一首。全诗共分三大段,每一大段中又分三小段。③

第一大段从全篇开头"帝高阳之苗裔兮"至"岂余心之可惩"。这一大段作者自述身世,并表明自己的政治操守。第一小段从开头至"来吾道夫先路",诗人叙述自己的家世和高洁的志向。第二小段自"昔三后之纯粹兮",至"固前圣之所厚",叙述自己忠而见疑的苦闷及不肯与群小同流合污的决心。第三小段自"悔相道之不察兮"至"岂余心之可惩",表达诗人矢志不渝的坚定信念。

第二大段从"女嬃之婵媛兮"开始,至"余焉能忍而与此终古"为止。写失意之后力图再振作,以四处求女喻为国求贤,以求女不成喻再努力的失败。第一小段从"女嬃之婵媛兮"至"夫何茕独而不予听",写侍女规劝他"从俗""从众"。第二小段自"依前圣以节中兮"至"沾余襟之浪浪",写诗人找到舜向他倾诉衷曲,从而坚定了自己的信念。第三小段自"跪敷衽以陈辞兮"至"余焉能忍而与此终古",写求女失败,以喻楚国使诗人再次失望。

第三大段从"索藑茅以筳篿兮"开始至"蜷局顾而不行"为止,写诗人想

---

① 《史记·屈原贾生列传》。

② 这个数字不包括诗中"曰黄昏以为期兮,羌中道而改路"两句 13 字。洪兴祖《楚辞补注》于此两句下注云:"一本有此二句,王逸无注,至下文'羌内恕己以量人'始释'羌'义,疑此二句后人所增耳。"《文选》所载《离骚》即无此两句,可证洪氏之说是有根据的。

③ 《离骚》作为长篇抒情诗,回环跌宕,波澜起伏,故古今研究楚辞的学者对《离骚》段落划分颇多分歧。这里的划分方法主要采取张松如、王锡荣的意见,见两位主编的《中国诗歌史》先秦两汉卷,吉林大学出版社 1988 年版,第 186—187 页。

离开故土，但欲去不忍、既行复止的矛盾心情，表现了诗人对故乡楚国的强烈爱恋之情。第一小段从"索藑茅以筳篿兮"至"谓申椒其不芳"，写诗人就灵氛而求占，以决定去留。第二小段从"欲从灵氛之吉占兮"至"周流观乎上下"，写诗人对灵氛劝其远走仍有疑虑，又去找巫咸决定去留。第三小段从"灵氛既告余以吉占兮"至"蜷局顾而不行"，写诗人听从两位神人的指点，决定离开故土，但欲行而又不忍。

诗的最后是"乱辞"，暗示了诗人的最终归宿。

《离骚》这首长篇抒情诗总体上说是浪漫主义诗篇，但仔细分析全诗时会发现，第一大段主要侧重于现实社会的描述。无论是叙述自己的家世，表达自己的美好理想，揭露现实社会的黑暗，鞭笞奸邪小人残害忠良，还是诉说自己培养的人才如何变质，国君如何受佞臣塞蔽，听信谗言，疏远贤臣，以及陈述自己的志向和决心，等等，这一切都立足于现实社会，针对楚国的政局而言。而这篇诗的第二和第三大段，则主要用浪漫的笔法，作者驰骋丰富的想象，空中地上，天堂人间，诗人上下求索，四处遨游；时而向重华陈辞，时而向灵氛问卜，时而令望舒先趋，时而命羲和弭节；至天宫则令帝阍开关，求宓妃则使丰龙乘云；遨游时凤凰为其承旆，渡河时蛟龙为其设梁。大量的历史圣贤、神话传说人物，乃至仙鸟、灵怪，全都受诗人驱遣，都为诗人寄托理想、表达信念服务。诗人描绘了一幅幅神奇瑰丽的画卷，仿佛把读者完全带入了幻想的境界。因此，《离骚》这篇诗可以说是屈原用现实主义和浪漫主义相结合，而又以浪漫主义为主的方法创作的诗篇。诗人通过对自己的人生历程的回溯和未来道路的探索，表现了他追求崇高理想的坚贞意志和深挚的爱国主义感情，也揭露了楚国政治的腐败和黑暗势力的猖狂。诗中运用香草、美人的比喻，编织神游天上等幻境，文采绚烂，结构宏伟。鲁迅指出：屈原的《离骚》，"逸响伟辞，卓绝一世"。"较之乎《诗》，则其言甚长，其思甚幻，其文甚丽，其旨甚明，凭心而言，不遵矩度"，"然其影响于后来之文章，乃甚或在三百篇以上。"①

4. 屈原的代表作诗歌《天问》简介

《天问》是中国诗歌史上最奇特的诗篇。作者在这篇1500多字的诗歌中，诗句大体以四言为主，一共提出了172个问题，这些问题涉及的范围极为

① 鲁迅：《汉文学史纲要》，第四篇《屈原及宋玉》，上海古籍出版社2005年版。

宽广。《天问》一篇所问的，从自然现象和天庭神话一直问到远古的历史传说，凡宇宙、神灵、历史、政治、社会、人生，无所不及，是一篇美丽的史诗。

关于这篇诗的作者和创作过程，王逸在《楚辞章句·天问》篇序中有一段论述，对后人颇有影响。序文说：

> 《天问》者，屈原之所作也。何不言《问天》？天尊，不可问，故曰：《天问》也。屈原放逐，忧心愁悴，彷徨山泽，经历陵陆，嗟号昊旻，仰天叹息。见楚有先王之庙及公卿祠堂，图画天地山川神灵，琦玮僪佹，及古贤圣怪物行事。周流罢倦，休息其下，仰见图画，因书其壁，呵而问之，以泄愤懑，舒泻愁思。楚人哀惜屈原，因共论述，故其文义不次序云尔。

原来在楚国的宗庙和神祠里，壁上往往绘有关于自然现象、神话传说和远古历史的大幅壁画，屈原见到这些壁画后，作了《天问》正是针对这些壁画所描写的神话传说来发问的。对王逸的这种说法，相信者有之，怀疑者亦有之。宋代朱熹的《楚辞集注》同意王逸的意见。洪兴祖的《楚辞补注》和王夫之的《楚辞通释》则不赞成王逸之说。王逸认为屈原流放中在先王之庙或公卿祠堂中看到壁画，因而把自己的问题写到墙壁上。所写不止一处，楚人把这些问题编辑在一起，"故其文义不次序云尔"。王夫之在《楚辞通释》卷三中说："按篇内事虽杂举，而自天地山川，次及人事，追述往古，终之以楚先，未尝无次序存焉。固原自所合缀成章者。逸谓书壁而问，非其实矣。"可见王夫之认为《天问》是屈原自己所作，并非他人编缀而成。清人林云铭在《楚辞灯》中也说："看来只是一气到底，次序甚明，未尝重复，亦未尝倒置，无疑可阙，亦无谬可辟，世岂有题壁之文能妥确不易若此者乎？"可见林氏也不同意王逸的说法。

但不管其产生的情况究竟是如何，《天问》全诗气势磅礴，视野开阔，通篇全用诘问口气，170多个问题问得参差错落，灵活多变，毫无呆板之气。它表达了屈原对传统思想的怀疑和探索真理的精神。正如鲁迅所指出的："怀疑自遂古之初，直至百物之琐末，为前人所不敢言。"[1]

---

① 鲁迅：《坟·摩罗诗力说》，《鲁迅全集》第一卷，人民文学出版社1981年版。

《天问》一诗的内容大体可分为三个方面:第一方面是探讨宇宙天地的,第二方面是探讨世间万物的,第三方面是探讨人类社会历史的。如探讨人类社会历史的内容,从女娲造人开始,一直问到尧、舜、禹、夏、商、周,以及春秋"五霸"的历史。林庚先生称《天问》是"一部兴亡史诗"。他说:

> 《天问》虽然不是叙事体而是问话体,但是它的内容实质,则正如史诗一般地集中在历史兴亡的故事上,而且这个集中的程度简直是可惊的。……《天问》的兴亡史是以夏、商、周三代为中心的,这三代历史的发问占了整整一百句,超过全诗一半以上的篇幅,它的兴亡感也就是全诗主题的焦点。①

林庚先生的这一见解是符合《天问》实际的。《天问》这篇诗表明屈原是一位知识极其渊博、眼界极为开阔的学者。他有卓越的见识、超群的智慧,也有反传统的勇气。因此,《天问》中提出的许多问题至今仍值得人们去钻研和探讨。

5. 屈原代表作《九歌》简介

《九歌》原是很古老的乐章之称,先秦典籍中不乏记载。《尚书·大禹谟》中有"劝之以《九歌》"的话。《山海经·大荒西经》有云:"开(启)上三嫔于天,得《九辩》与《九歌》以下。"《离骚》云:"启《九辩》与《九歌》兮,夏康娱以自纵。"又云:"奏《九歌》而舞《韶》兮,聊假日以偷乐。"可见《九歌》之名由来已久。这些典籍中提到的《九歌》与《楚辞》中的《九歌》不是一回事。屈原《楚辞》中的《九歌》是祭祀鬼神的乐曲,原是楚国民间的创作,是屈原根据楚国民间祭歌而创作的一组诗歌。这些《九歌》经过屈原重新创作或加工,就显得更美妙了。

所以对于《九歌》的产生和寓意,王逸《楚辞章句》卷二云:

> 《九歌》者,屈原之所作也。昔楚国南郢之邑,沅、湘之间,其俗信鬼而好祠,其祠,必作乐鼓舞,以乐诸神。屈原放逐,窜伏其域,怀忧苦毒,愁思怫郁。出见俗人祭祀之礼,歌舞之乐,其词鄙陋,因为作《九歌》之

---

① 林庚:《天问论笺》,人民文学出版社 1983 年版,第 6 页。

曲,上陈事神之敬,下以见己之冤结,托之以讽谏,故其文义不同,章句
杂错,而广异义焉。

王逸认为,《九歌》是诗人屈原在民间祭歌基础上进行再创作而成。但也有
的学者不同意王逸的见解,认为《九歌》是屈原为楚国宫廷祭祀而作。如孙
作云认为:"《九歌》是楚国国家祀典的乐章,与平民无关。"①即认为《九歌》
完全是屈原创作的诗歌,不是润饰民间祭歌而成。也有的学者认为《九歌》
产生于汉初,并非屈原的作品,但证据尚嫌不足。

《九歌》中包括十一篇诗歌,可能是演唱时其乐曲和舞蹈与古代乐章《九
歌》有关,因此也称《九歌》。"九"在古代典籍中表示多,并非确切的数量
词。《九歌》中的十一篇诗歌篇名依次是:《东皇太一》《云中君》《湘君》《湘
夫人》《大司命》《少司命》《东君》《河伯》《山鬼》《国殇》《礼魂》。

《东皇太一》是祭祀天上最尊贵的大神——太一神的。《汉书·郊祀志》
说:"天神贵者太一,太一佐曰五帝。古者天子以春秋祭太一东南郊。"这篇
祭歌中没有涉及太一的形象,与其他祭神之歌不同。

《云中君》祭祀的是雷神,即丰隆。《水经注·河水》:"丰隆,雷公也。"
诗中有"与日月兮齐光""灵连蜷兮既留,烂昭昭兮未央""猋远举兮云中",
都是电闪雷鸣的形象。王逸说是祭云神,与诗的内容不符。

《湘君》《湘夫人》两篇祭祀的是湘水之神。湘君和湘夫人是一对配偶
神,两诗描写了男神湘君和女神湘夫人的恋情及其恋爱受阻的情景。

《大司命》和《少司命》都是祭祀司命之神的。大司命为主宰人们寿命之
神,而少司命是主宰人之子嗣及儿童寿夭的神。祭祀时以男巫扮大司命,以
女巫扮少司命,边歌边舞以娱神。《少司命》中描写了一位身佩长剑、手抱幼
童的美丽女神,形象楚楚动人。

《东君》是祭祀太阳神的。因太阳每日从东方升起,故称太阳神为东君。
全篇从日出写到日落,场景壮观,令人神往。

《河伯》祭祀的是黄河之神。《抱朴子·释鬼》云:"冯夷以八月上庚日
渡河溺死,天帝署为河伯。"故黄河之神即指冯夷。诗中以男巫扮河伯,以女

---

① 孙作云:《九歌非民歌说》,《孙作云文集》之《楚辞研究》上,第286页,河南大学出版社2003
年版。

巫迎神。开始为女巫所唱,请河伯出来共同娱乐。自"乘白鼋兮逐文鱼"以下为男巫扮演的河伯所唱,是《九歌》中较短的诗。

《山鬼》为祭祀山神之歌。郭沫若《屈原赋今译》根据诗中"采兰秀兮于山间"之句,认为"於山"即巫山。因此楚人所祭的山鬼就是巫山神女。[1] 诗中以女巫扮山鬼,以男巫迎神。开头四句为男巫所唱,自"乘赤豹兮从文狸"以下六句为女巫所扮的山鬼所唱,"表独立兮山之上"以下六句仍为男巫所唱,最后十一句又为山鬼所唱。

《国殇》祭祀的是为国牺牲的将士。这篇诗生动地刻画出将士们勇武不屈、视死如归的英雄气概,可以说是楚国人民为勇士们所唱的一首悲壮的挽歌。全诗如下:

> 操吴戈兮被犀甲,车错毂兮短兵接。旌蔽日兮敌若云,矢交坠兮士争先。凌余阵兮躐余行,左骖殪兮右刃伤。霾两轮兮絷四马,援玉枹兮击鸣鼓。天时怼兮威灵怒,严杀尽兮弃原野。出不入兮往不反,平原忽兮路超远。带长剑兮挟秦弓,首身离兮心不惩。诚既勇兮又以武,终刚强兮不可凌。身既死兮神以灵,子魂魄兮为鬼雄。

有的学者认为《国殇》是祭祀战神的诗歌。理由是《九歌》中的其他各篇都是祭祀鬼神的,《国殇》也不应例外。楚国又是一个尚武的国家,在遍祭群神时,不应丢下战神不祭。从诗中具体描述和篇名看,这篇诗主要还是祭祀为国家英勇捐躯者。祭祀这些勇士也是崇拜战神的一种表示。

最后的《礼魂》相当于祭祀诗歌的"乱辞",只有五句,是祭祀完毕的送神之曲。

6. 屈原楚辞代表作《九章》举例赏析

屈原楚辞《九章》包括《惜诵》《涉江》《哀郢》《抽思》《怀沙》《思美人》《惜往日》《橘颂》《悲回风》篇。

对于《九章》的产生和寓意,宋儒朱熹说:

> 《九章》者,屈原之所作也。屈原既放,思君念国,随事感触,辄形于

---

① 郭沫若:《屈原赋今译》,见《郭沫若全集·文学编》第5卷,第275页注27。

声。后人辑之,得其九章,合为一卷,非必出于一时之言也①。

朱熹之说大体可信。由于是后人编辑,难免混入他人作品。《惜往日》《悲回风》两篇即不属屈原之作,前面已有分辨。陈子展先生曾研究过《九章》各篇的创作时代,认为《橘颂》最早,其次是《惜诵》《思美人》《抽思》,以上四篇作于怀王时期。《涉江》《哀郢》《怀沙》三篇作于顷襄王时,《怀沙》是屈原的绝命诗。②

《橘颂》是《九歌》中别具特色的一篇诗。这篇诗是屈原早年的作品,全篇共三十六句,其中有八句加后面的"兮"字每句 5 字,其余二十八句每句 4 字,全诗共 152 字,是标准的四言诗。全诗如下:

> 后皇嘉树,橘徕服兮。受命不迁,生南国兮。深固难徙,更壹志兮。绿叶素荣,纷其可喜兮。曾枝剡棘,圆果抟兮。青黄杂糅,文章烂兮。精色内白,类任道兮。纷缊宜修,姱而不丑兮。嗟尔幼志,有以异兮。独立不迁,岂不可喜兮?深固难徙,廓其无求兮。苏世独立,横而不流兮。闭心自慎,终不失过兮。秉德无私,参天地兮!愿岁并谢,与长友兮。淑离不淫,梗其有理兮!年岁虽少,可师长兮。行比伯夷,置以为像兮!

屈原一往情深地歌颂橘,赞美橘树和橘子的高贵品质,表明要以橘为榜样,以橘的种种高贵品德来激励自己。橘树"受命不迁","深固难徙",比喻坚定的信念和矢志不渝的决心;"青黄杂糅,文章烂兮,精色内白,类任道兮",比喻橘子既有美丽的外表,又有良好的内心修养,足以担当重任;"嗟尔幼志,有以异兮",比喻少年就有远大抱负,卓尔不群;"苏世独立,横而不流兮",比喻理想的远大,不肯与邪恶势力同流合污;"秉德无私,参天地兮",比喻人格的伟大,可以顶天立地。其实,橘的种种美德也正是屈原自身所追求的品德。"年岁虽少,可师长兮,行比伯夷,置以为像兮",正表明作者为什么要作

---

① 朱熹:《楚辞集注》卷四,上海古籍出版社 1979 年版,第 73 页。
② 陈子展:《楚辞九章之全面观察及其篇义分析》,《古典文学论丛》,上海人民出版社 1980 年版,第 13 页。

《橘颂》,为什么要对橘加以赞美。

《涉江》在《九章》中也是比较重要而且很有特色的诗篇。《九章》中的诗多数都用现实主义手法来描述作者在流放中的见闻、遭遇和感受。而《涉江》篇却颇富浪漫主义色彩:

> 余幼好此奇服兮,年既老而不衰。带长铗之陆离兮,冠切云之崔嵬,被明月兮佩宝璐。世溷浊而莫余知兮,吾方高驰而不顾。驾青虬兮骖白螭,吾与重华游兮瑶之圃。登昆仑兮食玉英,与天地兮比寿,与日月兮齐光。
>
> 哀南夷之莫吾知兮,旦余济乎江湘。乘鄂渚而反顾兮,欸秋冬之绪风。步余马兮山皋,邸余车兮方林。乘舲船余上沅兮,齐吴榜以击汰。船容与而不进兮,淹回水而凝滞。朝发枉渚兮,夕宿辰阳。苟余心之端直兮,虽僻远其何伤。
>
> 入溆浦余僤徊兮,迷不知吾所如。深林杳以冥冥兮,乃猿狖之所居;山峻高而蔽日兮,下幽晦以多雨。霰雪纷其无垠兮,云霏霏而承宇。哀吾生之无乐兮,幽独处乎山中。吾不能变心而从俗兮,固将愁苦而终穷。接舆髡首兮,桑扈裸行。忠不必用兮,贤不必以。伍子逢殃兮,比干菹醢。与前世而皆然兮,吾又何怨乎今之人!余将董道而不豫兮,固将重昏而终身。
>
> 乱曰:鸾鸟凤凰,日以远兮!燕雀乌鹊,巢堂坛兮。露申辛夷,死林薄兮!腥臊并御,芳不得薄兮。阴阳易位,时不当兮。怀信侘傺,忽乎吾将行兮!

这篇诗的第一段以奇服、长剑、危冠、宝璐等独特的服饰比喻自己的特立独行,以驾龙车、游瑶圃、登昆仑、食玉英等瑰丽的想象表明自己高洁的志向。他在现实生活中不被世俗所容,可是他的品德和才能却可以与天地比寿,与日月争光。这种浪漫主义笔法一开始就把读者引入奇特的境界。在第二段里,作者又从幻想的浪漫境界回到现实社会,叙述他的流放生活,记录他漂泊的踪迹。第三段写流亡的遭遇和沿途的景色。因水路曲折回转,诗人迷失方向,时值秋冬之际,林深杳冥,山高蔽日,雨雪交加,诗人在山中独处徘徊,内心悲愤而忧伤。但诗人想到古往今来,那么多仁人志士都遭受打击迫害,甚至死于非命,因而自己有这样的遭遇也就不足为奇了。最后在"乱辞"中诗人指出朝廷昏暗,奸邪当道,忠良之士遭到排挤,诗人只能在这流亡的路上继续前行。

《哀郢》记述顷襄王二十一年(前278年)楚国郢都被秦将白起攻陷,顷襄王带领群臣百姓东迁于陈的悲惨情景。当时诗人已在江南过了九年流浪生活,他得知这一消息后,大为震惊,想象了楚国君臣百姓背井离乡时恋恋不舍、时时回头张望故都的凄凉景象。诗人想到,国都沦陷,楚国人民遭受苦难,自己再也无法回到故乡,他悲痛已极,不久就投江自尽了。

(二)宋玉及其楚辞作品简介

屈原以后,楚国有宋玉、唐勒、景差等人继起创作《楚辞》,"然皆祖屈原之从容辞令,终莫敢直谏"①。

1. 宋玉的楚辞作品概括

关于宋玉的生平,已见前文,此处从略。宋玉是屈原之后最有影响的楚辞作家。宋玉的作品是战国时代楚辞的晚霞,同时也开汉赋之先河。

宋玉的作品,有《九辩》《招魂》《高唐赋》《神女赋》《登徒子好色赋》《大言赋》《小言赋》《约赋》《笛赋》等篇,见于《楚辞》《文选》《古文苑》等书。在宋玉的这些作品中,有些可以划归到赋体文学中,只有《九辩》等少数作品可以算作是楚辞作品。

2. 宋玉楚辞《九辩》简介

宋玉所作的《九辩》,这篇长诗共255句,是其代表作品,也是一篇比较优秀的楚辞作品。《九辩》和《九歌》一样,原本为上古乐章之名,宋玉借以为诗篇之名。很可能这篇诗曾配以上古乐章演唱。王夫之《楚辞通释》云:"辩,犹遍也,一阕谓之一遍。"

《九辩》是一篇优秀的抒情长诗。王逸在《楚辞章句·九辩序》中说:"宋玉,屈原弟子也。闵惜其师忠而放逐,故作《九辩》以述其志。"但宋玉未必是屈原弟子,《九辩》也不纯为闵惜屈原之作,实际上有更多的自闵意味。

《九辩》描写一个失意文人在萧瑟秋风中触景生情,发泄怀才不遇的不平情绪,在一定程度上揭露了当时社会的黑暗,表达了作者"处穷而守高"的

---

① 《史记·屈原贾生列传》。

志向。作者很善于通过自然景物的描写来抒发情感。他用一连串凄凉悲哀的词句,细密地描绘秋天"萧瑟""沉寥""寂寥""寂寞"的情景,刻画出自己"憭栗""憯凄""怆恍""坎凛""廓落""惆怅""掩留"的哀怨感情。宋玉同情屈原的境遇,艺术技巧上学习屈原,但是他的作品只是用来抒写个人的哀伤,因此和屈原的创作相比,就差得远了。鲁迅评论《九辩》说:"虽驰神逞想,不如《离骚》,而凄怨之情,实为独绝。"①

今举《九辩》中的第一章为例说明之:

> 悲哉秋之为气也!萧瑟兮草木摇落而变衰。憭栗兮若在远行;登山临水兮送将归。沆瀁兮天高而气清;寂寥兮收潦而水清。憯凄增欷兮薄寒之中人;怆恍懭悢兮去故而就新;坎凛兮贫士失职而志不平;廓落兮羁旅而无友生;惆怅兮而私自怜。燕翩翩其辞归兮,蝉寂漠而无声;雁雝雝而南游兮,鹍鸡啁哳而悲鸣。独申旦而不寐兮,哀蟋蟀之宵征。时亹亹而过中兮,蹇淹留而无成!

作者描绘了一幅凄凉壮观的悲秋图。秋风萧瑟,草木摇落,天高水清,一片肃杀之气。一介落魄贫士登高远眺,不禁惆怅而自怜。自然界的昆虫与飞鸟也都参与了悲秋大合唱,更增添了萧瑟肃杀之气。

《九辩》可以明显看出受到屈原作品的影响。诗中的许多语句套用或模仿屈原的诗赋,甚至在诗的结构上也有借鉴屈原作品的痕迹。但《九辩》是有独创性的。特别是以自然景物衬托情感,创造出情景交融的境界,大大地提高了诗的感染力,标志中国诗歌艺术发展到了新的阶段。

三、史传著作的文学色彩

中国历史源远流长,中国古代的史学著作也汗牛充栋,卷帙浩繁。史官文化在中国古代文化中占有极其重要的地位。古代文史不分,尤其是文学和历史的早期时代——先秦时期,许多优秀的史学著作都有很高的文学价值,因而也是优秀的文学作品。这从战国时代的史传著作来看尤其是这样。战国时代最有代表性的史传文学作品是《左传》《国语》和《战国策》。

---

① 鲁迅:《汉文学史纲要》,第四篇《屈原及宋玉》,上海古籍出版社 2005 年版。

(一)《左传》的文学艺术成就

1.《左传》及其思想倾向

《左传》是一部史学名著和文学名著,是我国现存最早的、第一部叙事详细的编年体史书。它起自鲁隐公元年(前 722 年),迄于鲁哀公二十七年(前 468 年),以《春秋》为本,基本与《春秋》重合,还有个别战国初年的史料。它通过记述春秋时期的具体史实来说明《春秋》的纲目,是儒家重要经典之一。

与《春秋》一样,《左传》不只是对历史事件做客观的罗列,而且还表达了对历史事件的认识和理解,并站在儒家立场上总结历史的经验教训,做出对历史事件和历史人物的道德伦理评价,为人们提供历史的借鉴。《左传》维护周礼,尊礼尚德,以礼之规范评判人物。同时,作者以敏锐的历史眼光,记述了周王室的衰落和诸侯的争霸,公室的卑弱和大夫兼并,表现了新旧政治势力的消长,揭示了社会变革的趋势。书中还揭露了暴虐昏庸、贪婪荒淫之辈,肯定赞扬了忠良正直之士,尤其是重民、以民为本的思想,更反映了《左传》进步的历史观。在《左传》作者看来,有德才能为天所佑;得民或失民,被有识之士当作取国或灭国的重要条件;在人与神的关系上,人的地位提高了;在君与民的关系中,民的地位提高了。

2.《左传》的成书年代

西汉时称之为《左氏春秋》,东汉以后改称《春秋左氏传》,或《春秋古文》,简称《左传》。它与《公羊传》《穀梁传》合称"春秋三传"。《左传》的内容所表现的虽然是春秋时期的政治、社会和历史,但它却是一部产生于战国初年的伟大的史学著作。今人一般认为此书大约成书于战国早期,最后编定者是一位儒家学者。

关于《左传》的作者,从古至今都是未解之谜。旧时相传是春秋末年左丘明为解释孔子的《春秋》而作。如汉代史学家司马迁、班固等人都认为《左传》是左丘明所写。司马迁《史记·十二诸侯年表》说:"鲁君子左丘明惧弟子人人异端,各安其意,失其真,故因孔子史记具论其语,成左氏春秋。"

唐朝的赵匡首先怀疑《左传》是左丘明所作。此后,有许多学者也持怀疑态度。叶梦得认为作者为战国时人;郑樵《六经奥论》认为是战国时的楚人;朱熹认为是楚左史倚相之后;项安世认为是魏人所作;程端学认为是伪书。清朝的纪昀在《四库全书总目》中却仍然认为是左丘明所著。清末康有为断言它是西汉末刘歆伪造。但在刘歆以前《左传》已被许多人抄撮或征引过,故康氏之说也难成立。今人童书业则认为是吴起所作,赵光贤认为是战国时鲁国人左氏所作。当代学者多认为是战国初年人所作。据杨伯峻考证,大约作于公元前403至前386年之间。[①]

3.《左传》的春秋笔法和叙事艺术

《左传》一书是战国初期的著作,它不同于专门解释《春秋》的《公羊传》和《穀梁传》,是中国第一部叙事生动而具有真实性的编年史。它的取材范围包括了王室档案、鲁史策书、诸侯国史等。记事基本以《春秋》鲁十二公为次序,内容包括诸侯国之间的聘问、会盟、征伐、婚丧、篡弑等。

《左传》以《春秋》的记事为纲,增加了大量的历史事实和传说,叙述了丰富多彩的历史事件,描写了形形色色的历史人物。把《春秋》中的简短记事,发展成为完整的叙事散文。《春秋》有所谓一字褒贬的"春秋笔法"。《左传》不满足于《春秋》那种对历史史实做简单陈述的史笔笔法,而是发展了《春秋》笔法,即不再以事件的简略排比或个别字的褒贬来体现作者的思想倾向,而主要是通过对事件过程的生动叙述,人物言行举止的展开描写,来体现其道德评价。

《左传》展示了那个动荡历史年代的全部过程,展示了各种历史人物在各种事件中的各种表现,创造了在生动记叙史事的基础上显示各种人物形象、心态,表达作者观点立场的方法。作者重视对事件的完整把握,对事件的发生、发展和结局有时能给予集中叙述,突破了编年体的界限,使事件的记叙有了记事本末的因素。

同时,《左传》记叙历史事件时不是平铺直叙,毫无选择,而是抓住事件中的重要环节着力描写,使所叙之事具有很强的故事性和戏剧性。如"赵盾弑君"事件是由情节异常紧张、变化莫测的小故事串联而成,使所叙之事既有历史的真实,又有传奇的色彩。

作为编年史,《左传》的情节结构主要是按时间顺序交代事件发生、发展和结果的全过程。但倒叙与预叙手法的运用,也是其叙事的重要特色。倒

---

① 杨伯峻:《左传成书年代论述》,《文史》第六辑,中华书局1979年版;《〈左传〉成书年代论述》,《杨伯峻学术论文集》,岳麓书社1984年版,第225页;胡念贻:《〈左传〉的真伪和写作时代问题考辨》,《文史》第十一辑,中华书局1981年版。

叙就是在叙事过程中回顾事件的起因,或交代与事件有关的背景等。如"宣公三年"先记载了郑穆公兰之死,然后再回顾了他的出生和命名;其母梦见天使与之兰,怀孕而生穆公,故名之兰。《左传》中还有插叙和补叙,性质作用与倒叙类似。这些叙述,常用一个"初"字领起。预叙即预先叙出将要发生的事,或预见事件的结果,如秦晋崤之战中蹇叔在秦出师伐郑时,已预知了必然失败的结果:"吾见师之出而不见其入也。"①秦师经过周都洛阳北门,王孙满又预言:"秦师轻而无礼,必败。"②《左传》以第三人称作为叙事角度,作者以旁观者的立场叙述事件,发表评论,视角广阔灵活,几乎不受任何限制。个别段落中,作者也从事件中人物的角度,来叙述正在发生的事件及场景。如写鄢陵之战"楚子登巢车以望晋师"中阵地的情况,完全是通过楚子和伯州犁的对话展示出来的。③

　　《左传》叙事,往往很注重完整地叙述事件的过程和因果关系,战争的叙述尤为精彩。非常善于战争描写,是《左传》叙事一个重要特点。描写战争不只是简单地写军事斗争,而是把它与政治经济外交联系起来写,并且能够抓住每次战争的特点写得千姿百态,绝少雷同。《左传》一书,记录了大大小小400多次战争,城濮之战、崤之战、邲之战、鄢之战、鄢陵之战等大战的描述历来被人们赞不绝口,战事的酝酿、起因,战前军事、外交的谋略,兵马的调遣、战时激烈的搏杀,战局的变化,双方的进退,战后胜负的结局,各方面的反应,人事的处理等,都表现得迂徐有致、笔力纵横。不计其数的小战役也写得各具特色,精彩生动。而且,对这些战争的描写,每次着眼点不同,特点也不同,如晋楚城濮之战侧重写获胜方,秦晋崤之战、齐晋鄢之战则侧重写失败方。常结合政治、外交、人事等,揭示战争胜负的原因。有的侧重于描写战斗过程,细节描绘生动逼真;有的侧重于阐述理论,规律总结合情合理。一般说来,《左传》写战争,不局限于对交战过程的记叙,而是深入揭示战争起因、酝酿过程及其后果。也就是说,不仅以委曲尽致的笔调来描写复杂的战争事件和场面,而且能够写出战争的性质和成败关键。

　　如僖公二十八年写城濮之战,对大战爆发的背景和直接起因都有交代,

---

① 《左传·僖公三十二年》。
② 《左传·僖公三十三年》。
③ 《左传·成公十六年》。

而在行文中，又不断展示晋胜楚败的原因：晋文公伐怨报德，整饬军纪，遵守诺言，倾听臣下意见，上下齐心协力。而楚方则是君臣意见分歧，主帅子玉恃兵而骄，一意孤行，盲目进逼晋师。城濮之战的结果也写得很全面，不仅写了晋师大胜，晋文公确立霸主地位，而且还写了战争的余波：楚子玉战败羞愧自杀，晋文公闻之大喜，回国后赏功罚罪，对这次战役进行总结，然后以君子之言，赞扬晋文公的霸业。至此，叙述圆满结束。

《左传》在叙述复杂的战争过程中，有大量的细节描写。作为历史著作，这些描写内容完全可以不写或略写，但《左传》却大量地描写了这些琐事细节，它们在叙事生动和人物刻画方面具有文学意义，如"宣公二年"的宋郑大棘之战，其中狂狡倒戟出郑人，华元食士忘其御羊斟，华元逃归后与羊斟的对话，城者之讴等，都非这次战争的重要事件，但如果只写宋郑战于大棘，宋师败绩，郑人获华元，华元逃归，则必然使叙事枯燥无味，毫无文学性可言。正是这些次要事件中的细节描写，才增加了叙事的生动传神。又如"宣公四年"记郑公子归生弑其君这一重大历史事件，写了公子宋食指大动，郑灵公食大夫鼋不与公子宋，公子宋怒而染指于鼎等细节，整个事变由食无鼋这件小事引起，而公子宋的贪馋好怒，公子归生的迟疑懦弱、郑灵公的昏庸可笑都在生活细节的描写中表现了出来。再如"哀公十六年"记楚国白公之乱这一政治事件，最后写叶公子高平叛，没有着重写叶公的重大军政措施，而就叶公是否该戴头盔这一细节反复渲染：

> 叶公亦至，及北门，或遇之，曰："君胡不胄？国人望君如望慈父母焉，盗贼之矢若伤君，是绝民望也，若之何不胄？"乃胄而进。又遇一人曰："君胡胄？国人望君如望岁焉，日日以几，若见君面，是得艾也。民知不死，其亦夫有奋心，犹将旌君以徇于国，而又掩面以绝民望，不亦甚乎？"乃免胄而进。

突出国人对叶公的爱戴和叶公急于争取国人的心理。叶公平叛之所以成功，他的可贵之处，都在叶公免胄的细节中表现出来。

《左传》还创立了一种新形式，即在叙事中或叙事结束后直接引入议论，以"君子曰""君子是以知""孔子曰"等来对事件或人物做出道德伦理评价。这种形式，更鲜明地表现出作者的立场和感情，增强了叙事的感情色彩。

《左传》确为先秦散文"叙事之最",标志着我国叙事散文的成熟。

总的来说,《左传》的叙事艺术特点是,叙事简明,有条不紊,富有故事性、戏剧性,富有错综复杂、紧张动人的故事情节。《左传》叙事总是抓住故事的重要环节或有典型意义的部分来着重地叙述或描写,而不是毫无选择,平铺直叙。精心选择和组织材料,选取重大历史事件,而不乏细节描写。它的叙事方法不拘一格,多种多样,有正叙,有顺叙、倒叙、插叙、追叙、补叙、陪叙、带叙、明叙、暗叙等多种手法,又有直接记叙,间接记叙;正面描写,侧面描写;明写、暗写、详写、略写等。"离合变化,奇正相生,如孙吴用兵,扁仓用药,神妙不测"①。编年纪事,一事或经数年数十年,前有交代,后有结果。大故事套小故事小细节,显得生动。特别是一些内容复杂的事件,好像广厦千万间,各成片段,而又四通八达,互有关联。它善于叙事,精于选裁。它叙述复杂的历史事件时真实生动,委婉周详,有条不紊。有伏线,有照应,重点突出,富有故事性。

《左传》是中国第一部叙事详细的编年体史书,也是中国第一部叙事文学鸿篇巨制。唐代史家刘知幾曾竭力称赞《左传》的叙事文,认为是"古今卓绝"②,为"述者之冠冕"③。

4.《左传》的文学成就

作为编年史,《左传》本是一部历史著作,却在文学史上占据重要位置,主要是因为它从文学角度看有着显著特点,作为史传文学的代表,它达到了很高的文学艺术水平。西晋时注解《左传》的杜预早就有评价:"左氏之传,史之极也,文采若云月,高深若山海。"

首先,《左传》生动地展示了春秋时期五彩缤纷的历史画卷。晋人范宁《穀梁传集解自序》中也说:"《左传》艳而富",其"艳而富"的特点具体表现在多个方面。《左传》一书,丰富多彩。其主要内容是记载春秋列国政治、外交、军事等方面的活动及言论。另外,关于天文、鬼神、灾祥、占卜等方面,也有记载。它不仅记载各国君位的嬗变、执政者的谋权夺势、政客的宦海升沉、贵族内部的倾轧火并、诸侯国之间的欺诈侵掠、辽阔战场千军万马的厮

---

① 章学诚:《文史通义》。
② 《史通·杂说上》。
③ 《史通·六家》。

杀格斗、阴暗一隅数人的密谋策划，各种各样的矛盾、大大小小的动乱、五花八门的变故，无不网罗其中；而且作者采集了大量的历史传说、民间故事，甚至于还有风俗遗闻、童谣民歌。这些材料通过细心的组织编排，极大地丰富了《左传》的内容。《左传》广采博取各种文字的、口头的资料进行编撰，从现代编年史的标准看，显得芜杂，说明历史科学尚在草创之中。然而正是这一特点，才更体现了中国史传文学的特点。

其次，《左传》善于对庞杂的资料进行取舍与剪裁，全书所载历史前略而后详，后期更详于襄公与昭公，二公在位共 63 年，不足全书的三分之一，而篇幅却近于全书的一半。就各国诸侯来说，也各有侧重，晋国最详，所记占全书的四分之一，晋国之事中又突出重点，详细记载晋文公的霸业兴衰。记载较略之国，其事也不平均使用笔墨，如记郑国的文字约 15000 字，多集中在郑庄公、子产身上。而子产为相执政一事就占了很大的篇幅。凡是能生动体现国家治乱、兴亡，能形象地显示社会各种代表人物特征的事情，则"纤芥无遗"，反之则"丘山是弃"。《左传》有自己的详略标准，它深刻、形象、生动地反映了当时的社会生活。

第三，《左传》成功地塑造了一大批形象鲜明个性突出的历史人物。这些人物包括了春秋时代社会各阶级、阶层的成员，有天子、诸侯、卿士、大夫、乱臣、贼子、卜祝、师史、学者、说客、良医、商贾、倡优，也有宰竖、役人、盗贼、侠勇，以及各种女性等等，形形色色，多彩多姿。据不完全统计，在一千四百人左右。这些众多的人物形象不论其地位贵贱、职务高低，其中约有三分之一的人物有较详细的事迹记录或鲜明的形象描绘，几乎都是以异常鲜明的面目出现，或善良、或正直、或阴险、或邪恶，如明镜照物，妍媸毕露。对这些历史人物形象的描写，手法也多姿多彩，形象生动。有直接描写，如服饰、动作、神情和心理；有对比反衬，以见性格差异、识见高低。如《郑伯克段于鄢》，通过对郑庄公兄弟母子间矛盾斗争发展过程的入微刻画，表现了郑庄公阴险虚伪的丑恶面目。后有作者自己评论，借助于"君子曰"或他人之口。评语简练，画龙点睛。

正是因为它成功地塑造了大批人物形象，所以整部《左传》，犹如一幅人物层现迭出的彩画长卷，展示了风云变幻的春秋时代的社会历史面貌。

第四，《左传》的另一个重要特点，是它的语言十分优美，运笔灵活，变化万千，含蓄简括，却又含义丰富。《左传》的语言，是为历代文人学者所推崇的典范。从唐宋至明清，刘知幾、陈骙、苏轼、刘熙载、冯李骅等人都有过许多精当的评论。比如刘知幾说："言近而旨远，辞浅而义深，虽发语已殚，而含意未尽，使读者望表而知里，扪毛而辨骨，睹一事于句中，反三隅于字外。"①苏轼说："意尽而言止者，天下之至言也。然而言止而意不尽，尤为极致。如《礼记》《左传》可见。"②刘熙载说："《左传》其言简而要，其事详而博。余谓百世史家类不出乎此法。烦而不整，俗而不典，书不实录，赏罚不中，文不胜质，史家谓之五难。评左氏者借是说以反观之，亦可知其众美兼擅矣。"③《左传》中大量辞令妙品，形成了这部古代历史散文巨著的一大艺术成就。

《左传》叙述语言简练含蕴，词约义丰。如宣公十二年晋楚邲之战中，写晋师溃败时的狼狈之状云："中军、下军争舟，舟中之指可掬也。"为争渡船逃命，先上船者以乱刀砍争攀船舷者手，落入船中的手指竟然"可掬"。简练的一句话，写尽晋师争先恐后、仓皇逃命的紧张混乱场面。同年冬天，楚国出师灭萧，将士"多寒"，于是"（楚）王巡三军，拊而勉之，三军之士皆如挟纩。"楚王劳军的体恤之语，温暖将士之心就如披上了棉衣。以一个贴切的比喻，形象生动地写出了楚王慰勉之殷，将士愉悦之情。"言近而旨远，辞浅而义深。虽发语已殚，而含意未尽，使夫读者望表而知里，扪毛而辨骨，睹一事于句中，反三隅于字外。"再如桓公十八年齐襄公使彭生杀鲁桓公，所使用的语言也是生动形象，含蓄幽默。

特别是在《左传》全文中，收录了不少外交官精彩的外交语言，含蓄而畅达，曲折而尽情，也为它增添了光彩，前人将《左传》这个特点称之为"行人辞令之美（行人：外交特使）"。辞令之美属于语言之美。在先秦古籍中，行人辞令尤为特色，温文尔雅，柔中有刚，从容委婉，意味深长，具有贵曲忌直的特点。《左传》中的外交辞令，十分讲究语言艺术，又有充分的理由和雄辩的逻辑力量，使文章具有强烈的感染力和说服力。

比如僖公三十年《烛之武退秦师》就是其中一篇代表作。在这个故事中，烛之武的说辞，是其中心部分。秦晋联合攻郑，烛之武作为郑使出说秦

① 《史通·叙事》。
② 《古今图书集成·经籍典》第二〇八卷引。
③ 《艺概·文概》。

伯。他着重对秦、晋、郑三国之间的利害关系做了具体的分析。先把郑国之存亡放在一边:"郑既知亡矣。"再叙述郑亡并无利于秦:"亡郑以陪邻,邻之厚,君之薄也。"然后归结到保存郑国于秦有益无害:"若舍郑以为东道主,行李之往来,共其乏困,君亦无所害。"最后还补叙昔日晋对秦之忘恩负义以加强说服力。说辞有意置郑国利害于不顾,而处处为秦国考虑,委婉而多姿,谨严而周密。因此,能打动秦穆公之心,使他不但退兵,还留秦将杞子等三人率军助郑守卫。晋人也只好退兵,郑国得以保全,充分显示了烛之武说辞的分量。烛之武从晋国对秦国的威胁上,用必然之理来劝说秦穆公。他分析了当时的政治形势,看出秦晋两国都争霸天下,秦穆公不会眼看着晋国吞并郑国,造成对自己的威胁。烛之武抓住秦穆公这个心理,机智巧妙说服其退师,"一人之辩,重于九鼎之宝;三寸之舌,强于百万之师"。烛之武这段说辞,含蓄而畅达,曲折而尽情,谦恭而有理,具有挽救郑国危亡、化干戈为玉帛的巨大效果。他的说辞不仅注意有理有利有节,而且更注意语言的逻辑力量、感染力量、说服力量。在游说秦穆公的过程中,毫无惧色,态度不卑不亢,措辞委婉得体,采用对比、设问、推理、援引事实、挑拨离间等手段,陈之以理,晓之以害,最终使其大悦而退军。全文不足三百字,却用简练的语言记载了一个复杂的历史事件。通过外交辞令,刻画了一个富有政治斗争经验而又擅长辞令的老臣形象。烛之武的分析有理有据,一层深入一层,条理层次十分清晰,且说理透彻,不愧是一篇辞令妙品。

《左传》中的记言文字,主要是行人应答和大夫辞令,包括出使他国专对之辞和向国君谏说之辞等。这类记言文字无不"文典而美","语博而奥",①简洁精练,委曲达意,婉而有致,栩栩如生。《左传》中的行人辞令、大夫谏说佳作甚多,如隐公三年石碏谏宠州吁,隐公五年臧僖伯谏观鱼,桓公二年臧哀伯谏纳郜鼎,桓公六年梁谏追楚师,僖公五年宫之奇谏假道,僖公十五年阴饴甥对秦伯,僖公二十六年展喜犒师,宣公三年王孙满对楚子,成公十三年吕相绝秦,襄公三十一年子产坏晋馆垣,等等。再如僖公四年齐伐楚盟于召陵中的双方对话,僖公三十二年、三十三年秦晋殽之战中的多处人物对话等,优美辞令随处可见。这些辞令,由于行人身份及对象的不同而风格各异,有的委婉谦恭,不卑不亢;有的词锋犀利,刚柔相济。这些辞令又因事因

---

① 《史通·申左》。

人不同而具有不同的个性特点,但都用辞典雅,渊懿美茂,生气勃勃。《左传》的辞令之美,"谅非经营草创,出自一时,琢磨润色,独成一手。"①大约当时的外交辞令已很讲究,史家记述时又加修饰,故而文采斐然。

作为春秋三传之一,《左传》以其独特题材、叙事方法、写人艺术和纯熟精美的语言,为后世史传文学、小说、诗歌、戏剧的创作提供了艺术借鉴,影响甚为深远。这本书不但有丰富的语言现象,记述春秋时人的对话,圆转曲折,极为活泼,以简约的语言描绘人物的动作细节和内心活动,刻画人物栩栩如生;而且善于以简洁的笔墨记述纷繁复杂的历史事件,特别是描写战争,都能绘影绘声,令人读了如同亲历其境。

(二)《国语》的文学价值

1.《国语》及其注疏版本

《国语》是中国最早的一部国别史著作汇编,以记述西周末年至春秋时期各国贵族言论为主,因其内容可与《左传》相参证,所以有《春秋外传》之称。全书共 21 卷,共收短文二百四十二章。其中包括《周语》3 卷,《鲁语》2 卷,《齐语》1 卷,《晋语》9 卷,《郑语》1 卷,《楚语》2 卷,《吴语》1 卷,《越语》2 卷八个部分,《晋语》最多。记录了周朝王室和鲁国、齐国、晋国、郑国、楚国、吴国、越国等诸侯国的历史。上起周穆王十二年(前 990 年)西征犬戎(约前 967 年),终于鲁悼公,下至智伯被灭(前 453 年)。

《国语》按照一定顺序分国排列,在内容上偏重于记述历史人物的言论。这是《国语》体例上最大的特点。

现存最早的注本,是三国时吴国韦昭的《国语解》(其原序中提及东汉以来各家注本均已散佚),有天圣明道本(宋明道二年取天圣七年印本重刊)和公序本(宋代宋庠《国语补音》本,庠字公序,故称)。其后有清代洪亮吉《国语韦昭注疏》、汪远孙《国语校注本三种》、董增龄《国语正义》及近人徐元诰《国语集解》。

2.《国语》的成书年代

关于《国语》的作者是谁,自古至今学界多有争论,现在还没有形成定

---

① 《史通·申左》。

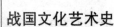

论。旧传春秋时左丘明撰,司马迁最早提到《国语》的作者是左丘明①,其后班固、刘知幾等都认为是左丘明所著,还把《国语》称为《春秋外传》或《左氏外传》。但是在晋朝以后,许多学者都怀疑《国语》不是左丘明所著。直到现在,学界仍然争论不休,一般都否认左丘明是《国语》的作者,但是缺少确凿的证据。

至于《国语》的具体成书年代,现在也已不能确考。近代以来的学界研究认为,该书大致成书在战国初年,但各篇先后有所不同。比如《国语》的《吴语》(九章)和《越语》(九章)可能是略晚些被收入的内容。学术界根据这两部分所记之事的下限,都止于晋三家灭智伯(前453年),认为《国语》的成书年代应与《左传》相近,大致在战国初的几十年间。

现在一般的看法是,《国语》是战国初期一些熟悉各国历史的人,根据当时周朝王室和各诸侯国的史料,经过整理加工汇编而成。

也就是说,《国语》虽然反映的是西周、春秋时期的历史,但它是一部战国时期的史学著作。近年来,学者的进一步研究表明,《国语》是战国时代中期的史学著作,②它可能出自战国时期赵国史官之手。③

3.《国语》思想内容简介

《国语》记录了春秋时期的经济、财政、军事、兵法、外交、教育、法律、婚姻等各种内容。《国语》的思想比较驳杂,是研究先秦时期的历史文化和社会思想非常重要的资料。

各国“语”在全书所占比例不一,每一国记述事迹各有侧重。《周语》对东西周的历史都有记录,侧重论政记言。《鲁语》记春秋时期鲁国之事,但不是完整的鲁国历史,很少记录重大历史事件,主要是针对一些小故事发议论。《齐语》记齐桓公称霸之事,主要记管仲和桓公的论政之语。《晋语》篇幅最长,共有九卷,对晋国历史记录较为全面、具体,叙事成分较多,特别侧重于记述晋文公的事迹。《郑语》则主要记史伯论天下兴衰的言论。《楚语》主要记楚灵王、昭王时期的事迹,也较少记重要历史事件。《吴语》独记夫差伐越和吴之灭亡,《越语》则仅记勾践灭吴之事。由于原始史料的来源不同,

---

① 左丘失明,厥有《国语》。
② 王晖:《从数词组合方式的演变看先秦古籍的断代问题》,《唐都学刊》1996年第4期。
③ 沈长云:《赵文化研究》,河北人民出版社2006年版。

《国语》本身的文风不很统一,诚如崔述所说:"周鲁多平衍,晋楚多尖颖,吴越多恣放。"①

因为《国语》所记国别不一,所以表现出来的思想也随所记之人、所记之言各异。比如《鲁语》记孔子语则含有儒家思想;《齐语》记管仲语则谈霸术;《越语》写范蠡尚阴柔、持盈定倾、功成身退,带有道家色彩。

《国语》与《左传》《史记》不同,作者不加"君子曰"或"太史公曰"一类评语。所以作者的主张并不明显,比较客观。

总的来说,《国语》在内容上有很强的伦理倾向,弘扬德的精神,尊崇礼的规范,认为"礼"是治国之本。而且非常突出忠君思想。《国语》的政治观比较进步,反对专制和腐败,重视民意,重视人才,具有浓重的民本思想。也就是说,《国语》史料表现的思想主要集中于礼治、民本、忠恕等儒家思想,这使得《国语》具有整体性。

《国语》中主要反映了儒家崇礼重民等观念。西周以来的敬天保民思想在书中得到了继承。虽然《国语》许多地方都强调天命,遇事求神问卜,但在神与人的关系上,已是人神并重,由对天命的崇拜,转向对人事的重视。因而重视人民的地位和作用,以民心的向背为施政的依据。如《鲁语上》鲁太史里革评晋人弑其君厉公时,认为暴君之被逐被杀是罪有应得,咎由自取,臣民的反抗行为无可厚非。又如《周语上》邵公谏厉王弭谤中,邵公主张治民应"宣之使言",从人民的言论中考察国家的兴衰、政治的得失,国君只有体察民情,行民之所善,去民之所恶,增加人民的财富衣食,国家才能长治久安。

4.《国语》的文学价值所在

就文学价值说,毋庸讳言,《国语》虽然既没有《左传》所具有的平实严谨、言简意赅、透曲叙事的突出优点;也没有《战国策》那种纵横捭阖、妙趣横生、设喻言理的高明技巧;在刻画人物上,更不能和《史记》相提并论。但是应当承认,它仍然不乏生动的篇章。又如"师轻而骄,轻则寡谋,骄则无礼,无礼则脱。寡谋自陷,入险而脱,能无败乎"这样逻辑严密的推理、判断;"夫民之大事在农,上帝之粢盛于是乎出,民之蕃庶于是乎生,事之供给于是乎在,和协辑睦于是乎兴,财用蕃殖于是乎始,敦庞纯固于是乎成"这样用词准

---

① 《洙泗考信录·余录》。

确的排比,并非仅见。《国语》比《尚书》《春秋》等历史散文还有所发展和提高,在我国散文发展史上,还是占有一席之地的。

《国语》在叙事、写人,尤其是说理方面,都有自己的特点。首尾简明叙事,中间详细说理,形成《国语》文章的模式,个别趣谈比《左传》更精彩。极少篇章叙事详细,是《国语》文章的变例。从文学角度看,《国语》是先秦历史散文集,如同文选汇编。因形式上各个独立,互不相属,故而在语言运用和叙述方式上,没有做整体分析研究的必要。每一篇散文都有自己的表现手法和艺术特色,却同样表现其审美价值。

其一,《国语》的叙事风格极为独特。《国语》长于记言,但其叙事是记言的基础平台,形成一定的框架。

《国语》按国别编排,国别内部选择各历史阶段的重大事件,构成叙事系列,类似后世的纪事本末体。纪事本末体打破原著体例,按事件重新组合,没有重新创作的自由。《国语》保持《左传》的原意而不遵从原文,详略有无互补,多在人物语言方面做文章,叙事和写人相应集中。有些作品分而为章,合而为篇,《齐语》《晋语》数卷和《越语下》都是如此。

《国语》单章叙事记言的基本模式:首尾叙事,中间记言;叙事简练,记言详细。这一模式以叙事为框架,以记言为主体,在《国语》中占据大多数,居于主导地位。

在叙事方面,亦时有缜密、生动之笔。如《晋语》记优施唆使骊姬谗害申生,《吴语》和《越语》记载吴越两国斗争始末,多为《左传》所不载,文章波澜起伏,为历代传诵之名篇。又《晋语》记董叔将娶于范氏,似绝妙的讽刺小品。

《吴语》和《越语》是《国语》叙事的特例,虽然也重视记言,但叙事详细生动,代表着《国语》叙事的最高水平。三卷都写吴、越之争,叙述角度和主题不同。《吴语》写吴越之争和吴齐、吴晋之争,反映吴王夫差的骄奢拒谏,穷兵黩武,刚愎自用,表现夫差的亡国之道,同时刻画了吴国大忠臣伍子胥的形象。末章以大量篇幅叙述越王勾践的战前准备,对《越语》有所补充。《越语》只写吴越之争,反映越王勾践忍辱负重,安抚百姓,励精图治,报仇雪耻,表现勾践的复国之道。《越语上》全卷为一篇,叙述越王勾践灭吴复仇的故事。以王勾践为叙述主体,其次写越大夫文种的事迹。《越语下》以大夫越范蠡为叙述主体,表现范蠡的深谋远虑,功成身退。

《国语》虽然记言多于记事,但《国语》没有单纯的议论文或语录,有一系列大小故事穿插其中,因此表现出叙事技巧和情节构思上的特点,有时也能写出鲜明生动的人物形象。总的说来,《国语》也有对历史事件因果关系的叙述,但不及《左传》普遍、完整。《国语》中许多事件的前因后果及经过都是一笔带过,而把重点放在大段的议论文字上。但《国语》也有情节生动曲折,极富戏剧性的叙事,如重耳流亡到齐国后,安于寄人篱下的生活,其妻姜氏及从亡之臣子犯将其灌醉载之而行,①《左传》只写到重耳桓,"以戈逐子犯",《国语》中还写了重耳子犯相骂的对话,幽默有趣,写出了重耳流亡集团的内部冲突。对晋献公诸子争位的叙述,展示了春秋时期一场复杂政治斗争的生动画卷,描绘出一系列生动的人物形象,反映了《国语》叙事的成就。

柳宗元《非国语》云:"尝读《国语》,病其文胜而言庞,好诡以反伦","务富文采,不顾事实。"这些批评从史学的角度来看不无道理,但从文学的角度看,却正是其价值之所在。对具体情节做文学的加工润色,增强了亲历其境的真实感。

其二,《国语》通过人物语言的记叙,塑造了大量栩栩如生的文学人物形象。

由于国别史的特点,《国语》有时记叙某一国事件时,集中一定篇幅写某个人的言行,如《晋语三》写惠公、《晋语四》专写晋文公、《晋语七》专记悼公事、《吴语》主要写夫差、《越语上》主要写勾践等等。这种集中篇幅写一人的方式,有向纪传体过渡的趋势。但《国语》尚未把一个人的事迹有机结合为一篇完整的传记,而仅仅是材料的汇集,是一组各自独立的小故事的组合,而不是独立的人物传记。尽管如此,《国语》虽然以记言为主,但在叙事和刻画人物上有一定特色,其文学成就往往比同时期的史传文学要略高一筹。

《国语》往往就是通过这些人物的言行,尤其是语言去表现内心世界,在矛盾冲突中表现人物的品质、格调、学问、见识和心计,人物之间形成鲜明对比,刻画出不少生动的历史人物形象。这可以看作是孕育了中国人物传记的最初萌芽。虽然每个人的事迹各条独立互不相属,但合在一处丰满了人物的形象,为后来司马迁修本纪、世家和列传提供借鉴。在这一方面,以《晋语》《吴语》和《越语》最为突出。

---

① 《国语·晋语四》。

《晋语》记录了晋骊姬之乱，重点写一个反面女性人物。同时也记载了重耳流亡和称霸的历史，也记录了赵文子和赵简子的事迹。《晋语》前四卷描写骊姬之乱，有情节生动曲折、极富戏剧性的叙事，在宫廷残杀的尖锐矛盾中，通过一系列言行来刻画骊姬，显然有许多想象和虚构的成分。写晋献公诸子争位的故事，献公宠妃骊姬的阴谋，太子申生的被谗冤死，公子重耳的流亡等，都写得波澜起伏，精彩纷呈。其中有虚拟的情节，如骊姬夜半而泣，①谗太子申生，骊姬夜泣及其谗言，非第三者能知，显然是作者援情度理的虚构，刻画出一个口蜜腹剑、阴险狠毒的人物形象。其中也有精彩的描写，如为分化朝中大臣，骊姬宠幸的优施与朝中重臣里克饮酒，以歌舞暗示里克，将杀太子申生立骊姬子奚齐，里克夜半召优施，欲中立以自保等，②描写得细致入微，具体生动，表现出鲜明的个性特点。

《吴语》中刻画了吴王夫差和忠臣伍子胥的形象。伍子胥是吴国的忠臣，具有敏锐的洞察力，敢于直谏。他反复谏阻吴王夫差一系列错误决策，夫差不但不听，还逼迫伍子胥自杀。夫差临死前后悔，祭告伍子胥。首尾照应，有始有终，君臣二人的行事和结局都形成鲜明对比。

《越语》记勾践卧薪尝胆的事迹。在《越语下》中，写范蠡辅助越王勾践灭吴复仇，最终功成身退的故事。范蠡为勾践制定灭吴报仇复国的计划，谏止勾践的盲动，然后兴师伐吴，围而不战，使吴师自溃。范蠡坚决反对讲和，亲自回绝使者，并击鼓进兵灭吴。灭吴之后，范蠡不再回到越国，乘轻舟以浮于五湖。范蠡高瞻远瞩，深谋远虑，全力促成勾践灭吴。他功成不居，浮于五湖，尤其令人崇拜，并产生无限的遐想。作品用平易的笔调刻画出一位传奇人物的形象，同时也与《吴语》中的伍子胥形成对比，相映成趣。同是忠心辅主，同样深谋远虑，结局却完全两样。

其三，《国语》的语言艺术，多姿多彩。

作为记言体的史学著作，《国语》语言的总体风格表现为平易朴实，含义隽永。大多是一本正经地说理，朴实而不粗鲁，深刻而不晦涩，平易晓畅，朴实无华，耐人寻味，发人深省。同一故事情节，《左传》人物三言两语，《国语》却发挥成长篇大论。譬如《左传·僖公二十三年》记载齐姜劝说重耳归国仅

①　《国语·晋语一》。
②　《国语·晋语二》。

二十余字:"子有四方之志,其闻之者,吾杀之矣!""行也! 怀与安,实败名!"《晋语四》"齐姜劝重耳勿怀安"一章将齐姜的劝说发挥到四百多字,引经据典,分析形势,指出重耳的重任,俨然一篇论说文。

《国语》以记言为主,所记多为朝聘、飨宴、讽谏、辩诘、应对之辞,写得较为精练和真切。《国语》记言文字在形象思维和逻辑思维方面都很缜密,又有通俗化、口语化的特点,生动活泼而富于形象性。当然,由于《国语》是各国史料的汇编,素材来源不一,编者亦未做统一润色,其记言水平参差不一,风格也颇有差异。比如《周语》旨在说教,行文委婉,多长篇大论;《鲁语》篇幅不长,语言隽永;《楚语》《吴语》《越语》则文字流畅整饬,颇有气势。《国语》中的应对辞令,有的与《左传》相同,但文字不如《左传》精彩,有的则难分高下。有的为《左传》所不载的辞令也颇有特色。如周襄王不许晋文公请遂,辞婉义严,①越王勾践求成于吴,辞卑气低等,②都是很有特色的辞令。而《国语》中一些议论说理文字,往往也精辟严密,层次井然。如《周语上》邵公谏厉王弭谤、《鲁语下》敬姜论劳逸、《晋语八》叔向贺贫、《楚语下》王孙圉论宝,都历来为人们所称道。

《国语》在艺术上的成就,一个突出特点是长于记言。他所记叙的一些历史人物的重要言论,往往用简练的语言,就把他们的观点、主张表述得清晰透彻。《周语》所记邵公关于防民之口的议论即是一例。邵公巧设比喻,以防川作比,说明不准人民说话的严重后果。话虽不多,但意思表达的透彻精警,令人深省。《楚语》中的《王孙圉论宝》一节中,赵鞅认为楚国著名的佩玉"白珩"是宝时,王孙圉予以有力的驳斥,然后提出"人才""物产"才是真正的宝,对那些沉迷于物质享受的王公贵族,是一个极其尖锐的讽刺。《国语》的这个特点对后来说理文的写作产生了一定的影响。

《国语》中有很多短小精悍的篇章,人物对话简短,但幽默风趣,凝练传神。但在不同场合,因为说话人物的身份和地位不同,其语言也多有不同,然各具奇妙。

有的幽默生动,情景毕现。比如,《左传·僖公二十三年》载公子重耳安于齐国不想离开,又不听劝说,于是"姜与子犯谋,醉而遣之,醒,以戈逐子

---

① 《国语·周语中》。
② 《国语·吴语》。

犯"。《国语·晋语四》中增写"曰:'若无所济,吾食舅氏之肉,其知厌乎?'舅犯走,且对曰:'若无所济,余未知死所,谁能与豺狼争食?若克有成,公子无亦晋之柔嘉,是以甘食。偃之肉腥臊,将焉用之?'遂行。"比《左传》写得更为传神。

有的寓庄于谐,妙趣横生。比如《晋语九》"董叔欲为系援",董叔娶范宣子之女范祁为妻,叔向认为不妥。董叔说:"欲为系援焉。"范祁向范宣子告状,范宣子将董叔捆起来吊在庭院中的槐树上。董叔要求叔向为他求情。叔向说:"求系,既系矣;求援,既援矣;欲而得之,又何请焉?"表达其通过婚姻攀附权贵只能遗人笑柄的观点,诙谐的笑料中寓有庄重的道理。

有的欲抑故扬,讽谏有术。比如《晋语八》载,晋平公射鹖不死,让小臣竖襄捉住它,没有捉到,平公发怒,要杀竖襄。叔向说:"您必须杀死竖襄。从前先君唐叔在徒林射兕牛,一箭毙命,用兕牛皮做成大铠甲,因而受封为晋国。现在您继承先君唐叔,射鹖射不死,捉又捉不到,是张扬国君的耻辱。"平公惭愧,赶紧赦免竖襄。叔向用归谬法暗示杀死竖襄会臭名远扬,促使平公主动收回成命。进谏方式巧妙,言谈朴实有趣。

有的蕴含哲理,发人深省。比如《晋语四》"郭偃论治国之难易"载,晋文公对郭偃说,当初我以为治国容易,现在才知道困难。郭偃回答说:"君以为易,其难也将至矣;君以为难,其易也将至焉。"揭示难易矛盾在主观能动的支配下互相转化的规律,体现出哲理的思辨。

(三)《战国策》辩说之辞的文学艺术

1.《战国策》的编成与流传

《战国策》是一部优秀的史传文学。其作者多为战国时代的纵横家。战国时代,"国异政教,各自制断,上无天子,下无方伯,力功争强,胜者为右;兵革不休,诈伪并起……而游说权谋之徒,见贵于俗。是以苏秦、张仪、公孙衍、陈轸、代、厉之属,生纵横短长之说,左右倾侧。苏秦为纵,张仪为横;横则秦帝,纵则楚王;所在国重,所去国轻。"[1]这些纵横家四处游说,为了推行自己的主张,打动各国君主,他们经常揣摩辞令,积累素材。他们的后学者也常把先辈的事迹和演说词进行搜集、整理,供自己模仿、借鉴,于是就有许

---

① 刘向:《战国策书录》。

多这样的演说词汇编在社会上流行。这些演说词成于众人之手,流行的抄本内容、体例不尽相同,书名也多种多样。

到西汉末年刘向编辑《战国策》时,他从皇室的书库里发现有记录战国权变故事和游说词的各种不同册子,这些抄本颇多重复,又"错乱相糅莒",书名或曰《国策》,或曰《国事》,或曰《短长》,或曰《事语》,或曰《长书》,或曰《修书》六种不同名称。有以国别分类编辑的,有按事迹分类编辑的。所谓《长书》《修书》,该是《短长书》的简称,"短长"就是指计谋策略的短长。司马迁所谓"谋诈用而从(纵)衡(横)短长之说起"①。刘向去其重复,重新编订,定书名为《战国策》。

除了《战国策》之外,当时也已有专门辑录一些著名纵横家的言行的书。《汉书·艺文志》纵横家类,就著录有《苏子》31 篇、《张子》10 篇、《庞煖》2 篇、《阙子》1 篇和《国筮子》17 篇。

刘向整理后的《战国策》共 33 篇,包括《东周策》《西周策》各 1 篇,《秦策》5 篇、《齐策》6 篇,《楚策》《赵策》《魏策》各 4 篇,《韩策》《燕策》各 3 篇,《宋策》《卫策》合为 1 篇,《中山策》1 篇。东汉末年,高诱曾为《战国策》作注,此后刘向整理本和高诱的注本并行于世。至北宋,两种版本各有缺失。据《崇文总目》著录,当时刘向整理本只存 21 篇,缺 12 篇,高诱注释本仅存 8 卷,缺 35 卷。曾巩遍访公私藏书,拾遗补阙,基本上恢复了刘向本的 33 篇之数,但已非刘向本、高诱本之本来面目。流传至今的《战国策》,基本上都源于曾巩校补本。

1973 年年底,在长沙马王堆三号汉墓出土的帛书中,包括一批刘向、司马迁没有见过的史料,整理者定名为《帛书战国策》或《战国纵横家书》,全书共 37 章,11000 多字,其中 11 章内容与《战国策》大体相同,另外 16 章是久已失传的佚书。这部帛书就是战国秦汉间流传的纵横家演说词汇编的一种。

2.《战国策》的编排体例与叙事风格

《战国策》的体例类似《国语》。全书以记言为主,按国别排列。记载的史实上接《国语》记事的下限,即赵、魏、韩三家灭智伯,下至秦始皇统一中国。书中个别史实涉及秦二世即位,可能是后人增补。《战国策》是现存战

---

① 《史记·六国年表序》。

国时代最重要的史籍。司马迁写作《史记》,有关战国的史料多取自《战国策》。有的学者做过统计,《史记》采自《战国策》的史实多达149处。① 可见《战国策》史料价值之高。

《战国策》以策士的游说活动为中心,反映出这一时期各国政治、外交的情状。全书没有系统完整的体例,都是相互独立的单篇。

战国时代游说的风气很盛。各派学者为了争取国君的信任和重用,都要通过游说。儒家固然要周游列国,游说诸侯;墨家、法家、名家、阴阳家也都要游说国君,争取得到国君的有力支持。要争取一国国君的信任和重用,不但要说服国君,而且要驳倒反对派。韩非著有《说难》,专门陈述游说国君的困难,并分析了游说成功或失败的原因。要在外事活动中,进行争取与国和孤立敌国的斗争,更需要通过游说和争论。战国中期以后,在齐、秦两大国东西对峙的斗争形势下,合纵、连横的计谋策略很是重要,因而有讲究合纵、连横的纵横家产生。纵横家着重讲究游说。因为讲究游说,就有人按照当时政治斗争的需要,把历史上的权变故事和游说故事,以及说客游说君主的书信和游说词汇编起来,编成各种册子以供学习模仿。张仪和苏秦,是战国纵横家的代表人物,他们的行动和游说词常被作为学习模仿的榜样。特别是战国末年,由秦国来完成统一的趋势已经形成,东方六国常常图谋合纵抵抗秦国,以挽救自己的灭亡,庞煖所发动的合纵攻秦事件,就具有这样的性质。因此苏秦就成为东方六国纵横家着重学习模仿的榜样,有关他的游说故事和游说词风行一时。

《汉书·艺文志》纵横家类把《苏子》放在首位,篇数最多,不是偶然的。在今本《战国策》中,有关苏秦的资料,其数量也大大超过其他纵横家。长沙马王堆汉墓出土帛书《战国纵横家书》,也是战国末年有关战国权变和游说故事的一种汇编,共27章,可分三组,第一组14章即出于原始的一种《苏子》)。

纵横家讲究"揣摩",《史记·苏秦列传》说苏秦"得《周书阴符》,伏而读之。期年,以出揣摩"。集解说:"《鬼谷子》有《揣摩》",《索隐》引王劭说:"《揣情》《摩意》,是《鬼谷子》之二章名,非为一篇也。"《鬼谷子》一书出于后人伪造,但是揣情摩意确是纵横家十分注意的。所有这些战国权变和游说

---

① 郑良树:《竹简帛书论文集》,中华书局1982年版。

故事的汇编,原是游说之士的学习资料,或者是练习游说用的脚本,对于有关历史事件的具体经过往往交代不清,有的只约略叙述到游说经过和游说的结果。其中有些编者着重于吸取历史的经验教训的,就比较能够注意历史的真实性。如果编辑起来只是用作练习游说的脚本的,就不免夸张失实,甚至假托虚构。

正因为苏秦和张仪是纵横家学习模仿的榜样,他们的游说辞是练习游说用的主要脚本,其中就有许多是后人假托他们名义编造出来的,不但夸张虚构,而且年代错乱,矛盾百出。今本《战国策》中,既有和帛书《战国纵横家书》相合的比较原始的苏秦资料,也有后人伪造虚构的东西,可以说真伪参半。而《史记·苏秦列传》所辑录的,几乎全是后人杜撰的长篇游说辞。因为司马迁误信这些游说辞为真,误认为苏秦是和张仪同时对立的人物,反而把有关苏秦的原始资料抛弃了,或者把这些资料中的"苏秦"改成"苏代"或"苏厉",造成了混乱。《史记·张仪列传》和今本《战国策》所载张仪长篇游说辞,同样是不可信的。

3.《战国策》所表现的思想内容

《战国策》的基本内容是战国时代谋臣策士纵横捭阖的斗争及其有关的谋议或辞说。它保存不少纵横家的著作和言论。春秋以来,长期分裂战乱,人民无不渴望解甲息兵,恢复和平统一生活。诸侯中的强大者,都想"并天下,凌万乘"。所以战国末年,秦齐二国皆各自称帝。由于社会变革的影响,"地势形便"的秦国后起变法以致富强,打破六国均势局面。从此以后,秦以新兴力量向外扩张,企图蚕食诸侯,统一海内,引起各国间的复杂矛盾和斗争。在这种情况下,诸侯间的胜负虽然在很大程度上取决于武力,但也决定于谋臣策士的胜算和纵横势力的消长。所谓"横成则秦帝,从成则楚王",那就是说,胜负的最后关键并不完全决定于军事,而更重要的是决定于政治的巧妙运用。这时候,春秋时代所讲的礼法信义,不得不变为权谋谲诈;从容辞令的行人,不得不变为剧谈雄辩的说士。所以《战国策》中所载一切攻守和战之计,钩心斗角之事,正是这一时代政治斗争的反映。而其时许多谋臣策士的游说和议论,也是春秋时代行人辞令的进一步发展。

《战国策》所写的人物是极其复杂的,其中有不少是追求个人功名富贵的利己主义者,例如苏秦起初本是以"连横"说秦王,"书十上而说不行",乃转而以"合纵"说燕赵。陈轸先仕秦而后仕楚,既仕楚而又贰于秦,朝秦暮楚,立场不定。但也有排难解纷而无所取的"天下之士",如鲁仲连的义不帝秦。也有意在收买人心、焚券"示义"的冯谖,①虽然他是为统治阶级效劳,却也替人民做了一件好事。也有敢于反抗强暴,蔑视王侯的义侠和高士。如唐且的"布衣之怒",②颜斶的直叱"王前"。③ 而后者更反映士的地位的提高和民主思想的抬头。此外书中还从侧面揭露统治阶级女性固宠的斗争和宫闱的丑行,如郑袖的谗害魏美人④、秦宣太后欲以魏丑夫殉葬⑤等,表现了她们的阴险与无耻。以上这些虽然只作客观叙述,但也反映了战国时代各种历史人物的精神面貌。

《战国策》的思想观念,就其主流来说,与《左传》等史书也有截然不同之处。刘向序说:"战国之时,君德浅薄,为之谋策者,不得不因势而为资,据时而为画。故其谋扶急持倾,为一切之权,虽不可以临教化,兵革救急之势也。"战国时代,是春秋以后更激烈的大兼并时代,过去还勉强作为虚饰的仁义礼信之说,在这时已完全被打破。国与国之间,如今讲的是以势相争,以智谋相夺。那些活跃在政治舞台上的策士,也只是以自己的才智向合适的买主换取功名利禄,朝秦暮楚,毫不为怪。如苏秦始以连横之策劝说秦王并吞天下,后又以合纵之说劝赵王联合六国抗秦。他游秦失败归来时,受到全家人的蔑视;后富贵还乡,父母妻嫂都无比恭敬。于是他感慨道:

> 嗟夫,贫穷则父母不子,富贵则亲戚畏惧。人生世上,势位富贵,盖可忽乎哉!

作者以欣赏的笔调,描绘了苏秦踌躇满志的神情。这些在今天看来也许是不值得赞赏,但在当日的历史条件下,原本受贵族压抑的平民的心理就是如此,这样写比虚假的说教更富于真实性。

另一方面,由于策士具有比较自由,可以择君而辅之的身份,在当时的政治与外交中起着相当重要的作用,而《战国策》又主要取材于策士著作,故

---

① 《战国策·齐策四》。
② 《战国策·魏策四》。
③ 《战国策·齐策四》。
④ 《战国策·楚策四》。
⑤ 《战国策·秦策二》。

书中对士的个人尊严和个人作用,给予强有力的肯定。《齐策》中记颜斶见齐宣王,王呼:"斶前!"斶亦呼:"王前!"他还滔滔不绝地论证了国无士则必亡,故"士贵耳,王者不贵"的道理。《秦策》中赞扬苏秦,"特穷巷掘门桑户棬枢之士",却使得"天下之大,万民之众,王侯之威,谋臣之权,皆欲决于苏秦之策"。这当然是夸大的,但这夸大中显示了策士们的自信,也是平民中优异人物的自信。

《战国策》还热情讴歌了多位义侠之士的豪情壮举。"侠"也是一种游离于统治集团、不受权势拘束的人物。他们以自身的标准、个人的恩怨来决定自己的行动,重义轻生,感情激烈,显示出具有平民意味的道德观。所以"侠"总是为放任不羁的人们所喜爱。

总而言之,《战国策》既体现了时代思想观念的变化,也体现出战国游士、侠士这一类处于统治集团与庶民之间的特殊而较为自由的社会人物的思想特征,不完全是为了维护统治秩序说话。由于《战国策》突破了旧的思想观念的束缚,又不完全拘泥于历史的真实(当然从历史学的眼光看这是缺陷),所以就显得比以前的历史著作更加活泼而富有生气。

4.《战国策》的文学艺术特色

虽然人们习惯上把《战国策》归为历史著作,但它的情况与《左传》《国语》等有很大不同。《战国策》中有许多记载,作为史实来看是不可信的。如《魏策》中著名的"唐且劫秦王",写唐且在秦廷中挺剑胁逼秦王嬴政(即秦始皇),就是根本不可能发生的事情。这一类内容,与其说是历史,还不如说是故事。虽然作为历史著作其史料价值的可靠性有待商榷,但从文学角度来说,却自有其存在的价值。

从文学艺术上看,《战国策》的特色表现在以下几个方面:

第一,《战国策》辞藻华丽,文采郁郁。《左传》也是以文采著称的,但两者相比照,可以看到《战国策》的语言更为明快流畅,纵恣多变,委曲尽情。无论叙事还是说理,《战国策》都常常使用铺排和夸张的手法,绚丽多姿的辞藻,呈现酣畅淋漓的气势。在这里,语言不仅是作用于理智、说明事实和道理的工具,也是直接作用于感情以打动人的手段。如《苏秦始将连横》《庄辛说楚襄王》等篇,都是显著的例子。

第二,《战国策》虽然是以记言为主,但它并没有固定于一种模式,而是根据所要表现的内容选择其表现的方式,从而突出作品主题。一篇文章或者描写一个主要人物，或者记载一个中心事件，或者记录一番有趣的议论，或者叙述一个巧妙的策划，大都突出了一个集中的主题。如《秦策一·苏秦始将连横》反映个人奋斗，《鲁仲连义不帝秦》表现独立自强，《庄辛说楚襄王》说明居安思危，《颜斶说齐王贵士》反映尊贤重士等。从而使得其面貌各具其妙，形式多姿多彩，美不胜收。

第三，《战国策》叙事结构中，非常讲究完整的故事情节，这些故事曲折生动，从而增强了叙事的说理性。

《战国策》以记言为主，记事为辅。有时为了烘托语言环境，在记言的同时往往把对话产生的故事情节做适当交代。其中也有一些篇章以叙事为主，作者往往把故事讲得波澜起伏，情节跌宕，引人入胜。如《赵策四》中《赵太后新用事》就写得生动感人：

> 赵太后新用事，秦急攻之。赵氏求救于齐。齐曰："必以长安君为质，兵乃出。"太后不肯，大臣强谏。太后明谓左右："有复言令长安君为质者，老妇必唾其面。"左师触龙言：愿见太后。太后盛气而胥之。入而徐趋，至而自谢，曰："老臣病足，曾不能疾走，不得见久矣。窃自恕而恐太后玉体之有所郄也。故愿望见太后。"太后曰："老妇恃辇而行。"曰："日食饮得无衰乎？"曰："恃粥耳！"曰："老臣今者殊不欲食，乃自强步，日三四里，少益耆食，和于身也。"太后曰："老妇不能。"太后之色少解。
>
> 左师公曰："老臣贱息舒祺，最少，不肖。而臣衰，窃爱怜之。愿令得补黑衣之数，以卫王宫，昧死以闻。"太后曰："敬诺。年几何矣？"对曰："十五岁矣。虽少，愿及未填沟壑而托之。"太后曰："丈夫亦爱怜其少子乎？"对曰："甚于妇人。"太后笑曰："妇人异甚。"对曰："老臣窃以为媪之爱燕后贤于长安君。"曰："君过矣，不若长安君之甚。"左师公曰："父母之爱子，则为之计深远。媪之送燕后也，持其踵，为之泣，念悲其远也，亦哀之矣。已行，非弗思也。祭祀必祝之曰：'必勿使反。'岂非计久长，有子孙相继为王也哉？"太后曰："然。"左师公曰："今三世以前，至于赵之为赵，赵王之子孙侯者，其继有在者乎？"曰："无有。"曰："微独赵，诸侯有在者乎？"曰："老妇不闻也。"曰："此其近者祸及身，远者及其子孙。岂人主之子侯则必不善哉？位尊而无功，奉厚而无劳，而挟重器多也。今媪尊长安君之位，而封之以膏腴之地，多与之重器，而不及今

令有功于国,一旦山陵崩,长安君何以自托于赵? 老臣以媪为长安君计短也,故以为其爱不若燕后。"太后曰:"诺。恣君之所使之。"于是为长安君约车百乘质于齐,齐兵乃出。

此事发生于赵孝成王元年(前265年)。这一年秦国攻打赵国,赵国向齐国求援,齐国提出的条件是:一定要让赵太后的小儿子长安君到齐国做人质,才肯出兵。赵太后坚决不肯。大臣们多次劝谏,太后大怒,发誓说:谁要再提让长安君为质之事,老妇必唾其面。赵国的左师触龙要求面见赵太后。赵太后知道他还要谈长安君为质之事,故"盛气而胥之"。然而触龙却没有像其他大臣那样撄太后之逆鳞,而是先与太后唠家常,由身体谈到起居饮食,逐渐使太后心气平和,然后再以安排小儿子职务为由,请太后予以关照,进而谈起男子和妇人同样怜爱少子,太后爱女儿燕后胜于爱长安君。这当然会使太后提出异议。于是,触龙层层深入,先说太后为女儿考虑得长远,言外之意是对长安君的未来考虑不周,继而指出赵国及其他各诸侯国国君之子孙三代以后都相继衰败,其原因就是"位尊而无功,奉厚而无劳,而挟重器多也";进而说明,应当让长安君为国立功,这样才能使长安君在太后百年之后能自托于赵国。经触龙这样一番体贴入微的开导,太后才恍然大悟,高兴地让长安君入质于齐。这是一个很普通的故事。由于作者善于描写故事的细节,善于使用符合人物性格特点的语言,因此这一普普通通的故事就显得娓娓动听,并产生了戏剧性效果。

第四,《战国策》描写人物的性格和活动,更加具体细致,也就更显得生动活泼,人物形象更加丰满,塑造得更加成功。

《左传》描写人物,大抵是简笔的勾勒。如前面举出的重耳向怀嬴赔罪的例子,虽然也能传神,毕竟过于简单。而《战国策》则非常讲究描写方法。通过人物语言、行动细节、外貌肖像、内在心理、对比反衬、欲扬先抑和环境烘托等多种多样的手法描写人物。从描写方法上看,与一般史书侧重于记录事件梗概不同,《战国策》描写人物形象已形成有意识的自觉行为。《战国策》以士人阶层为主要描写对象,诸侯君主成为陪衬。作者以欣赏的笔调描写策士、义士、勇士的才能智慧或德性。写出了一系列栩栩如生的人物形象,如苏秦、张仪、范雎、蔡泽、颜阛、庄辛、鲁连、聂政、荆轲、唐且、赵太后、郑袖、触龙等无不呼之欲出,跃然纸上。

比如《齐策四》的《冯谖客孟尝君》，通过曲折动人的故事情节，刻画了一个典型的具有才能的食客形象，其功能很似后世的短篇小说：

> 齐人有冯谖者，贫乏不能自存。使人属孟尝君，愿寄食门下。孟尝君曰："客何好?"曰："客无好也。"曰："客何能?"曰："客无能也。"孟尝君笑而受之，曰："诺。"左右以君贱之也，食以草具。居有顷，倚柱弹其剑，歌曰："长铗归来乎! 食无鱼。"左右以告。孟尝君曰："食之，比门下之客。"居有顷，复弹其铗，歌曰："长铗归来乎! 出无车。"左右皆笑之。以告。孟尝君曰："为之驾，比门下之车客。"于是乘其车，揭其剑，过其友，曰："孟尝君客我!"后有顷，复弹其剑铗，歌曰："长铗归来乎! 无以为家。"左右皆恶之，以为贪而不知足。孟尝君问："冯公有亲乎?"对曰："有老母。"孟尝君使人给其食用，无使乏。于是冯谖不复歌。

这是故事的第一段，先写冯谖穷困潦倒时投奔孟尝君，孟尝君的下属都认为冯谖百无一能，瞧不起他，给他最劣等的饭菜。不久，他就高唱"长铗归来乎! 食无鱼!"当伙食改善之后，他又弹铗高歌："出无车!"过了一阵子，他又唱道"长铗归来乎，无以为家!"左右的人都讨厌他永不知足。可是孟尝君再次满足了他的要求，使他的老母生活也有了保证。这段故事突出描写了冯谖貌似无能又贪得无厌，引起周围人的反感，然而孟尝君对他却很宽容，再三再四地满足了他的不同要求。这为后来冯谖脱颖而出，显现了自己非凡的才能做好了铺垫。

接下来的一段写冯谖自告奋勇，愿到孟尝君的采地薛邑为他收债，使孟尝君对他刮目相看。临行时冯谖问收债以后需要买些什么，孟尝君说：看我家缺少什么就买什么，于是冯谖乘车前往薛邑。这是本篇的重头戏，作者描述如下：

> (冯谖)驱而之薛，使吏召诸民当偿者，悉来合券。券遍合，起矫命以责赐诸民，因烧其券。民称万岁。长驱到齐，晨而求见。孟尝君怪其疾也，衣冠而见之，曰："责毕收乎? 来何疾也?"曰："收毕矣。""以何市而反?"冯谖曰："君云：'视吾家所寡有者'，臣窃计，君宫中积珍宝，狗马实外厩，美人充下陈，君家所寡有者以义耳! 窃以为君市义。"孟尝君

曰："市义奈何?"曰："今君有区区之薛,不拊爱子其民,因而贾利之。臣窃矫君命,以责赐诸民,因烧其券,民称万岁。乃臣所以为君市义也。"孟尝君不悦,曰："诺,先生休矣。"

这一段重点描述冯谖为孟尝君"市义"的经过。冯谖认识到,作为统治阶级中的一员,应当争取民心。得民心者得天下,失民心者失天下。他认为孟尝君什么也不缺,缺的正是广大民众的支持,因此他以孟尝君的名义把薛邑的一切债务全部取消,并当场焚烧了全部债券,因而民众高呼万岁。可是,冯谖"市义"的举动未被孟尝君理解,他当时心里很不满意。这表明冯谖比孟尝君更有政治远见,也更有胆略,他相信孟尝君迟早会理解的。果然,一年以后他"市义"的举动见到了成效:

> 后期年,齐王谓孟尝君曰："寡人不敢以先王之臣为臣。"孟尝君就国于薛,未至百里,民扶老携幼迎君道中。孟尝君顾谓冯谖："先生所为文市义者,乃今日见之。"冯谖曰："狡兔有三窟,仅得免其死耳。今君有一窟,未得高枕而卧也。请为君复凿二窟。"孟尝君予车五十乘,金五百斤,西游于梁。谓惠王曰："齐放其大臣孟尝君于诸侯,诸侯先迎之者,富而兵强。"于是,梁王虚上位,以故相为上将军,遣使者,黄金千斤,车百乘,往聘孟尝君。冯谖先驱诫孟尝君曰："千金,重币也;百乘,显使也。齐其闻之矣。"梁使三反,孟尝君固辞不往也。齐王闻之,君臣恐惧,遣太傅赍黄金千金,文车二驷,服剑一,封书谢孟尝君曰："寡人不祥,被于宗庙之祟,沉于谄谀之臣,开罪于君,寡人不足为也。愿君顾先王之宗庙,姑反国统万人乎?"冯谖诫孟尝君曰："愿请先王之祭器,立宗庙于薛。"庙成,还报孟尝君曰："三窟已就,君姑高枕为乐矣。"

为孟尝君"市义",对冯谖来说是初试锋芒。这最后一段,写冯谖为孟尝君营就"三窟",协助孟尝君摆脱了困境,并排除了后顾之忧,使孟尝君在齐国的根基更加牢固。因此作者最后说："孟尝君为相数十年,无纤介之祸者,冯谖之计也。"对冯谖的功绩给予高度评价。"冯谖客孟尝君"的故事结构巧妙,高潮迭起,把冯谖这个人物刻画得非常成功。刚到孟尝君门下为客时,冯谖碌碌无为,周围的人都看不起他。他满腹经纶,但没有施展才华的机会。薛地"市义",使他一鸣惊人,表现了他超人的胆略和非凡的政治远见。在孟尝君陷入危难时,他运筹帷幄,力挽狂澜,使孟尝君转危为安,他因此成为三千门客中的佼佼者。通篇故事文字不长,但简练精粹,故事情节层层推进,高潮在最后。人物前后的形象反差,给人留下的印象更鲜明。

再如,苏秦说秦不行及相赵归家,前后颓丧和得意的情状,以及庸俗的世态人情,①鲁仲连的倜傥奇伟,慷慨慕义,"不诎于诸侯"的精神,无不栩栩如生,惟妙惟肖。

特别是《燕策》中用全力写刺客荆轲,是一篇完整的侠义故事,更是精彩纷呈,激动人心。易水送别的一节这样描写:

> 遂发。太子及宾客知其事者,皆白衣冠以送之。至易水之上,既祖取道,高渐离击筑,荆轲和而歌,为变徵之声,士皆垂泪涕泣。又前而歌曰:"风萧萧兮易水寒,壮士一去兮不复还!"复为慷慨羽声,士皆瞋目,发尽上指冠。于是荆轲遂就车而去,终已不顾。

这段描写力极强。在一种悲壮淋漓的气氛中,把一个怒发冲冠、沉毅勇决的英雄形象十分鲜明生动地表现出来。文章大师司马迁作《史记·刺客列传》,对有关荆轲的部分,也大量抄录了《战国策》的原文。"燕赵多慷慨悲歌之士"的美名,也由此传闻天下。

第五,《战国策》所记的策士说辞,常常运用巧妙生动的譬喻,通过许多有趣的寓言故事,以增强论者的说服力,甚至有时还可以节省文辞。引用生动的寓言故事,这也是以文学手段帮助说理。

《战国策》一书是先秦寓言故事的渊薮。这些寓言,形象鲜明,寓意深刻,生动风趣,富有哲理,又浅显易懂。独立地看,也是中国文学宝库中璀璨的明珠。战国时的纵横家们游说时,往往在滔滔不绝的辩说中,插入一些寓言故事,这些寓言把抽象的道理形象化、故事化,比单纯讲述大道理更能起到事半功倍的效用,更能打动游说的对象,也更能调节辩说的气氛。有时短短的一则寓言故事所起的作用远远超过长篇大论。

如《楚策一》的《荆宣王问群臣》,讲楚宣王听说北方诸国都害怕昭奚恤,

---

① 《战国策·秦策一》。

问群臣到底是怎么回事,群臣都不敢回答。江乙也没有直接回答楚宣王,而是向他讲了这样一则寓言故事:

> 虎求百兽而食之,得狐。狐曰:"子无敢食我也,天帝使我长百兽,今子食我,是逆天帝命也。子以我为不信,吾为子先行,子随我后,观百兽之见我而敢不走乎?"虎以为然,故遂与之行,兽见之皆走。虎不知兽畏己而走也,以为畏狐也。今王之地方五千里,带甲百万,而专属之昭奚恤,故北方之畏奚恤也,其实畏王之甲兵也,犹百兽之畏虎也。

这则寓言意在说明:北方诸国害怕的其实不是昭奚恤,而是楚王的百万甲兵。正如百兽怕的不是狐,而是老虎一样。这则寓言故事很有名,刘向《新序·杂事二》也引用了这则寓言,显然是取材于《战国策》。后世常用"狐假虎威"来比喻仆人或随从借着主子的威风胡作非为。

《魏策四》有《魏王欲攻邯郸》,著名的寓言《南辕北辙》即出于此章:

> 魏王欲攻邯郸,季梁闻之,中道而反,衣焦不申,头尘不(去)[浴],往见王曰:"今者臣来,见人于大行,方北面而持其驾,告臣曰:'我欲之楚。'臣曰:'君之楚,将奚为北面?'曰:'吾马良。'臣曰:'马虽良,此非楚之路也'。曰:'吾用多。'臣曰:'用虽多,此非楚之路也。'曰:'吾御者善。'此数者愈善,而离楚愈远耳。今王动欲成霸王,举欲信于天下,恃王国之大,兵之精锐,而攻邯郸,以广地尊名,王之动愈数,而离王愈远耳,犹至楚而北行也。"

魏惠王攻邯郸,发生于周显王十五年(前354年)。季梁劝阻魏惠王,即在此次战役前夕。魏惠王凭借魏国的实力,想称霸中原,可是却兴师动众去进犯相邻的赵国,破坏三晋的团结,这样来谋求霸权,正如欲至楚而北行一样。季梁的南辕北辙之喻,极为贴切。可惜魏惠王没有听从季梁的劝阻,一意孤行,坚持出兵伐赵。这次战役的结局如何,史书缺载,不得而知。而季梁的寓言却从此家喻而户晓。

《燕策二》中《鹬蚌相争》的寓言故事也很有名:

　　　　赵且伐燕，苏代为燕谓惠王曰："今者臣来，过易水，蚌方出曝，而鹬啄其肉，蚌合而箝其喙。鹬曰：'今日不雨，明日不雨，即有死蚌。'蚌亦谓鹬曰：'今日不出，明日不出，即有死鹬。'两者不肯相舍，渔者得而并禽之。今赵且伐燕，燕、赵久相支以弊大众，臣恐强秦之为渔父也，故愿王之熟计之也。"惠王曰："善。"乃止。

　　鹬蚌相争，两者都想把对方置于死地。它们谁也不肯退让，牢牢钳住对方不放松，一点也不顾及这样的结局对自己有什么危害，结果让渔人坐享其利。当时各国争战，颇似鹬蚌相争。这一譬喻，意味深长，警策动人。

　　《战国策》中这样的寓言故事还有不少。如《秦策二》的《坐山观虎斗》《江上处女》《曾参杀人》，《楚策四》的《骥见伯乐》《惊弓之鸟》，《齐策二》的《画蛇添足》，《齐策三》的《土偶与桃梗》等，都是很优秀的寓言故事。由此留下了诸如"鹬蚌相争，渔翁得利""画蛇添足""狐假虎威""亡羊补牢""南辕北辙"等成语，历来家喻户晓，对后世影响很大。

　　再如《邹忌讽齐王纳谏》，以亲自体验的生活琐事来启发齐王，小中见大，步步进逼，使齐王感到四面八方被陷臣包围的危险，不得不下令大开言路。邹忌的生活体验可能是事实而非虚构，但借来作为一种增强说服力的手段，依然带有寓言意味，可谓别开生面。

　　第六，《战国策》中大量存在的论辩语言艺术，是其文学性大大提升的一个重要方面。

　　《战国策》兼具史传散文叙事和诸子散文说理的双重特性，同时是一部充满智慧的文学著作。其语言艺术颇具特色。《战国策》的文章特点是最长于说事，作品大多是记载战国策士游说诸侯，纵横捭阖，出谋献策的言行。无论是作品的叙述语言或作品中的人物语言，无论是个人陈述或双方辩论，都喜欢夸张渲染，充分发挥，具有铺张扬厉，辩丽恣肆的特点，往往铺陈排比，夸饰渲染，侃侃而谈，娓娓动听，富于雄辩的气势，具有很强的说服力。章学诚说："观春秋之辞命，列国大夫，聘问诸侯，出使专对，盖欲文其言以达旨而已。至战国而抵掌揣摩，腾说以取富贵，其辞敷张而扬厉，变其本而加恢奇焉，不可谓非行人辞命之极也。"①章学诚用"敷张而扬厉"来形容战国时期的辞令，这对《战国

　　① 《文史通义·诗教上》。

策》的语言艺术来说，可谓既准确，又贴切。

以《秦策一》中的《苏秦始以连横说秦王》为例：

> 苏秦始将连横，说秦惠王曰："大王之国，西有巴、蜀、汉中之利，北有胡貉、代马之用，南有巫山、黔中之限，东有肴、函之固。田肥美，民殷富，战车万乘，奋击百万，沃野千里，蓄积饶多，地势形便，此所谓天府，天下之雄国也。以大王之贤，士民之众，车骑之用，兵法之教，可以并诸侯，吞天下，称帝而治。愿大王少留意，臣请奏其效。"秦王曰："寡人闻之：毛羽不丰满者，不可以高飞；文章不成者，不可以诛罚；道德不厚者，不可以使民；政教不顺者，不可以烦大臣。今先生俨然不远千里而庭教之，愿以异日。"

这篇辞令并非出自苏秦的手笔。学者们已指出，苏秦为齐闵王、燕昭王时人，不可能在秦惠王初年就去秦国游说，①篇中所言秦国形势、地理等均与当时秦国实际情况不符。② 篇后又有对苏秦的评论，这些都证明本篇为后人所作。但这一篇却很能代表《战国策》的语言风格。篇中善用结构相同的排比句式，如"西有巴蜀、汉中之利，北有胡貉、代马之用，南有巫山、黔中之限，东有肴、函之固"，这是四个结构完全相同的排比句式。又如"毛羽不丰满者，不可以高飞；文章不成者，不可以诛罚；道德不厚者，不可以使民；政教不顺者，不可以烦大臣"，这是四组结构基本相同的排比句式，在这四组八句之中，只是首句和末句各多一字。此外，篇中四字一句的排比句式也不少，如"战军万乘，奋击百万，沃野千里，蓄积饶多，地势形便"等等。这些排比句式的应用，使演说铿锵有力，气势磅礴，富有感染力。此外，篇中也常用夸张的修辞方法。如写苏秦说秦王失败后，回到家中的狼狈相"赢縢履蹻，负书担橐，形容枯槁，面目犁黑，状有归色。归至家，妻不下纴，嫂不为炊，父母不与言。"后来苏秦发愤苦读，"期年而揣摩成"，又去赵国游说。这一段也很精彩：

---

① 《史记·苏秦列传》载苏秦以连横说秦在秦惠王初立时。当时秦尚未称王，苏秦不当称惠王为"大王"。

② 缪文远：《战国策考辨》，中华书局1984年版，第29—30页。

于是乃摩燕乌集阙,见说赵王于华屋之下,抵掌而谈。赵王大悦,封为武安君。受相印,革车百乘,绵绣千纯,白璧百双,黄金万镒,以随其后,约从散横,以抑强秦。故苏秦相于赵而关不通。当此之时,天下之大,万民之众,王侯之威,谋臣之权,皆欲决苏秦之策。不费斗粮,未烦一兵,未战一士,未绝一弦,未折一矢,诸侯相亲,贤于兄弟。夫贤人任而天下服,一人用而天下从。故曰:式于政不式于勇,式于廊庙之内,不式于四境之外。当秦之隆,黄金万镒为用,转毂连骑,炫熿于道,山东之国,从风而服,使赵大重。

这段文字除了继续使用大量排比句式外,仍用夸张的手法,如"革车百乘,绵绣千纯,白璧百双,黄金万溢",又如"当此之时,天下之大,万民之众,王侯之威,谋臣之权,皆欲决苏秦之策。不费斗粮,未烦一兵,未战一士,未绝一弦,未折一矢,诸侯相亲,贤于兄弟。夫贤人在而天下服,一人用而天下从。"这是排比和夸张并用的手法。很显然,已经把苏秦个人的作用夸大到不适当的程度。苏秦出身贫苦,"特穷巷掘门、桑户卷枢之士耳",通过个人奋斗,一举成名,身佩六国相印,成为合纵抗秦的首脑人物。他是战国时代纵横家们崇拜的偶像。因此,他的后学者们用夸张的语言突出他个人的作用,把他描写成不可一世的英雄,也就不足为奇了。

《楚策四》的《庄辛说楚襄王》也很能代表《战国策》敷张扬厉的语言风格。这一篇开头介绍楚襄王不听庄辛劝告,结果郢都被秦国攻占,大片领土也落入秦人手中,襄王被迫逃往城阳。襄王悔不听庄辛之言,危难时派人请回庄辛,于是庄辛以小喻大,层层取譬,最后点明了襄王误国的根本原因。庄辛先从小小的蜻蛉说起,然后由蜻蛉说到黄雀,由黄雀说到黄鹄,由黄鹄说到蔡灵侯,再由蔡灵侯进而说到楚襄王自身。以上这些动物和人物都因不能深谋远虑,自以为无患,与人无争,结果都落得可悲的下场。楚襄王国都被占,领土丧失,被迫逃亡,正是因为他宠信佞臣,他"左州侯,右夏侯,辇从鄢陵君与寿陵君;饭封禄之粟,而载方府之金,与之驰骋乎云梦之中,而不以天下国家为事"。这正如螳螂捕蝉,黄雀在后。楚襄王听了庄辛的一番话,"颜色变作,身体战粟",于是封庄辛为阳陵君①,并把淮北之地封给了庄

---

① 阳陵君,《新序》作"成陵君"。

辛。后来楚襄王采纳了庄辛的劝诫,楚国的国势一度稍有振作。《庄辛说楚襄王》以小喻大的五段文字每一段字数相差不多,结构也基本相同,语气也很相似,因此这五段文字可以说是五段大排比,通过这五段大排比,以气贯长虹之势,层层推进,最后才把要对楚王说的话和盘托出。全篇感情充沛,辞采飞扬,层层深入,说理透彻,具有很强的艺术感染力,难怪楚襄王听后"颜色变作,身体战粟"。

类似的例子,再如苏秦说赵王、①张仪说秦王、司马错论伐蜀、②虞卿斥栲缓③等等。就历史散文语言的明白流畅来说,这些论辩演说的艺术成就,已经达到前所未有的高度。而且策士们估计形势、分析利害,往往细致准确,遣词造句又非常讲究。如苏秦劝薛公留楚太子,分析它有十个可能的结果;④齐索地于楚,而慎子告襄王三计并用。⑤ 虽然《战国策》记述事件的后果不尽可靠,但作为纵横家论事的本身来看,则是持之有故,言之成理的。作为一种语言艺术来欣赏,是非常合适的。

总之,作为史传文学之一的《战国策》,由于在相当程度上背离了中国古代的正统思想,常常受到严厉的批评。同时由于其叙事言史多有虚构和夸张的成分,其史料价值也每每受到史家的怀疑。但以历史的眼光来看,它正是体现了战国时代活跃的思想氛围。它对语言艺术的重视,在这方面取得的成就,在文学史上更具有承上启下的作用。

《战国策》以其较高的文学成就,对后世文学尤其是汉代文学产生了巨大的影响。《史记》中不少战国时期人物的传记直接袭用《战国策》原文,苏秦、张仪等人的传记综合《战国策》的有关文章,规模远远超过先秦诸子传记。《淮阴侯列传》记载策士蒯通、武涉的长篇说辞,有《战国策》的遗风。《史记》因多纵横家言而遭封杀。《汉书·东平思王传》载,汉宣帝之子刘宇上书求诸子及太史公书,大将军王凤认为太史公书"有战国纵横权谲之谋",帝遂不予。《战国策》铺张扬厉的文风影响到汉代诸子论说文,贾谊、晁错、《淮南子》《盐铁论》,刘向、扬雄、桓谭《新论》,王充《论衡》,王符《潜夫论》,

----

① 《战国策·赵策二》。
② 《战国策·秦策一》。
③ 《战国策·赵策三》。
④ 《战国策·齐策三》。
⑤ 《战国策·楚策二》。

仲长统《昌言》等,无不采用铺陈排比手法,形成两汉散文的基本文风。《战国策》对汉赋也产生了较大的影响。汉赋广用铺排夸饰,虚设主客问答,便是《战国策》文风的继承和发展。

(四)《穆天子传》的文学成就

《穆天子传》又称《周王游行记》《周王游行》《周王传》《周穆王传》《穆王传》等,虽名曰传,其实体裁也是属于编年体的史学著作。《穆天子传》记叙周穆王率七萃之士,驾八骏之乘,河宗伯夭为导,造父奔戎为御,长驱万里,绝流沙,登昆仑,见到西王母的历史故事。

《穆天子传》除了有一定的史学意义之外,还有其突出的文学价值。

1.《穆天子传》对传记文学的开创作用。有学者对《穆天子传》在文学发展史上的链环作用进行了考察,认为《穆天子传》与过去散文的不同表现在以下三方面:

"其一,《穆传》改变了过去的历史散文那种以时序为纲的文章结构方式,而以某一主要人物为中心来组织材料,开启了传记文学从不同侧面塑造人物形象以保证主要人物性格描写完整性的发展道路。……其二,《穆传》改变了过去的历史散文那种对历史事件发生的社会政治背景抽象叙述的描写方式,而是将社会政治背景隐含在历史事件的描述中来表现,并且注重描写人物活动的具体场景以及人物活动有关的形象鲜明的自然景观,使得读者对书中人物活动的了解更加形象、具体,使得这种作品的文学情味较之历史散文更为浓郁。……其三,《穆传》改变了过去的历史散文那种秉笔直书的实录手法,出现了夸张、渲染、虚构等艺术手法的运用,丰富了我国散体文学的表现手法。"①

论者以为《穆天子传》是一部成书于战国时期的小说,以主要人物(穆王)为线索组织材料,更注重对人物的言行及其所处的环境进行描写,而且适当采用一些文学的手法,这些正是以后的传记文学的特征,体现了《穆天子传》对传记文学的开创作用。

2.《穆天子传》对中国的神话小说,尤其是晋和南北朝的神话小说有很大影响。魏晋南北朝时仙道之气本就很盛,《穆天子传》出土以后,穆王、八

---

① 郑杰文:《〈穆天子传〉通释》,山东文艺出版社 1992 年版。

骏等便频繁出现在搜奇掠异的著作中,如任昉《述异记》、王嘉《拾遗记》等。之前的关于穆王的事迹都是在《左传》《国语》《管子》《史记》这些正统的历史典籍中记载,两晋南北朝时,情形就大为不同了,穆王、八骏及穆王其他的一些宝物(如昆吾割玉刀、夜光常满杯等)都被神化了。与以往的神话传说不同,这个时期的"神话"都是文人的"独创",属于志怪小说,《穆天子传》不仅为这一时代产物提供了题材,而且在激发文人的想象力等方面也功不可没。

3.《穆天子传》作为一部早期的集地理游记与人物传记为一体的文学作品,在文学描写技法上,也有其独到之处。分而言之,可以概括为以下几个方面:

(1)较多地描述自然环境,特别是对异域风光的描述,较为生动抒情。如卷一:"庚寅,北风雨雪,天子以寒之故,命王属休。"卷二:"丁巳,天子西南升□之所主居。爰有大木硕草,爰有野兽,可以畋猎。""清水出泉,温和无风。""嘉谷生之,草木硕美,天子于是取嘉禾以归。""寡草木而无鸟兽,爰有□木,西膜之所谓□。"卷五:"日中大寒,北风雨雪,有冻人,天子作诗三章以哀民。"描写景物(天气)多与人物的感情密不可分。

(2)人物语言多以四言诗的形式出现,既表情达意又优美生动,给人以丰富的想象。如卷一:"七萃之士□天子曰:'后世所望,无失天常。农工既得,男女衣食。百姓珤富,官人执事。'"卷五:"天子东游……曰:'黄之池,其马歕沙,皇人威仪。黄之泽,其马歕玉,皇人受毂。'"等等,尤其是穆王和西王母的唱和,如卷三:"西王母为天子谣,曰:'白云在天,山陵自出。道里悠远,山川间之。将子无死,尚能复来。'天子答之曰:'予归东土,和治诸夏。万民平均,吾顾见汝。比及三年,将复而野。'西王母……吟,曰:'徂彼西土,爰居其野。虎豹为群,于鹊与处。嘉命不迁,我惟帝女。彼何世民,又将去子。吹笙鼓簧,中心翔翔。世民之子,唯天之望。'"情意绵绵,难舍难分,和功利性形式化的外交辞令有着本质的区别。这种四字为句的语言形式,应该说是受到了与之同时的《诗经》之影响了。

(3)文中有些地方具有神异色彩,但又不似《山海经》,可以说恰到好处,如卷五:"有虎在乎葭中,天子将至,七萃之士曰高奔戎,请生搏虎,必全之。乃生搏虎而献之天子。天子命之为柙,而畜之东虞,是为虎牢。"既不可思议,又可以接受,这恰是文学的手法。

（4）其文学性还表现在文中人物形象的塑造上。文中周穆王、西王母、柏夭、高奔戎等形象栩栩如生。穆王是一个酷喜游历而又有仁义之心（至少表面上如此）的人君，所以，当他周游的准备，包括随员、御马、祭祀等已齐全时，他却有点犹豫了，于是发出了这样的疑问："于乎！予一人不盈于德，而辨于乐，后世亦追数吾过乎？"①他在周游过程中，体恤下情，经常因恶劣天气而让从属休息，对于陪同他周游的柏夭，他也及时地遣回治所并予封赏。至于周游归途中来护送的许男、来吊盛姬丧的曹侯邢侯，也遣归其邦，不使拘于礼节。另外一个很丰满的形象就是高奔戎，他是一个威猛果敢的勇士，如卷三："辛丑，天子渴于沙衍，求饮未至。七萃之士曰高奔戎，刺其左骖之颈，取其清血以饮天子，天子美之。"应变何其果敢！至于其生搏猛虎的事迹，更显其威猛异常。历来历史传记、文学作品中能打虎者甚众，生擒猛虎者盖微。西王母、柏夭当然也是有血有肉，即便是御者造父也似乎能跃然眼前。可以看出，就《穆天子传》的文学价值而言，在先秦的作品中，也有着不可取代的地位。

（5）《穆天子传》叙事完整，条理清晰。全书叙述周穆王的周游，从准备到最后回到南郑，首尾圆合，整个事件的前因后果交代得清清楚楚，这一点不需要多做说明，阅读中就可感受到。另外，它叙事重点突出，关于柏夭、赤乌氏、西王母、盛姬的事写得较充分，有的部族、人物只是一笔带过。所有这些，使《穆天子传》即使单纯从文学角度来看，与先秦的其他作品相较亦毫不逊色。

四、战国诸子散文的文学意蕴

春秋末期和战国时代，诸子勃兴，百家争鸣，各派学者纷纷著书立说，于是诸子之书如雨后春笋，争相问世。战国时代诸子的著作如《孟子》《庄子》《荀子》《韩非子》等，固然是一个时代的著名思想巨著，讲述的主要是哲学思想和政治思想，但也涉及文化、历史、经济、法律、教育、伦理等各个方面，对中国古代思想文化和政治理论建设做出了卓越贡献。

---

① 《穆天子传》卷一。

（一）诸子散文的文学意蕴

作为战国时期主要思想载体的诸子百家著作，不论叙述、描写事物还是说明道理，写作的技巧都已很成熟，其文学价值并不亚于其史料价值。

就形式而言，战国诸子之书都是散文体。从早期的语录体散文到问答体散文，再到战国后期的鸿篇巨制，表明了诸子散文的发展历程。战国诸子著作又都是非常优秀的散文集，这些散文的作者们为了加强自己文章的说服力、感染力，都非常注重文章的修辞和表现技巧，因此这些诸子散文都有很强的艺术感染力，具有很高的文学价值。

这些诸子散文异彩纷呈，各具特色，对后世文学的发展，特别是散文的发展有着极为深远的影响。战国时代的散文，以《庄子》最为突出，堪称诸子散文的艺术高峰，在中国文学史上占有极其重要的地位。庄子的后学曾说庄子的著作是"寓言十九"，"谬悠之说，荒唐之言，无端崖（摸不着边际）之辞"①。司马迁也说他"善属书离辞，指事类情"，"其言洸洋自恣以适己"。②庄子善于运用独特的语汇来描写事物，善于运用丰富的想象力来发挥他奔放的思想感情，善于运用变化多端的文辞来表达思想。鲁迅就曾赞美庄子的文章"汪洋捭阖，仪态万方，晚周诸子之作，莫能先也"③。

清代历史学家章学诚曾经说："盖至战国而文章之变尽，至战国而著作之事专，至战国而后世之文体备。"④的确，在战国以前是没有像战国以后的各种文体的。章学诚又说：战国时人的文章"长于讽喻"，"深于比兴"，⑤所谓比就是比喻，兴就是运用景物的描写来激发感情。因为战国时人已善于运用比喻、讽刺和描写，以激发读者感情，或者运用寓言、神话、故事等，以充实其内容，所以这时的战国诸子文章是很生动活泼的，文学意蕴很强。

（二）诸子散文中的文学形象塑造

《孟子·离娄下》有这样一段故事：

① 《庄子·天下》。
② 《史记·老子庄子列传》。
③ 《汉文学史纲要》第三篇《老庄》。
④ 《文史通义·诗教上》。
⑤ 《文史通义·易教下》。

齐人有一妻一妾而处室者,其良人出,则必餍酒肉而后反。其妻问所与饮食者,则尽富贵也。其妻告其妾曰:"良人出,则必餍酒肉而后反;问其与饮食者,尽富贵也,而未尝有显者来,吾将瞷良人之所之也。"蚤起,施从良人之所之,遍国中无与立谈者。卒之东郭墦间,之祭者,乞其余;不足,又顾而之他——此其为餍足之道也。

其妻归,告其妾,曰:"良人者,所仰望而终身也,今若此。"与其妾讪其良人,而相泣于中庭,而良人未之知也,施施从外来,骄其妻妾。

由君子观之,则人之所以求富贵利达者,其妻妾不羞也,而不相泣者,几希矣。

孟轲在这一章中刻画了一个卑鄙龌龊、毫无廉耻的伪君子形象。他谋生的手段令人可怜而又可笑:每天一早就起来,到城郊的墓地向那些祭扫坟墓的人乞讨祭品,一处不足,再到另一处乞讨,这就是他每天酒足饭饱之道。不止如此,他为了抬高身价,竟然厚着脸皮到处吹嘘,说每天与他一起大吃大喝的都是富贵之人,并以此骄其妻妾,在妻妾跟前大耍威风。他的言行引起妻妾的怀疑,他的妻子为了弄清真相,暗中对他跟踪,发现城中没有一个人站住跟她丈夫说话的,最后一直跟到城郊墓地,她丈夫的所作所为才真相大白。回到家中,妻妾为丈夫的所作所为感到羞耻,相对泣于庭中,而这个"良人"大摇大摆地从外面回来,仍在妻妾面前大耍威风。孟子讲述这个故事的真正意图,在于抨击那些利用各种卑鄙手段以谋求富贵的人。在这则小小的故事中,作者把一个市井无赖和伪君子的嘴脸刻画得惟妙惟肖。

庄周在先秦诸子中是善于刻画艺术形象的大师。在庄周的笔下,许多神话人物、历史人物、动物等都被描绘得形神兼备、栩栩如生。庄子在《逍遥游》中刻画了一个肌肤若冰雪的神人形象:

藐姑射之山,有神人居焉。肌肤若冰雪,绰约若处子,不食五谷,吸风饮露,乘云气,御飞龙,而游乎四海之外。其神凝,使物不疵疠而年谷熟。

之人也,之德也,将磅礴万物以为一世薪乎乱,孰弊弊焉以天下为事!之人也,物莫之伤:大浸稽天而不溺,大旱金石流、土山焦而不热。

是其尘垢秕糠,将犹陶铸尧舜者也,孰肯以物为事!

庄子《逍遥游》的主旨在于追求绝对自由,他幻想能摆脱尘世的一切羁绊,逍遥自在,无往而不适。庄子所描绘的藐姑射山之神人正是超越尘世、不食人间烟火,也不受任何制约和伤害的绝对自由者。这正是庄子理想人格的化身。庄子主张圣人"无己""无名""无功"。因为有了"功""名""己"则必然陷于尘世而无法自拔,只有彻底抛弃"功""名""己",真正做到"三无",才能达到绝对自由的精神境界。这位藐姑射山之神人"吸风饮露,乘云气,御飞龙,而游乎四海之外",真可谓独往独来,绝对自由,这正是庄子所向往的境界。

再如,庄子在《养生主》篇描绘了一个善于解牛的庖丁形象:

　　庖丁为文惠君解牛。手之所触,肩之所倚,足之所履,膝之所踦,砉然响然,奏刀騞然,莫不中音:合于《桑林》之舞,乃中《经首》之会。

文惠君曰:"嘻!善哉!技盖至此乎?"庖丁释刀对曰:"臣之所好者道也,进乎技矣。始臣之解牛之时,所见无非牛者;三年之后,未尝见全牛也。方今之时,臣以神遇而不以目视,官知止而神欲行。依乎天理,批大郤,导大窾,,因其固然。技经肯綮之未尝,而况大軱乎!良庖岁更刀,割也;族庖月更刀,折也。今臣之刀十九年矣,所解数千牛矣,而刀刃若新发于硎。彼节者有间,而刀刃者无厚;以无厚入有间,恢恢乎其于游刃必有余地矣!是以十九年而刀刃若新发于硎。虽然,每至于族,吾见其难为;怵然为戒,视为止,行为迟,动刀甚微。謋然已解,如土委地。提刀而立,为之四顾,为之踌躇满志。善刀而藏之。"文惠君曰:"善哉!吾闻庖丁之言,得养生焉。"

庄子用庖丁解牛来比喻处世之道。庄子认为社会纷纭复杂,人生危机四伏,因而要学会保全自己,正如他自己所说:"缘督以为经,可以保身,可以全生,可以养亲,可以尽年。"[①]在这个故事中,庄子把庖丁解牛的技巧写得那样高妙:他的动作协调、熟练,简直像《桑林》之舞,运刀、进刀的声音是那样和谐、

---

① 《庄子·养生主》。

优美,简直像《经首》之乐。解牛本来是腥臊繁重的劳动,可是对于庖丁来说,他干得是那样轻松、自如。庖丁解牛的熟练程度已达到出神入化的地步,已经远远超越了一般的技艺。一头牛在庖丁看来,就像由各种部件组装而成,他凭着感觉运刀,不用看就可以轻而易举地把牛解开。他的刀已经用了十九年,还像刚刚磨完那样锋利。庖丁认为牛体各部位之间是有一定空隙的,而刀刃又是很薄的,只要找准空隙,刀自然就可以"游刃有余"了。这位庖丁善于找空隙,善于冷静观察,小心从事,因而能够趋利避害,保全自己。所以文惠君听了庖丁的讲述之后说:"我从中悟出了养生之道。"

庄子不仅善于刻画人物,对于一些具体细微的事物,也能刻画得入情入理,生动感人。如《庄子·秋水》篇中对坎井之蛙的描写:

> 子独不闻夫坎井之蛙乎?谓东海之鳖曰:"吾乐欤!出跳梁乎井干之上,入休乎缺甃之崖;赴水则接腋持颐,蹶泥则没足灭跗,还视虷、蟹与科斗,莫吾能若也。且夫擅一壑之水,而跨跱坎井之乐,此亦至矣。夫子奚不时来入观乎?"东海之鳖左足未入,而右膝已絷矣。于是逡巡而却,告之海曰:"夫千里之远,不足以举其大;千仞之高,不足以极其深。禹之时,十年九潦,而水弗为加益;汤之时,八年七旱,而崖不为加损。夫不为顷久推移,不以多少进退者,此亦东海之大乐也。"于是坎井之蛙闻之,适适然惊,规规然自失也。

坎井之蛙是眼界狭小、目光短浅的典型。它把一口井壁已坍塌的浅井当作自己的乐园,自以为没有任何地方能比得上它栖居的坎井。它自鸣得意,邀请东海之鳖到它的坎井去做客。东海之鳖"左足未入,而右膝已絷矣",这个坍塌的破井根本无法使东海之鳖容身。于是,东海之鳖向这个可怜而又可笑的坎井之蛙介绍了东海的情景。那无边无际、深不可测,不受旱涝影响的东海使坎井之蛙大为震惊,茫然自失。作者用广大深邃、旱涝无损益的东海来对比坎井,用广大深邃、变幻莫测的东海来陪衬坎井。这种对比形成的强烈反差,更突出了坎井之蛙的愚妄、局限和坎井的残破、渺小,从而加深了对坎井之蛙的讽刺力度。

《庄子·盗跖》篇塑造了盗跖和孔丘两个艺术形象。孔丘和柳下季是好朋友。柳下季之弟被称为盗跖,是个"万民苦之"的强盗首领。孔子对柳下季表示，要去说服盗跖，使他改邪归正。柳下季熟知盗跖的性格特点，劝孔丘不要去自讨没趣。孔丘不听，坚持要去。篇中文字把孔丘见盗跖的场面写得惊心动魄，扣人心弦，孔丘之迂腐、固执，盗跖之勇武、刚烈，都刻画得淋漓尽致。接着，孔丘先恭维盗跖具备"三德"，即生而长大，美好无双；知维天地，能辨诸物；勇悍果敢，聚众率兵。又夸盗跖"身长八尺二寸，面目有光，唇如激丹，齿如齐贝，音中黄钟"，转而说他不幸"而名曰盗跖，丘窃为将军耻不取焉"。并答应愿为盗跖奔走呼号，尊他为诸侯，以便使盗跖"与天下更始，罢兵休卒，收养昆弟，共祭先祖"。孔丘的这番恭维遭到盗跖猛烈批驳。最后盗跖对孔丘说："丘之所言，皆吾之所弃也，亟去走归，无复言之！子之道，狂狂汲汲，诈巧虚伪事也，非可以全真也，奚足论哉！"孔丘在遭到驳斥、痛骂之后，灰溜溜地走了。篇中这样描述：

> 孔子再拜，趋走出门，上车，执辔三失，目茫然无见，色若死灰，据轼低头，不能出气。归到鲁东门外，适遇柳下季。柳下季曰："今者阙然数日不见，车马有行色，得微往见跖邪？"孔子仰天而叹曰："然。"柳下季曰："跖得无逆女意若前乎？"孔子曰："然。丘所谓无病而自灸也，疾走料虎头，编虎须，几不免虎口哉！"

这一段文字把孔丘离开盗跖时的形象写得活灵活现；把他不听柳下季的劝告，结果自讨没趣的懊悔心情写得十分逼真。作者在本篇所刻画的盗跖和孔丘显然是一对文学形象，不能等同于历史真实，但却反映了庄子及其后学对儒家的政治思想和伦理观念所持的强烈批判态度，在《庄子》书中，像这种"指事类情，用剽剥儒墨"[①]，是随处可见的。

(三)诸子散文中的寓言故事

寓言是比喻的高级形态，是用艺术形象来表达思想的一种文学形式。"寓言"一词最早见于《庄子·寓言》篇。该篇开头云："寓言十九，重言十七，厄言日出。"战国时代，是寓言创作的高峰时期。当时的诸子散文、史传文学中都经常运用寓言。

---

① 《史记·老子韩非列传》。

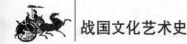

诸子散文中，寓言最多的是《韩非子》，多达 340 则。①　其次是《庄子》，其寓言数量多达 200 则。②　此外，《孟子》《吕氏春秋》等书中也有一定数量的寓言。《墨子》成书于战国初期，中国古代的寓言文学发轫不久，因此《墨子》中的寓言还处于从复杂的比喻向寓言过渡阶段。比如《非攻》篇的那段文字，以窃人桃李、攘人犬豕鸡豚等层层递进的比喻，论证攻取他人之国是不仁不义的，这已经具备了寓言的雏形。

《孟子》中的寓言已发展到成熟阶段。如《公孙丑上》的《揠苗助长》寓言简洁生动，耐人寻味：

> 宋人有闵其苗之不长而揠之者，芒芒然归，谓其人曰："今日病矣！予助苗长矣！"其子趋而往视之，苗则槁矣。天下之不助苗长者寡矣。以为无益而舍之者，不耘苗者也；助之长者，揠苗者也。非徒无益，而又害之。

这则寓言中把那位闵其苗不长的宋人愚蠢颟顸之态写得活灵活现，其讽刺意味极为深长。它告诉人们，无论做什么事，都必须尊重事物的客观规律，违背客观规律去蛮干，只能自讨苦吃。《孟子·万章上》有一篇《校人烹鱼》的寓言：

> 昔者有馈生鱼于郑子产，子产使校人畜之池。校人烹之，反命曰："始舍之，圉圉焉；少则洋洋焉；攸然而逝。"子产曰："得其所哉！得其所哉！"校人出，曰："孰谓子产智？予既烹而食之，曰：得其所哉，得其所哉。"故君子可欺以其方，难罔以非其道。

聪明人有时也难免上当受骗。郑子产让主管池塘的小吏把别人送给他的活鱼放进池塘中畜养，小吏把鱼偷着吃了，回来却对郑子产描述了他放鱼的经过。他把鱼刚放进池塘时半死不活，后来慢慢摆动鱼尾，然后突然游向远方的情节，描述得详细、具体，又很合情理。郑子产身为郑国之相，像这样的小

---

①　公木：《先秦寓言概论》，齐鲁书社 1989 年版，第 129 页。
②　赵明：《道家思想与中国文化》，吉林大学出版社 1986 年版，第 147 页。

事他当然不可能亲自去察看,因而相信了小吏的话,这是很自然的。而那个小吏却得了便宜又卖乖,说郑子产被自己蒙蔽,证明郑子产并不聪明。因此作者指出"君子可欺以其方,难罔以非其道"。

庄周是战国时代的寓言大师。他创造的寓言构思巧妙,哲理深刻,形象生动。寓言这种文学形式在《庄子》散文中的运用可谓得心应手,已经达到了炉火纯青的地步,标志着先秦寓言文学的最高水平。《庄子》寓言中,既有大量的神话人物,也有许多历史人物和现实社会中的人物,还有形形色色的动物、植物,甚至怪物也都成为寓言故事的主人公。如《庄子·应帝王》篇中有这样一则寓言:

　　　　南海之帝为倏,北海之帝为忽,中央之帝为浑沌。倏与忽时相与遇
　　于浑沌之地,浑沌待之甚善。倏与忽谋报浑沌之德,曰:"人皆有七窍,
　　以视听食息,此独无有,尝试凿之。"日凿一窍,七日而浑沌死。

《应帝王》篇的主旨在于宣扬无为而治的政治思想。这则寓言就是为了证明有为的弊病和无为的好处。倏、忽、浑沌都是作者虚构的神名。浑沌是一个没有耳鼻口眼等七窍的肉蛋,倏与忽为了报答浑沌的知遇之恩,决定为浑沌开凿七窍。每日开凿一窍,到了第七天,浑沌死了。倏与忽的用意是好的,可是他们做了蠢事,本来想报答浑沌的恩德,结果却害死了浑沌。可见,一切都应当顺应自然,反对人为,人为的结果往往事与愿违,这表达了老庄学派无为而治的思想。这则寓言也表现了庄子寓言诡异怪诞的风格。

庄子的寓言讽刺意味深长。如《外物》篇中的《儒以诗礼发冢》就是这样的寓言:

　　　　儒以《诗》《礼》发冢。大儒胪传曰:"东方作矣,事之何若?"小儒
　　曰:"未解裙襦,口中有珠。《诗》固有之曰:'青青之麦,生于陵陂。'生
　　不布施,死何含珠为!"接其鬓,压其顪,儒以金椎控其颐,徐别其颊,无
　　伤口中珠!

这首寓言深刻辛辣地讽刺了儒者的虚伪和言行不一。《诗》《礼》本是儒家的经典,是他们立身治世的根本准则。可是那些儒者标榜的是《诗》《书》《礼》

《乐》，背地里却干着最卑鄙、最下流的挖坟盗墓之类的勾当。他们在干这些勾当时还念念有词地引用《诗》篇，意在挖苦死者太吝啬，活着时不肯向他人施舍，死后还含着珍珠不肯吐出来。大儒和小儒合伙盗墓，小儒在墓中操作，大儒在墓上催促、指挥。两儒狼狈为奸时的动作、神态被活灵活现地勾画出来。《列御寇》篇中的《舐痔得车》也是《庄子》中讽刺寓言的精品：

> 宋人有曹商者，为宋王使秦。其往也，得车数乘；王说之，益车百乘。反于宋，见庄子曰："夫处穷闾阨巷，困窘织屦，槁项黄馘者，商之所短也；一悟万乘之主而从车百乘者，商之所长也。"庄子曰："秦王有病召医，破痈溃痤者，得车一乘；舐痔者，得车五乘；所治愈下，得车愈多。子岂治其痔邪？何得车之多也！子行矣！"

宋人曹商是一个善于巴结权势、谋求富贵的人，庄子对这种人深恶痛绝。然而曹商不以为耻，反以为荣。他从秦国得车后，得意扬扬地向庄子炫耀自己，这必然要遭到庄子的痛斥。庄子揭露了曹商的无耻行径，指出他一定是给秦王舐痔疮了，否则为什么会得那么多车？庄子一边痛骂，一边把曹商赶走了。这则寓言反映了庄子疾恶如仇的精神，也可以看出庄周及其后学者对那些无耻之徒的鞭笞是何等严厉，对他们的嘲讽又是何等辛辣！《庄子·秋水》篇中的《惠子相梁》与《舐痔得车》有异曲同工之妙。惠施是庄周的好朋友，他们常在一起切磋学问，也是互相辩论的对手。当时惠施任梁国（即魏国）之相，庄子恰好路过梁国，想去拜访这位故交。这时候，有人向惠施报告说：庄子这次到梁国来，是要取代您的相位。惠施信以为真，急急忙忙派人在大梁（今河南开封市）城中四处搜捕，整整折腾了三天三夜。正在这时，庄子自己送上了门。庄子见到惠施后对他说：

> 南方有鸟，其名为鹓鶵，子知之乎？夫鹓鶵发于南海，而飞于北海。非梧桐不止，非练实不食，非醴泉不饮。于是鸱得腐鼠，鹓鶵过之，仰而视之曰："吓！"今子欲以子之梁国而吓我邪？

庄子鄙薄功名利禄，对那些达官贵人向来白眼相视。楚威王曾派人去请庄子，让庄子担任楚国之相。庄子正在钓鱼，手持鱼竿，连头都不回，把使者轰走了。作为老朋友的惠施，对庄子的这种态度应是很清楚的。可是惠施却听信谣言，在城中大肆搜捕庄子，这当然会使庄子十分气愤。庄子在这则寓言中把自己比作鹓鶵，而把惠施比作猫头鹰，把梁国的相位比作一只腐烂的老鼠。鹓鶵"非梧桐不止，非练实不食，非醴泉不饮"，怎么会去抢猫头鹰口中的腐鼠呢？这则寓言表现了庄子志向的高洁和对功名利禄之徒的鄙薄。

《韩非子》书中的寓言与《庄子》中的寓言风格迥异。韩非没有像庄子及其后学者那样，驱遣大量的神话人物、传说人物、历史人物、动植物乃至怪物进入寓言。《韩非子》中的寓言主人公大多数都是现实社会中的人物，而且多为社会底层人物，许多主人公甚至连姓名都没有。这些寓言故事有不少是社会流传或人民群众口头创造的，韩非则对这些寓言故事进行了艺术加工或再创造，用于表达自己的思想和学说。《韩非子》中有些篇可称作寓言集。如《内外储说》《说林》《喻老》《十过》等篇即是，仅这几篇中的寓言故事就多达270余则。[1] 其中有很多名篇是家喻户晓的。如《难一》篇中的《楚人有鬻矛与盾者》、《五蠹》篇中的《守株待兔》、《说难》篇中的《郑人疑邻》、《内储说下》篇中的《夫妻祷祝》、《外储说左上》中的《买椟还珠》等等，都是脍炙人口的名篇。

《韩非子》中的一些寓言故事也有以历史人物为主人公的。不过，这些历史人物是经过韩非的改造，为表达他的法治思想服务的。如《内储说上》有这样一则寓言：

> 鲁人烧积泽，天北风，火南倚，恐烧国。哀公惧，自将众趣救火，左右无人，尽逐兽而火不救，乃召问仲尼，仲尼曰："夫逐兽者乐而无罚，救火者苦而无赏，此火之所以无救也。"哀公曰："善!"仲尼曰："事急，不及以赏，救火者尽赏之，则国不足以赏于人，请徒行罚。"哀公曰："善!"于是仲尼乃下令曰："不救火者比降北之罪，逐兽者比入禁之罪。"令下未遍而火已救矣。

---

[1] 谭家健、郑君华：《先秦散文纲要》，山西人民出版社1987年版，第225页。

(四)诸子散文的语言艺术

　　战国时代礼崩乐坏,百家争鸣,意识形态领域思想活跃,儒、墨、道、法、兵、名、农、医、阴阳等,各逞其说,俱放异彩。孔子曾说:"言之无文,行而不远……慎辞哉!"①诸子散文都很重视修辞,讲究语言艺术,这大大增强了诸子散文的文学价值。战国时代的诸子散文,每一家都有自己独特的语言风格。如:《墨子》质朴无华,逻辑性强;《孟子》机敏雄辩,锋芒毕露;《荀子》议论风发,朴茂渊懿;《庄子》汪洋恣肆,波谲云诡;《韩非子》冷峻犀利,善于剔抉世态人情,等等,都形成了诸子百家的演说风格,达到了说理言事的语言艺术最高境界。

　　诸子散文的语言虽然各具风格,但在修辞上也常使用共同的方法,因而有共同的特点。诸子散文都经常使用夸张的语言来渲染事物。如《庄子·逍遥游》篇对鲲鹏的描写:

　　　　北冥有鱼,其名为鲲,鲲之大,不知其几千里也;化而为鸟,其名为鹏,鹏之背,不知其几千里也;怒而飞,其翼若垂天之云……鹏之徙于南冥也,水击三千里,抟扶摇而上者九万里,去以六月息者也。

庄子把鲲、鹏夸张到常人难以想象的地步:"鲲之大,不知其几千里也","鹏之背,不知其几千里也","其翼若垂天之云","水击三千里,抟扶摇而上者九万里"。这种极度夸张的描写,在于突出鲲、鹏之大。这样的庞然大物,只有在九万里高空,"背负青天而莫之夭阏",才能达到绝对自由的境界,才能从北海飞往南海。这表现了庄子神奇、丰富的想象力。《庄子·外物》篇描写任公子钓鱼也采用了极度夸张的手法:

　　　　任公子为大钩巨缁,五十犗以为饵,蹲乎会稽,投竿东海。旦旦而钓,期年不得鱼。已而大鱼食之,牵巨钩锚陷没而下。鹜扬而奋鬐,白波若山,海水震荡,声侔鬼神,惮赫千里。任公子得若鱼,离而腊之,自制河以东,苍梧以北,莫不厌若鱼者。

─────────
　　① 《左传·襄公二十五年》。

古往今来,善钓者多矣,有谁见过以五十头阉牛作钓饵的? 任公子蹲在会稽山上,而把鱼竿投到东海,鱼竿何其长! 当大鱼咬钩后,拼命挣扎,乃至"白波若山,海水震荡,声侔鬼神,惮赫千里",真是惊天动地,使千里之外的人都胆战心惊。这种极度夸张的手法只有庄子能用得得心应手,在其他诸子散文中是比较少见的,这表现了《庄子》语言的独特魅力。庄子不仅善于用夸张的手法描写事物之大,还善于用夸张的手法描写事物之小。如《则阳》篇中关于触氏和蛮氏的描写:

> 有国于蜗之左角者,曰触氏,有国于蜗之右角者,曰蛮氏。时相与争地而战,伏尸数万,逐北,旬有五日而后反。

蜗牛已经是小得可怜的动物,而蜗牛的两角就更小了。可是就在蜗牛的两角上各有一国,其国之小可想而知。而这两个小国又为争夺地盘而战斗,乃至死亡数万人。庄子实际上是讽刺、挖苦那些当世的诸侯。他们为了争夺别国领土,穷兵黩武,真是既渺小,又可怜,就像蜗牛角上的触氏和蛮氏一样。

比喻也是诸子散文常用的修辞方法。《孟子》散文最擅长比喻。如:用"挟泰山以超北海"①,比喻去做力所不及的事;用"为长者折枝"②,比喻去做轻而易举的事;用"以五十步笑百步"③,比喻半斤八两,没有实质性的区别;用"明足以察秋毫之末而不见舆薪"④,比喻明明可以看得很清楚却视而不见的错失;用"率兽而食人"⑤,比喻诸侯只顾自己享乐,不体恤百姓疾苦;用"月攘一鸡,以待来年,然后已"⑥,讽刺那种怙恶不悛、不肯痛改前非的人,等等。

《墨子》散文的语言质朴无华,但也经常使用比喻的手法来增强说服力。如《墨子·公输》篇有这样一段对话:

① 《孟子·梁惠王上》。
② 《孟子·梁惠王上》。
③ 《孟子·梁惠王上》。
④ 《孟子·梁惠王上》。
⑤ 《孟子·离娄下》。
⑥ 《孟子·滕文公下》。

子墨子见王,曰:"今有人于此,舍其文轩,邻有敝舆,而欲窃之;舍其锦绣,邻有短褐,而欲窃之;舍其粱肉,邻有糠糟,而欲窃之。此为何若人?"王曰:"必为窃疾矣!"子墨子曰:"荆之地方五千里,宋之地方五百里,此犹文轩之与敝舆也;荆有云梦,犀兕麋鹿满之,江汉之鱼鳖鼋鼍,为天下富,宋之所为无雉兔鲋鱼者也,此犹粱肉之与糠糟也;荆有长松、文梓、楩、枏、豫章,宋无长木,此犹锦绣之与短褐也。臣以王吏之攻宋也,为与此同类。"

墨子先用具有文轩、锦绣、粱肉的人却非要去盗窃邻人的敝舆、短褐和糠糟做比喻,迫使楚惠王承认此人必有窃疾;进而再用楚国之地域广大、物产丰富与宋国之国土狭小、资源贫乏加以对比,证明以楚攻宋,就像富有者一定要去盗窃贫穷的邻居一样,等于让楚惠王承认自己有窃疾,①这当然使楚惠王极为难堪。

《墨子·非攻上》篇也用了一连串的比喻:

今有一人,入人园圃,窃其桃李,众闻则非之,上为政者得则罚之。此何也? 以亏人自利也。至攘人犬豕鸡豚者,其不义又甚入人园圃窃桃李,是何故也? 以亏人愈多,其不仁义兹甚,罪益厚。至入人栏厩、取人马牛者,其不仁又甚攘人犬豕鸡豚……至杀不辜人也,扡其衣裘、取戈剑者,其不义又甚入人栏厩、取人牛马……今小为非,则知而非之,大为非攻国,则弗知非,从而誉之,谓之义。此可谓知义与不义之辨乎?

墨子在这里用了一连串的比喻,用以说明攻取他人之国是不义的。先从"入人园圃,窃其桃李"说起,然后层层递进,每一层都比前一层"亏人愈多","不仁兹甚",则攻取他人之国为不仁不义之事,于理昭然。可是偏偏有人不辨是非,对窃人桃李之类知其为不义,而攻人之国则"谓之义",因此墨子说,这种人"少见黑曰黑,多见黑曰白",是"不知黑白之辨"的人。这种层层比喻、层层递进的手法,自然会使论敌乖乖认输。

---

① 据孙诒让《墨子年表》,墨翟止楚伐宋一事在楚惠王五十年(前439年)以前,因此墨子所见之楚王当是楚惠王。

第六章　战国时期的史学

　　战国时期的文化呈现出一种百家争鸣、百花齐放的景象，这为历史学家提供了丰富多彩的社会题材，也为历史学著述的发展和开拓提供了可能，原有的那些专记王室、诸侯诰命和大事记之类的《尚书》《春秋》等史书形式，显然不能满足新时代的要求。当时的史官活动频繁，而且一些游说的纵横家也积极参与了"造史"活动。于是出现了《左传》《国语》《战国策》《竹书纪年》等一批适应了这个时代社会发展特点的新型的历史著作，史学成就达到了一个前所未有的高度。

　　保留到现在的战国时期历史文献主要有《左传》《竹书纪年》《世本》《国语》《战国策》、诸子书、《楚辞》等。前三种为比较纯粹的历史学资料，由专门的史官编著而成，属于编年体或大事记或贵族宗谱等，即所谓"工史书世，宗祝书昭穆"①者；后一种为文学史的史料，然亦有其历史学价值；诸子亦然；而《国语》《战国策》则是介于二者之间的策士论集，着重记录当时贵族言语，属于语体类史学，是这一时期出现的新型历史学文本。同时语体类史学还提供了传说时代及西周春秋以及战国时的有关史料，因此也极具史学价值。

　　特别需要提出的是，受历史上疑古学派尤其是近世"古史辨"派的学说影响，一些过去曾被怀疑为伪书，而通过新出的秦汉简帛资料证明怀疑错了的战国文献资料，也不在少数，在此也应当恢复其名誉，承认其作为战国时期史学重要内容的一部分。

一、史官活动与史学传授

　　战国时代仍然沿用过去的史官制度，各国都专门设有史官记载史事，此时的史官应该是当时历史的见证者和记录者，他们的频繁活动与积极参与，

---

　　①　《国语·鲁语上》。

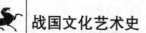

对当时重大政治事件的忠实记录,为战国历史学做出了较大贡献。

据《周礼》"春官"属下有大史、小史、内史、外史等记事之官,其中外史"掌书外令,掌四方之志,掌三皇五帝之书,掌达书名于四方"。《国语·楚语上》云:"临事有瞽史之导,宴居有师工之诵,史不失书,蒙不失诵。"《周礼·春官》瞽蒙"掌诵诗,世奠系,鼓琴瑟"。又小史"掌邦国之志,奠系世"。注:"系世,谓《帝系》《世本》之属是也。小史主定之,瞽蒙讽诵之。"又据《礼记·玉藻》称:"动则左史书之,言则右史书之。"《汉书·艺文志》则称:"左史记言,右史记事。"虽然两说将左右史职掌说得恰恰相反,但总的来说反映了上古时代跟随在君主之侧,随时记录君主"言"和"事"的史官制度。这里的"大史""小史""内史""外史""左史""右史"等都是这一时期记录历史的史官。

此时作为国君的侍从官的史官,成为"御史",常常随从国君参与对内、对外的政治活动,并随时在旁记录。别国使臣献国书,常由御史接受。这就是《汉书·艺文志》所谓"君举必书"的制度。例如秦赵两君渑池之会,双方都曾命其"御史"记录。[1] 国君宴会群臣,常是"执法在傍,御史在后"。[2] 有些大臣也设有"侍史"从旁记录。例如"孟尝君待客坐语,而屏风后常有侍史,主记君所与客语,问亲戚居处"[3]。当时各国都设有太史,作为史官之长,主管历史记录。战国时魏、韩等国的县令亦设御史。如"卜皮为县令"[4],"安邑之御史死章"[5]。晋代汲县战国魏僖王墓中发现的《竹书纪年》,就是出于魏国史官的记录。

司马迁曾根据《秦记》编制《六国年表》,[6]据他说《秦记》"又不载日月,其文略不具";又说"余于是因《秦记》,踵《春秋》之后,起周元王,表六国时事"[7]。这部《秦记》也是出于秦国史官的记录。《六国年表》所记事迹,有许多不见于《史记》别篇的记载,正因为司马迁采录了《秦记》的原文。[8] 这种

---

① 见《史记·蔺相如列传》。
② 见《史记·滑稽列传》。
③ 《史记·孟尝君列传》。
④ 见《韩非子·内储说上》。
⑤ 见《战国策·韩策三》。
⑥ 《史记·六国年表序》。
⑦ 《史记·六国年表序》。
⑧ 详孙德谦《太史公书义法·综观》。

历史记载是编年体的,只按年记载大事,极其简括。

官方的史官之外,当时还有一些各学派的主要人物,也积极参与历史知识的教育与传授。战国初期,西河为儒家之学的中心,不但子夏在此教授历史文献,传授儒家经典,曾参也在此教授。据称,他们对《诗》《书》《易》《礼》《春秋》皆为之注疏,并为《诗》作序,在《礼》中著有"礼仪丧服"。子夏晚年丧子又丧明,曾参往吊,曾说:"吾与女(汝)事夫子(指孔子)于洙泗之间,退而老于西河之上,使西河之民疑女(汝)于夫子。"①曾参死时,弟子乐正子春与曾参之子曾元、曾申同侍。吴起从曾申学《春秋》亦当在西河。《史记·儒林传》称:"田子方、段干木、吴起、禽滑釐之属,皆受业于子夏之伦,为王者师。是时独魏文侯好学。"《春秋繁露·俞序》讲到《春秋》之义有曾子。看来曾参父子也曾在西河讲授《春秋》之义。

由于魏文侯的好学,子夏为王者师,《春秋》之义成为重要的改革政治的理论,不仅从此有《公羊》《穀梁》二传的口说流传,而且在这样的气候中,《左传》一书也已编著完成,当吴起从曾申学习《春秋》时,《左传》已有流传了。

二、诗书整理与礼书编辑

战国时期虽然战乱纷仍,经常刀兵相向,但是这也是一个对待传统文化极为重视的时代。出于各种不同的目的考虑,人们对于古代的经典文献和古史文本,进行了进一步的整理和编订。这其中就包括《诗经》《尚书》等古诗、古史,以及一些礼书的编纂和整理。

(一)《诗经》的整理和流传

春秋战国时代所说的《诗》,是指自古流传下来的诗歌,大部分可以同音乐和舞蹈配合起来歌唱。其中有贵族的宗教性颂诗,如《周颂》《鲁颂》之类;也有贵族宴飨时歌唱的诗,如《大雅》《小雅》之类;多数是反映社会生活的诗歌,如《国风》之类。春秋时代贵族常常在宴会中赋《诗》,在交际应对中,引用诗句,往往断章取义,借以表达自己的意思。后来儒家还把《诗》作为学习

---

① 《礼记·檀弓上》。

的重要内容,同时作为宣传教育的重要手段。"三百五篇,孔子皆弦歌之"①。据孔子自己说:"《诗》,可以兴,可以观,可以群,可以怨;迩之事父,远之事君;多识于鸟兽草木之名。"②墨子也说:儒者"诵诗三百,弦诗三百,歌诗三百,舞诗三百"③;还说儒者"弦歌鼓舞以聚徒","务趋翔之节以观众"。④ 流传到现在的《诗经》,司马迁说是孔子从"《诗》三千余篇"中"去其重"而编成的,不免夸大,但是,这部《诗经》出于儒家的整理和编辑,该是事实。我们查考《墨子》书中引《诗》十则,不见于今本《诗经》的有四则之多,和今本次序不同的有三则,字句不同的有二则,大致相同的只有一则,可知当时墨家所读的《诗》不同于今本《诗经》,今本《诗经》当出于儒家整理编辑。《诗经》是西周时期和春秋前期的诗歌总集,它标志着我国文学的光辉起点。

《诗经》在战国时期,仍然在传播过程中。据《汉书·艺文志》、东汉郑玄《诗谱》《毛诗传笺》、唐孔颖达《五经正义》等书记载:至战国初期,研究传习《诗经》者,有齐人辕固、鲁人申培、燕人韩婴、河间毛亨。"毛亨著有《诗诂训传》于其家,河间献王得而献之。"毛亨将《诗诂训传》传授给其侄子毛苌。而毛氏所传的正是流传已久的《诗》文本。

而据三国时期吴人陆玑著的《毛诗草木鸟兽虫鱼疏》记载:"孔子删书授卜商,卜商为之序,以授鲁人曾申,申授魏人李克,克授鲁人孟仲子,孟仲子授根牟子,根牟子授赵人荀卿,卿授鲁人毛亨,亨作《诂训传》,以授赵国毛苌,时人谓亨为大毛公,苌为小毛公。"而唐代陆德明著的《经典释文序》中有不同记载:"徐整云:子夏授高行子,高行子授薛仓子,薛仓子授帛妙子,帛妙子授河间大毛公,毛公为《诗诂训传》于家,以授赵人小毛公。"所记虽然有些出入,传授的人物序列并不相同,但可以肯定的是,战国时期的众家传诗,为后来的《诗经》最终文本的形成,打下了基础。

此时,人们对于《诗经》的运用,虽然不像春秋时期那样被人们经常"赋诗言志",但诸子百家演说事理或纵横家游说君主,也总是不忘引用《诗经》以增加说服力。战国时期的大儒孟子还针对各种"引诗""说诗"场合等,提出了以下注意事项,如:"说诗者,不以文害辞,不以辞害志,以意逆志,是为

---

① 《史记·孔子世家》。

② 《论语·阳货》。

③ 《墨子·公孟》。

④ 《墨子·非儒》。

得之。"①"颂其诗,读其书,不知其人,可乎? 是以论其世也,是尚友也。"②孟子甚至还提出了"说诗"的理论,指出"说诗"要"以意逆志""知人论世"。而另外一个战国大儒荀子,也首先尊《诗》为"经",从理论上阐明其"言志""明道"的性质及其政教功能。

在近年发现的"清华简"中,也有保留于这一时期的部分《诗经》文本。"清华简"中有《耆夜》一篇,为周武王时期的乐诗,一共有 14 支竹简,记载周武王八年征伐耆国(即黎国)得胜回到周都后,在文王宗庙举行"饮至"典礼,参加者有武王、周公(武王弟弟)、毕公(武王弟弟)、召公(与武王同辈,身份不确定)、辛甲(大夫)、作册逸(史官)与师尚父(即姜太公)等人。典礼中饮酒赋诗,诗的内容均见于简文。赋诗的作者已知有武王和周公,赋诗的内容包括周武王对毕公所赋诗《乐乐旨酒》、周武王对周公所赋诗《輶乘》、周公对周武王所赋诗《明明上帝》、周公对毕公所赋诗《㷼㷼》(英英),以及周公自赋诗《蟋蟀》。③ 这篇竹简既有历史价值,又

图 6-1　清华简《耆夜》

有文学意义。尤其是其中周公的一首诗竟然与现在《诗经·唐风》中的《蟋蟀》一诗有密切的对应关系,更是出人意料。这对《诗经》学史和赋诗传统,以及战国时期《诗经》文本存在状态的研究而言,都是非常重要的资料。

(二)《尚书》的整理和流传

战国时期已经有了《尚书》文本的流传,它是指自古流传下来的历史文献。汉马融说:"上古有虞氏之书,故曰尚书。"唐孔颖达说:"尚者,上也,言

---

① 《孟子·万章上》。
② 《孟子·万章下》。
③ 清华大学出土文献研究与保护中心编著,李学勤主编:《清华大学藏战国竹简》(壹)下册,上海文艺出版集团中西书局 2010 年版,第 150 页;复旦大学出土文献与古文字研究中心研究生读书会:《清华简〈耆夜〉研读札记》,复旦大学出土文献与古文字研究中心网站,2011 年 1 月 5 日。

此上代以来之书,故曰尚。"《尚书》是我国现存史书中最古者,系上古历史文献和政史论文的汇编,儒家重要的经典著作之一。流传到现在的《尚书》,出于西汉初年儒家伏生所传授。司马迁说是出于孔子的"编次",看来不可信。因为其中就收有战国时代的著作《尧典》和《禹贡》等篇。但是它出于战国时代儒家所编辑,成为当时儒家经典"诗、书、礼、易、乐、春秋"的"六艺"之一进行传授,该是事实。

1. 战国诸子引用《尚书》的情况

也就是说,我们现在看到的《尚书》文本,是战国时期儒家所编纂的。所以战国诸子引用《尚书》,每每有超出今本《尚书》而为轶文者,只有儒家《荀子》没有偏离今本《尚书》的藩篱,就是一个有力的证明。

那么其时其他诸家是否也有自己的编选本呢? 当战国之时,百家争鸣,各家为鼓吹自己学说,往往征引古史作为自己立论的证据。《尚书》就是诸子经常引用以增加说服力的武器。但是战国诸子所引《尚书》篇章,往往有分歧,有出入,各家为了宣扬自己的学说,不惜妄改所引文本,这是造成各家所传文本不同的主要原因。

在此,以战国时期的《墨子》为例,看看此时人们对于《尚书》的引用和态度。查考《墨子》书中引《尚书》共有 29 则,仅次于《左传》所引《尚书》次数(42 则),其中连篇名、文字都不见于今本《尚书》的有 14 则之多,篇名、文字和今本《尚书》不同的 1 则,文字不见今本《尚书》的 6 则,引《泰誓》而不见今本的 2 则,与今本有出入者 2 则。说明墨家所读的《尚书》和儒家大不相同。《墨子》所引的《尚书》,主要是有关禹、启、汤、仲虺、周武王等人的文献;而今本《尚书》28 篇中,《周书》要占一半,大多是西周初年的文献,其中有 10 篇记载着周公的长篇大论,主要宣扬的是文、武、周公之道,应该出于儒家编选的结果。所以会出现如此情状,是因为墨家引用《诗》《书》,用作说明他们理论的依据,自然要选取那些有利于其观点的证据。而儒家编辑《诗经》《尚书》,同样是为了用作他们的理论依据,同时还用作他们聚徒讲学的教材。也就是说,经过春秋战国各家的研究和整理,当时流传的不同版本的《尚书》文本,是与战国时期各家争鸣形势极相适应的。

近来也有学者从战国时期人们对《尚书》同一文本引用的不同情况,来考察此时人们的社会思想之多元性及观念之发展转变。比如《尚书·吕刑》有"苗民弗用灵,制以刑"之句。除了目前所见的《尚书》版本之外,郭店楚墓出土和上海博物馆收藏的两种《缁衣》简本、传世的《礼记·缁衣》经本、传世的《墨子·尚同中》等都引用有这一句,但五种文献中所引此句各不相同。其中郭店简本所表现的是战国前期最原始儒家的政治理想。从后来文献的变化还可以看到战国晚期以来儒家"天命"概念的发展状况。① 同时,我们也可以从中窥见,《尚书》等古典文献在这一时期演化的历史过程。

2.《尧典》《禹贡》撰写于战国时代

《尚书》中虽然辑录的多是夏商周时代的政令文件,但其中也反映了战国时期的人们的精神和理念。这就是在学术界备受争议的《尧典》和《禹贡》两篇。

《尚书·尧典》记载了尧舜二帝的功德、言行,是研究上古帝王历史的重要资料。本篇开始有"曰若稽古"四字,这就表明它不是当时史官的直接记录,而是出自后代史官的追记。关于《尧典》成书的年代,历来有不同说法:尧舜禹时代说(尚书序)、西周说(范文澜)、春秋孔子说(康有为)、战国说(郭沫若)、秦汉说(顾颉刚)等等,不一而足。②

据近现代学界的研究,人们普遍认为《尧典》是战国中晚期的产物,它是儒家所倡导的政治理想及帝王典范的集中反映。正如台湾著名学者屈万里所云:"盖本篇乃战国时人,就所闻尧舜之事迹笔之于书者。"③这就是说,《尧典》作为记述上古帝王言行的篇章,虽然素材古老,但因写定时间约在战国中晚期,故其思想、内容自然吸收西周以来的天命观和春秋以来的儒家思想学说,因此成为后世儒家经典中的代表文本。

《禹贡》是《尚书》中的一篇反映大禹治水之后划分天下为九州,以不同地利而制定贡纳赋税的文本。一般认为《禹贡》作为古代贡赋之法,源于夏代"禹别九州,随山浚川,任土作贡"。实际上,此篇也是战国时期儒家补充进去的。关于《禹贡》的成书时代,历史上说法颇多。清代及其以前,《禹贡》一直被认为是夏代的作品,这种观点在20世纪以前极少有人提出异议,近现代以来这种观点已逐渐被摒弃。晚近有代表性的说法大凡有四:一、辛树帜

---

① 郭静云:《从不同文本引用〈尚书·吕刑〉篇试探战国社会思想的多元性》,《史学史研究》2009年第2期。

② 参看李民《〈尧典〉与氏族社会》,《尚书与古史研究》,中州古籍出版社1983年版,第25—26页。

③ 屈万里:《尚书集释·虞夏书·尧典》,台北联经出版事业公司1994年版,第6页。

的西周说;二、王成组的春秋孔子说;三、顾颉刚的战国中期说;四、日本学者内滕虎次朗的战国末至汉初说。①

20世纪二三十年代,疑古学派的代表人物顾颉刚运用近代历史学的研究方法,对《禹贡》内容做了超越前人的考释,指出《禹贡》九州说和五服分内外两部分说所揭示的当时所谓中国的疆域,必然要到战国的中期即"七雄"各向外方发展之后,才有实际出现的可能,并提出《禹贡》是战国时期作品的观点。② 刘起釪先生也认为:《禹贡》原是战国之世走向统一前夕的总结性地理记载,把当时七国所能达到的疆域算作天下,而根据自然地理来划分区域,各州都把特产作贡物,并据土地肥瘠来定各州田赋的等次。这是两千年前一篇可贵的理想式规划、地理学杰作。③ 至80年代末,邵望平根据黄河、长江流域的古文化区系以及《禹贡》所记九州风土的综合研究,认为《禹贡》九州篇的蓝本出现不迟于西周初年,而含有九州、导山水、五服三个篇章的《禹贡》即我们今天所见到的《禹贡》则可能是春秋战国时期学者修订、补缀、拼凑而成的。④ 90年代初期,刘起釪据顾颉刚所持的"战国说"的意见,提出《禹贡》的关键问题是大河非春秋以后的黄河,以及吴王夫差资料皆在《禹贡》以后等,因而以为《禹贡》原文不能晚于春秋时期,但强调了古代文籍总不是成于一时一人之手,因而《禹贡》原文流传至战国时增入了战国资料,才成今日所见之定本。⑤ 其中对于顾颉刚先生的战国中期说多有补苴,学界从此说者较多。

3.《逸周书》与《尚书》

(1)《逸周书》的名称

《逸周书》,又称《周志》《周书》《周史记》《古文周书》《今文周书》等,隋唐以后也称《汲冢周书》。在性质上,《逸周书》与《尚书》类似,是我国古代历史文献汇编。旧说《逸周书》是孔子删定《尚书》后所剩,是为"周书"的逸篇,故得名。然今人多以为此书主要篇章出自战国人之手。

---

① 参见李民《〈禹贡〉与夏史》,《尚书与古史研究》,中州古籍出版社1983年版,第45页。
② 顾颉刚:《论今文〈尚书〉著作时代书》,引自《古史辨》第一册,上海古籍出版社1982年版。
③ 刘起釪为李民《尚书与古史研究》所作序言,中州古籍出版社1983年版,第8页。
④ 邵望平:《〈禹贡〉"九州"的考古学研究》,《考古学文化论集》二,文物出版社1989年版。
⑤ 刘起釪:《〈禹贡〉作者》,《中国历代地理学家评传》(第一卷),山东教育出版社1990年版。

(2)《逸周书》的来历

关于《逸周书》的来历，历来有不同说法。一种说法以为它是晋武帝时太康年间汲郡古墓所出，是汲冢古书的一种，所以又称之为《汲冢周书》，《隋书·经籍志》《新唐书·艺文志》等皆如此著录，俱称此书以晋太康二年得于魏安釐王冢中。然《晋书·武帝纪》及《荀勖传》《束晳传》等，载汲郡人不准所得《竹书》七十五篇，具有篇名，无所谓《周书》。杜预《春秋集解后序》，载汲冢诸书，亦不列《周书》之目。是《周书》不出汲冢也，称今本《周书》为《汲冢周书》，实是一种误解。

另一种说法以为它自古流传不绝，而非出于汲冢，并以许慎《说文解字》、郑玄《周礼注》等所引材料及《汉书·艺文志》所载"《周书》七十一篇"为证。亦有人折中两种说法，认为今之所见《逸周书》实为后人合传世本与汲冢本而成。

(3)《逸周书》的版本流传与注疏研究

今本《逸周书》文字讹缺很多，其中《程寤》《秦阴》《九政》《九开》《刘法》《文开》《保开》《八繁》《箕子》《耆德》《月令》11 篇有目无文。

《汉书·艺文志》最早将《周书》七十一篇著录于《六艺略》书类。此后，历代的官私目录皆收录《逸周书》。

《逸周书》历代不乏注疏者，最早为《逸周书》作注的是西晋五经博士孔晁，他为《逸周书》中的 45 篇作注，孔注非常简单，多是解释某个词或某句话含义，并且在每篇篇名上赘有一个"解"字。唐颜师古注《汉书·艺文志》，在《周书》七十一篇下说："刘向云：周时诰誓号令也，盖孔子所论百篇之余也，今之存者四十五篇矣。"这是引刘向佚书《别录》中的话，是《逸周书》最早的研究文字，异常珍贵。今存孔晁《周书注》已残缺简略，仍然受到人们的重视，清代学者卢文弨在孔注基础上研究《逸周书》，取得很大成绩。

卢文弨是第一个真正全面校理《逸周书》者，其抱经堂本《逸周书》世称善本，且校语至今俱存。此后以朱右曾《逸周书集训校释》流传最广，另有丁宗洛《逸周书管笺》、潘振《周书解义》、陈逢衡《逸周书补注》、唐大沛《逸周书分编句释》、王念孙《读书杂志·逸周书杂志》、何秋涛《王会篇笺释》、俞樾《周书平议》、孙诒让《周书斠补》、刘师培《周书补正》与《周书略说》

和陈汉章《周书后案》,均以注解细密、校订精审闻名。①

近代以来,梁启超、顾颉刚、郭沫若、李学勤等学者,在《逸周书》的史料价值、西周篇章的考证和研究方面,独具慧眼,为《逸周书》的史学研究提供了可贵的范例。黄怀信、张懋镕、田旭东编撰,李学勤审定《逸周书汇校集注》②,将前人的这些成果汇为一书,可谓集大成者,极具权威性。

新时期以来台湾学者黄沛荣《周书研究》③、黄怀信《逸周书源流考辨》④、罗家湘《逸周书研究》⑤等专门研究,对相关文献做了梳理,深化了该书全方位研究,创获多多,影响很大,增强了该书作为西周春秋文献的可信度,强调了其史学价值。

(4)《逸周书》的内容

《逸周书》共十卷,原文正文应该有 70 篇。但正文有全、有缺、有佚,情况不一。另有序一篇,序与《尚书》序相类,分言各篇之所由作,各本或在卷端,或附卷尾。正文基本上按所记史事之时代早晚编次,历记周文王、周武王、周公、成王、康王、穆王、历王,下至春秋后期的灵王、景王时事,包括了从西周至春秋间约 600 年的事迹。

有学者按内容将《逸周书》59 篇分成四类:史书、政书、兵书、礼书。其中史书是以记录历史事件为主的篇章,包括《克殷》《世俘》《商誓》《度邑》《作雒》《皇门》《尝麦》《祭公》《芮良夫》九篇。政书以训诫为主要内容,包括《度训》《命训》《常训》《文酌》《籴匡》《大匡》《程典》《酆保》《大开》《小开》《文儆》《文传》《柔武》《大开武》《小开武》《宝典》《酆谋》《寤儆》《武穆》《和寤》《武寤》《大匡》《文政》《大聚》《武儆》《五权》《成开》《大戒》《本典》《王会》《史记》《太子晋》《王佩》《殷祝》《周祝》《铨法》三十六篇。兵书包括《武称》《允文》《大武》《大明武》《小明武》《武顺》《武纪》七篇。礼书包括《周月》《时训》《谥法》《明堂》《职方》《官人》《器服》等篇。

但今本《逸周书》内容庞杂,即如以上分类,而各篇体例、性质也不尽相同。如前三篇《度训》《命训》《常训》,皆以王者师的口吻,讲为政牧民之

---

① 周玉秀:《〈逸周书〉研究著作述论》,《古籍整理研究学刊》2005 年第 3 期。

② 黄怀信:《逸周书汇校集注》,上海古籍出版社 1995 年版。

③ 黄沛荣:《周书研究》,台湾大学中国文学研究所 1976 年博士论文。

④ 黄怀信:《逸周书源流考辨》,西北大学出版社 1992 年版。

⑤ 罗家湘:《逸周书研究》,上海古籍出版社 2006 年版。

道；第五篇《籴匡》和第十一篇《大匡》，讲救助灾荒的措施与制度；第六篇至第十篇《武称》《允文》《大武》《大明武》《小明武》等三十二篇《武顺》、第三十三篇《武穆》和第六十八篇《武纪》，均类兵家言；而自第十一篇以下，各篇又多以"维（王）某祀（或某月）"的形式开头，记事或言。第三十至第五十篇，主要记伐商前后事。如《酆谋》记伐商前的准备，《和寤》记伐商途中事，《克殷》记克殷的经过及善后，《世俘》主要记伐殷战果，《商誓》主要记武王训告商旧臣诸侯之辞，《度邑》记周公规拟伊洛而定"天室"之事，《作雒》记营建成周之缘起及成周之制。第五十一篇《月令》是有关天文历法的文字。第五十二篇《时训》记一年中二十四节气及七十二时之物候。第五十四篇《谥法》言给谥命号的法则。第五十八篇《官人》与《大戴礼记·文王官人》文同而人异①。第五十九篇《王会》，记成周之会的盛况及各方贡献。第六十篇《史记》，记历史上诸王国灭亡的原因与教训。第六十二篇《职方》，即《周礼·夏官·职方氏》文。第六十三篇《芮良夫》，记芮良夫训诫厉王之辞。第六十四篇《太子晋》，记周景王太子晋行事。第六十七篇《周祝》，则又为韵语，纯系说教。

（5）《逸周书》的成书时代

关于《逸周书》的成书年代，学界多有争议。据传作者为孔子。汉刘向的《周书序》最早对《逸周书》的篇章进行时代划分：以《度训》至《文传》为文王时作，《柔武》至《五权》为武王时作，《成开》至《王会》为周公、成王时作，《祭公》《史记》《职方》为穆王时作，《芮良夫》为厉王时作，《太子晋》为灵王时作，《王佩》以下六篇不明。

当代学者也有将《逸周书》不同的类别进行研究，得出了成书于不同时代的结论。如罗家湘认为，史书9篇基本是西周作品，其中《作雒》有明显的后人改作痕迹；政书36篇为春秋时写定，内容主要为政治训诫；兵书7篇也是春秋时代陆续写定，是对于当时战争经验的总结；礼书7篇完成于战国时代，除了《器服》是成于公元前299年的一份遣册外，其他几篇是战国早期的礼政类著作。

近代以来的学者，大多相信虽然其中的一些篇章如《世俘》《克殷》《商誓》等成书于西周时代或春秋时期，但《逸周书》初步编纂是在战国时代，这

---

① 《大戴礼》为文王与太公望，此为文王与周公旦。

是毋庸置疑的。

据说《逸周书》是孔子编选《尚书》时删节下来的遗篇。战国初年,居于魏国的儒家学派人物,在春秋时期史官所编纂的周文王、武王、周公言论《周志》的基础上,收录当年孔子删书之余及一些礼书、兵书内容,而成《逸周书》的基本框架。《逸周书》的编辑成书,是为魏国兼并诸侯统一天下服务的,《周志》与《尚书》之余等文献合编为《周书》是在魏文侯时期。战国初年魏国人编成,流传到西汉刘向进行了整理,之后便流传开来。

《逸周书》中的一些反映西周史事的作品,虽然成书时代早,但我们认为除少数篇章外,多数是出于战国时代模拟周代诰誓辞命之作。该书夸耀武功,崇尚武德,这正是战国时代的思想。也有人认为,《逸周书》为战国时代兵家所编辑,其中少数确是《周书》的逸篇性质,宣扬周武王武功以及武王、周公的文治的;但大多数是战国人模拟的作品,又有假托的故事,如《王会篇》所记四方少数民族贡献特产给周成王,反映了战国时代少数民族的情况。这是有道理的。

(6)《逸周书》的史学价值

《逸周书》记载了许多重要史事,保存了不少上古时期的历史传说,对研究先秦历史文化很有价值,其中《克殷》《世俘》等篇记武王伐纣经过,是研究商周之际史事的重要依据之一。《逸周书》中属于史书的一些篇章,如《世俘》《商誓》《皇门》《祭公》《芮良夫》等篇,记载的西周时期历史相当可靠。而《度邑》所记之事在周初铜器何尊铭文也有反映;《克殷》所记,朱右曾以为"非亲见者不能",也当有较可靠的根据,所以此二篇皆为司马迁著作《史记·周本纪》所采用。

史书以外的礼书、兵书等其他篇章,也有其研究价值。如《度训》等篇对于研究孟子、荀子等人的思想渊源,《程典》等篇对于研究古代伦理思想,类兵家言的几篇对研究先秦兵家,《王会》对于研究古代少数民族的分布及民族关系,均有其特殊意义。

值得注意的是,近年发现的"清华简"中有《尚书》《逸周书》和佚书20多篇,这些战国时期的《尚书》《逸周书》文本,基本上没有什么区别。从"清华简"来看,现在不能证明,也不能反对孔子编百篇《尚书》之说。但是"清华简"足以说明东晋以后的古文《尚书》没有历史根据。"清华简"的一些篇章,保留了战国时期《尚书》《逸周书》的原本原貌。因此李学勤认为,对《逸周书》里面若干篇书的估价,还应该提高。①

4."清华简"与战国时代的《尚书》文本

近年举世瞩目的"清华简"中,也发现了失传2000多年的战国版《尚书》文本。目前,清华大学出土文献研究与保护中心整理出的"清华简"文献60余篇,已经出版的第一辑中收录九篇文献:《尹至》《尹诰》《程寤》《保训》《耆夜》《金縢》《皇门》《祭公》和《楚居》。其中的前八篇为《尚书》《逸周书》及体裁类似的文献。②

据廖名春的研究,"清华大学从香港收购的2000多枚战国竹简中,与《尚书》有关的当有90多枚:属于今本《尚书》的有《金縢》篇,有简14枚;属于逸《书》的有3篇,有简40枚左右,其中《尹至》篇有简5枚,《尹诰》有简4枚,《说命》分为3篇,当有简30多枚;属于今本《逸周书》的有3篇,有简43枚,其中《皇门》篇有简13枚,《程寤》篇有简9枚,《祭公之顾命》篇有简21枚。"③

在这些属于战国时流行的《尚书》文本中,《保训》既不属于今本《尚书》,也不见于《逸周书》,属于逸《书》范畴,它讲述了周文王临终前对其子武王的遗言,提到尧舜和商朝祖先上甲微的传说,这篇文献从焚书坑儒后便无人知晓,其中包含的中道思想很有哲学意义。《尹至》《尹诰》是关于商汤和伊尹灭夏的重要文献。《程寤》和《皇门》《祭公之顾命》在汉代都被收进《逸周书》。而清华简的《傅说之命》三篇,才是已经逸失了的《尚书·说命》三篇,才是真正的《尚书》原本。同样"晚书"《咸有一德》确属伪书,而清华简本,才是真正的《尹诰》或《咸有一德》。

只有《金縢》篇是可以与今本对应的,但两者之间不尽相同。李学勤指出:《金縢》篇"简文还有一个很特殊的地方,就是没有传世《尚书·金縢》中涉及占卜的文句,而《史记·鲁世家》所引该篇是有那些内容的。由此看来,清华简与传世本《金縢》应分属于不同的传流系统。"廖名春认为,"竹书本《金縢》从整体上要晚于今本,要劣于今本"。

"清华简"战国《尚书》文本的发现与研究,对于《尚书》学史和古典文献

---

① 李学勤:《清华简与〈尚书〉、〈逸周书〉的研究》,《史学史研究》2011年第2期。
② 清华大学出土文献研究与保护中心编著,李学勤主编:《清华大学藏战国竹简》(壹)下册,上海文艺出版集团中西书局2010年版,第150页。
③ 廖名春:《清华简与〈尚书〉研究》,《学灯》第十七辑。

研究,都具有重大意义。

(三)战国时期礼书的编辑

"礼"原是先秦贵族用来巩固贵族内部组织和统治人民的一种治理社会的手段,目的在于维护贵族的宗法制度和君权、族权、夫权、神权,从而巩固统治的。当时经济和政治上的典章制度,往往贯串在各种礼仪的举行中,依靠礼仪的举行来加以确立和维护的。《荀子·礼论》,就是阐明这个道理的。

战国时期已经是个"礼崩乐坏"到无以复加的时代,这使得主张"克己复礼"、强调以礼治国的儒家学派,有一种搜集古礼、复活周礼的历史使命感。于是,在此时的儒家大师学者的呼吁下,编辑了儒家所需要的古典礼书,那就是《仪礼》和《周礼》两书。这些礼书的编成,对于后世产生了极大的影响。

1.《仪礼》的编纂

《仪礼》在汉代以前称《礼》《士礼》或《礼经》,是中国先秦时代经过儒家的整理编辑的礼仪礼节的总汇。

《仪礼》记载着周代的各种礼仪,其中以记载士大夫的礼仪为主。秦代以前篇目不详,汉代初期高堂生传仪礼十七篇,另有古文仪礼五十六篇,已经遗失。现存《仪礼》十七篇,是先秦时流传下来的十七个仪节单,其中有《士婚礼》《士丧礼》《士冠礼》《士相见礼》等,主要是士一级贵族应用的礼节,所以又称《士礼》。除此之外,据《仪礼》载,天子、诸侯、大夫、士日常所践行的礼还有:乡饮酒礼、乡射礼、燕礼、大射礼、聘礼、公食大夫礼、觐礼、士丧礼、丧服、既夕礼等等。

《仪礼》是贵族所用各种主要礼节仪式的汇编,反映了当时的典礼活动、伦理关系、吉凶婚丧等社会生活的史料。其中记载的冠、婚、丧、祭各种礼节一般为后世所承袭。《仪礼》记载的宫室、服饰、饮食制度,婚、丧、冠、射、燕、聘用具也为考证古代名物提供了珍贵资料,在历史学、考古学上有其重要价值。从《仪礼》中,我们可以看到先秦时人们的思想、生活、道德观念,这对我们了解古代社会、礼俗,有着重大历史意义。

《仪礼》的传承历史曲折,曾一度遭到冷落。据《汉书·儒林传》记载,汉兴,鲁高堂生传《士礼》十七篇。而萧奋以《礼》至淮阳太守。孟卿事萧奋,以授后仓、闾丘卿。仓授闻人通汉、戴德、戴圣、庆普,从此传授不断。汉宣帝时,以戴德、戴圣、庆普三家所传习的《礼经》立于学官,当时属今文经(见经今古文学)。不久在鲁境又出现《礼古经》,其除有十七篇外,多"逸礼"三十九篇,但未传下。今文经传至西汉末,有戴德、戴圣、刘向三个篇次不同的本子。汉末郑玄用刘向按尊卑吉凶次序编排之本作注,并记明今古文之异同。今只有此本传下。该书至晋代始称《仪礼》,当时门阀为宗法需要,特重其中详定血统亲疏的《丧服》诸篇,出现了不少有关著作。唐贾公彦撰《仪礼疏》十七卷,南宋时与郑注合刊为《仪礼注疏》。北宋熙宁(1068—1077 年)中一度废《仪礼》不为经,元祐(1086—1094 年)间又恢复。历宋、元、明,续有不少研究著作。清代研究者有十余家,其中清人张惠言《三礼图》、张尔岐《仪礼郑注句读》、凌廷堪《礼经积例》等较有价值,其中尤以胡培翚《仪礼正义》为集大成者,为世称道。

传世文本之外,近代以来也发现了地下出土文本的《仪礼》残篇。1959年,在甘肃省武威磨嘴子 6 号墓中出土汉简 480 枚,包括《仪礼》简 469 枚,日忌杂占简 11 枚;同时,在第 18 号墓中出土"王杖十简"。其中,《仪礼》简为《仪礼》的版本、校勘提供了重要资料,由于简册保存完好,墨迹如新,对于复原古代简册制度及《仪礼》的传播历程提供了具体例证。

但是关于《仪礼》的成书年代,自古也是颇有争议的。或认为是周公制作(如梁崔灵恩,唐陆德明、孔颖达、贾公彦等),或认为是孔子订定的(如清代邵懿辰、皮锡瑞等),或认为"作于战国之世"①。我们从《仪礼》的内容看,它又不全与先秦社会实际生活相符,杂有若干理想化、整齐化的成分。因此大多数学者认为,《仪礼》成书当在战国初期到中叶。也有学者经过考证,认为成书于战国晚期。②

2.《周礼》的编辑

《周礼》又名《周官》,是先秦儒家编著的一部理想化的政典,分述各级官职及其相关的典章制度。所记各种政治制度一方面反映了西周现实的政治制度,另一方面也反映了战国时期人们头脑中理想的政治制度。

《周礼》是一部通过官制来表达治国方案的著作,内容极为丰富。《周礼》分为天、地、春、夏、秋、冬六官,下设 360 个官。六官的分工大致为:天官

---

① 崔述:《读风偶识》卷一。
② 王辉:《从考古与古文字的角度看〈仪礼〉的成书年代》,《传统文化与现代化》1999 年第 1 期。

主管宫廷,地官主管民政,春官主管宗族,夏官主管军事,秋官主管刑罚,冬官主管营造,涉及社会生活的所有方面,在上古文献中实属罕见。《周礼》所记载的礼的体系最为系统,既有祭祀、朝觐、封国、巡狩、丧葬等等的国家大典,也有如用鼎制度、乐悬制度、车骑制度、服饰制度、礼玉制度等等的具体规制,还有各种礼器的等级、组合、形制、度数的记载。许多制度仅见于此书,因而尤其宝贵。

《周礼》的流传过程是这样的:西汉的景帝、武帝之际,河间献王刘德从民间征得一批古书,其中一部名为《周官》。原书当有天官、地官、春官、夏官、秋官、冬官六篇,冬官篇已亡,汉儒取性质与之相似的《考工记》补其缺。汉成帝时,刘向、歆父子校理秘府所藏的文献,才重又发现此书,并加以著录。刘歆十分推崇此书,认为出自周公手作,是"周公致太平之迹"。王莽时,因刘歆奏请,《周官》被列入学官,并更名为《周礼》。东汉初,刘歆的门人杜子春传授《周礼》之学,郑众、贾逵、马融等鸿儒皆仰承其说,一时注家蜂起,歆学大盛。东汉末,经学大师郑玄为《周礼》作了出色的注。由于郑玄的崇高学术声望,《周礼》一跃而居《三礼》之首,成为儒家的皇皇大典之一。唐人为"九经"作疏,贾公彦《周礼疏》就是其中最好的一部,受到朱熹的赞赏。清儒为"十三经"作新疏,孙诒让的《周礼正义》冠绝一世,至今无有出其右者。

《周礼》究竟成书于何时?也颇有不同的看法。汉代刘歆认为它是"周公致太平之迹",而何休又"以为六国阴谋之书"[①]。古代学者大多宗刘歆、郑玄之说,认为是周公之典。清代著名学者孙诒让认为,《周礼》一书是自黄帝、颛顼以来的典制,"斟酌损益,因袭积累,以集于文武,其经世大法,咸粹于是"[②],是五帝至尧、舜、禹、汤、文、武、周公的经世大法的集萃。清代康有为等人则认为出于刘歆伪造。

近代以来的学者在文献学研究的基础上辅之以古文字学、古器物学、考古学研究等手段,对《周礼》进行更为广泛、深入的研究。郭沫若以西周铜器铭文中的官制和《周礼》比较,证明《周礼》不是西周作品,应是战国著作,

---

① 《周礼》贾公彦疏。
② 《周礼正义序》。

"盖赵人荀卿子之弟子所为"。① 杨向奎从《周礼》中的社会经济制度、政法制度和学术思想分析,认为这是战国时代齐国的作品。② 顾颉刚从《周礼》中六乡重视"颁法""读法"和六遂重视"诛赏",以及力役赋税负担的加重,又推测这是出于齐国以及别国的法家。③ 杨宽也认为:"《周礼》战国时儒家编辑的政典,分述国家各级官职的职掌及与之相关的典章制度,杂采春秋、战国时代的政治制度,加以理想化、系统化后编成。全书按天地四时,分为'六官'。西汉初期因《冬官》散失,采用《考工记》来补充。《考工记》大体上是战国初期齐国的著作。"④目前,除了个别学者认为《周礼》成书于汉代⑤之外,大多数学者认为《周礼》成书年代偏晚,约作于战国后期。

《周礼》实际上是战国时代儒家的著作。这书是以西周、春秋的制度为基础,经过整齐划一,加以系统化和理想化而编成的,因此内容复杂,但是其中还是保存了不少有价值的古代史料。

三、战国时期史学著述类型

战国时期是史学发展的重要时期,产生了许多对后世影响至巨的史学名著。这些史学著作,按照编排方式和内容之不同,可以分作不同类型。

(一)完备的编年体史学巨著——《左传》

《左传》是战国初期编纂的一部历史学巨著,是中国古代最早的一部完备的编年体史书,其性质是为《春秋》所作的"传",即是解释《春秋》的书。原是一部独立的史著,在汉代尊经的情况下,它和《公羊传》《穀梁传》一起被视为解释《春秋》的"传",通称"春秋三传"。今以传附经的形式是由西晋杜预改编而成的。《左传》代表了战国时期史学著作的最高水平,对后世影响很大。

1.《左传》的名称

《左传》为《左氏春秋》或《春秋左氏传》的简称。先秦至西汉前期,称其

---

① 郭沫若:《周官质疑》,《金文丛考》,人民出版社1954年版。
② 杨向奎:《周礼的内容分析及其制作时代》,《山东大学学报》1954年第4期。
③ 顾颉刚:《"周公制礼"的传说和〈周官〉一书的出现》,《文史》第六辑,中华书局1978年版。
④ 杨宽:《战国史》(增订本),上海人民出版社1998年版,第28页。
⑤ 彭林:《〈周礼〉的主题思想与成书时代研究》(增订本),中国人民大学出版社2009年版。

为《左氏春秋》:"鲁君子左丘明……成《左氏春秋》。"①是《史记》称它为《左氏春秋》。河间献王"立《毛氏诗》《左氏春秋》博士"②,是此名的传承。西汉末年刘歆等始称其为《春秋左氏传》:"太仆王舜,中垒校尉刘歆议曰:……《春秋左氏传》曰……"③至东汉时班固著《汉书》也正式使用《春秋左氏传》这一名称。到了晋代杜预始称为"春秋左传",并著有《春秋经传集解》,书序中已有"左传"之说。

2.《左传》的内容

《左传》全书按鲁国 12 位君主次序,记载了起于隐公元年(前 722 年),终于哀公二十七年(前 468 年)的春秋历史。《春秋经》的历史,止于鲁哀公十六年(公元前 479 年),这是两者的不同之处。《左传》所记鲁国 12 公依次是:隐公、桓公、庄公、闵公、僖公、文公、宣公、成公、襄公、昭公、定公、哀公。书末附记悼公四年及智伯灭亡事。

《左传》述事分别主次轻重:全书大体载春秋前期较略,后期较详,后期又以记襄、昭二公为最详,二公共计 63 年,仅占全书编年时间的四分之一,其篇幅却几占全书一半。分国而论,最详者为晋、鲁、楚三国,齐、郑、宋、卫、周、吴等国较略,这或与作者所得史料之多寡有关。全书具有取材广泛、内容丰富、事言皆记、史论结合、叙事得法、文笔生动等特点,对后世影响甚广,在中国史学史上占有重要的地位。

《左传》比较详细地记载了诸侯国之间争霸的谋略和战争及其各诸侯国贵族阶层的争权斗争、升降变迁。它对于统治者凶恶残暴、骄奢淫逸的情况有比较深刻的揭露,对神权观念有一定程度的否定,重视人,否定神权,提倡并强调民本思想。《左传》通过各国史实的叙述,揭露了社会各种矛盾,记述了统治阶级内部各种矛盾的发展过程。

《左传》一书内容十分丰富,是研究春秋时期历史的宝贵资料。《左传》记事的范围亦不只局限于政治、军事、外交的活动,而是涉及社会的各个方面,经济、学术文化、社会生活、自然现象等都有不同程度的反映。比如全书共记录了 37 次日蚀,记录了陨石的降落,地震发生的时间、地点,以及水旱虫

① 《史记·十二诸侯年表序》。
② 《汉书·景十三王传》。
③ 《汉书·韦玄成传》。

灾等,这些记载是研究自然科学史的宝贵资料。

3.《左传》的成书时间与作者

关于《左传》的作者,《史记》《汉书》等后世史学著作均以为是与孔子大约同时甚至还比孔子略早的左丘明。《史记·十二诸侯年表序》:"鲁君子左丘明惧弟子人人异端,各安其意,失其真,故因孔子史记具论其语,成《左氏春秋》。""孔子将修《春秋》,与左丘明乘,如周,观书于周史,归而修《春秋》之经,丘明为之传,共为表里。"(汉宣帝时公羊博士严彭祖著《严氏春秋》引《孔子家语·观周篇》。此为西汉本《孔子家语》,今本为曹魏王肃伪作)"子曰:'巧言,令色,足恭,左丘明耻之,丘亦耻之。匿怨而友其人,左丘明耻之,丘亦耻之。'"①

但是对于这样一个传统的说法,后来的学者提出了不同的意见。概括起来,有以下几种说法:(1)唐赵匡首对此说提出异议,《左传》的作者不是与孔子同时代的左丘明,而是孔子以后的左氏。(2)宋代叶梦得、朱熹、郑樵等认为《左传》成书于战国时代,因此不是孔子同时代的左丘明所作。(3)南宋郑樵认为应是战国时楚国左史倚相的后代;元人程端学认为左氏为楚左史倚相。(4)顾炎武认为"左氏之书,成之者非一人,录之者非一世。"②(5)清姚鼐认为是战国初的吴起;近人卫聚贤则认为左氏为地名,吴起是左氏人,《左传》为子夏所作,传于吴起。(6)清末刘逢禄,民国康有为、胡适、钱玄同、郭沫若等认为《左传》系东汉刘歆依《春秋》纪年从《国语》精心伪造而来,并伪托左丘明之书而得以流传。(7)杨伯峻等人认为,《左氏春秋》当成书于公元前五世纪前半叶,约春秋末战国初,公元前386年田氏代齐以前最后增补完成。③(8)现代学者大多认为,《左传》是孔子门徒或孔子后学根据左丘明的口诵并加以补充在战国初年写成的。

我们认为,从《左传》的一些记载分析,尤其是《左传》一书记事止于孔子死后27年时智伯被消灭并分其封地,特别是书中的筮预言应验的时代已到达战国魏惠王时代,因此可以判定它大致定型的时间是战国初期。

《左传》一书的作者虽然难以肯定,但是可以肯定《左传》与三晋尤其是

① 《论语·公冶长》。
② 《日知录·春秋阙疑之书》。
③ 参见杨伯峻《春秋左传注序》。

魏国关系最为密切。(1)《春秋》经以鲁国史所记述最多,但《左传》中所记史实却以晋国最多,而鲁国反而次于晋国。(2)春秋时鲁国用周正,《春秋》经主要记述鲁国史当然要用周正。而《左传》用夏正,晋为夏墟,为《左传》提供大量资料的国家也应是晋国。(3)记述春秋时代历史的《国语》与《左传》互为表里,韦昭《国语解叙》认为《左传》为《春秋》经内传而《国语》为《春秋》经外传。司马迁《史记·太史公自序》说左丘明写成《左氏春秋》,《报任安书》又谓"左丘失明,厥有《国语》"。不管《左传》《国语》是否左丘明所作,但两书的关系确实十分密切。《左传》以晋史最多,而《国语》也是以《晋语》为最多。按韦昭注本《国语》,全书共21卷,而《晋语》就占了9卷,所占超过全书的42%,而且是从武公、献公、惠公、文公、襄公、厉公、悼公、平公到昭公止,一公一卷,记述甚详。这种现象不仅说明两书的关系密切,而且可知两书的史料大致相同。①(4)《汲冢书》有《师春》一卷,"全录《左传》筮卜,无一字之异",《汲冢书》出自魏襄王墓,不管是《师春》抄《左传》,还是《左传》抄《师春》,说明《左传》的编写与流传与魏国关系极为密切。

4.《左传》与《春秋》的关系

《左传》是解释《春秋》经的传疏之一。汉刘歆称《春秋左氏传》,晋杜预著《春秋经传集解》;东汉桓谭认为"左氏传于经,犹衣之表里,相待而成,经而无传,使圣人闭门思之,十年不能知也"②。但至西汉末诸博士"谓左氏为不传《春秋》"③。后世学者也有这样的说法,认为《左氏春秋》与《吕氏春秋》一样,"别为一书,不依傍圣经。"④如今学术界一般认为,《左传》还是"传"《春秋经》的。

作为《春秋经》的传注疏解,《左传》多有直接解经的,如"书曰:'郑伯克段于鄢。'段不弟,故不言弟;如二君,故曰克;称郑伯,讥失教也。"⑤也有说明《春秋》书法的,如《春秋·隐公元年》记"元年春王正月";《左传》:"元年春,王周正月,不书即位,摄也。"有用事实补充甚至说明《春秋》的,如鲁隐公被

① 杨伯峻:《〈春秋左氏传〉浅讲》,《中国古代文化史讲座》,中央广播电视大学出版社1984年版。

② 《全后汉文·正经》。

③ 《汉书·刘歆传》。

④ 皮锡瑞:《经学历史》。

⑤ 《左传·隐公元年》。

杀,《春秋》只记"公薨",《左传》则详记其原委。还有订正《春秋》的错误的,如襄公二十七年《春秋》记:"十有二月乙亥朔,日有食之。"《左传》则记为:"十一月乙亥朔,日有食之。"《左传》中还有"无经之传"处,即《春秋》中未记,而《左传》中出之,如隐公元年《春秋经》共七条,而《左传》则有十四条。《左传》更有说明一些事项不书于《春秋》的缘故,如隐公元年"夏四月,费伯帅师城郎。不书,非公命也"。

《春秋经》文意过于简约,如果没有《左传》等传文资料,称《春秋经》是"断烂朝报"则并不过分。桓谭《新论》谓《左传》对《春秋经》来说,"犹衣之表里,相持而成,经而无传,使圣人闭目思之,十年不能知也"。这无疑是正确的。如果没有《左传》详载其事,不知具体的历史事实,正像桓谭所说的即使圣人闭目深思十年也不知所谓的"微言大义",所谓的"《春秋》笔法",《春秋经》的历史功能便不能真正发挥出来。

所以说,《左传》与《春秋》相比,也不是单纯的经传关系。两者的不同在于:其一,两者的篇幅、容量不同。《左传》比《春秋》内容更加广泛,叙事更为具体。全书共计 19.68 万字,在《十三经》中篇幅最大,是《春秋》经字数的十倍。其二,两者所记历史时限不同。《春秋》与《左传》所记上限相同,均起于鲁隐公元年。但下限不同,《春秋》终于鲁哀公十六年,为时 242 年;而《左传》迄于鲁哀公二十七年,最后还有鲁悼公四年一条,为时 259 年,较之《春秋》多出 17 年。如果不计后一条,为时也有 255 年,比《春秋经》多 13 年。其三,两者所记国别地域不同。《春秋经》以鲁国事件为主。而《左传》不限于鲁国公室一家之事,甚至不以鲁国事项为主,还多包括其他国别事项,其中所记述的晋事最多,鲁事、楚事次之,郑事、齐事又次之,卫、宋、周、吴、秦、越、陈各国事更次之。其四,两者所记内容不能一一对应。《左传》所记史实与《春秋经》不尽相同,有的《春秋经》有而《左传》没有,有的《春秋经》没有而《左传》却有。等等。

《左传》与《春秋》其他二传《公羊传》《穀梁传》也颇不相同。《公羊传》《穀梁传》用今文;《左传》用古文。《公羊传》《穀梁传》解经重文字训诂,微言大义,而记事疏略;《左传》注重记事,铺排详尽,史料价值极高。《左传》成书较早,约在战国初年;而《公羊传》《穀梁传》成书较晚,大约在汉代早期。因此,三者委实不可同日而语。

5.《左传》在史书编纂技术上的成就

其一,记事完整清晰,对于主要历史事件必叙其前因后果。

《左传》着重记述史事始末,前后贯通一致。比如公元前632年发生的城濮之战,《春秋》只记24字,而《左传》将其扩充为1000多字,详细记载这场战争的起因、发展、过程和结果,故事生动,情节曲折,人物活现,语言华丽,可视为这场战争的一个完整之纪事本末。

其二,事言皆记,突破了以往分别记言、记事的格局。

《左传》向来以善于描写战争著称,在这其中,既描写了战争的背景、过程、场面和后来结果,也善于描写与之相关的人物辞令尤其是外交辞令。《左传》正是通过这些人物言语,来显示人物的性格特征,通过记载这些事情发生经过,来刻画英雄人物的胆识、谋略和勇气。比如成公二年的齐晋鞌之战、庄公十年的曹刿论战等,都具有这种特点。

《左传》也善于描写人物的辞令尤其是政治外交场合的语言辞令。《左传》所写辞令优美而不浮华,谦恭毕至而不失原则、立场,形象生动却又符合人物的身份和性格特征,人物纷杂而结构又十分谨严。因此《左传》中有不少篇幅是古代广为流传的散文名篇,脍炙人口。

其三,创造了"君子曰"等史评形式,开创了后来史学的"史论"之先河。

在《左传》中,冠以"君子曰""君子以为""君子谓"等语者,约80余条,对所载史实或人物或直接发表议论,或引用他人言论进行评论,实为一个史学创造。后来《史记》的"太史公曰",《汉书》的"赞曰",无不受其影响。

其四,文笔生动,善于描写战争场面和刻画人物性格等。

《左传》善于描写战争,善于捕捉每次战争的性质,敌对双方胜败的原因。如记晋楚城濮之战、齐晋鞌之战、晋楚鄢陵之战等,都写得有声有色、雄壮激烈。作者在描写战争的过程中,并不单纯地叙述战争的过程,他总是把军事与政治联系起来一并考虑,并且往往把一个国家政治的好坏看成战争胜负的关键。如《左传·成公二年》记齐、晋鞌之战,在《左传》中只用一百几十个字就写出了当时战场上的气氛,写出了齐侯的骄傲轻敌和晋统帅内部的团结和沉着,不需再增一字,就把当时战场上决定胜负的重要因素表达出来。

《左传》又善于写历史人物,对子产、晏婴、伍子胥一类著名的政治家和具有爱国精神的人物,往往以其独特言行来表现人物的高洁,予以表扬或赞美,表现出褒贬、美刺的精神。

6.《左传》的史学思想

《左传》记叙了广泛的社会内容,反映了不同的思想主张,因而它的历史观带有矛盾性和复杂性:

(1)在天人关系方面,与《春秋》一样坚持神意史观,强调天人合一,天人感应,但程度比《春秋》为弱。

《左传》记有许多预言及应验,它或以星占、或以卜筮、或以望气、或以梦兆的形式表现出来。这些以卜筮、星占、星气等预断人间祸福的事,大多得到验证。如郑神灶据星象预言:"五年陈将复封,封五十二年而遂亡。"鲁昭公十三年陈复封,鲁衰公十七年陈亡,完全合于预言之年数。又如《左传》闵公元年叙"毕万筮仕于晋"时得"公侯之卦",预言毕万后代会再度为公侯。到公元前 403 年,魏斯果然为侯,即魏文侯。

这样的例子在《左传》中不胜枚举。对于此,古人早有评价,如晋人范宁说:"左氏艳而富,其失也巫。"[①]唐人韩愈又说:"春秋谨严,左氏浮夸。"[②]清人汪中云:"左氏所书,不专人事。其别有五:曰天道,曰鬼神,曰灾祥,曰卜筮,曰梦。其失也巫,斯之谓与?"[③]现代史学家尹达亦云:"《左传》作者基本上认为国家的兴亡,战争的胜负,生产的丰歉,直至世族盛衰,个人的祸福际遇等,是由冥冥之中的神秘力量所规定的。"[④]

以往学术界多认为这是《左传》的局限性,反映了作者的历史观是唯心主义的,说明作者没有完全冲破天命和鬼神观念的束缚,把历史的创造归之于帝王将相和冥冥天命。实际上不能如此苛责古人,这些观念是那个时代的本有产物,作者固然不能超越历史,我们的评价同样也不能超越历史。从另外一个方面来讲,作者如此记载,正是反映了那个时代社会的真实面貌。《左传》中确有这方面的诬枉浮夸之处,但不能以此贬损《左传》的史料价值。

(2)受到怀疑天道、重视人事、强调民本的社会思潮影响,注意到民心向背与战争胜负、国家兴衰的关系。

在《左传》的一些地方,反映出可贵的民本思想。比如"季梁止之

---

① 范宁:《穀梁传集解序》。

② 韩愈:《进学解》。

③ 《述学·左氏春秋释疑》。

④ 尹达:《中国史学发展史》,中州古籍出版社 1985 年版。

曰：……夫民，神之主也，是以圣王先成民而后致力于神"①。周史嚚曰："虢其亡乎？吾闻之，国将兴，听于民；将亡，听于神。神……依人而行。"②宋司马子鱼曰："民，神之主也。"③

《左传》对民心向背与战争胜负，国家盛衰的关系进行了有益的探索。如在城濮之战的记载中，作者认为晋文公称霸的主要原因是教化人民的结果。在对待"卫人出其君"这一事件时，作者引用师旷之语称："天之爱民甚矣！岂其使一人肆于民上以纵其淫，以弃天地之性？必不然也。"明确指出像卫君这样的"困民之主"，"弗去何为"？④并多次指出："众怒难犯"，"违民不祥"。"统治者的命运，正是由人民的向背来决定的，……决定战争胜负最主要的因素是人民。……以上'民本思想'左丘明记述得很多。"⑤

（3）对社会变革的态度，既表现出相当进步的观点，肯定一些有利民众和有利发展的事物，但同时又强调维护旧制度的保守观点。

《左传》对于春秋时期旧秩序的被打乱并不惋惜，而认为是历史发展的必然趋势，所谓"社稷无常奉，君臣无常位，自古以然"，"高岸为谷，深谷为陵；三后之姓，于今为庶"，便是其证。所以它也同情鲁国的季氏，记述了"鲁君世从其失，季氏世修其勤，民忘其君矣"⑥。同样，它对齐国"有施于民"的陈氏之举表示赞赏，如《左传》的昭公三年，晏子与叔向对话，晏子讲了齐国人民"爱之如父母而归之如流水"，而对齐景公"厚敛焉"进行了批判，"公弃其民"，失去了民心，并预言将来齐国必为陈氏取代。但晏子却替景公考虑，如在《左传》的昭公二十六年，为其争取民心而出谋划策，遇到灾祸不必禳祭，要以礼治国云云。它谴责晋国公室，用叔向的话指出："庶民罢敝而公室滋侈，道殣相望而女富溢尤，民闻公命如逃寇仇"，认为"公室之卑，其何日之有"⑦，对统治阶级的腐败残破做了一定的批判，也预言了晋国将土崩瓦解的历史发展趋势。也有学者认为《春秋》留恋与惋惜旧秩序，而《左传》同情新

① 《左传·桓公六年》。
② 《左传·庄公二十三年》。
③ 《左传·僖公十九年》。
④ 《左传·襄公十四年》。
⑤ 张孟伦：《中国史学史》，甘肃人民出版社1983年版。
⑥ 《左传·昭公三十一年》。
⑦ 《左传·昭公三年》。

兴地主阶级。① 这有一定的道理。

（4）与《春秋》一样，《左传》用西周以来的道德礼法来评价社会事件和历史人物，非常重视伦理道德的约束作用。

比如《左传·成公二年》所记齐晋鞌之战，齐侯被擒，晋军以齐侯之母为人质要挟，齐侯派宾媚人向晋军统帅来讲道理，引诗言志，以孝义德礼等言语打动了对方，使对方放弃了这一有悖伦理道德的举措。这就是一个成功的以伦理道德约束世人行为的例子。

再如《左传·昭公二十六年》记载齐侯与晏子的对话："齐侯与晏子坐于路寝。公叹曰：'美哉室！其谁有此乎！'晏子曰：'敢问何谓也？'公曰：'吾以为在德。'对曰：'如君之言，其陈氏乎！陈氏虽无大德，而有施于民。豆、区、釜、钟之数，其取之公也薄，其施之民也厚。公厚敛焉，陈氏厚施焉，民归之矣。《诗》曰：虽无德与女，式歌且舞。陈氏之施，民歌舞之矣。后世若少惰，陈氏而不亡，则国其国也已。'公曰：'善哉！是可若何？'对曰：'唯礼可以已之。在礼，家施不及国，民不迁，农不移，工贾不变，士不滥，官不滔，大夫不收公利。'公曰：'善哉！我不能矣。吾今而后知礼之可以为国也。'对曰：'礼之可以为国也久矣，与天地并。君令臣共，父慈子孝，兄爱弟敬，夫和妻柔，姑慈妇听，礼也。君令而不违，臣共而不贰；父慈而教，子孝而箴；兄爱而友，弟敬而顺；夫和而义，妻柔而正；姑慈而从，妇听而婉：礼之善物也。'公曰：'善哉，寡人今而后闻此礼之上也！'对曰：'先王所禀于天地以为其民也，是以先王上之。'"齐侯是否真的能够接受晏子以德以礼治国治民的主张，不得而知。但可以看出，《左传》是希望所有的君主都能有如此善政的。

（5）忠实于历史事实，秉笔直书，如实记载了这一时期发生的大量的事实真相。比如记载隐公为羽父所弑，桓公为齐人所杀，等等，都直书其名，毫不掩饰，反映历史真实，因此史料价值极高，同时也为后世史家打下了坚实的信史传统基础。

总之，《左传》是中国古代最早的一部完备的编年体史书，是一部有系统的历史著作，有极高的史学价值。

① 详见仓修良、魏得良《中国古代史学史简编》，黑龙江人民出版社 1983 年版。

(二)其他多种史著的撰述

1. 编年体史学著作(按年、月、日顺序编排史实的史体)

(1)《竹书纪年》

《竹书纪年》是我国迄今所知最古老的编年体通史。

①《竹书纪年》的发现

《竹书纪年》原本发现于西晋太康二年(281年)汲郡(今河南省汲县)被盗掘的魏襄王的墓中。据《晋书·武帝纪》记载:"汲都人不准(人名)掘魏襄王冢,得竹简小篆古书十余万言,藏于秘府。"《晋书·束皙传》则称:"初,太康二年,汲郡人不准盗发魏襄王墓,或言安釐王冢,得竹书数十车。其《纪年》十三篇,记夏以来至周幽王为犬戎所灭,以事接之,三家分晋,仍述魏事至安釐王之二十年。盖魏国之史书,大略与《春秋》皆多相应。"杜预《春秋经传集解·后序》也说其书"皆简编科斗文字"。

据载盗掘墓葬得竹简文书数十车,后经当时著名学者荀勖、束皙等人整理、研究,得书16种75篇(其中完整的68篇),共10万余字。其中《竹书纪年》13篇,记载了夏、商、周三代的历史,至周宣王后,则特记晋国历史,晋被三家瓜分后,又特记魏国历史,记至魏襄王二十年(前299年)。北魏郦道元《水经注》引用该书,始称"《竹书纪年》",后人又称《汲冢纪年》或《汲冢书》。

②《竹书纪年》的内容

杜预曾说:"其《纪年》篇,起自夏殷周,皆三代王事,无诸国别也。唯特纪晋国,起自殇叔,次文侯、昭侯,以至曲沃庄伯。晋国灭,独记魏事,下至魏哀(襄)王之二十年,盖魏国之《史记》也。古书《纪年》篇,惠王三十六年改元,从一年始,至十六年而称惠成王卒,即惠王也。疑《史记》误分惠成之世以为后王年也,哀(襄)王二十三年乃卒,故特不称谥,谓之今王。其著作文意,大似《春秋经》。推此,足见古者国史策书之常也。"[①]

《竹书纪年》内容起自夏,叙夏、商、西周、春秋时晋国、战国时魏国史实,迄魏襄王二十年(前299年)。其于夏、商、周皆用王室纪年,所记并非皆为王室之事;至西周末年,从晋殇叔起,开始以晋纪年,所记以晋事为主;三家分晋以后,又以魏纪年,所记以魏国之事为主。其称魏为"我",称魏襄王为

---

① 杜预:《春秋经传集解·后序》。

"今王"，显示该书作者的身份是魏国史官。全书依据魏国所藏的有关档案资料，结合自己所了解的三代历史知识编撰而成。但也有学者认为，作者可能是魏国史官，但不一定是国史，很可能是史官的私人著作。①

③《竹书纪年》的版本

该书唐以后就不见于著录，约于宋代亡佚。明嘉靖年间出现一本《竹书纪年》二卷，内容起自黄帝，止于战国魏国，近人称为《今本竹书纪年》，一般认为是后人托伪而作。清代学者考订此书的著作有十多种，大多未辨今本之伪，其中以雷学淇《竹书纪年义证》，考订较精。《今本竹书纪年》很可能是后人集缀古本《竹书纪年》的佚文及其他古史资料而成，因其书有自相矛盾之处，"且其所出，本非一源，古今杂陈，矛盾斯起"，近人有不少人认为它是伪书，视为无用。王国维说："今本所载，殆无一不袭他书。其不见他书者，不过百分之一，又率空洞无事实，所增加者年月而已。既有违异，乃生调停，纠纷之因，皆可剖析。"不过，从近年来出现的地下出土文献来看，《今本竹书纪年》也并非是完全向壁虚构，并非宋元人的个人伪作。《今本竹书纪年》还是可以使用的，不过其中有不少错误之处，在引用时应谨慎从事。

清代学者从古代典籍中辑出所引《竹书纪年》材料，而成《古本竹书纪年》。清朱右曾从《史记》的《索隐》《集解》和《水经注》等书所引辑有《汲冢纪年存真》。王国维在此处基础上，又据朱本编成《古本竹书纪年辑校》。后来，范祥雍又据王本"辑校"加以订补，著成一书《古本竹书纪年辑校订补》。晚近以来，方诗铭、王修龄更重新辑录佚文，直录原文而不相合并，并加疏证，著成《古本竹书纪年辑证》。但是从朱右曾以来所辑《古本竹书纪年》，尚不免有沿袭今本的失误。凡此，都是研究《竹书纪年》和古代史的重要资料。

④《竹书纪年》的史学价值

《竹书纪年》作为先秦时的重要史学著作，其史学意义有以下三个方面：

其一，此书系编年体，记载虽然简短，有如《春秋经》。但从性质上讲，它相当于是一部按照年月编次记述从古至今史事的比较完整的中国通史。这是比《春秋》《左传》等史书只是一个时代的历史记载较为进步的地方。

其二，《竹书纪年》是战国初期魏国史官所作编年体的史书，对于战国历史而言当是最具权威者。战国之后，此书埋于地下，西汉司马迁撰著《史记》

----

① 详见白寿彝《中国史学史》，北京师范大学出版社 2004 年版。

时,不曾看到过这一地下出土文献,所以其中关于战国部分不仅可补《史记》的不足,还可用以纠正《六国年表》所记魏、齐等国的年代错乱。比如战国齐桓公田午(不是春秋齐桓公,两者重名)在位年数,《史记·田敬仲完世家》和《六国年表》都作六年,《竹书纪年》则作十八年卒。究竟哪个正确呢?传世青铜器中有《十四年陈侯午敦》,其铭文有"十四年"字样,由此证实《竹书纪年》的记载正确。在古文字中,"六"字与"十八"字形相近,《史记》"六"字可能是古文"十八"二字的形误。所以完全可以依据《竹书纪年》来纠正《史记》关于战国年代的谬误。

其三,其书记载了夏、商、西周的王世总数和总年数。《史记·夏本纪》《集解》和《索隐》均引古本《竹书纪年》曰:"自禹至桀十七世,有王与无王,用岁四百七十一年";《史记·殷本纪》《集解》引《竹书纪年》曰:"汤灭夏以至于受,二十九王,用岁四百九十六年也。"《周本纪》《集解》引《竹书纪年》曰:"自武王灭殷以至幽王,凡二百五十七年也。"夏、商、西周各王世数与总年数自古以来说法甚多,但以古本《竹书纪年》的说法最早,也最为详尽,所以受到学术界的普遍重视。

其四,《竹书纪年》所记历史事实,与传统的一般说法特别是与儒家关于夏殷西周的许多说法完全不同。例如杜预在《春秋经传集解·后序》中说:"《纪年》又称,殷仲壬即位,居亳,其卿士伊尹。仲壬崩,伊尹放太甲于桐,乃自立也。伊尹即位,放太甲。七年,太甲潜出自桐,杀伊尹,乃立其子伊陟、伊奋,命复其父之田宅而中分之。然则太甲虽见放,还杀伊尹,而犹以其子为相。此为大与《尚书》叙说太甲事乖异。"《晋书·束皙传》也指出了这一点:"夏年多殷。益干启位,启杀之。太甲杀伊尹。文丁杀季历。自周受命至穆王百年,非穆王寿百岁也。幽王既亡,有共伯和者摄行天子,非二相共和也。"正因为如此,它受到正统学者的排斥。不过今天看来,尽管这些记载零散、简短,其可信程度虽不尽相同,但因提供了一些十分可贵的新材料,这些记载与一般的传统说法完全不同,所以一直受到学术界的重视,尤为后来校订古史者所重视。

(2)《穆天子传》

①《穆天子传》的名称

《穆天子传》又称《周王游行记》《周王游行》《周王传》《周穆王传》《穆王传》等,虽名曰传,其实体裁也是属于编年体的史学著作。

②《穆天子传》的发现、整理与流传

《穆天子传》与《竹书纪年》一样，也是西晋太康年间汲郡战国魏墓发现的竹简文书之一。最早记载《穆天子传》的是东晋人王隐撰《晋书·束皙传》："太康二年(281年)，汲郡人不准盗发魏襄王墓，或言魏安釐王冢，得竹书数十车。……《穆天子传》五篇，言周穆王游行四海，见帝台、西王母。"

《穆天子传》等竹简文书被送京师藏之秘府，晋武帝"诏荀勖和峤以隶字写之"①。这是关于《穆天子传》最先的抄录、编次、翻译、整理的工作，这个版本的《穆天子传》有荀勖所写之序言，称"虽其言不典，皆是古书，颇可观览"。当时的另一个学者束皙也花费数年时间将《穆天子传》改名为《周王游行》，并补穆王见帝台于宣岳事，成为一种新版本，与荀勖所定《穆天子传》本并行于世。东晋郭璞把《穆天子传》和《山海经》等一起作注。② 郭璞注本成为后世的祖本。后经战乱，"见于援引者渐有不同，注亦互异"③。

此后，《隋书·经籍志》《旧唐书·经籍志》《新唐书·艺文志》，以及宋陈振孙《直斋书录解题》均列之于"起居注"类，《宋史·艺文志》列之于"别史"类，宋晁公武《郡斋读书志》、宋王应麟《玉海》、宋王尧臣等《崇文总目》列之于"传记"类，都被当作史书看待。直到清代编辑《四库全书》时，馆臣们认为《穆天子传》"为经典所不载"，故退而列入子部小说家类。《四库总目提要》在论及《穆天子传》性质时却又说："书中所记虽多夸言寡实，然所谓西王母，不过西方一国君；所谓悬圃者，不过为飞鸟百兽之所饮食，为大荒之圃泽，无所谓神仙怪异之事。所谓河宗氏者，亦仅国名，无所谓鱼龙变见之说。较《山海经》《淮南子》尤为近实。"这样一来，《穆天子传》性质就由史著而变成小说家言。

《穆天子传》自郭璞作注后，冷落千有余年，方有清人檀萃为之注疏。檀萃《穆天子传注疏》八卷，有石渠阁刊本、碧琳琅馆丛书本。此后，清末至民国时期，《穆天子传》研究一时兴起了热潮，中外研究者不下数十余家。新中国成立后，自顾颉刚、岑仲勉二先生著文研究以来，四十余年间，专门论述《穆天子传》的文章也有二十余篇。1994年，王贻梁、陈建敏编著的《穆天子

---

① 《晋书·束皙传》。
② 《晋书·郭璞传》。
③ 见《五经岁遍斋校书三种·覆校〈穆天子传〉序》。

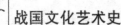

传汇校集释》①一书,可以说是对《穆天子传》研究前所未有的一次"总账式整理",极具学术权威性。

《穆天子传》自出土以来,便广为流传,历代书目均有著录,研究者更是代不乏人。不过明清以前多以版本校释为主,至民国年间,始转向对于历史地理的考证,20世纪50年代以来至今,始有人重视其史料价值,利用其来研究先秦历史。

③《穆天子传》的真伪之争

《穆天子传》之真伪问题,实由判定其成书年代起。有学者认为《穆天子传》反映了西周穆王时之社会状况,则以其为周时史官所记,为真实可靠。也有学者认为《穆天子传》所记周王游行之事,为后人附会、伪造,自然不能信以为实。其实,《穆天子传》从出土以后很长一段时间内并无所谓真伪问题,学者总是将其当作史学著作来看待。

伪书之说,始于明而盛于清,以姚际恒为代表。他在《古今伪书考》中云:"《穆天子传》本《左传》'穆王欲肆其心,周行天下,将皆有车辙马迹焉',又本《史秦纪》'造父为穆王得骥、温骊、群榴、騄耳之驹,西巡狩,乐而忘归'诸说,以为之也。多用《山海经》语,其体制亦似起居注。起居注者,始于明德马皇后,故知为汉后人作。"近代以来亦颇有同于此说者,甚至更进一步。如童书业云:"《穆天子传》为晋人杂集先秦散简,附益所成。其间固不无古代之材料,然大部分皆晋人杜撰之文。"②黎光明谓:"今之《穆天子传》一书,其中有一部分的材料,或系从汲冢中得来者,而其中大部分的材料,则为荀勖、郭璞之所依附上去的,而尤以郭璞的依附为最多。"③以上三说可算是地道的"伪书说",即认为其书为汉以后或魏晋人杜撰出来的,几乎毫无可信之处。但是,此说最大的问题就是无视晋初汲冢出书的历史事实。

前面已经说到,汲冢墓主可大致确定,因此汲冢竹书入土之年也可确定不会晚于魏襄王二十三年,亦即其成书之年不会晚于魏襄王二十三年。有此确凿事实,而仍言汉后人伪作,实为可笑。又汲冢古书的编缀校译,在晋初文化界可谓一桩盛事,当时著名学者,如荀勖、和峤、王廷坚、柳衡、卫恒、

---

① 王贻梁、陈建敏:《穆天子传汇校集释》,华东师范大学出版社1994年版。

② 童书业:《穆天子传疑》,《禹贡》1936年第四卷第3、4期。

③ 黎光明:《〈穆天子传〉的研究》,《中山大学语言历史研究所周刊》1928年第2卷23、24期。

束皙、张宙、傅珊、王接、挚虞等均参与了此事。古书既非荀勖所独见，而黎先生断言"《穆天子传》一书，乃晋武帝招秘书监荀勖撰次出来的"，只能是个人臆测罢了。《穆天子传》经荀勖等整理译写后，复经秘书缮写，已非孤本难见，到东晋初已是"世间遍多"，谓郭璞借作注之机附益伪造，显然也不能成立。

况且，荀勖在《穆天子传》序中云："《春秋左氏传》曰：'穆王欲肆其心，周行于天下，将皆使有车辙马迹焉。'此书所载，则其事也。王好巡狩，得盗骊、骤耳之乘，造父为御，以观四荒。北绝流沙，西登昆仑，见西王母，与《太史公纪》同。"是说明了《穆天子传》与其他文献记载吻合，并非为"经典所不载"。除荀勖所引《左传·昭公十二年》例证外，周穆王巡狩、游历之事，也屡见于古本、今本《竹书纪年》与其他先秦典籍中。如与《穆天子传》同时在魏墓出土的《竹书纪年》记载有周穆王十七年"西征昆仑丘，见西王母"，并记到"北唐之君来见以一骊马，是生绿耳"。再如《管子·小匡》："昔吾先王周昭王、穆王世法文武之远迹，以成其名。"《国语·周语》亦载："穆王将征犬戎，祭公谋父谏曰：不可……王不听，遂征之。"此外，《史记·秦本纪》和《赵世家》都讲到秦、赵的祖先造父驾骅骝、温骊、骅骝、騄耳耳（一作绿耳）四骏，载送周穆王"西巡狩，见西王母"。上引数例已足以证明周穆王远征游行事并非无稽之谈，并非空穴来风，《穆天子传》所记实为西周时史实。

在《穆天子传》卷四云："丙寅，天子至于铏山之隧，东升于三道之阤，乃宿于二边。命毛班、逢固，先至于周，以待天子之命。"又卷五记许男见穆王事，曰"毛公举币立"，卷五中讲到天子南还铏山，就命令毛班"先至于周，以待天子之命"。这个毛班不见于其他古书记载，却见于周穆王时的班簋铭文。传世西周青铜器班簋铭文记载"王命毛伯更（赓）虢城公服"，接着"王令（命）毛公以邦冢君、土（徒）驭、或人伐东国痟（偃师）戎，咸"。毛班原为伯爵，因接替虢城公的职位，官升三级，爵位也由"伯"而升为"公"，《穆天子传》就称毛班为毛公。故郭璞注云："毛公即毛班也。"《穆天子传》或称毛班，或称毛公，这样和班簋铭文相符合，足见其真实性。

杨树达《毛伯班簋跋》云："《穆天子传》一书，前人视为小说家言，谓其记载荒诞不可信，今观其所记人名见于彝器铭文，然则其书固亦有所据依，不尽为子虚乌有之说也。"[①]后来唐兰在考释班簋时也说："毛班见《穆天子

---

① 杨树达：《毛伯班簋跋》，《积微居金文说》，《杨树达文集》，上海古籍出版社1983年版。

传》,此书虽多夸张之语,写成时代较晚,但除盛姬一卷外,大体上有历史根据的,得此篡正可互证。"①杨宽也认为"这部书所以会有真实的史料价值,由于作者采自一个从西周留存到战国的游牧部族河宗氏的祖先神话传说。"即《穆天子传》来源于河宗氏之神话传说,写成于战国,但亦认为其中"具有西周史料","有真实的史料价值"。②

如今,在"清华简"中有一篇《祭公》,其中也有"毛班"等人名。李学勤认为,"毕垣、井利、毛班,据简文是穆王当时的三公。西晋时汲冢发现的战国简《穆天子传》,有井利、毛班,两人见于金文,井利即穆公簋盖和师遽方彝的宰利,毛班即班簋的班。过去总觉得《穆天子传》是战国人作的'小说',不明白其中人名怎么会与金文相合,现在知道很可能就是本于《祭公》这篇文字。"③如此,新发现的地下出土文献更加证明了《穆天子传》的无可争议的真实性。

另外,《史记·周本纪》称周的开国之君叫古公亶父,而且连续地称之为古公,崔述《丰镐考信录》认为这是由于司马迁误解《诗经·大雅》"古公亶父"这句话,"古公亶父"犹如说"昔公亶父","公亶父"这种名称犹如"公刘""公季","周自公季以前未有号为某公者,何以大王独有号?"应称大王亶父为是。《穆天子传》讲到"大王亶父之始作西土,封其元子吴(虞)太伯于东吴(虞)",正作大王亶父,可据以订正《史记》之误。这也可见《穆天子传》所记大事的真实性。

④《穆天子传》的创作时代

关于《穆天子传》的成书年代与作者,历来众说不一,至今尚无确切的结论。归纳起来,大致有四种说法:

一是西周史官实录说,这是一种传统的观点。此说实始于《隋书·经籍志》:"晋时又得汲冢书,有《穆天子传》,体制与今起居注正同。盖周时内史所记,王命之副也。"明人胡应麟据此在《四部正讹》中说:"《穆天子传》六卷,其文典则淳古,宛然三代型范,盖周穆史官所记。"又云:"《祭公解》称祭

① 唐兰:《西周青铜器铭文分代史证》,中华书局1986年版。
② 杨宽:《战国史》,上海人民出版社1983年版。
③ 李学勤:《清华简九篇综述》,《文物》2010年第5期。

文公病,穆王访之,作此书。"①民国初年,顾实②、刘师培③等人,力主此说。其后岑仲勉、卫挺生、常征、孙致中诸人皆以考证支持此说。④ 故此说的影响甚大,赞成者颇多。这种观点主要立足于穆王西征有史可循,并且其书体例类史。但其中的"夸言寡实"的地方现在还不能确论,故而此说值得商榷。

二是以清人姚际恒为代表的"汉以后人伪作"说。其说见于他的《古今伪书考》:"《穆天子传》本《左传》《史记》诸说以为说也,多用《山海经》语,体制亦似起居注。起居注者,始于明德马皇后,故知为汉后人作。"今人童书业认为:"《穆天子传》为晋人杂集先秦散简,附益所成。其间固不无古代之材料,然大部分皆晋人杜撰之文。"⑤因汲冢古书的出土为史所明载,故疑古派的"汉后人伪作"一说早不被学术界赞同,但他们提出的一些疑难问题,因尚未得到完满的解答,仍存在不小的影响。

三说是成书于"春秋之末、战国初期"或含混说春秋战国时期。张心澂等认为成书春秋战国时,主要依据其书包含了春秋战国时的思想,并且语言表达也有许多春秋战国时的词句。这种观点对于其书在流传过程中所受改造窜入的情况有所忽略。⑥ 今人王范之认为:"《穆天子传》的成书时代,大约是《春秋》成书以后,《左传》成书之前。那即应是在春秋末、战国初年的时代里。"⑦至于作者,则未言及。

四是成书于战国说。至于作者,则又有中山国人撰、秦赵人撰、赵人撰、魏人撰等说之不同。清人王谟在《穆天子传后识》中云:"《穆天子传》六卷与《周书》《纪年》同出汲冢,疑亦战国时人因《列子》书《周穆王篇》有驾八骏宾西王母事,依托为之,非当日史官起居注也。"民国时,此说以卫聚贤的《穆

---

①　《少室山房笔丛》卷三十四。

②　顾实:《〈穆天子传〉西征讲疏·穆天子传记录时代之确定》,中国书店 1990 年版。

③　刘师培:《〈穆天子传〉补释》,《国粹学报》五卷一至四期,又收《刘申叔先生遗著·左盦集》卷五。

④　岑仲勉:《〈穆天子传〉西征地理概测》,《中山大学学报》1957 年 2 期,又收《中外史地考证》上册,中华书局 2004 年版;卫挺生:《〈穆天子传〉今考》,台北中华学术院 1970 年版;常征:《〈穆天子传〉是伪书吗?》,《河北大学学报》1980 年 2 期;孙致中:《穆王西征与〈穆天子传〉》,《齐鲁学刊》1984 年 2 期。

⑤　童书业:《穆天子传疑》,《禹贡》1936 年第四卷第 3、4 期。

⑥　张心澂:《伪书通考》"穆天子传"条,商务印书馆 1957 年版。

⑦　王范之:《穆天子传所记古代地名与部族》,《文史哲》1963 年第 6 期。

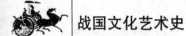

天子传研究》为代表,他认为《穆天子传》成书于战国时代,作者为中山国人。① 解放初期,顾颉刚有《穆天子传及其著作时代》一文,分析了穆王远游传说的起因,认为是由于秦赵人善御马、养马而生发出了造父御八骏的故事,其时代背景则是赵武灵王胡服骑射、西北略地的史实,因此《穆天子传》应成书于赵武灵王之后的战国之时。② 今人缪文远、王贻梁、靳生禾、钱伯泉等人均赞同顾说。靳生禾赞同顾说,认为赵武灵王胡服骑射向西北发展之前,中原人没有了解河套和阴山一线地理情形的条件,因此,以《穆天子传》为西周信史是靠不住的。③ 钱氏在其《先秦时期的"丝绸之路"》一文里肯定地说:"《穆天子传》一定出于战国时期的魏国文士之手。"④郑杰文根据穆王行游路线,认为《穆天子传》是战国前期作品。郑氏云:"《穆天子传》是依据西域商贾们的所见所闻来写穆王对西域的巡行的,穆王的往返线路便是战国时期商贾们的通商路线。……穆王的足迹,几乎遍及丝路南路、中路的东段和整个北路。它所反映的,正是战国时期西域商路与中原交通的实际路线。"⑤至于作者,卫聚贤曾证《穆天子传》卷一至卷四历用夏正,卷五、卷六历用周正,从而断定卷五、卷六出于不同作者之手。王贻梁赞同其说,继而从用语、文字、风格等方面判断卷五、卷六成书时代当早于前四卷。

此外,诸家持《穆天子传》成书于战国者,大多认为周时中西交通未开,《穆天子传》所反映的只能是战国时的情况。文正义云,《穆天子传》虽然不是魏晋人伪作,但也不是周朝的原始作品,而是战国时代中原与西域交通的实录,托以穆王故事罢了。⑥ 莫任南亦云:"它所反映的实为春秋战国时期中原商队西行贸易情况,只不过作者假托那流传已久的周穆王游行故事罢了。"⑦史为乐也认为:"穆王西行的路线,与战国的形势似乎也不能说没有关系。战国时,强秦雄踞关中,赵魏等国与西北的交往必然要通过雁门关,绕

---

① 卫聚贤:《〈穆天子传〉研究》,《中山大学语言所周刊》百期纪念号,又收《古史研究》,商务印书馆 1934 年版第一集。

② 顾颉刚:《〈穆天子传〉及其著作年代》,载《文史哲》第一卷第 2 期。

③ 靳生禾:《〈穆天子传〉若干地理问题考辨》,《北京师范大学学报》1985 年第 4 期。

④ 钱伯泉:《先秦时期的"丝绸之路"》,《新疆社会科学》1982 年第 3 期。

⑤ 郑杰文:《穆天子传通释》,山东文艺出版社 1992 年版,第 195—209 页。

⑥ 文正义为《山海经、穆天子传》合刊本(岳麓书社 1992 年版)所写跋语。

⑦ 莫任南:《从〈穆天子传〉和希罗多德〈历史〉看春秋战国时期的中西交流》,《西北史地》1984 年第 4 期。

道河套才能走得通。"①

　　我们也赞同"成书战国说",具体撰者则中原北方诸国人俱有可能,又以魏人的可能性更大。

　　⑤《穆天子传》的内容

　　《穆天子传》于汲冢出土后,虽经荀勖等人精心整理编校,终因盗墓者的损坏,难以恢复其旧貌,只能以残缺之文行世。尽管如此,它的主要内容还是基本清楚、完整的。《穆天子传》是汲冢所出竹书中唯一一部较完整流传至今的先秦文献。

　　《穆天子传》记叙周穆王率七萃之士,驾八骏之乘,河宗伯夭为导,造父奔戎为御,长驱万里,绝流沙,登昆仑,见到西王母的历史故事。第一卷主要记述游历的准备,包括祭祀、随从、御马等,第二至第四卷主要记述穆王的西游,第五卷记述穆王在东方的游历,第六卷关于穆王妃盛姬死事原在竹书出土时的"杂文十九篇"中,后来编入。

　　其中第一至四卷记述了周穆王从成周(今河南洛阳,《穆天子传》称为宗周)洛邑出发,渡黄河北上,经太行山西行,经漳水和钘山(今河北井陉东南),北征犬戎,继而经隃之关隥(即今雁门山)出雁门,入河套到达河宗氏(今内蒙古河套一带),祭河伯,然后由河宗氏首领作引导,长途西行,登昆仑、会见西王母,狩猎大旷原,然后又返回宗周洛邑的经历。穆王此次西征,往返行程总计二万五千里,所历邦国、部族有犬戎、鄘人、河宗氏、膜昼、寿、珠泽、赤乌、曹奴、长肱、剞闾、鄸韩、西王母、智氏、阏氏、胡氏、诸餰、浊繇氏、骨餰氏、重氎氏、文山之人、巨蒐、渠溲等二十多个。所到之处皆受到热情友好的接待,并且相互赠送物品。遇风雪冻人,作哀民诗三章,而后返回别都南郑。可以说是西周天子巡守中原的实录。

　　卷六原为《杂书》中一篇,题名《周穆王美人盛姬死事》。此卷主要记述周穆王东巡河济之间,所宠幸之美人盛姬途受风寒而夭亡,穆王为之举办盛大隆重的丧礼诸事。这也是唯一存今的西周丧制、葬礼的实录。

　　从《穆天子传》全书所记述的内容来看,完全是以周穆王的活动为中心,详细记录了周穆王西征、东巡的具体时间、地点、起止与宿留,并详记所行路

────────────────

　　① 史为乐:《〈穆天子传〉的作者》,载谭其骧主编《中国历代地理学家评传》第一卷,山东教育出版社1990年版。

程里数及所经部落族名。只有随行史官才能这样清楚明确地记载帝王的言行举动。这更显示出《穆天子传》一书珍贵的历史价值。

书中对于西征的交通路线，沿途的风俗人情，物产气候都有详明记载，并为我们保存了西周时期西北各民族居地、习俗、分布与迁徙等情况。沿途各部族与穆王之间的贡献与赠赐，展示了当时东西方经济文化交流的盛况。围绕周穆王活动所记述的一系列相关礼仪制度，反映了西周社会生活的许多方面。因此，《穆天子传》的史料价值是极其宝贵的，在许多方面可补原有西周史料之不足，它为我们研究先秦的历史、地理，以及文学提供了大量的资料，是很值得珍视的。

⑥《穆天子传》的史学价值

《穆天子传》自出土以来，多被当作重要史书看待。在明清以前，学者们把它看作是西周史官的实录。列入起居注、别史、传记类。但到清代编定《四库全书》时，因其夸言寡实而退置于"小说"一类。其史学价值，正如胡应麟称曰："其叙简而法，其谣雅而风，其事侈而核。视《山海经》之语怪，霄壤也。"又曰："《穆天子传》六卷，其文典则淳古，宛然三代型范，盖周穆王史官所记，与《竹书纪年》《逸周书》并出汲冢，第二书所载，皆讫周末，盖不无战国语参之。独此书东迁前，故奇字特多，缺文特甚，近或以为伪书，殊可笑也。"①日本学者小川琢治在其《先秦经籍考》中也说："此书未被秦汉以后儒家所润色，尚能保存其真面目于今日，比《尚书》《春秋》根本史料之价值尤高。"②

曾经整理《穆天子传》的王贻梁，对《穆天子传》的史料价值，分别从历史地理、先秦史、民族史、经济史、科技史、文学史、语言文字学、礼制民俗等几个方面加以考证，全面彰显了这部奇特的先秦古籍的学术价值所在。③ 刘蓉对此也有详细论述。④

概括而言，《穆天子传》的史学价值，主要有以下两个方面：

其一，它是一部极其有价值的战国时代地理书，穆天子之巡游虽然多有

① 《少室山房笔丛·三坟补逸》。

② ［日］小川琢治：《〈穆天子传〉考》，《穆天子的西征》，《支那历史地理学研究续集》，东京，1929 年版，收入江侠庵编译《先秦经籍考》下册，上海商务印书馆 1931 年版。

③ 王贻梁：《〈穆天子传〉的史料价值》，《华东师范大学学报》1994 年第 2 期。

④ 刘蓉：《论〈穆天子传〉的史料价值》，《文史哲》2003 年第 5 期。

神话传说色彩,但所到之处对于考证中国先秦时期的历史地理及西部风土物产、贡赋经济等都有参考价值。

其二,它有助于了解西北地区民族分布与古代各民族之间的交往,周穆王西行所到之处,各部落或献良马、牛羊,或献美酒,而穆王赐给他们黄金之鹿、白银之麋等物,这说明远在张骞之前,中原和中亚间早有个人和团体的交往接触。

(3)秦简《编年记》

1976 年湖北云梦睡虎地秦墓出土竹简,释文见《文物》1976 年第 6 期。记事起于秦昭王元年(前 306 年),终于秦始皇三十年(前 217 年),共九十年,具有墓主喜的年谱性质。其中虽记墓主的重要经历及其亲属生卒,但多数记载,是有关秦进行统一战争的大事,是研究战国末年和秦代历史的重要资料,可以补《史记》的不足,纠正一些《史记》记载的错误和混乱。

2.谱牒类史学著作(按照事物类别或系统编成的表册等,主要有《世本》)

《世本》一书其主要部分是古帝王、诸侯、卿大夫的宗谱。据《汉书·艺文志》,《世本》原有十五篇,《后汉书·班彪传》也称:"又有记录黄帝以来至春秋时帝王公侯卿大夫,号曰《世本》,一十五篇。"班固注云:"右史官记黄帝以来,讫春秋时诸侯大夫。"说明《世本》记事从黄帝开始,迄于春秋。但从今日所见佚文来看,实际已记到战国末年,并称赵王迁为"今王迁"。赵王迁为赵国最后的一位国君,在位八年(前 235—前 228 年)。赵王迁在位年数,相当于秦王嬴政十二年至十九年,距六国的灭亡仅差数年。因此学者断定为战国末年赵国史官所作。

《世本》主要是记载世系的书,是为当时贵族编修而成的宗谱。《国语·楚语上》申叔时谓:"教之世,而为之昭明德而废幽昏焉,以休惧其动。"韦昭注:"世,谓先王之世系也。为之陈有明德者世显,而闇乱者世废也。"可知春秋战国有像《世本》之类的书和教科书存在,作为教育贵族子弟的读本。这样的书和教材是为了使明德之人的世系显明,并废去昏乱之人的世系。

《世本》尽管以世系宗谱为主,但内容和体裁是多方面的。其书有《帝系》《王侯谱》《卿大夫谱》《记篇》《世家》《传篇》《氏姓》《居篇》《作篇》《谥法》等篇。其中《帝系》记帝王世系传授的系统;《王侯谱》《卿大夫谱》记帝王诸侯卿大夫世系氏族宗谱;《居篇》是记历代王侯建都及都邑变迁的,如舜

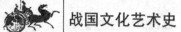

居妫汭，禹都阳城等，属于历史地理学范畴；有《作篇》，是记器物、古制等一些事物的初始发明者，如容成造历，仓颉作书等，是文化史、文明史研究的宝贵资料；《氏姓》记录当时所有的贵族姓氏；《谥法》是谈谥号名称的意义。这种史书的体例创建是很有意义的。

西汉末年刘向校定《世本》，称："古史官明于古事者之所记也。录黄帝已来帝王诸侯及卿大夫系谥名号。"①此为《世本》之古本。汉魏间宋衷为之注，凡四卷；又宋均注《帝谱世本》，凡七卷。古本与注本分行于世。南宋以后，古本先亡，注本亦逐渐散佚。

现存佚文是些零散记事，今所见各种清代的辑佚本，大多是断简残篇，互不连属，已经不易看出原来面貌。清代有王谟、孙冯翼、陈其荣、秦嘉谟、张澍、雷学淇、茆泮林七种辑本，另有王梓材辑本仅存序目缘起。1957年商务印书馆合印成《世本八种》，其中以雷、茆两种较佳，可资参考。

《世本》的写作可能和先秦时其他史书如《国语》《左传》一样，不是一人一时完成的。它综合了远古传说时代以来见闻以及当时可能传世的文字记载，是属于通史性质的史书。作者如果不是史官，在当时是不容易掌握这样多方面的资料的。但这样的内容，在当时却不属于史官的职守，还应是属于史官的私人著作。在这个历史转折的阶段上，史家酝酿着对以往历史的总结，这就是《竹书纪年》与《世本》这些书产生的一种社会原因。

《世本》的史学价值，除作为先秦时期历史研究的史料价值外，它在历史编纂学上也有其特殊的贡献，那就是它开创了纪传体史书的先河。后来司马迁《史记》的编纂，显然是得益于《世本》，远古部分以此书为主要取材对象。其中《世家》《传》等对《史记》体例的形成具有启迪的作用，《史记》体例中的本纪、年表、世家、列传等，实际也受到《世本》影响。刘知幾《史通》主张正史要写氏族志、都邑志；郑樵《通志·二十略》中立有《氏族略》《都邑略》《谥法略》等，

---

① 裴骃：《史记集解序索隐》。

图 6-2　清华简《系年》

也无不是受到了《世本》体例的影响。因此说,在古代史书中,《世本》的地位不亚于《春秋》等书,正如庄子所云:"《春秋》《经世》,先王之《志》,圣人议而不辩。"①

另外,近年发现的《清华简》中有《系年》,也属于此类史书。

3. 语体类史学著作(以记言为主的史著,有《国语》《战国策》等)

(1)《国语》

《国语》是我国最早的国别史,它的编撰方法是以国分类,以语为主,故名《国语》。《国语》保存了比较丰富的历史资料,是研究春秋历史的重要典籍。

①《国语》的内容

《国语》所记史事上限为西周中期周穆王征犬戎(前967年),下限为智伯之亡(前453年),包括了约五百年各国君臣谋议得失的对话及历史。

《国语》是我国最早的一部国别史。其书分别记载了周、鲁、齐、晋、郑、楚、吴、越八国的历史。全书共二十一卷,二百四十三篇,总计七万三千余字。依排列前后顺序依次是:《周语》三卷,《鲁语》二卷,《齐语》一卷,《晋语》九卷,《郑语》一卷,《楚语》二卷,《吴语》一卷,《越语》一卷。《国语》中以《晋语》最多,有9卷,占全书42%左右。其他《周语》三卷,《鲁语》《楚语》《越语》各二卷,《齐语》《郑语》《吴语》各一卷。

《国语》中所记载的八国之"语",其间存在着的明显区别,因此他们的史料价值也是不同的。比如《周语》所写重在对违礼与否的辨析,故多记录当时此一历史人物对彼一历史人物在言行上合适与否的评说。《鲁语》则更少涉及国家大事,多谈琐细小节小仪。《郑语》只是一篇记郑桓公与史伯的对话,实是记录了一个夺取他人家国的阴谋。《楚语》也至多是对小礼节的关注,很少涉及当时楚国的大事。《齐语》出自《管子·小匡》,只谈齐桓公称霸时改革的制度。《吴语》只记吴王夫差伐越以至吴的灭亡,《越语》只记越王勾践灭吴,《吴语》《越语》只可看作是吴越争霸这一传说的不同叙述。而篇幅最长的《晋语》则完全不相同。里面不论是对晋文公故事的长篇叙说,还是对其他历史人物一言一行的简略记录,都始终关注着家国的兴亡,关注着历史人物的自身命运,并在行文中对此表现出极强烈的情感色彩。

《国语·楚语上》中申叔时说:"教之语,使明其德,而知先王之务用明德

---

① 《庄子·齐物论》。

于民也。"韦昭注："语,治国之善语。"这说明了:第一,当时各国皆有"语",是用来教育贵族子弟的教材之一。《国语》也正是在这种材料基础上而形成的。第二,其内容是教育贵族子弟各明其德并先王治民之明德,是用来治理国家的。因此《国语》记述了西周中期以来一些贤明士大夫卿的重要政治言论,并善于评价人物,指陈时政之弊。

《国语》取材虽有失于琐碎的地方,但它记载了许多重要的历史事件。如《周语上》记周厉王弭谤言,邵公谏弭谤,王不听遂流亡于彘;宣王不籍千亩、丧南国之师而料民于太原;幽王时三川皆震等历史事实,这些反映了西周末年逐渐衰落以至灭亡的历程。其书在一条记载之后,往往指出这一事件发展的结果或历史发展的趋势。如《晋语》记晋文公始霸、悼公时复霸、平公"惑以丧志"而"诸侯叛晋"、霸权于是衰落的情况。像这种记载用语不多,却指出了事件的发展结果或事件的历史影响。

就这书所辑各国的"语"的内容繁简和文体风格看来,也颇有差异,各不相同。清代学者姚鼐曾指出这点说:"其略载一国事者,周鲁晋楚而已;若齐郑吴越,首尾一事,其体又异。辑《国语》者随所得繁简收之。"①崔述也曾指出:"《国语》周鲁多平衍,晋楚多尖颖,吴越多恣放,即《国语》亦非一人之所为也。"②《国语》的编辑对历史学也有贡献,它为我们保存了不少春秋史料。

②《国语》的作者

关于《国语》的作者,尚无定论。相传为左丘明所作。司马迁曾说"左丘失明,厥有国语"③。但他同时又在《史记·太史公自序》中认为《左氏春秋传》也为左丘明所作。到了晋代韦昭在作《国语解叙》时进一步说,左丘明作完《左传》,又作《国语》,因此《左传》为《春秋经》之"内传",《国语》为《春秋外传》。《春秋外传》之名,始见于《汉书·律历志》所引之刘歆所作三统术(此说应为前汉所传之古说)。

宋以后学者开始怀疑《国语》非左丘明作。清学者如康有为、崔适等,认为《国语》《左传》原为一书,至汉末刘歆才"从《国语》分出《左传》来",改为编年,引传解经。为的是压倒公羊,穀梁二家,其"无可比附者剔出,仍其旧

---

① 《惜抱轩文集》卷五《辨郑语》。
② 《洙泗考信余录》。
③ 《报任安书》。

名及旧体例,谓之《国语》。"《四库全书总目》:"《国语》出自何人,说者不一,然终以汉人所说为近古。所记之事,与《左传》俱迄智伯之亡,时代亦复相合。"①

这些说法都是不可信的。现代的史学界多数学者认为,《国语》是各国史官的原始记录,后经史官加工整理而成,该书成书在战国初年,其中有左丘明传诵的篇章。②

从《国语》记述看,八国之语的文体风格不一致,反映出它们产生的时间早晚差异。清代学者崔述总结为"《国语》周鲁多平衍,晋楚多尖颖,吴越多恣放",他认为《国语》并非一人所作。而且他在比较《国语》与《左传》文风之后,认为这两本书并不是左氏一人所作。从《国语》编定的最终时间和内容分析,《国语》出书不会早于《左传》,当在战国中晚期。因其收录的晋国之语和晋国之事较多,故崔述认为该史书编定者应为"三晋之人"。

③《国语》的成书时代

与作者相关的问题,是《国语》的成书年代。一种说法是,《国语》成书在《左传》之前,另一种说是,《国语》成书在《左传》之后。这两种主要的观点,错综纷纭,莫衷一是。在此,我们赞同沈长云的观点,即《国语》是在战国时流传的各种《事语》基础上编辑成书的,很可能是出于三晋人之手。

据沈先生考证,"《说文》云:语,论也。其解'言'字曰:直言曰言,论难曰语。是《国语》本为一部议论总集。古人从事教育的一个重要手段,即收集前代及时贤有关政治礼仪方面的精辟议论把它作为教材教育后代。《国语·楚语》记楚大夫申叔时建议庄王太子学习的内容中,有一项就叫作'语',叔时谓'教之语,使明其德,而知先王之务用明德于民也',即此之谓。"这里是先从"语"字的训诂谈起,进而用《楚语》中叔时对庄王说的话作为证据,得出《国语》在当时所具有的教材性质。《国语》各篇都是作于左丘明之后,都属于战国时代取春秋之事而拟成文字者。

不过沈先生也认为,"具体到国语的各篇章,自然还有早晚之分。其中,周、晋、郑、楚四国之'语'及《鲁语上》的风格比较一致,写作时间当较早;《鲁语》则多记琐事,甚或撇开历史而专事说教,知七十子后学所为;《齐语》

---

① 《四库全书总目·史部·杂史类》。
② 谭家健:《历代关于〈国语〉作者问题的不同意见综述》,《中国史研究动态》1994 年第 7 期。

一卷全同于《管子·小匡篇》,盖出于稷下先生之手,《吴语》《越语》专记二国争霸事而多兵权谋之语,尤其《越语下》,只记范蠡,语言讲求对仗韵律,作成时间当最晚。前人每论及《国语》非出一时一人之手,即言《国语》非一人撰述成书之性质。"①

在沈先生的论证中,有两个例子可作为《国语》成书于战国时代的坚证:

其一是辨《晋语四》记晋文公称霸后伐郑及郑终以叔詹为将军一事,其文云:"此事《左传·僖公三十年》唯记晋与秦人围郑,郑烛之武夜缒出城见秦伯,说之退师,秦留杞子逢孙等戍郑,晋亦解去。《晋语》中所谓叔詹其人其事全属附会。杨伯峻指出,《左传》于僖公七年即言郑以叔詹、堵师、师叔三良为政,何至到三十年始以叔詹为将军,其为虚构,不足置辩。云按:将军一职,春秋无,明是《晋语》作者以战国制度强加于詹者,而所谓詹之忠义,广见于战国晚近诸子。可见,《晋语》新增益的这一段史事,不过是据战国时广泛流传之故事为说耳。"

其二辨《晋语二》"君实有郡县"一语,其文云:"值得注意的是,夷吾对话中有君实有郡县一语。是时各国至多在新开拓地区设县,设郡之事当在春秋末期。《左传·哀公二年》赵简子誓师曰:克敌者,上大夫受县,下大夫受郡。郡在县之下,至战国时始有郡县两级制的地方组织。故《晋语》记夷吾对公子絷的一番话,实为后人所附益。"

这两例都是很有说服力的。从中足见《晋语》成于当时史官所记之非,而其为战国时人采异说拟成文字则可无疑。至于司马迁《报任安书》为什么说"左丘失明,厥有《国语》",杨伯峻认为"司马迁本应说'左丘失明,厥有《春秋》',为着避免上文'孔子厄陈蔡作《春秋》'重复《春秋》两字,于是改《春秋》为《国语》,硬把《国语》的作者加于左丘明,遂成为后代争论问题之一"。并说《报任安书》所举诸例,很多是非历史的,不足为信。

其实沈先生的观点,是在发挥了前人学说基础上形成的,并非首创,也并非独家之言。王树民也认为:"《国语》是编辑成书的,各篇的写作时代很不一致。从内容上详加考察,大致'周''鲁''晋''郑''楚'各'语'多为当时人所记,其时代较早;'齐''吴''越'三'语'为后人追记之笔,当为战国中

---

① 沈长云:《国语编撰考》,《河北师范学院学报》1987 年第 3 期。

前期时人所写。"①

沈、王两说可以说是近年来学术界关于《国语》成书性质和写作时间等问题的较有代表性观点。

④《国语》的体例

《国语》是一部以国分类,以语为主的有关春秋历史的史著。《国语》依"先王室而后列国,先诸夏而后蛮夷"的次序编排,既崇周尊王,又将周与鲁、齐等七国的历史汇合在一起。其体例特点在于,《国语》开创了国别体史学著作;详于记言,略于记事;诸国并述,独详晋史;主写中原,兼笔边远。

它与《左传》的区别在于:《左传》采用编年,而《国语》则按国别编写;《左传》以记事为主,《国语》以记言为主;《左传》详载事件的过程,《国语》则侧重于对事件发表议论。《国语》与《左传》,不论从其体例、文风和内容方面都有区别。《国语》共一百九十六条记载,同于《左传》的有一百零四条。《国语》略于记事,详于人物的言论。记言是春秋时期编史的一种固定体裁,称为"语"。

《国语》以记言为主,虽然也记事,但其记事极其简略。而把笔主要集中在记述人物语言上面,通过语言反映人的思想认识。所以《国语》大段大段的都是记述人物长篇大论的文字,而后面记述历史发展的结果只是寥寥数语。例如《周语》中记载周定王派单襄公出使到宋国,路过陈国,看到陈国农井不治、客馆无人管理,陈侯与卿大夫荒淫无礼,归成周后对定王谈了很长一段话,预见陈侯国必亡。而文后所附历史验证只有十分简单的三句话:"六年,单子如楚。八年,陈侯杀于夏氏。九年,楚子入陈。"从这里可见《国语》以记"语"为主的特点,记"事"反而只是附庸、陪衬。

再如《晋语五》记述齐晋鞌之战时说:"靡笄之役,郤献子伤,曰:'余病喙!'张侯御曰:'三军之心,在此车也。其耳目在于旗鼓,车无退表,鼓无退声,军事集焉。吾子忍之,不可以言病。受命于庙,受脤于社,甲胄而效死,戎之政也。病未若死,只以解志。'乃在[左]并辔,右援枹而鼓之,马逸不能止,三军从之,齐师大败。逐之,三周华不注之山。"以此与《左传·成公二年》鞌之战的描写比较,可见《晋语》有许多省略,如齐侯之语和行为,郑丘缓之语,郤克受伤情况等都省略或简化了,《左传》"郤克伤于矢,流血及屦,未绝鼓音",在《晋语》中只用"郤献子伤"便代替了。然而张侯的话却比《左

────────────

① 王树民:《〈国语〉的作者和编者》,《文史》1986 年第 25 辑。

传》增加不少,特别是《晋语》"受命于庙,受脤于社,甲胄而效死,戎之政也",是《左传》中完全没有的内容。这完全突现了《国语》重视记言的特点。而其他的人其他的事都被省略以便有利于突出主要人物的语言及其思想,正因为《国语》有长篇的言辞,因此它也是周代思想文化史研究的重要史料。

⑤《国语》的史学价值

《国语》是一部反映春秋历史的重要史书,其史学价值非常重要。

其一,从《国语》的体裁看,主要是"记言",叙后夹议,教育后人,即以记录各国政治家的言论为主,目的是为了让后人从这些政治家对过去历史事件的议论中汲取"邦国成败"的经验教训。这样一种议论当时被称作"语",《国语》是先秦"语"体史学著作代表。这在史学著作的编著方面,是很有特色的。

其二,留传至今的《国语》共收集了周、鲁、齐、晋、郑、楚、吴、越八国之语。虽然各国篇幅长短不一,用力大小有别,但因书中的议论大多与各国的历史有直接关系,反映了当时国际形势和各国的发展变化,所以这部书被后世视作我国最早的国别史。

其三,从所反映的历史内容上看,《国语》和《左传》都记载春秋时期的史事,两书在内容上互补互证,并且《周语》中西周末年的历史事实和其他各"语"的许多记载为《左传》所缺乏;《国语》记事年代的上下限都多出《左传》,记录了许多《左传》没写出的内容,正可以弥补《左传》在这方面的不足。

其四,《国语》反映了春秋时代政治形势与社会性质变化的轮廓,反映出当时重要政治人物的精神面貌。其中虽然杂有不少天命鬼神的迷信思想,但也有不少揭露社会矛盾、批判统治者的残暴淫奢,以及对人民的利益表示关怀、对贤君贤相寄予赞美的史料,《国语》中的天人观、兴亡观、民本观、君主观和礼乐观,弘扬德的精神,尊崇礼的规范,起到了崇善抑恶作用,具有进步的史学意义。

(2)《战国策》和《战国纵横家书》

《战国策》又称《纵横》《国事》《短长》《事语》《长书》《修书》《隽永》等。所谓"纵横",就是指外交和兼并战争的合纵连横。所谓"短长",也是指谋求外交和兼并战争胜利策略的短长,而自称为策谋最长的,因而汉初皇家书库所藏纵横家书的选本,有称为《国策》的,有称为《短长》的,更有称为《长书》或《修书》的。"修"就是"长"的意思。蒯通所编纵横家书称为《隽永》,颜师古《注》说:"隽,肥肉也。永,长也。言其所论甘美而又深长也。"

与《国语》一样,《战国策》也是一部类似语体的史著著作,本不是为保留历史资料而作,而是战国时期纵横家游说诸侯国君或相互辩论时所发表政治理论的言论,由后人追记汇编辑录而成,并非一人一时的作品。

①《战国策》的流传

《战国策》原书本来编排很乱,后经西汉学者刘向整理,始定名为《战国策》。东汉时,延笃、高诱先后为之作注,延注早亡佚,高注更为知名,也已散佚过半,曾巩增补重编。曾巩"访之士大夫家,始尽得其书,正其误谬,而疑其不可考者,然后《战国策》三十三篇复完"①。稍后孙朴踵事增华,遂为定本。南宋初,姚宏在曾、孙等基础上进行续校,又有新的发展和提高。今本出于南宋姚宏校补,据云访得晋代孔衍《春秋后语》订补。南宋鲍彪又改编原书次序而作新注,鲍书盛行当时。元代吴师道又对鲍书进行改进,继作补正,增益甚多,成为另一注本而风靡于元明。明清之际,钱谦益求得梁溪安氏和高氏两个宋刊姚本,经钱曾、毛晋、黄丕烈、张金吾、顾广圻、陆贻典、卢见存、孔昭焕等众多名家校勘、藏存,今人得以窥其旧貌。清代又有于鬯《战国策注》33 卷(未刊),附《姚氏序录》1 卷,《年表》1 卷,为清代集大成之作。历代典藏刊校之功,实不可没。

近代以来,有日本关修龄著《战国策高注补正》、横田惟孝著《战国策正解》、平井鲁堂《战国策讲义》;民国之后,有金正炜著《战国策补释》、缪文远著《战国策新注》等。近年诸祖耿著有《战国策集注汇考》,何建章所著《战国策注释》,又收辑有于鬯、关修龄与横田惟孝的校注,可供参考。②

① 曾巩:《重校战国策序》。
② 近年来整理、笺注和研究《战国策》的学者论著颇为不少。以下是有代表性的重要版本:缪文远《战国策考辨》,中华书局 1984 年版;诸祖耿《战国策集注汇考》,江苏古籍出版社 1985 年版;缪文远《战国策新校注》,巴蜀书社 1987 年版;郭人民《战国策校注系年》,中州古籍出版社 1988 年版;何建章《战国策注释》,中华书局 1990 年版;王守谦《战国策全译》,贵州人民出版社 1992 年版;张清常《战国策笺注》,南开大学出版社 1993 年版;王延栋《战国策全译》,南开大学出版社 2001 年版;范祥雍《战国策笺证》,上海古籍出版社 2006 年版等。近年来又出版何晋《战国策研究》,北京大学出版社 2001 年版;胡如虹《战国策研究》,湖南人民出版社 2002 年版;裴登峰《战国策研究》,甘肃人民出版社 2003 年版;熊宪光《战国策研究》等同名著作,以及郑杰文《战国策文新论》(山东人民出版社 1998 年版)、范祥雍《战国策笺证》等力作,将新时期《战国策》研究推向一个新的高峰。

②《战国策》的内容

《战国策》主要记述了战国时期纵横家的政治主张和策略，展示了战国时代的历史特点和社会风貌，是研究战国历史的重要典籍。

《战国策》共计33篇，分编十二策，约12万字。按东周、西周、秦、齐、楚、赵、魏、韩、燕、宋、卫、中山二国为先后顺序进行编排。其中齐、秦两国篇数最多，《齐策》6篇，《秦策》5篇，其余《楚策》《赵策》《魏策》各4篇，《韩策》《燕策》各3篇，《中山策》1篇，《宋策》《卫策》合为1篇。除后三国外，前七国正好构成战国时七个大国。时代上接春秋，下至秦并六国，涵盖约245年的丰富多彩的战国时期风云历史。

《战国策》反映了这一历史时期各诸侯国之间进行兼并的政治斗争，特别是对"士"阶层的人物，做了非常生动的描写（如对苏秦、张仪的描写）。

③《战国策》的性质

关于《战国策》的性质，历代学人或以为史部，或以为子部，多有不同的认识。这从图书分类上可看出。班固《汉书·艺文志》将《战国策》归入《六艺略》之"春秋"类下，是肯定其具有正史地位。《隋书·经籍志》将其纳入"史部"之"杂史"类，后世史书多从之。然宋晁公武《郡斋读书志》将其放入"子部"，认为其属纵横家言，亦得后世不少学者之赞同。例如："案《汉书·艺文志》，《战国策》与《史记》为一类，历代史志因之。晁公武《读书志》始改入子部纵横家，《文献通考》因之。案班固称司马迁作《史记》，据左氏《国语》，采《世本》《战国策》，述楚汉春秋，接其后事，迄于天汉，则《战国策》当为史类，更无疑义。且子之为名，本以称人，因以称其所著，必为一家之言，乃当此目。《战国策》乃刘向裒合诸记并为一编，作者既非一人，又均不得其主名，所谓子者安指乎？公武改隶子部，是以记事之书为立言之书，以杂编之书为一家之书，殊为未允。今仍归之史部中。"①也就是说，虽然它是纵横家言，但总的来说，历代学者都把它视为史类著作看待。

④《战国策》的史学意义及其局限

历史上，许多学者对《战国策》毁多誉少。直至宋代学者曾巩校订之后，《战国策》才得以流传下来。《战国策》所以有如此的历史境遇，主要是其理

---

① 《四库全书总目·史部·杂史类》。

论基础、主导思想为纵横家思想,与长期以来在我国历史上占据主导地位的儒家思想相抵牾,因此自然要受到儒家正统史家和正统史学的排斥。

但是《战国策》所反映那个独特时代的史学意义是明显的,不容怀疑的。战国时代,各诸侯大国独霸一方,割据称雄,各个大国都想凭借自己的实力创建一个统一的中央集权王朝。于是各国之间在政治、经济、军事、外交等各个方面展开了错综复杂的斗争。在这种形势下,一批又一批的游说之士应运而生,他们站在各个不同的诸侯国或不同的政治集团立场上,提出各种不同的主张和策略。一时形成一种强大的政治势力。正如当年刘向在总结《战国策》中策士的作用时说:"是以苏秦、张仪、公孙衍、陈轸、代、厉之属生,纵横短长之说,左右倾侧。苏秦为纵,张仪为横。横则秦帝,纵则楚王,所在国重,所去国轻。"也正是苏秦、张仪、公孙衍、陈轸等策士"所在国重,所去国轻",一时诸侯王公权卿争养游说之士,多则数千,少则数十。他们或连横事秦,蚕食六国,吞并天下;或合纵为六国,出奇谋异智,转危为安,转亡为存。策士后学者为了方便揣摩学习,便把说士游客异智言行和佚闻收集起来,以资学习。一时简册纷出,蔚为大观。《战国策》所载纵横之士的说辞,酣畅淋漓地铺陈形势的利害,宛转曲折地表现纵横捭阖之术,变化多端,形象鲜明,语言生动,情理并茂,打动人主,文学价值较高。在史事的叙述上,也极尽刻画、有声有色,从而也可以看出战国史上的一些重大问题。①

首先,《战国策》是继《春秋》之后,讫楚汉之起,整个战国时期历史珍贵记载。如果从楚汉起事之年算起,即从秦二世元年(前209年)上推245年,正好是周贞定王十六年(前453年),韩、赵、魏三家分晋为其始。在《左传》

---

① 关于《战国策》的史学意义,参考如下论著:郭人民《〈战国策〉东西周考辨》,《河南大学学报》1985年第4期;金文舒、金荣权《比较〈战国策〉与〈左传〉的外交辞令——兼谈春秋战国的社会心态》,《信阳师范学院学报》1992年第2期;谢东贵《〈战国策〉策士形象新论》,《中国文学研究》1994年第1期;杨钊《〈战国策〉与纵横家》,《文史知识》1994年第7期;阎忠《〈战国策〉燕国疆域辨析》,《史学集刊》1995年第3期;胡如虹《纪传体的流变——从〈左传〉〈战国策〉到〈史记〉》,《古典文学知识》1998年第5期;杨富有《〈战国策〉的侠义精神探析及其影响》,《内蒙古师范大学学报》2000年第1期;陈才训《〈左传〉行人辞令与〈战国策〉策士辩辞比较》,《社科纵横》2001年第4期;秦淑华《〈史记〉与〈战国策〉的异文研究》,《汉字文化》2002年第4期;赵楠《〈战国策〉的时利观》,《社会科学家》2004年第4期;赵楠《夹缝之水——战国策士流性思维管窥》,《海南大学学报》2005年第2期;韩先艳《〈战国策〉中的占卜》,《辽宁行政学院学报》2006年第12期;翟江月《从〈战国策〉看战国时期社会风气与思想倾向》,《管子学刊》2008年第1期。

《国语》之后,《楚汉春秋》《秦楚之际》之前,这中间 245 年的史料空白,主要靠《战国策》来填补。《战国策》真实地反映了当时七国的风云变幻、合纵连横、战争绵延、政权更迭的历史真实面貌,比较客观地记录了当时的一些重大历史事件,也保存了许多珍贵史料,是战国历史的生动写照,如西周君、东周君二国的情况,楚幽王为春申君之后,郭开谗李牧,吕不韦立子楚,嫪毐乱秦宫等,都是独家占有之史料。再如《战国策·赵策三》长篇记述赵武灵王推行"胡服骑射"时的争论和经过,其所持理论为法家主张,兼有"兵技巧家"讲求改革战斗技艺的性质。又如今本《战国策》末章(姚宏据苏辙《古史》所引而收集的),记秦将白起长篇回答秦昭王的言论,阐明所以能攻克楚都鄢郢,大破韩、魏联军于伊阙的原因,"皆计利势、自然之理,何神之有哉?"这是"兵形势家"的见解。由于《战国策》很多篇是战国时人或稍后时人所著,其底本又是各国史策,故其中史实比较可信,真实性亦高,所以它也是司马迁修《史记》取材的重要史料来源,在中国古代史上曾占有很重要的史料地位。

其次,《战国策》记载了战国时期谋臣策士相互辩论时所提出的政治主张和斗争策略以及相互倾轧的阴谋诡计,其思想内容比较复杂,主体上体现了纵横家的思想倾向,同时也反映出了战国时期思想活跃、文化多元的历史特点。它在一定程度上反映了战国时期各诸侯国之间和各国内部各阶级、阶层之间尖锐复杂的矛盾斗争,统治集团的争权夺利、相互倾轧、昏庸腐朽,以及兼并战争给人民带来的痛苦和灾难。它反映了战国时代的社会风貌,反映了当时士人的精神风貌,体现了时代思想观念的变化,也体现出战国游士、侠士这一类处于统治集团与庶民之间的特殊而较为自由的社会人物的思想特征,突出体现了各国统治者重视人才的政治思想和强调民本的进步政治观念,反映了战国时期历史发展的大趋势。这些都为研究战国时期人们的思想观念提供了丰富的资料。

再者,《战国策》突破了旧的思想观念的束缚,开创了由下说上的文章体裁,详细地记录了当时纵横家的言论和事迹,展示了这些人的精神风貌和思想才干,另外也记录了一些义勇志士的人生风采,所以就显得比以前的历史著作更加活泼而富有生气。这些记人体裁和历史素材对司马迁的《史记》的纪传体的形成,具有很大影响。据班固《汉书·司马迁列传》称:"司马迁据《左传》《国语》,采《世本》《战国策》,述《楚汉春秋》。"可见,《战国策》对《史记》的影响之大。

最后，也毋庸讳言，《战国策》作为历史著作，因为其目的是供游说之士学习之用，有些资料不够真实，多浮夸不实之词，还有张冠李戴、以讹传讹等谬误。《战国策》中也有不少假托苏秦、张仪名义编出来的故事，不但夸张虚构，而且年代错乱、矛盾百出。正如司马迁所说："世言苏秦多异，异时事有类之者皆附之苏秦。"①今本《战国策》中，既有和帛书《战国纵横家书》相合的比较原始的苏秦资料，也有后人伪造虚构的东西，可以说真伪参半。而《史记·苏秦列传》所辑录的，几乎全是后人杜撰的长篇游说辞。由于司马迁误信这些游说辞为真，误认为苏秦是和张仪同时对立的人物，反而把有关苏秦的原始资料或加抛弃，或把这些资料中的"苏秦"改为"苏代"或"苏厉"，造成了混乱。《史记·张仪列传》和今本《战国策》所载张仪的说辞，同样也不完全可信。因此有学者认为，《战国策》既算不上一部真正意义上的完整史书，文中所引故事也不能当作可信程度较高的史料，有悖于历史实际。全书中没有年月的记载，甚至连论说者也不详。这些都是我们利用《战国策》史料时所应注意的。

⑤《战国策》之外的《战国纵横家书》

1973 年在湖南长沙马王堆三号汉墓中出土了与《战国策》性质相近的帛书，记载了战国时期说客辩士的言论行为，也是战国末年有关战国权变和游说故事的一种汇编，共有 27 章，其中有 11 章内容见于《战国策》和《史记》，另有 16 章不同于《战国策》，为久已失传的古佚书。整理者定名为《战国纵横家书》，可作为《战国策》的别本，可以校正《战国策》和《史记》记载的错误，并可补足今本《战国策》的不足，也是研究战国时期历史的宝贵资料。

《战国纵横家书》全书分三部分，第一部分十四章即出于原始的一种《苏子》（只有两章著录过），是苏秦的书信和谈话，提供了有关他的可信史料。在这第一部分中，文本也提供了苏秦为燕反间和发动合纵攻秦的可信史料，我们可以据此鉴别《史记》和《战国策》中所有苏秦史料的真伪。在今本《战国策》中，有关苏秦的资料，其数量也大大超过其他纵横家。《战国纵横家书》的出土和整理研究，为由此辨别《战国策》有关史料的真伪，并纠正《史记·苏秦列传》的错误，提供了可能。

_____

① 《史记·苏秦列传》。

《战国纵横家书》出土之后，引起了学术界的极大兴趣，学者多有考论，①观点虽然不能趋于一致，但对研究战国时代的历史，起到了推动作用。

⑥战国时期其他权变与游说故事的编辑

战国时代游说的风气很盛。各派学者为了争取国君的信任和重用，都要通过游说。儒家固然要周游列国，游说诸侯；墨家、法家、名家、阴阳家也都要游说国君，争取得到国君的有力支持。要争取一国国君的信任和重用，不但要说服国君，而且要驳倒反对派。韩非著有《说难》，专门陈述进说国君的困难，并分析了进说成功或失败的原因。要在外事活动中，进行争取与国和孤立敌国的斗争，更需要通过游说和争论。战国中期以后，在齐、秦两大国东西对峙的斗争形势下，合纵、连横的计谋策略很是重要，因而有讲究合纵、连横的纵横家产生。纵横家着重讲究游说。因为讲究游说，就有人按照当时政治斗争的需要，把历史上的权变故事和游说故事，以及说客游说君主的书信和游说辞汇编起来，编成各种册子以供学习模仿。到西汉末年刘向编辑《战国策》时，他从皇室的书库里发现有记录战国权变故事和游说辞的各种不同册子，有六种不同名称：《国策》《国事》《短长》《事语》《长书》《修书》。有以国别分类编辑的，有按事迹分类编辑的。所谓《长书》《修书》，该是《短长书》的简称，"短长"就是指计谋策略的短长。司马迁所谓"谋诈用而从(纵)衡(横)短长之说起"②。

当时也已有专门辑录一个著名纵横家的言行的书。《汉书·艺文志》纵横家类，就著录有《苏子》三十一篇，《张子》十篇，《庞煖》二篇，《阙子》一篇和《国筮子》十七篇。张仪和苏秦，是战国纵横家的代表人物，他们的行动和游说辞常被作为学习模仿的样本。特别是战国末年，由秦国来完成统一的趋势已经形成，东方六国常常图谋合纵抵抗秦国，以挽救自己的灭亡，庞煖

---

① 唐兰《司马迁所没有见过的珍贵史料——长沙马王堆帛书〈战国纵横家书〉》；马雍《帛书〈战国纵横家书〉各篇的年代和历史背景》；杨宽《马王堆帛书〈战国纵横家书〉的史料价值》，《战国纵横家书》，文物出版社1976年版；曾鸣(唐兰化名)《关于帛书〈战国策〉中苏秦书信若干年代问题的商榷》，《文物》1975年第8期；马雍《再论〈战国纵横家书〉第四篇及其有关的年代问题——答曾鸣同志》，《文物》1978年第12期；张烈《战国纵横家书辨——兼与徐中舒先生商榷苏秦等问题》，《社会科学战线》1986年第3期；青城《帛书〈战国纵横家书〉前十四章结构时序考辨》，《管子学刊》1995年第2期车新亭《帛书〈战国纵横家书〉与苏秦史料辨正》，《北京师范大学学报》(哲社版)，1999年第3期；秦丙坤《〈战国纵横家书〉所见苏秦散文时事考辨》，《西北师大学报》(社科版)2002年第4期；等。

② 《史记·六国年表序》。

所发动的合纵攻秦事件,就具有这样的性质。因此苏秦就成为东方六国纵横家着重学习模仿的榜样,有关他的游说故事和游说辞风行一时。《汉书·艺文志》纵横家类把《苏子》放在首位,篇数最多,不是偶然的。长沙马王堆汉墓出土帛书《战国纵横家书》,也是战国末年有关战国权变和游说故事的一种汇编,第一组十四章即出于原始的一种《苏子》。

纵横家讲究"揣摩",《史记·苏秦列传》说苏秦"得《周书阴符》,伏而读之。期年,以出揣摩"。集解说:"《鬼谷子》有《揣摩篇》",《索隐》引王劭说:"《揣情》《摩意》,是《鬼谷子》之二章名,非为一篇也。"《鬼谷子》一书出于后人伪造,但是揣情摩意确是纵横家十分注意的。所有这些战国权变和游说故事的汇编,原是游说之士的学习资料,或者是练习游说用的脚本,对于有关历史事件的具体经过往往交代不清,有的只约略叙述到游说经过和游说的结果。其中有些编者着重于吸取历史的经验教训的,就比较能够注意历史的真实性。如果编辑起来只是用作练习游说的脚本的,就不免夸张失实,甚至假托虚构。正因为苏秦和张仪是纵横家学习模仿的榜样,他们的游说辞是练习游说用的主要脚本,其中就有许多是后人假托他们名义编造出来的,不但夸张虚构,而且年代错乱,矛盾百出。

除了纵横家以外,法家也搜集编辑历史上的权变故事。《韩非子》中有《说林》上下篇,《内储说》上下篇,《外储说》左上、左下、右上、右下四篇,以及《十过》等篇,都是韩非搜集的春秋战国时代权变故事的汇编。"说林"是"广说诸事,其多若林"的意思,"内储说"和"外储说"是分内外两个方面积储起来说明的意思。韩非把这些历史故事分类汇编起来,用来证明他的政治主张的正确。《内储说》《外储说》和《十过》等篇都是先总制大纲,分叙条目,然后列举历史故事来加以论证的。我们将《韩非子》中这类故事,同今本《战国策》做比较,就可以发现许多故事的内容是相同的,或者是大同小异的。以《说林上篇》为例,其中战国故事有十六节,与《战国策》相同的就有九节之多。所有这些战国权变故事,是后世研究战国历史的重要资料。

4. 其他类型史学著作

除了以上编年体、谱牒体、语体等史学著作外,战国时期还有一些其他类型的史学著作出现,主要有史地书、法律文书、资鉴类书等。

(1)《山海经》

《山海经》性质相当于地理志。全书共 18 篇,三万零八百字。全书通过神话形式,记录了全国的山川矿藏共226处,现在可以得到证实。还记载了260多种动物,130多种植物。还记载了古代的一些社会情况,对研究自然科学史和中国古代社会具有重要参考价值。

(2)云梦出土《秦律》

1976年湖北云梦睡虎地秦墓出土有写在竹简上的《秦律》五种。其中一种《法律答问》以"秦"与"夏"对称,谈到"欲去夏""欲去秦属""诸侯客即来使入秦,当以玉问王"等等,当写成于秦完成统一以前。这不仅是研究秦国法律的重要资料,而且是深入分析研究秦国社会历史的重要资料。五种《秦律》的释文,见《文物》1976年第7期和第8期。

(3)记事类史学

另外,当时还有一种记事体史学,记述每个历史事件比较详细,既有具体情节,还穿插有生动语言。《墨子·明鬼下》所引的周、燕、宋、齐四国《春秋》,讲鬼神的故事的,便属于这一种。

(4)资鉴类史学

战国学者编辑春秋时代的历史书籍,目的在于分析过去历史的成败得失,用来作为当时统治者的借鉴。战国中叶出现的《铎氏微》和《虞氏春秋》,就是为此目的而编辑的。

司马迁说:"铎叔为楚威王傅,为王不能尽观《春秋》,采取成败,卒四十章,为《铎氏微》。"①刘向《别录》又说:《左传》由吴起"授其子期,期授楚人铎椒。铎椒作《抄撮》八卷,授虞卿。"②可知,铎椒因为《左氏》篇幅太多,楚威王无法"尽观",因此从国家大事的"成败"着眼,节抄《左传》原文,编成八卷,共四十章。后来"虞卿上采《春秋》,下观近势,亦著八篇,为《虞氏春秋》"③。所谓八篇就是《节义》《称号》《揣靡》《政谋》等。④

《铎氏微》和《虞氏春秋》虽已久佚,但从文献记载看来,前者可能是用纪事本末或史实类编的形式写的;后者可能采用史实类编的形式,每一篇名似表示某一类的史事。这两书或论说成败、或刺讥国家得失,较之《国语》的"多闻善败以鉴戒",更进一步有为政治服务的态势。

---

① 《史记·十二诸侯年表序》。

② 《左传》杜注序孔颖达疏引。

③ 《史记·十二诸侯年表序》。

④ 《史记·虞卿列传》。

四、战国诸子的历史观

战国时期是中国思想文化史上光辉灿烂的时代,百花齐放、百家争鸣的学术氛围,为战国学术的发展提供了客观条件,促进了战国学术的全面发展。这一时期各种体裁的史书层出不穷,关注历史的社会氛围空前浓厚,与此同时战国诸子史学思想发展和丰富,对后世史学发展产生了极其深远的影响。

战国诸子大多有"托古之风",在争鸣过程中纷纷引史事为自己的立论根据,表达了对历史的看法,形成了各自的历史观点。正如葛志毅所说:"战国时诸子学的发达,不妨可视为史学在特殊学术文化条件下的变相发达状态。因为诸子大量汲取历史知识与历史资料于其著作中,不仅使其内容丰富深邃起来,而且亦使史学借诸子的形式得到曲畅旁通的发展,或者说,是乃《春秋》之义转移到诸子中的保存发扬。"[1]

诸子们把历史发展看作一个过程,逐渐由对历史发展规律的探索转向重视史学教育作用,提出的史学思想和原则,对后世史学发展产生重大影响。诸子历史观的总倾向是,都承认历史是变化的,但对变化趋势的认识存在分歧;在社会发展动力问题上,神的作用让位于人,但更重视少数"圣人"的作用。

(一)战国诸子的"托古之风"

战国时期,诸子的观点尖锐对立,他们互不相让,但有一个共同的特点——喜欢打着先圣的旗帜,"毋剿说,毋雷同,必则古昔,称先王"[2],这就是历史上说的战国"托古之风"。神农、黄帝、颛顼、帝喾、尧、舜、禹、汤、文、武等历史人物,是战国诸子谈论的共同话题。在对上古的追溯探索中,战国诸子拓宽了他们的视野,他们逐渐认识到时空的无限和历史的发展变化,自觉不自觉地把历史发展看作一个过程,纷纷提出对历史进程的看法。诸子的历史观呈现出异彩纷呈的局面。

墨子对古代圣王,即夏、商、周以来的尧、舜、禹、汤、文、武、周公赞不绝

---

① 葛志毅:《战国诸子史学思想发凡》,《大连大学学报》2008 年第 5 期。

② 《礼记·曲礼上》。

口,向往、崇敬三代之治,希望当今君王"祖述尧、舜、禹、汤之道"①,列"古者圣王之事"②,为"三表"之一,惯于引所谓"先王之书"作为论辩的根据。墨子美化先王,认为"饮食之法""官室之法""葬埋之法"等都是圣王制定的,"圣王作为舟车,以便民之事"③。他的学生巫马子认为:"舍今之人而誉先王,是誉槁骨也。"墨子批评道:"天下之所以生者。可誉而不誉,非仁也。"④先王就是造物主,所以,他坚决主张法先王:"凡言凡动,合于三代,暴王桀纣幽厉者舍之。"在圣王的治理下,上古社会是美好的,所以,"三代圣王既没,天下失义"。他指出:"周成王之治天下也,不若武王;武王之治天下也,不若成汤;成汤之治天下也,不若尧舜。"⑤今不如昔,这是更明显的倒退史观。

孟子也是一个"言必称尧舜""法先王"的战国儒家学者。但他同时也认为:"天下之生久矣,一治一乱。""当尧之时,水逆行,泛滥于中国,蛇龙居之,民无所定……(尧)使禹治之。禹掘地而注之海,驱蛇龙而放之菹,水由地中行,江淮河汉是也。"⑥孟子的看法是:圣人出现,国泰民安;暴王行世,天下大乱。他并且断定"五百年必有王者兴,其间必有名世者"⑦,这是典型的英雄史观。孟子的历史观具有鲜明的时代特点,反映了战国中期儒家学派对社会大变动的观察与思考。在当时的历史条件下,孟子虽然没有揭示历史发展的根本规律,但他认为历史发展具有阶段性的观点,比孔、墨的倒退史观前进了一步。

荀子认识到自然界有其自身的规律:"天行有常,不为尧存,不为桀亡。"他承认历史不断进步,批评孟子"舍后王而道上古",反对法先王:"圣王有百,吾孰法焉?……故曰:舍后王而道上古,譬之是犹舍己之君而事人之君也。"⑧主张"王者之制,道不过三代,法不贰后王"。但他只看到历史进程中的量变,而没有看到历史质的飞跃,他说:"故千万人之情,一人之情是也;天地之始者,今日之始者,今日是与;百王之道,后王是也。"他的结论是:"故以

① 《墨子·尚贤上》。
② 《墨子·非命上》。
③ 《墨子·辞过》。
④ 《墨子·耕柱》。
⑤ 《墨子·三辩》。
⑥ 《孟子·滕文公下》。
⑦ 《孟子·公孙丑下》。
⑧ 《荀子·非相》。

人度人,以情度情,以类度类,以说度功,以道观尽,古今一度也。"①这是由时代的局限性决定的。《吕氏春秋·长见》继承了荀子这一思想,认为:"今之于古也,犹古之于后世也;今之于后世,亦犹今之于古也。故审知今则可知古,知古则可知后,古今前后一也。"

法家也反对法先王。法家对于历史的变迁与发展做了明确的解释,反思传统、展望未来之余,力求变革图新。商鞅学派把整个历史进程分为上世、中世、下世:"上世亲亲而爱私,中世上贤而说仁,下世贵贵而尊官。上贤者,以道相出也;而立君者,使贤无用也;亲亲者,以私为道也;而中正者,使私无行也。此三者,非事相反也,民道弊而所重易也,世事变而行道异也。"②他认为各个时代都有它各自的特征,历史在不断变化。因此作为统治者不应该墨守成规:"前世不同教,何古之法? 帝王不相复,何礼之循? 伏羲、神农教而不诛,黄帝、尧、舜诛而不怒,及至文武,各当时而立法,因事而制礼。……臣故曰:治世不一道,便国不法古。汤武之王也,不修古而兴;殷夏之灭也,不易礼而亡。然则反古者未必可非,循礼者未足多是也。""三代不同礼而王,五霸不同法而霸。""礼、法以时而定,制、令各顺其宜。"③商鞅主张历史在发展,礼法应不同,用历史发展论为自己的政治改革寻找理论基点。

韩非发挥了荀子的发展史观,而形成了自己的"常变观"和"古今观"。他称:"上古之世,人民少而禽兽众,人民不胜禽兽虫蛇。有圣人作,构木为巢,以避群害,而民悦之,使王天下,号曰有巢氏。民食果蓏蚌蛤,腥臊恶臭而伤害腹胃,民多疾病。有圣人作,钻燧取火,以化腥臊,而民悦之,使王天下,号之曰燧人氏。中古之世,天下大水,而鲧、禹决渎。近古之世,桀、纣暴乱,而汤、武征伐。"④是说上古之世,有巢氏、燧人氏解决了人们食住方面的困苦;中古之世,鲧、禹决渎;近世之世,桀纣虐乱,汤武征伐。这同样也是明显的英雄史观,但他没有美化上古。他说:"尧之王天下也,茅茨不剪,采椽不斫,粝粢之食,藜藿之羹,冬日麑裘,夏日葛衣,虽监门之服养,不亏于此矣。禹之王天下也,身执耒,以为民先,股无胈,胫不生毛,虽臣虏之劳,不若于此矣。"基于这一认识,他认为历史是不断前进的,决不能开倒车:"今有构

---

① 《荀子·非相》。
② 《商君书·开塞》。
③ 《商君书·变法》。
④ 《韩非子·五蠹》。

木钻燧于夏后氏之世者,必为鲧禹笑矣;有决渎于殷周之世者,必为新圣笑矣。……今欲以先王之政治当世之民,皆守株之类也。"所以,"为人臣毋称尧舜之贤,毋誉汤武之伐,毋言烈士之高,尽力守法,专心于事主者为忠臣。"①

韩非子认为,每个时代所体现的历史精神也不同,"上古竞于道德,中古逐于智谋,当今争于气力"②。因此一切措施都应时代之需而变革,在"事因于世,而备适于事"③的原则下,韩非认为"处多事之时,用寡事之器,非智者之备也;当大争之世而循揖让之轨,非圣人之治也"④。根据这种社会进化思想,韩非认为解决现实政治问题,不能从抽象的原则出发,只能以当前具体的时间、地点和条件出发,做到"世异则事异,事异则备变"⑤,否则就会出现"文王行仁义而王天下,偃王行仁义而丧其国"⑥的现象。也就是说社会是发展的,每一个社会阶段所面临的主要矛盾不同,解决矛盾的方法、方式也应不相同。

作为战国时期道家的代表人物,庄子在历史观上明显受到老子影响。与孟子、荀子在尊古、复古的同时抱着积极入世促使社会进步的态度不同,庄子对于历史的认识,是从否定的方面出发的,是一种"今不如昔"的退化史观。在《庄子·缮性》篇中,他将历史的盛世放在过去,放在五帝之前更久远的混沌鸿蒙、淳风未散的远古时代,认为那时才是"至一"的理想社会,他认为历史后不如前,今不如古。庄子认为三代以来道德日衰、性情分离,从燧人、伏羲时的"顺而不一",到神农、黄帝时的"安而不顺",再到唐、虞始为天下后的"去性而从于心","文灭质,博溺心",天不胜人,天人倒置,以天道否定了人道,"道之人何由兴乎世,世亦何由兴乎道哉",大势已去,社会历史无可挽回地陷入了对私欲与物质的追求混乱之中,从此再也不能回归到安定的、"阴阳和静,鬼神不扰,四时得节,万物不伤,群生不夭"的世界里。

战国诸子中历史思想成体系规模者,应属邹衍。他虽是阴阳家,但他提

---

① 《韩非子·五蠹》。
② 《韩非子·五蠹》。
③ 《韩非子·五蠹》。
④ 《韩非子·八说》。
⑤ 《韩非子·五蠹》。
⑥ 《韩非子·五蠹》。

出的一套历史观却在历史上留下极深远的影响。不断地追溯上古,使学者们的思路变得逐渐开阔。因此到了战国末期,邹衍糅合原始的阴阳学说和原始的五行学说,提出了循环史观的模式,即五德终始说。他认为土、木、金、火、水五德相胜相克,前者德行衰落,自有后起者代之,"称引天地剖判以来,五德转移,治各有宜,而符应若兹"①,这是一种命定论。他把历史王朝的转移次第,概括为土、木、金、火、水五行相胜的循环。五行即五德,与每一德相应,各有其服色制度,如黄帝土德,"其色尚黄,其事则土"之类。与五德转移相应,当某一新王朝即将建立时,天必然昭示某种符瑞,如"黄帝之时,天先见大螾大螻",以示"土气胜"。② 获其中某德兴起的王朝皆有如此天祥应之。虽然这样一条历史循环史观并非建立在科学的基础上,也并不能代表历史发展的实际,但邹衍把整个历史进程纳入自己的思想体系,认为历史是发展变化的,而且这种变化有其规律可循,这是探索历史发展规律的一次大胆尝试,在史学史上有一定的积极意义。

刘勰在《文心雕龙·史传》指出:"若夫追述远代,代远多伪……然俗皆爱奇,莫顾实理。传闻而欲伟其事,录远而详其迹。于是弃同即异,穿凿旁说;旧史所无,我书则传。此论滥之本源,而述远之巨蠹也。"这的确是诸子述古时所犯的通病。由于人们的天道观刚刚部分地从神的世界中解放出来,因此脱胎于神的母体而来到人间的先王不免带有"神性",甚至"神"气十足:"庖牺氏、女娲氏、神农氏、夏后氏,蛇身人面,牛首虎鼻:此有非人之状,而有大圣大德。"这样的例子不胜枚举。《山海经》集神话、传说资料之大成,进而成为后世造说的渊薮所在。神话化的人和人格化的神联袂而至,使当时的学者眼花缭乱。

(二)战国诸子的史学思想

战国诸子在对史学的探索过程中,逐渐重视史学的教育作用,强调史学发展要发挥出忠君教育和名分教育的作用。这种历史为现实服务的思想,对后来史学思想产生了很大影响。③

---

① 《史记·孟子荀卿列传》。
② 《吕氏春秋·应同》。
③ 郑振江:《简论战国诸子史学思想》,《河南社会科学》2002 年第 6 期。

　　战国诸子喜欢用简单比附的手法,把先王分为两大类:要么集至德于一身,要么是天下罪恶的化身。例如墨子,常常把尧舜汤武与桀纣幽厉对举。这种现象在孔子时已经出现,孔子的学生子贡对此表示不满,他提出自己的看法:"纣之不善,不如是之甚也。是以君子恶居下流,天下之恶皆归焉。"①可见孔门具有朴素的辩证眼光,这种严谨的学风对后世影响很大。

　　庄子说:"两喜必多溢美之言,两怒必多溢恶之言。"②这也道出了实情。孟子说:"尽信书,则不如无书。吾于《武成》,取二三策而已矣。"照他看来,"仁人无敌于天下,以至仁伐至不仁,而何其血之流杵也?"③虽然他的判断标准不一定正确,但他提倡反思,不盲从迷信,这对史识的培育起了一定的作用。到屈原,对于古往今来、天地万物都敢怀疑:"遂古之初,谁传导之? 上下未形,何由考之? 冥昭瞢暗,谁能极之?"④韩非进一步提倡参验,认为"无参验而必之者""非愚则诬"。⑤ 这种实事求是的精神,为后世甄别史料提出了指导方针。中国史学"阙则传阙""疑则传疑""考而后信"优良传统的发扬光大,与孔孟等人的开创之功密不可分。

　　孔子和《春秋》的关系,我们认为本是不相干的,但是孟子却说:"世衰道微,邪说暴行有作,臣弑其君者有之,子弑其父者有之,孔子惧,作《春秋》。""孔子成《春秋》而乱臣贼子惧。"⑥这段话是否符合历史真实,我们可以不论,但这至少表达了孟子对历史学社会功能的理解和要求,是值得肯定的。这就是说,在孟子的心目中,历史学要发挥出忠君教育、名分教育的作用,这种思想对后世影响也很大。

　　孟子慨叹诸侯去籍,荀子进一步指出:"五帝之外无传人,非无贤人也,久故也;五帝之中无传政,非无善政也,久故也;禹汤有善政而不若周之察也,非无善政也,久故也。传者久则论略,近则论详,略则举大,详则举小。……是以文久而灭,节族久而绝。"⑦荀子发现了自然淘汰规律,他提倡

　①　《论语·子张》。
　②　《庄子·人间世》。
　③　《孟子·尽心下》。
　④　《楚辞·天问》。
　⑤　《韩非子·显学》。
　⑥　《孟子·滕文公下》。
　⑦　《荀子·非相》。

厚今薄古,详近略远,这正是史学家应该遵循的基本方针。

战国时期托古之风,本身就是一场研究古史的史学实践活动,通过这场活动,历史知识得到空前的普及,人们的历史意识开始觉醒,上古零乱的传说资料得到初步整理,上古史迹清晰可见。诸子们提出的各种史观和整理古史的一些原则,为后世史学发展奠定了基础。

参 考 文 献

典籍文献

1. ［魏］王肃伪孔安国传，［唐］孔颖达等正义：《尚书》，中华书局 1980 年版。

2. ［魏］王弼、［晋］韩康伯注，［唐］孔颖达等正义：《周易》，中华书局 1980 年版。

3. ［汉］毛亨传，郑玄笺，［唐］孔颖达等正义：《诗经》，中华书局 1980 年版。

4. ［汉］郑玄注，［唐］贾公彦疏：《周礼》，中华书局 1980 年版。

5. ［汉］郑玄注，［唐］贾公彦疏：《仪礼》，中华书局 1980 年版。

6. ［汉］郑玄注，［唐］孔颖达等正义：《礼记》，中华书局 1980 年版。

7. ［晋］杜预注，［唐］孔颖达等正义：《左传》，中华书局 1980 年版。

8. ［晋］何休解诂，［唐］徐彦疏：《公羊传》，中华书局 1980 年版。

9. ［晋］范宁注，［唐］杨士勋疏：《穀梁传》，中华书局 1980 年版。

10. ［晋］郭璞注，［宋］邢昺疏：《尔雅》，中华书局 1980 年版。

11. ［魏］何晏集解，［宋］邢昺疏：《论语》，中华书局 1980 年版。

12. ［东汉］赵岐注，［宋］孙奭疏：《孟子》，中华书局 1980 年版。

13. ［战国］宋钘：《宋子》，马国翰《玉函山房辑佚书》辑本，楚南书局刊本清光绪十年(1884 年)版。

14. ［战国］鬼谷子著，［南朝梁］陶弘景注：《鬼谷子》，嘉庆十年江都泰氏刻本，中国书店影印 1986 年版。

15. ［战国］佚名著，［宋］陆佃注：《鹖冠子》，万有文库本，上海商务印书馆 1927 年版。

16. ［清］刘宝楠：《论语正义》，中华书局 1986 年版。

17. [清]焦循:《孟子正义》,中华书局 1986 年版。

18. [清]王先谦:《荀子集解》,中华书局 1986 年版。

19. [三国魏]王弼:《老子注》,中华书局 1986 年版。

20. [清]魏源:《老子本义》,中华书局 1986 年版。

21. [清]王先谦:《庄子集解》,中华书局 1986 年版。

22. [清]郭庆藩:《庄子集释》,中华书局 1986 年版。

23. [东晋]张湛:《列子注》,中华书局 1986 年版。

24. [清]孙诒让:《墨子间诂》,中华书局 1986 年版。

25. [民国]张纯一:《晏子春秋校注》,中华书局 1986 年版。

26. [清]戴望:《管子校正》,中华书局 1986 年版。

27. [战国]公孙鞅著,[清]严可均校:《商君书》,中华书局 1986 年版。

28. [清]王先慎:《韩非子集解》,中华书局 1986 年版。

29. [战国]尹文著,[清]钱熙祚校:《尹文子》,中华书局 1986 年版。

30. [秦]吕不韦及门客:《吕氏春秋》,中华书局 1986 年版。

31. [西汉]刘安及其门客:《淮南子》,中华书局 1986 年版。

32. 杨伯峻:《列子集释》,中华书局 1998 年版。

33. [南宋]朱熹:《四书章句集注》,中华书局 1998 年版。

34. 高明:《帛书老子校注》,中华书局 1998 年版。

35. 刘文典:《淮南鸿烈集解》,中华书局 1998 年版。

36. [西汉]刘向著,向宗鲁校正:《说苑校正》,中华书局 1987 年版。

37. [东汉]应劭著,王利器校注:《风俗通义》,中华书局 1985 年版。

38. 方向东:《大戴礼记汇校集解》,中华书局 2008 年版。

39. [清]姚彦渠:《春秋会要》,中华书局 1955 年版。

40. [清]顾栋高:《春秋大事表》,上海书店 1988 年版。

41. 杨伯峻:《春秋左传注》,中华书局 1981 年版。

42. [春秋]左丘明:《国语》,上海古籍出版社 1988 年版。

43. [西汉]刘向:《战国策》,上海古籍出版社 1985 年版。

44. [明]董说撰,缪文远订补:《七国考》,上海古籍出版社 1987 年版。

45. 马王堆汉墓帛书整理小组编:《战国纵横家书》,文物出版社 1976 年版。

46. 袁珂校注:《山海经校注》,上海古籍出版社 1980 年版。

47. [西汉]司马迁:《史记》,中华书局 1959 年版。

48. [东汉]班固:《汉书》,中华书局 1962 年版。

49. [南朝宋]范晔:《后汉书》,中华书局 1973 年版。

50. [唐]房玄龄等:《晋书》,中华书局 1974 年版。

51. [唐]魏徵等:《隋书》,中华书局 1973 年版。

52. [后晋]刘昫等:《旧唐书》,中华书局 1989 年版。

53. [宋]欧阳修等:《新唐书》,中华书局 1989 年版。

54. [东汉]许慎:《说文解字》,中华书局 1963 年版。

55. [清]段玉裁:《说文解字注》,上海古籍出版社 1981 年版。

56. [清]朱骏声:《说文通训定声》,中华书局 1984 年版。

57. [清]徐灏:《说文解字注笺》,中华书局 1988 年版。

58. [东汉]扬雄:《方言》,中华书局 1985 年版。

59. [东汉]刘熙:《释名》,中华书局 1985 年版。

60. [唐]陆德明:《经典释文》,中华书局 1983 年版。

61. [宋]陈彭年、丘雍等著,周祖谟校注:《广韵校本》,中华书局 1960 年版。

62. [唐]陆玑:《毛诗草木鸟兽虫鱼疏》,《丛书集成新编》第 43 册,台北新文丰出版公司 1986 年版。

63. [晋]杜预:《春秋经传集解》,上海人民出版社 1988 年版。

64. [北魏]郦道元著,陈桥驿点校:《水经注》,上海古籍出版社 1990 年版。

65. [汉]蔡邕:《琴操》,昌平丛书日本天保三年(公元 1832 年)版。

66. [唐]刘餗:《乐府解题》,宛委山堂本。

67. [唐]李林甫著,陈仲夫注释:《唐六典》,中华书局 1992 年版。

68. [唐]李吉甫:《元和郡县图志》,中华书局 1985 年版。

69. [唐]张怀瓘:《书断》,浙江人民美术出版社 2012 年版。

70. [唐]张彦远《历代名画记》,人民美术出版社 2004 年版。

71. [宋]郭忠恕著,李零整理:《汗简》,中华书局 1983 年版。

72. [元]潘迪著,[清]冯承辉考证:《石鼓文音训》,清光绪十九年(1893 年)苍溪刻本 1 册,国家图书馆藏。

73. [元]吾丘衍:《学古编》,韩天衡编:《历代印学论文选》上,西泠印社出版社 1999 年版。

74. [明] 都穆:《金薤琳琅》,馀姚汪氏刻本,清乾隆四十三年(1778 年)版。

75. 欧阳辅:《集古求真续编》,《石刻史料新编》第 11 册,台北新文丰出版公司 1982 年版。

76. [清] 叶昌炽:《语石》,中华书局 1994 年版。

77. [清] 汪中:《左氏春秋释疑》,《述学·内篇》,辽宁教育出版社 2000 年版。

78. [晋] 郭璞注,[清] 翟云升辑:《覆校穆天子传》,《五经岁遍斋校书三种》东莱翟云升五经岁遍斋道光年间刻本。

79. [明] 徐沁:《明画录》,华东师范大学出版社 2009 年版。

80. [清] 严可均辑:《全汉文》,商务印书馆 1999 年版。

81. [清] 崔述:《洙泗考信录》,《崔东壁遗书》,上海古籍出版社 1983 年版。

82. [清] 雷学淇:《竹书纪年义证》,台北艺文印书馆 1977 年版。

83. [南朝宋] 刘义庆:《世说新语》,中华书局 1999 年版。

84. [清] 陈介祺:《簠斋藏陶》,北京大学图书馆藏拓本。

85. [清] 刘鹗:《铁云藏陶》,广陵书社(江苏广陵古籍刻印社)1998 年版。

86. [清] 王念孙:《广雅疏证》,中华书局 1983 年版。

87. [清] 王先谦:《释名疏证补》,上海古籍出版社 1984 年版。

88. [清] 孙星衍:《尚书今古文注疏》,中华书局 1986 年版。

89. [清] 王先谦:《诗三家义集注疏》,中华书局 1987 年版。

90. [清] 孙诒让:《周礼正义》,中华书局 1987 年版。

91. [清] 孙希旦:《礼记集解》,中华书局 1989 年版。

92. [清] 王聘珍:《大戴礼记解诂》,中华书局 1983 年版。

93. [清] 胡培翚:《仪礼正义》,江苏古籍出版社 1993 年版。

94. [清] 朱彬:《礼记训纂》,中华书局 1998 年版。

95. [清] 李道平:《周易集解纂疏》,中华书局 1998 年版。

96. [清] 孙星衍:《尚书今古文注疏》,中华书局 1998 年版。

97. [清] 皮锡瑞:《今文尚书考证》,中华书局 1998 年版。

98.[汉]王充著,黄晖校释,附刘盼遂集释:《论衡校释》,中华书局1990年版。

99.[西晋]王浮:《神异记》,浙江古籍出版社2008年版。

100.[梁]昭明太子编,[唐]李善注:《文选》,中华书局1977年版。

101.[唐]欧阳询编:《艺文聚类》,上海古籍出版社1982年版。

102.[宋]李昉等:《太平御览》,中华书局1985年版。

103.[宋]吕大临:《考古图》,齐鲁书社1997年版。

104.[清]朱右曾、[民国]王国维:《古本竹书纪年辑校 今本竹书纪年疏证》,辽宁教育出版社1997年版。

105.范祥雍:《古本竹书纪年辑校订补》,上海人民出版社1957年版。

106.方诗铭等:《古本竹书纪年辑证》,上海古籍出版社1981年版。

107.[梁]沈约附注,[明]范钦订:《竹书纪年》,四部丛刊初编本,上海书店1989年版。

108.[晋]皇甫谧著,徐宋元辑:《帝王世纪辑存》,中华书局1964年版。

109.[清]朱右曾:《逸周书集训校释》,商务印书馆1940年版。

110.[汉]宋衷注,[清]秦嘉谟等辑:《世本八种》,商务印书馆1957年版。

111.[晋]郭璞注,[明]范钦订:《穆天子传》,四部丛刊本,中华书局1989年版。

112.[东汉]赵晔:《吴越春秋》,四部丛刊本,中华书局1989年版。

113.[春秋]孔门弟子辑录,[明]何孟春注:《孔子家语》,齐鲁书社1997年版。

114.[南宋]黎靖德编:《朱子语类》,中华书局1986年版。

115.[南宋]朱熹:《楚辞集注》,上海古籍出版社1979年版。

116.[南宋]洪兴祖:《楚辞补注》,中华书局1983年版。

117.[清]顾炎武著,黄汝成集释:《日知录集释》,上海古籍出版社1985年版。

118.[唐]陆德明:《经典释文》,中华书局1983年版。

119.[南宋]朱熹:《论语集注》,中华书局1957年版。

120.[南宋]朱熹:《诗集传》,上海古籍出版社1980年版。

121.[清]王先谦:《诗三家义集疏》,中华书局1987年版。

122. [西汉]王逸:《楚辞章句》,商务印书馆1983年版。

123. [南宋]朱熹:《楚辞集注》,上海古籍出版社1979年版。

124. [南宋]洪兴祖:《楚辞补注》,中华书局1957年版。

125. 闻人军:《考工记译注》,上海古籍出版社1993年版。

126. [宋]司马光:《稽古录》,中华书局1991年版。

127. [宋]郑樵:《通志略》,中华书局1989年版。

128. [唐]杜佑:《通典》,中华书局1988年版。

129. [南宋]马端临:《文献通考》,中华书局1986年版。

130. [清]曾国藩:《求阙斋读书记》,光绪二年琉璃厂龙之斋刻本。

131. [清]吴汝纶:《古文辞类纂评点》,京师国群铸一社1914年线装本。

132. [清]曹寅:《全唐诗》,中华书局1999年版。

133. 余嘉锡:《世说新语笺疏》,中华书局1983年版。

近今论著

1. 罗振玉:《贞松堂吉金图》,墨缘堂1935年版。

2. 罗振玉:《三代吉金文存》,中华书局1983年版。

2. 王国维:《观堂集林》,中华书局1959年版。

3. 王国维:《宋元戏曲史》,上海古籍出版社1998年版。

4. 郭沫若:《石鼓文研究》,《郭沫若全集》考古编第九卷,科学出版社1982年版。

5. 郭沫若:《诅楚文考释》,《郭沫若全集》考古编第九卷,科学出版社1982年版。

6. 郭沫若:《出土文物二三事》,人民出版社1973年版。

7. 郭沫若:《奴隶制时代》,人民文学出版社1954年版。

8. 郭沫若:《两周金文辞大系图录考释》,上海书店出版社1999年版。

9. 郭沫若:《十批判书》,《郭沫若全集》"历史编"第二卷,人民出版社1982年版。

10. 郭沫若:《青铜时代》,《郭沫若全集》"历史编"第一卷,人民出版社1982年版。

11. 郭沫若:《屈原赋今译》,《郭沫若全集·文学编》第五卷,人民出版社1982年版。

12. 郭沫若:《周官质疑》,《金文丛考》,人民出版社 1954 年版。

13. 杨宽:《战国史料编年辑证》,上海人民出版社 2001 年版。

14. 杨宽:《战国史》,上海人民出版社 1955 年版;上海人民出版社 1983 年再版。

15. 杨宽:《战国史》(增订本),上海人民出版社 1998 年版。

16. 裘锡圭:《文字学概要》,商务印书馆 1996 年版。

17. 何琳仪:《战国文字通论》,中华书局 1989 年版。

18. 何琳仪:《战国文字通论》(补订本),江苏教育出版社 2003 年版。

19. 何琳仪:《战国古文字典》,中华书局 2004 年版。

20. 何琳仪:《战国古文字典——战国文字声系》,中华书局 1998 年版。

21. 曹锦炎:《古代玺印》,文物出版社 2002 年版。

22. 曹锦炎:《鸟虫书通考》,上海书画出版社 1999 年版。

23. [英]崔瑞德、鲁惟一编:《剑桥中国秦汉史》(中译本),中国社会科学出版社 2007 年版。

24. 中国科学院考古研究所编:《美帝国主义劫掠的我国殷周铜器集录》,科学出版社 1962 年版。

25. 中国社会科学院考古研究所编:《殷周金文集成》,中华书局 1984—1994 年版。

26. 上海博物馆编:《齐量》,上海博物馆 1959 年版。

27. 上海博物馆编:《上海博物馆藏青铜器》,上海美术出版社 1964 年版。

28. 上海博物馆青铜器研究组:《商周青铜器纹饰》,文物出版社 1984 年版。

29. 马承源主编:《商周青铜器铭文选》(全四册),文物出版社 1988 年版。

30. 马承源主编:《上海博物馆藏战国楚竹书》(1—7),上海古籍出版社 2001—2008 年版。

31. 李家浩:《著名中年语言学家自选集——李家浩卷》,安徽教育出版社 2002 年版。

32. 银雀山汉墓竹简整理小组:《银雀山汉墓竹简》,文物出版社 1985 年版。

33. 孙敬明：《考古发现与齐史类征》，齐鲁书社 2006 年版。

34. 高明：《古陶文汇编》，中华书局 1990 年版。

35. 袁仲一编：《秦代陶文》，三秦出版社 1987 年版。

36. 荆门市博物馆编：《郭店楚墓竹简》，文物出版社 1998 年版。

37. 清华大学出土文献研究与保护中心编，李学勤主编：《清华大学藏战国竹简》(壹)，上海文艺出版集团、中西书局 2010 年版。

38. 李学勤：《新出青铜器研究》，文物出版社 1990 年版。

39. 李学勤：《东周与秦代文明》，文物出版社 1991 年版。

40. 李学勤：《东周与秦代文明》，文物出版社 1991 年版。

41. 李学勤：《东周与秦代文明》，文物出版社 1991 年版。

42. 蔡季襄：《晚周缯书考证》，台北艺文印书馆 1944 年版。

43. 汤余惠：《战国铭文选》，吉林大学出版社 1993 年版。

44. 于省吾：《双剑誃古器物图录》，琉璃厂函雅堂 1940 年版。

45. 于省吾：《双剑誃吉金文选》，中华书局 1998 年版。

46. 吉林大学古文字研究室编：《于省吾教授百年诞辰纪念文集》，吉林大学出版社 1996 年版。

47. 张守中撰集：《中山王器文字编》，中华书局 1981 年版。

48. 刘彬徽：《楚系青铜器研究》，湖北教育出版社 1995 年版。

49. 施谢捷：《吴越文字汇编》，江苏教育出版社 1998 年版。

50. 罗福颐《近百年来对古玺印研究之发展》，西泠印社 1982 年版。

51. 罗福颐：《古玺汇编》，文物出版社 1981 年版。

52. 王人聪、叶其峰：《秦汉魏晋南北朝官印研究》，香港中文大学文物馆专刊之四，1990 年版。

53. 萧亢达：《汉代乐舞百戏艺术研究》，文物出版社 1991 年版。

54. 庄新兴：《战国玺印分域编》，上海书店出版社 2001 年版。

55. 吴良宝：《先秦货币文字编》，福建人民出版社 2006 年版。

56. 汪庆正：《中国历代货币大系·先秦货币》，上海人民出版社 1988 年版。

57.《中国钱币大辞典》编纂委员会编：《中国钱币大辞典·先秦编》，中华书局 1995 年版。

58. 李约瑟：《中国古代科学思想史》，江西人民出版社 1999 年版。

59.那志良:《玉器通释》,台北初印本 1970 年版。

60.高明:《战国陶铭》,上海书画出版社 2000 年版。

61.郭宝钧:《商周铜器群综合研究》,文物出版社 1981 年版。

62.闻一多:《伏羲考》,上海古籍出版社 2006 年版。

63.闻一多:《闻一多论古典文学》,重庆出版社 1984 年版。

64.沈从文《中国古代服饰研究》,上海世纪出版集团 2005 年版。

65.湖北省博物馆、北京工艺美术研究所编:《战国曾侯乙墓出土文物图案选》,长江文艺出版社 1984 年版。

66.李零:《长沙子弹库战国楚帛书研究》,中华书局 1985 年版。

67.胡小石:《胡小石论文集》,上海古籍出版社 1982 年版。

68.李纯一:《中国上古出土乐器综论》,文物出版社 1996 年版。

69.李纯一:《先秦音乐史》,人民音乐出版社 2005 年版。

70.项阳、陶正刚主编:《中国音乐文物大系·山西卷》,大象出版社 2000 年版。

71.容庚、张维持:《殷周青铜器通论》,文物出版社 1984 年版。

72.中国艺术研究院音乐研究所:《中国音乐史图鉴》,人民音乐出版社 1988 年版。

73.陈绍棣:《中国风俗通史·两周卷》上海文艺出版社 2003 年版。

74.人民音乐出版社编辑部编:《〈乐记〉论辩》,人民音乐出版社 1983 年版。

75.王光祈:《中国音乐史》,中华书局 1941 年版。

76.蒋孔阳:《先秦音乐美学论稿》,人民文学出版社 1986 年版。

77.陈此生:《杨朱》,商务印书馆 1930 年版。

78.刘节:《古史考存》,人民出版社 1958 年版。

79.缪钺:《诗词散论》,上海古籍出版社 1982 年版。

80.顾颉刚:《古史辨》,上海古籍出版社 1982 年版。

81.顾颉刚:《史林杂识初编》,中华书局 2005 年版。

82.鲁迅:《中国小说史略》,人民文学出版社 1981 年版。

83.鲁迅:《中国小说的历史的变迁》,人民文学出版社 1981 年版。

84.鲁迅:《汉文学史纲要》,人民文学出版社 1978 年版。

85.鲁迅:《鲁迅全集》,人民文学出版社 1980 年版。

86.詹安泰：《中国文学史》，高等教育出版社 1957 年版。

87.马积高：《赋史》，上海古籍出版社 1987 年版。

88.褚斌杰：《中国古代文体概论》，北京大学出版社 1990 年版。

89.张松如、王锡荣：《中国诗歌史》，吉林大学出版社 1988 年版。

90.林庚：《天问论笺》，人民文学出版社 1983 年版。

91.孙作云：《孙作云文集》，河南大学出版社 2003 年版。

92.陈子展：《古典文学论丛》，上海人民出版社 1980 年版。

93.沈长云：《赵文化研究》，河北人民出版社 2006 年版。

94.郑良树：《竹简帛书论文集》，中华书局 1982 年版。

95.缪文远：《战国策考辨》，中华书局 1984 年版。

96.缪文远：《战国策新校注》，巴蜀书社 1987 年版。

97.郑杰文：《穆天子传通释》，山东文艺出版社 1992 年版。

98.郑杰文：《战国策文新论》，山东人民出版社 1998 年版。

99.公木：《先秦寓言概论》，齐鲁书社 1989 年版。

100.赵明：《道家思想与中国文化》，吉林大学出版社 1986 年版。

101.谭家健、郑君华：《先秦散文纲要》，山西人民出版社 1987 年版。

102.孙德谦：《太史公书义法》，中华书局 1985 年版。

103.李民：《尚书与古史研究》，中州古籍出版社 1983 年版。

104.屈万里：《尚书集释》，台湾联经出版事业公司 1994 年版。

105.黄怀信：《逸周书汇校集注》，上海古籍出版社 1995 年版。

106.黄怀信：《逸周书源流考辨》，西北大学出版社 1992 年版。

107.黄沛荣：《周书研究》，台湾大学中国文学研究所博士学位论文，1976 年版。

108.罗家湘：《逸周书研究》，上海古籍出版社 2006 年版。

109.彭林：《〈周礼〉的主题思想与成书时代研究》（增订本），中国人民大学出版社 2009 年版。

110.杨伯峻：《〈春秋左氏左传〉浅讲》，中央广播电视大学出版社 2004 年版。

111.尹达：《中国史学发展史》，中州古籍出版社 1985 年版。

112.张孟伦：《中国史学史》，甘肃人民出版社 1983 年版。

113.仓修良、魏得良：《中国古代史学史简编》，黑龙江人民出版社 1983

年版。

114. 白寿彝:《中国史学史》,北京师范大学出版社 2004 年版。

115. 王贻梁、陈建敏:《穆天子传汇校集释》,华东师范大学出版社 1994 年版。

116. 杨树达:《积微居金文说》,《杨树达文集》,上海古籍出版社 1983 年版。

117. 唐兰:《西周青铜器铭文分代史证》,中华书局 1986 年版。

118. 顾实:《〈穆天子传〉西征讲疏·穆天子传记录时代之确定》,中国书店 1990 年版。

119. 张心澂:《伪书通考》"穆天子传"条,商务印书馆 1979 年版。

120. 诸祖耿:《战国策集注汇考》,江苏古籍出版社 1985 年版。

121. 郭人民:《战国策校注系年》,中州古籍出版社 1988 年版。

122. 何建章:《战国策注释》,中华书局 1990 年版。

123. 王守谦:《战国策全译》,贵州人民出版社 1992 年版。

124. 张清常:《战国策笺注》,南开大学出版社 1993 年版。

125. 王延栋:《战国策全译》,南开大学出版社 2001 年版。

126. 范祥雍:《战国策笺证》,上海古籍出版社 2006 年版。

127. 何晋:《战国策研究》,北京大学出版社 2001 年版。

128. 胡如虹:《战国策研究》,湖南人民出版社 2002 年版。

129. 裴登峰:《战国策研究》,甘肃人民出版社 2003 年版。

130. 熊宪光:《战国策研究》,重庆出版社 2004 年版。

131. 郭沫若:《者汈钟铭考释》,《考古学报》1958 年第 1 期。

132. 郭沫若:《古代文字之辩证的发展》,《考古学报》1972 年第 1 期。

133. 郭沫若:《关于晚周帛画的考察》,《人民文学》1953 年第 11 期。

134. 郭沫若:《关于晚周帛画的考察及补充说明》,《郭沫若全集》"考古编"第十卷,科学出版社 2002 年版。

135. 郭沫若:《西江月·题长沙楚墓帛画》,《郭沫若全集》"考古编"第十卷,科学出版社 2002 年版。

136. 李学勤:《郭店简与〈乐记〉》,《中国哲学的诠释与发展》,北京大学出版社 1999 年版。

137. 李学勤:《清华简与〈尚书〉〈逸周书〉的研究》,《史学史研究》2011

年第 2 期。

138. 李学勤：《清华简九篇综述》，《文物》2010 年第 5 期。

139. 李学勤：《战国题铭概述》（上、中、下），《文物》1959 年第 7、8、9 期。

140. 李学勤：《论新都出土的蜀国青铜器》，《文物》1982 年第 1 期。

141. 李学勤：《秦骃祷病玉版研究》，《故宫博物院院刊》2000 年第 2 期。

142. 杨宽：《秦〈诅楚文〉所表现的"诅"的巫术》，《文学遗产》1995 年第 5 期。

143. 杨宽：《马王堆帛书〈战国纵横家书〉的史料价值》，《战国纵横家书》，文物出版社 1976 年版。

144. 汤余惠：《略论战国文字形体研究中的几个问题》，《古文字研究》第 15 辑，中华书局 1986 年版。

145. 冯广宏：《巴蜀文字的破译途径》，《文史杂志》2000 年第 2 期。

146. 冯广宏：《巴蜀文字的期待》（一）至（十），《文史杂志》2004 年第 1 期至 2005 年第 4 期。

147. 徐中舒：《陈侯四器考释》，《历史语言研究所集刊》，第二本四分册，1933 年版。

148. 温庭敬：《羌钟铭释》，《中山大学研究院史学专刊》第一卷第 1 期，1935 年版。

149. 何琳仪：《者钟铭校注》，《古文字研究》第 17 辑，中华书局 1989 年版。

150. 何琳仪：《三孔布币考》，《中国钱币》1993 年第 4 期。

151. 何琳仪：《燕国布币考》，《中国钱币》1992 年第 2 期。

152. 黄盛璋：《试论三晋兵器的国别和年代及其相关问题》，《考古学报》1974 年第 1 期。

153. 黄盛璋：《平山战国中山石刻初步研究》，《古文字研究》第 8 辑。

154. 容庚：《鸟书考》，《中山大学学报》1964 年第 1 期。

155. 安志敏：《金版与金饼》，《考古学报》，1973 年第 2 期。

156. 黄锡全：《古币札记二则》，《安徽钱币》1998 年第 3 期。

157. 黄锡全：《先秦货币文字形体特征举例》，《于省吾教授百年诞辰纪念文集》，吉林大学出版社 1996 年版。

158. 湖南省文物考古研究所等：《湘西里耶秦代简牍选释》，《中国历史文物》2003 年第 1 期。

159. 陈炜湛:《诅楚文献疑》,《古文字研究》第十四辑,中华书局 1986 年版。

160. 陈昭容:《从秦系文字演变的观点论〈诅楚文〉的真伪及其相关问题》,《中央研究院历史语言研究所集刊》第六十二本第四分,1993 年版。

161. 郝本性、赵世纲:《河南温县东周盟誓遗址一号坎发掘简报》,《文物》1983 年第 3 期。

162. 王季星:《行气剑柲铭文考释》,《学原》第二卷,北京学原社编辑、商务印书馆总经销,民国三十七年七月(1948 年 7 月)。

163. 陈世辉:《玉饰铭和气功疗法》,《光明日报》1961 年 11 月 21 日。

164. 张光裕:《玉刀柲铭补说》,《中国文字》第十二期,台湾大学文学院中国文学系编印。

165. 陈邦怀:《战国〈行气玉铭〉考释》,《古文字研究》第七辑,中华书局 1982 年版。

166. 许国经:《〈行气玉铭〉铭文新探》,《湖北大学学报》1989 年第 1 期。

167. 饶宗颐:《剑柲行气铭与汉简〈引书〉》,《中华文史论丛》第 51 辑,上海古籍出版社 1993 年版。

168. 孙启明:《〈行气铭〉古文字研究》,《医古文知识》2001 年第 4 期。

169. 赵松飞:《〈行气玉佩铭〉新解》,《中国气功科学》1999 年第 8 期。

170. 曹锦炎:《岣嵝碑研究》,《文物研究》第五辑,1989 年版。

171. 孙敬明:《齐陶新探》,《古文字研究》第 14 辑,中华书局 1986 年版。

172. 孙敬明:《益都藏陶》,《古文字研究》第十九辑,中华书局 1986 年版。

173. 孙敬明:《齐国陶文分期刍议》,《古文字研究》第 19 辑,中华书局 1992 年版。

174. 孙敬明:《从陶文看战国时期齐都近郊之制陶手工业》,《古文字研究》第 21 辑,中华书局 2001 年版。

175. 孙敬明:《齐国陶文史料研究例说》,《齐文化纵论》,华龄出版社 1993 年版。

176. 孙敬明:《齐陶文化比较研究》,《管子学刊》1994 年第 3、4 期。

177. 李先登:《河南登封阳城遗址出土陶文简释》,《古文字研究》第 7

辑,中华书局 1982 年版。

178. 陈直:《考古论丛》,《西北大学学报》1957 年第 1 期。

179. 刘彬徽:《从包山楚简记时材料论及楚国记年与楚历》,《包山楚简》"附录",文物出版社 1991 年版。

180. 李零:《楚帛书的再认识》,《中国文化》1994 年第 10 期。

181. 李零:《楚帛书与"式图"》,《江汉考古》1991 年第 1 期。

182. 容庚:《鸟书考》,《中山大学学报》1964 年第 1 期。

183. 马承源:《鸟虫书论稿》,《古文字研究》第 10 辑,中华书局 1983 年版。

184. 马承源:《漫谈战国青铜器上的画像》,《文物》1861 年第 10 期。

185. 裘锡圭:《谈谈随县曾侯乙墓的文字资料》,《文物》1979 年第 7 期。

186. 新井光风:《包山楚简书法的考察》,《书法丛刊》1993 年第 3 辑。

187. 吴聿明:《春秋战国书法论略》,《东南文化》2000 年第 5 期。

188. 荆璞:《神将化合,变出无方——楚国的书法艺术》,《理论月刊》1994 年第 2 期。

189. 李倩:《楚国的语言与文字》,《理论月刊》1992 年第 5 期。

190. 常耀华:《开隶变端绪的东周盟书》,《中日书法史论研讨会论文集》,文物出版社 1994 年版。

191. 杨泓:《战国绘画初探》,《文物》1989 年第 10 期。

192. 孙作云:《长沙战国时代楚墓出土帛画考》,《人文杂志》1961 年第 1 期。

193. 熊传新:《对照新旧摹本谈楚国人物龙凤帛画》,《江汉论坛》1981 年第 1 期。

194. 熊传新:《湖南出土的古代錞于综述》,《考古与文物》1981 年第 4 期。

195. 熊传新:《我国古代錞于概论》,《中国考古学会第二次年会论文集》,文物出版社 1982 年版。

196. 湖南省博物馆:《新发现的长沙战国楚墓帛画》,《文物》1973 年第 7 期。

197. 安志敏、陈公柔:《长沙战国缯书及其有关问题》,《文物》1963 年第 9 期。

198. 商承祚：《战国楚帛书述略》，《文物》1964 年第 9 期。

199. 陈梦家：《寿县蔡侯墓铜器》，《考古学报》1956 年第 2 期。

200. 陈梦家：《战国楚帛书考》，《考古学报》1984 年第 2 期。

201. 连劭名：《长沙楚帛书与中国古代宇宙论》，《文物》1991 年第 2 期。

202. 汤池：《信阳楚墓锦瑟漆画简介》，《美术研究》1980 年第 3 期。

203. 张英群：《试论河南战国青铜器的画像艺术》，《中原文物》1984 年第 2 期。

204. 汤炳正：《曾侯乙墓的棺画与〈招魂〉中的"土伯"》，《社会科学战线》1982 年第 3 期。

205. 祝建华、汤池：《曾侯墓漆画初探》，《美术研究》1982 年第 2 期。

206. 胡雅丽：《包山 2 号墓漆画考》，《文物》1988 年第 5 期。

207. 余秀翠：《当阳春秋墓部分漆器图案浅析》，《楚文化研究会第五次年会》，打印稿。1990 年 6 月。

208. 杜恒：《试论百花潭嵌错图像铜壶》，《文物》1976 年第 3 期。

209. 叶小燕：《东周刻纹铜器》，《考古》1983 年第 2 期。

210. 梓溪：《战国刻绘燕乐画像铜器残片》，《文物》1962 年第 2 期。

211. 河北省博物馆文管处：《河北省出土文物选集》，《文物》1979 年第 1 期。

212. 赵新来、韩绍诗、周到：《河南、陕西等地发现的古代青铜器》，《文物》1965 年第 5 期。

213. 田学祥：《河南辉县三位营发现战国铜器》，《文物》1975 年第 5 期。

214. 王丕忠：《咸阳塔儿坡出土秦代錞于》，《考古与文物》1981 年第 4 期。

215. 齐文涛：《概述近来山东出土的商周青铜器》，《文物》1972 年第 5 期。

216. 袁朝：《江陵马山一号楚墓刺绣品图案考释》，《中原文物》1993 年第 1 期。

217. 湖北省博物馆：《湖北江陵发现的楚国彩绘石编磬及其相关问题》，《考古》1972 年第 3 期。

218. 李纯一：《曾侯乙墓编磬铭文初研》，《音乐艺术》1983 年第 1 期。

219. 李纯一：《汉瑟和楚瑟调弦的探索》，《考古》1974 年第 1 期。

220. 李纯一:《雨台山 21 号战国楚墓竹律复原探索》,《考古》1990 年第 9 期。

221. 袁仲一:《秦代金文、陶文杂考三则》,《考古与文物》1982 年第 4 期。

222. 陈来:《郭店楚简之〈性自命出〉篇初探》,《孔子研究》1998 年第 3 期。

223. 孙星群:《〈乐记〉成书于战国中期的力证——以湖北郭店楚墓竹简为据》,《天津音乐学院学报·天籁》2005 年第 3 期。

224. 周柱铨:《〈乐记〉三考》,《响泉论乐》,黑龙江人民出版社 2009 年版。

225. 许智范、程应林:《贵溪东周墓发现的十三弦琴和扁鼓》,《乐器》1983 年第 5 期。

226. 黄纲正:《长沙出土的战国琴》,《乐器》1984 年第 1 期。

227. 黄翔鹏:《曾侯乙钟、磬铭文乐学体系初探》,《音乐研究》1981 年第 1 期。

228. 何双全:《天水放马滩秦简综述》,《文物》1989 年第 2 期。

229. 张长弓:《荀卿的韵文》,《岭南学报》第三卷第三期,1934 年。

230. 包遵信:《浅谈〈荀子·赋篇〉》,《文史哲》1978 年第 5 期。

231. 胡念贻:《屈原作品的真伪问题及其写作年代》,见《先秦文学论集》,中国社会科学出版社 1981 年版。

232. 杨伯峻:《左传成书年代论述》,《文史》第六辑,中华书局 1979 年版。

233. 杨伯峻:《〈左传〉成书年代论述》,《杨伯峻学术论文集》,岳麓书社 1984 年版。

234. 胡念贻:《〈左传〉的真伪和写作时代问题考辨》,见《文史》第十一辑,中华书局 1981 年版,第 11 页。

235. 王晖:《从数词组合方式的演变看先秦古籍的断代问题》,《唐都学刊》1996 年第 4 期。

236. 王辉:《从考古与古文字的角度看〈仪礼〉的成书年代》,《传统文化与现代化》1999 年第 1 期。

237. 廖名春:《清华简与〈尚书〉研究》,《学灯》第十七辑。

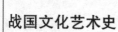

238. 复旦大学出土文献与古文字研究中心研究生读书会：《清华简〈耆夜〉研读札记》，复旦大学出土文献与古文字研究中心网站，2011 年 1 月 5 日。

239. 郭静云：《从不同文本引用〈尚书·吕刑〉篇试探战国社会思想的多元性》，《史学史研究》2009 年第 2 期。

240. 邵望平：《〈禹贡〉"九州"的考古学研究》，《考古学文化论集》二，文物出版社 1989 年版。

241. 刘起釪：《〈禹贡〉作者》，《中国历代地理学家评传》（第一卷），山东教育出版社 1990 年版。

242. 周玉秀：《〈逸周书〉研究著作述论》，《古籍整理研究学刊》2005 年第 3 期。

243. 杨向奎：《周礼的内容分析及其制作时代》，《山东大学学报》1954 年第 4 期。

244. 顾颉刚：《"周公制礼"的传说和〈周官〉一书的出现》，《文史》第六辑，中华书局 1978 年版。

245. 顾颉刚：《〈穆天子传〉及其著作年代》，《文史哲》第一卷第 2 期，1943 年版。徐中舒：《〈左传〉的作者及其成书年代》，《历史教学》1962 年第 11 期。

246. 王和：《〈左传〉的成书年代和编纂过程》，《中国史研究》2003 年第 4 期。

247. 童书业：《穆天子传疑》，《禹贡》1936 年第四卷第 3、4 期。

248. 黎光明：《〈穆天子传〉的研究》，《中山大学语言历史研究所周刊》1928 年第 2 卷第 23、24 期。

249. 刘师培：《〈穆天子传〉补释》，《国粹学报》五卷一至四期，又收《刘申叔先生遗著·左盦集》卷五。

250. 岑仲勉：《〈穆天子传〉西征地理概测》，《中山大学学报》1957 年第 2 期，又收《中外史地考证》上册，中华书局 2004 年版。

251. 卫挺生：《〈穆天子传〉今考》，台北中华学术院 1970 年版。

252. 常征：《〈穆天子传〉是伪书吗?》，《河北大学学报》1980 年第 2 期。

253. 孙致中：《穆王西征与〈穆天子传〉》，《齐鲁学刊》1984 年第 2 期。

254. 王范之：《穆天子传所记古代地名与部族》，《文史哲》1963 年第

6 期。

255. 卫聚贤：《〈穆天子传〉研究》，《中山大学语言历史研究所周刊》百期纪念号，又收《古史研究》第一集，商务印书馆 1934 年版。

256. 靳生禾：《〈穆天子传〉若干地理问题考辨》，《北京师范大学学报》1985 年第 4 期。

257. 钱伯泉：《先秦时期的"丝绸之路"》，《新疆社会科学》1982 年第 3 期。

258. 莫任南：《从〈穆天子传〉和希罗多德〈历史〉看春秋战国时期的中西交流》，《西北史地》1984 年第 4 期。

259. 史为乐：《〈穆天子传〉的作者》，谭其骧主编《中国历代地理学家评传》第一卷，山东教育出版社 1990 年版。

260. [日] 小川琢治：《〈穆天子传〉考》，《穆天子の西征》，《支那历史地理学研究续集》，东京，1929 年版。收江侠庵编译《先秦经籍考》下册，商务印书馆 1931 年版。

261. 王贻梁：《〈穆天子传〉的史料价值》，《华东师范大学学报》1994 年第 2 期。

262. 刘蓉：《论〈穆天子传〉的史料价值》，《文史哲》2003 年第 5 期。

263. 谭家健：《历代关于〈国语〉作者问题的不同意见综述》，《中国史研究动态》1994 年第 7 期。

264. 沈长云：《国语编撰考》，《河北师范学院学报》1987 年第 3 期。

265. 王树民：《〈国语〉的作者和编者》，《文史》1986 年第 25 辑。

266. 郭人民：《〈战国策〉东西周考辨》，《河南大学学报》1985 年第 4 期。

267. 金文舒、金荣权：《比较〈战国策〉与〈左传〉的外交辞令——兼谈春秋战国的社会心态》，《信阳师范学院学报》1992 年第 2 期。

268. 谢东贵：《〈战国策〉策士形象新论》，《中国文学研究》1994 年第 1 期。

269. 杨钊：《〈战国策〉与纵横家》，《文史知识》1994 年第 7 期。

270. 阎忠：《〈战国策〉燕国疆域辨析》，《史学集刊》1995 年第 3 期。

271. 胡如虹：《纪传体的流变——从〈左传〉〈战国策〉到〈史记〉》，《古典文学知识》1998 年第 5 期。

272. 杨富有：《〈战国策〉的侠义精神探析及其影响》，《内蒙古师范大学学报》2000 年第 1 期。

273. 陈才训：《〈左传〉行人辞令与〈战国策〉策士辩辞比较》，《社科纵横》2001 年第 4 期。

274. 秦淑华：《〈史记〉与〈战国策〉的异文研究》，《汉字文化》2002 年第 4 期。

275. 赵楠：《〈战国策〉的时利观》，《社会科学家》2004 年第 4 期。

276. 赵楠：《夹缝之水——战国策士流性思维管窥》，《海南大学学报》2005 年第 2 期。

277. 韩先艳：《〈战国策〉中的占卜》，《辽宁行政学院学报》2006 年第 12 期。

278. 翟江月：《从〈战国策〉看战国时期社会风气与思想倾向》，《管子学刊》2008 年第 1 期。

279. 唐兰：《司马迁所没有见过的珍贵史料——长沙马王堆帛书〈战国纵横家书〉》，《战国纵横家书》，文物出版社 1976 年版。

280. 曾鸣（唐兰化名）：《关于帛书〈战国策〉中苏秦书信若干年代问题的商榷》，《文物》1975 年第 8 期。

281. 马雍：《帛书〈战国纵横家书〉各篇的年代和历史背景》，《战国纵横家书》，文物出版社 1976 年版。

282. 马雍：《再论〈战国纵横家书〉第四篇及其有关的年代问题——答曾鸣同志》，《文物》1978 年第 12 期。

283. 张烈：《战国纵横家书辨——兼与徐中舒先生商榷苏秦等问题》，《社会科学战线》1986 年第 3 期。

284. 青城：《帛书〈战国纵横家书〉前十四章结构时序考辨》，《管子学刊》1995 年第 2 期。

285. 车新亭：《帛书〈战国纵横家书〉与苏秦史料辨正》，《北京师范大学学报（哲社版）》1999 年第 3 期。

286. 秦丙坤：《〈战国纵横家书〉所见苏秦散文时事考辨》，《西北师大学报（社科版）》2002 年第 4 期。

287. 葛志毅：《战国诸子史学思想发凡》，《大连大学学报》2008 年第 5 期。

288. 郑振江：《简论战国诸子史学思想》，《河南社会科学》2002 年第

6 期。

考古资料

(一)田野发掘简报

1. 河北省文物管理委员会:《河北武安县午吸古城中的窑址》,《考古》1959 年第 7 期。

2. 河北省文物管理委员会:《邢台曹演庄遗址发掘报告》,《考古学刊》1958 年第 4 期。

3. 中国历史博物馆考古组:《燕下都遗址调查报告》,《考古》1962 年第 1 期。

4. 河北省文化局文物工作队:《北易县燕下都故城勘察和试掘》,《考古学报》1965 年第 1 期。

5. 河北省文化局文物工作队:《河北怀来北辛堡战国墓》,《考古》1966 年第 5 期。

6. 河北省文化局文物工作队:《河北邯郸百家村战国墓》,《考古》1962 年第 12 期。

7. 孟昭林:《河北涞水县永乐村发现一批战国铜、陶器》,《文物参考资料》1955 年第 12 期。

8. 敫承隆:《河北怀来县北辛堡出土的燕国铜器》,《文物》1964 年第 7 期。

9. 李晓东:《河北省怀来县北辛堡出土的燕国铜器》,《文物》1964 年第 7 期。

10. 随县擂鼓墩一号墓考古发掘队:《湖北随县曾侯乙墓发掘简报》,《文物》1979 年第 7 期。

11. 湖北省荆沙铁路考古队包山墓地整理小组:《荆门市包山楚墓发掘简报》,《文物》1988 年第 5 期。

12. 湖北省文物工作队:《湖北江陵三座楚墓出土大批重要文物》,《文物》1966 年版。5 期。

13. 随县擂鼓堆一号墓考古发掘队:《湖北省随县曾侯乙墓发掘简报》,《文物》1979 年第 7 期。

14. 湖北省荆州地区博物馆:《江陵天星观一号楚墓》,《考古学报》1982 年第 1 期。

15. 湖北省博物馆等:《湖北江陵拍马山楚基发掘简报》,《考古》1973 年第 3 期。

16. 湖北省荆州地区博物馆:《湖北枝江县姚家港发掘报告》,《考古》1988 年第 2 期。

17. 江陵县博物馆:《江陵枣林铺楚墓发掘简报》,《江汉考古》1995 年第 1 期。

18. 湖北省博物馆:《湖北江陵雨台山 21 号战国楚墓》,《文物》1988 年版。5 期。

19. 邹待清:《建始发现桥钮镈于》,《江汉考古》1987 年第 1 期。

20. 湖南省博物馆:《长沙浏城桥一号墓》,《考古学报》1972 年第 1 期。

21. 长沙市文物工作队:《长沙五里牌战国木椁墓》,《湖南考古辑刊》第一集。

22. 湖南省文物考古研究所等:《湖南龙山里耶战国——秦代古城一号井发掘简报》,《文物》2003 年第 1 期。

23. 张欣如:《溆浦大江口镇战国巴人墓》,《湖南考古辑刊》第 1 辑,岳麓书社 1982 年版。

24. 黄河水库考古工作队:《1957 年河南陕县发掘简报》,《考古通讯》1958 年第 11 期。

25. 山西省文物管理委员会:《山西长治市分水岭古墓的清理》,《考古学报》1957 年第 1 期。

26. 山西省文物管理委员会侯马工作站:《山西侯马上马村东周墓葬》,《考古》1963 年第 5 期。

27. 杨富斗:《山西万荣县庙前村的战国墓》,《文物参考资料》1958 年第 12 期。

28. 山西省文物管理委员会等:《山西长治分水岭战国墓第二次发掘》,《考古》1946 年第 3 期。

29. 韩伟、曹明檀:《陕西凤翔高王寺战国铜器窖藏》,《文物》1981 年第 1 期。

30. 中国科学院考古研究所山东队:《山东平度东岳石村新石器时代遗

址与战国墓》,《考古》1962 年第 10 期。

31. 山东诸城县博物馆:《山东诸城臧家庄与葛布口村战国墓》,《文物》1987 年第 12 期。

32. 山东省博物馆:《临淄郎家庄一号东周殉人墓》,《考古学报》1977 年第 1 期。

33. 江苏省文物管理委员会等:《江苏六合程桥东周墓》,《考古》1965 年第 3 期。

34. 吴山菁:《江苏六合县和仁东周墓》,《考古》1977 年第 5 期。

35. 淮阴市博物馆:《淮阴高庄战国墓》,《考古学报》1988 年第 2 期。

36. 倪振逵:《淹城出土的铜器》,《文物》1959 年第 4 期。

37. 四川省博物馆:《成都百花潭中学十号墓发掘记》,《文物》1976 年第 3 期。

38. 广东省文物管理委员会:《广东清远的东周墓葬》,《考古》1964 年第 3 期。

39. 云南省博物馆:《近年来云南出土铜鼓》,《考古》1981 年第 4 期。

40. 云南省博物馆:《江川李家山古墓群发掘报告》,《考古学报》1975 年第 2 期。

41. 云南省文物工作队:《云南祥云大波那木棒铜棺清理报告》,《考古》1964 年第 2 期。

42. 云南省文物工作队:《楚雄万家坝古墓群发掘报告》,《考古学报》1983 年第 3 期。

43. 江西省历史博物馆:《江西贵溪崖墓发掘简报》,《文物》1980 年第 1 期。

44. 浙江省文物管理委员会等:《绍兴 306 号战国墓发掘简报》,《文物》1984 年第 1 期。

(二)考古发掘报告

1. 郭宝钧:《山彪镇与琉璃阁》,科学出版社 1959 年版。

2. 中国科学院考古研究所:《辉县发掘报告》,科学出版社 1956 年版。

3. 湖南省博物馆:《长沙楚墓》,《考古学报》1959 年第 1 期。

4. 河南省文化局文物工作队:《河南信阳楚墓出土文物图录》,河南人民出版社 1979 年版。

　　5.河南省文物研究所:《信阳楚墓》,文物出版社 1986 年版。

　　6.湖北省博物馆:《曾侯乙墓》,文物出版社 1989 年版。

　　7.湖北省博物馆:《随县曾侯乙墓》,文物出版社 1980 年版。

　　8.湖北省荆沙铁路考古队:《包山楚墓》,文物出版社 1991 年版。

　　9.荆州地区博物馆:《江陵雨台山楚墓》,文物出版社 1984 年版。

　　10.云梦睡虎地秦墓编写组:《云梦睡虎地秦墓》,文物出版社 1981 年版。

　　11.湖北省荆州地区博物馆:《江陵马山一号楚墓》,文物出版社 1985 年版。

　　12.安徽省博物馆:《寿县蔡侯墓出土遗物》,科学出版社 1956 年版。

　　13.中国科学院考古研究所:《长沙发掘报告》,科学出版社 1957 年版。

　　14.陕西省考古研究所等:《秦始皇陵兵马俑一号坑发掘报告》,文物出版社 1988 年版。

　　15.甘肃省文物考古研究所编:《天水放马滩秦简》,中华书局 2009 年版。

后　记

　　说老实话，我近年本没有写作此《战国文化艺术史》一书的打算。虽然在我自己的人生学术规划中，是有将先秦艺术史作为一项研究课题的人生规划和心理准备的，因为个人对于艺术的嗜爱与对艺术史的钟情，我很想将它们与我的先秦史专业结合起来做。但是这些年来的科研课题太多，写作任务太重，用当今一个流行的词语来讲，那叫压力山大。所以说不可能近期就将此心中的远景理想付诸实施。然而如今能够写成并能出版此书，实在是一件非常偶然的事件。

　　《战国文化艺术史》是在十卷本《战国史·文化艺术卷》的基础上修订而成的。该丛书主编李学功教授为大家的利益和丛书的质量，可以说奔波操劳，尽心尽力。经过一番大家的共同努力，几年下来，这套丛书竟然写成了，而且就要正式出版了。在此谨向学功兄表示由衷的感谢和钦佩。

　　该书写作之前，我为了能够节省时间，尽快地完成此事，曾邀我的学生鲁鑫与我一起完成此书。我们俩还做了分工，我写其中关于艺术的，他写其中关于文化的与学术的。但是由于该丛书中间的人事变更，一度曾有计划搁浅的意思，为了不耽误同样也是非常忙碌、且在事业上爬坡、小家庭压力正大阶段的鲁鑫博士，我就让他退出了。在这期间，他帮助写了第一部分战国时期的文字。另外，书稿完成后，我指导的在读博士生王丁同学对书稿做了一番文字上的修改润色，并对书稿中所引古典文献记载，进行了一一校订，颇费心力。在此特向鲁鑫、王丁两位博士表示感谢。

　　书稿写成提交之后，曾得到杨英杰先生的审阅。杨老师对此书稿多有谬赞，但也提出了一些中肯的修改意见。杨老师是金景芳老先生的高足，也是学有成就的著名先秦史学家。此书出版之际，谨向杨先生表示衷心的感谢。

对于我个人而言，这本来不该此时写成的急就章，就是一个不足月份的早产儿。写作时间不足，构思不能深入，并且大量使用网上资料图片，因此它显得瘦弱不堪，营养不良，先天不足，品相不佳。然而因为时间和精力的关系，又无暇做更多的修改与加工的工作，很是遗憾。这是需要读者诸君批评和指正的。

作者　朱彦民

2021 年 2 月 15 日

于津门怀醅堂